NICOLAS BOUVIER

世界之用

L'USAGE DU MONDE

尼可拉・布維耶——著
提耶里・維爾內——插圖　徐麗松——譯

目錄

推薦語

儘管聽聞他人旅行發生的奇聞軼事，會讓人有種「正在路上」的錯覺，但唯有親自踏上匿名為旅行的這場挑戰，在未來索然無味的日常裡，才會赫然想起經歷的一切心酸血淚，並不禁偷偷地會心一笑，因為其中的樂趣只有自己能體會，這才是真正屬於自己的人生故事。與作者相同的是，我同樣支持透過「在空間中移動」這種具體的輔助，去領略世界之大，唯有出發，方能成就一趟旅行。不過，作者耐人尋味的文字將故事情景與人物細節描繪得栩栩如生，字裡行間引領我們走過無數風景，彷彿一閉眼便能身歷其境。每一位看似不經意登場的角色，在其對話裡又為讀者保留無限留白的想像，能將自身經歷投射在故事情節之中，陪伴我們一同省思與探索，是文章最迷人的地方。或許，我們沒有資格定義或評價任何一段旅行，因為旅行的好壞本非能一以蔽之。但我能肯定的是，只要你正在路上，無論是靈魂或身體，那都是一場好旅行。

艾迪摳（步城文旅圖版主）

推薦語

陳浪（旅行作家、行腳節目主持人）

一份作品之所以能被稱為傳世經典，必然有其原因存在，也許是字裡行間載錄著時代的縮影，又可能是作者面對創作的熱愛與執著，而這些都能在布維耶的《世界之用》一書中找到。收到稿件後，我快速地翻閱了幾頁，便驚訝地發現許多熟悉的句子。它們曾出現在我親身走過的背包客路途上，在青年旅館的塗鴉牆上，在某個擦肩而過的旅人身上。這些用詞優美、極富表現張力的語句，原來正出自布維耶筆下。在我能靜下心來好好認識這位文學巨擘之前，他早已陪我走過旅行生涯的大段路程。因此這本作品對我而言，更像聆聽一位熟悉的朋友，靠坐在身旁，娓娓道來那些遙遠的、偉大的、日常的故事。在布維耶的筆觸下，既構築了宏大的歷史觀，也細膩地描繪著星空、花卉和鄉村。彷彿走過了再偉大壯闊的旅程，記憶猶新的、收藏入心的，卻是那輕拂過臉龐的夏日果香。當多數的旅行文學還在書寫旅人養成之時，布維耶已經早半個世紀，探討起旅行之於生活、那些哲學般的命題。後人也許會用「背包客始祖」來稱呼布維耶，但我始終深信，旅行的路上不分前輩後輩，因為我們都走在同一條路上，有各自的追尋和抵達，無從比較，也無關優劣。旅人也許無法終其一生走在路上，但關於旅行的思考，卻是永無止盡，因此我們需要閱讀，協助找到自己生活中缺失的字句。極其榮幸，能在此向各位推薦《世界之用》這麼一本關乎旅行的純粹之作。不轟轟烈烈，也不平淡如水，但這趟真實走過的旅程，每一步路，都是最雋永的落筆。

我去則生，留必亡。

——莎士比亞

尼可拉・布維耶與提耶里・維爾內在奧爾杜山口（Col d'Ordu）

楔子

三天前我離開日內瓦，不疾不徐地往前行進，抵達薩格勒布以後，我上郵局領取郵件，發現提耶里捎來這封信：

今天早上陽光燦爛，暑氣襲人；我爬到山坡上畫畫。雛菊盛放，麥田新綠，樹蔭寧謐。回程的路上，碰到一個騎小馬的農夫。他翻身下馬，為我捲了一支菸，然後我們蹲在路邊一塊抽。塞爾維亞語我只懂得隻字片語，不過我勉強聽出他的意思：他買了麵包要運回家，他花一千第納爾找了個手臂粗、奶子大的妓女，他養了五個小孩和三頭牛，還有打雷的時候一定要當心，因為去年有七個人被雷劈死了。

隨後我去了市場。湊巧碰上趕集，見識到琳瑯滿目的商品：用整張山羊皮做成的包袋、讓人看了直想收割好幾公頃黑麥的鐮刀、狐狸皮、匈牙利紅椒、哨子、鞋子、乳酪、馬口鐵珠寶，還有用依然青綠的燈心草編成的羅篩，一些蓄鬍子的男人忙著為羅篩完成最後一道工序；

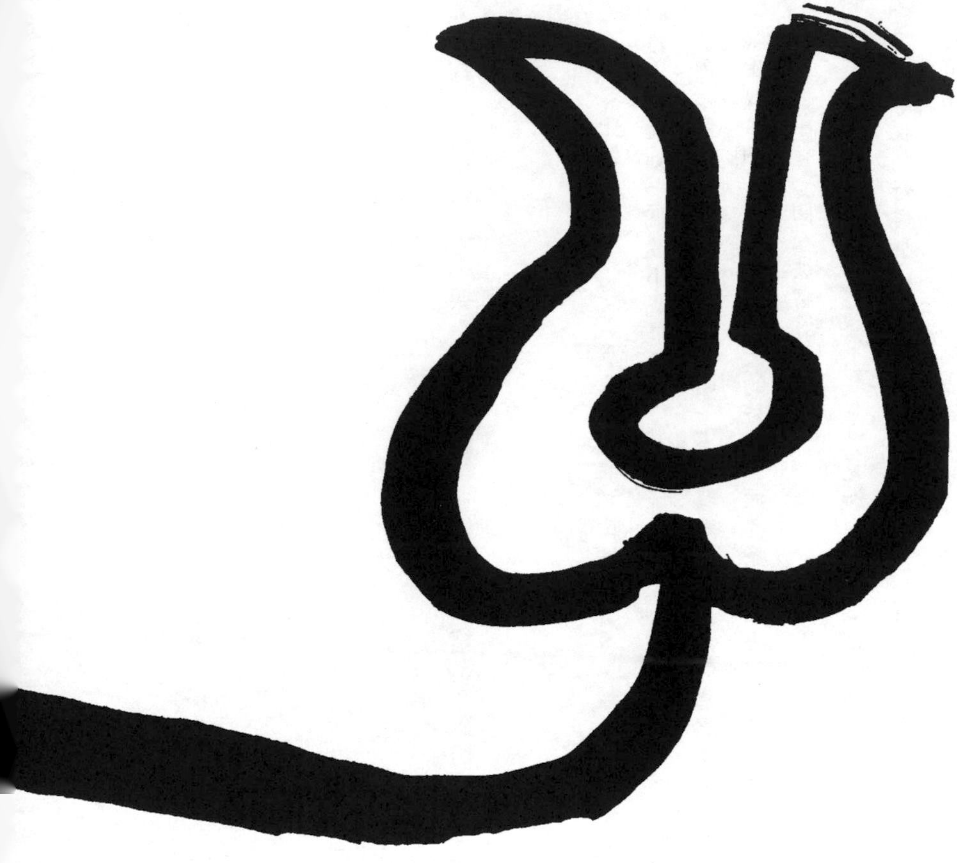

形形色色的人群在一片繁忙景象中走動，他們有的斷了腿，有的缺了手，有的爛了眼，有的渾身打哆嗦，還有些拄著拐杖。

晚上我到金合歡林蔭下喝了杯酒，在那裡聽吉普賽人互相較量歌喉。返回住處途中，我買了一大塊油質很多的粉紅色杏仁糖。果然是東方！

寫於波士尼亞特拉夫尼克（Travnik）

七月四日

我研究了一下地圖。那是一座三面環山的小城，位於波士尼亞地區的中央。他打算從那裡北上貝爾格勒，他應「塞爾維亞畫家協會」之邀，即將在當地開畫展。我預計開我們翻修過的這台飛雅特老爺車，帶著旅行的行頭，在七月底那幾天到那邊跟他會合，然後繼續前往土耳其、伊朗、印度，也許還走更遠……我們準備用兩年時間旅行，身上帶的錢可以花四個月。旅行計畫很模糊，不過做這種事的時候，最重要的是先動身上路。

十歲到十三歲那段日子，我總愛趴在地毯上，靜靜地端詳地圖集，放下一切、遠走高飛的欲望油然而生。想像一下巴納特[1]、裡海、喀什米爾那樣的地區，迴盪在那些地方的音樂，在那裡邂逅的目光，等待你發掘的觀念和想法……當尋常的認知開始受到衝擊，而我們的欲望卻設法抗拒時，我們會設法為自己的執著找理由。然而我們找到的理由通通不值一文。事實是，我們並不知道如何形容到底是什麼在驅使我們。某種東西在內心滋長茁壯，逐漸掙脫纜繩般的羈絆，直到某一天，儘管不怎麼有把握，你還是義無反顧地揚帆而去。

旅行毋須動機。旅行很快就會證明，它本身即已足夠。我們原以為自己出發成就一場旅行，但旋即換成旅行在成就我們，或者令我們俯就求饒。

……信封背面還寫了：「別忘了我的手風琴，我的手風琴，我的手風琴！」

這樣開場很不錯。對我來說也是。我坐在薩格勒布郊區一處咖啡館，完全不趕時間，前面擺了一杯虹吸白酒。我凝視向晚暮色，看著一間工廠人去樓空，目送一個葬儀隊伍悠悠走過——他們打著赤腳，手舉黃銅十字架，女人戴著黑色頭巾。兩隻松鴉在一棵椴樹的枝椏間聒噪不休。我風塵僕僕，右手抓著一顆啃了一半的辣椒，在內心深處傾聽剛度過的一天時光歡欣快意地落幕，宛如峭壁猛然坍塌。我舒展渾身筋骨，大口暢快呼吸。我想到貓有九條命的傳說；真覺得自己剛走進第二條命。

甜瓜的氣味

貝爾格勒

午夜鐘響，我在「華麗咖啡館」前停車。街道還散發著熱氣，宜人的靜謐氣息縈繞在周遭。隔著用掛鉤繫在兩旁的窗簾，我觀察坐在裡面的提耶里。他在桌布上畫了一粒實物大小的南瓜，然後為了打發時間，又畫了一顆顆小小的瓜籽把它填滿。想必特拉夫尼克的理髮師不常見到這傢伙。他有一對宛如鰭翼的耳朵，還有一雙靈動的藍眼睛，看起來活像一條玩累了的頑皮鯊魚。

我把臉貼在窗戶上待了許久，才往他的桌子走去。我們舉杯對飲。我很高興看到這個由來已久的計畫具體成形；他則很高興夥伴前來跟他會合。在此之前，他一直不懂得怎麼適時止住行腳。沒經過鍛鍊，他就做了太過漫長的徒步旅行，導致他因為疲憊而失去神采。他滿頭大汗，拖著受了傷的雙足，穿越一片片陌生鄉野，他無法懂得生活在那裡的農民，於是隨著步履行進，他開始質疑已知的一切。他覺得這個長征事業相當荒謬，這種浪漫情懷愚蠢不堪。在斯洛維尼亞，一名客棧老闆留意到他渙散的倦容和沉甸甸的大背包，用德語善意地說了句「客官，我這人還算明智，習慣待在家呢」，結果只是讓情況更糟而已。

接下來在波士尼亞待的那個月，他忙於作畫，心情也終於沉澱下來。先前他腋下夾著自己的畫，翩然抵達貝爾格勒時，ULUS（塞爾維亞畫家協會）那些畫家把他當兄弟般接待，並為他在郊區找到一處閒置的工作室，於是我倆有了棲身之處。

我們重新把車開上路；那地方離市區真有一段距離。通過薩瓦河上的大橋以後，還得循著河岸上的兩道輪溝往前開，才會來到那塊地，地面上長滿了薊，幾棟破舊的樓宇座落其間。提耶里讓我在最大那棟房子前面停車。我們默默地把行李扛上昏暗的樓梯。一股松節油和灰塵的氣味嗆入口鼻，熱氣令人幾乎窒息。響亮的打呼聲從半開的房門傳出來，迴盪在樓梯間。在一個沒有任何陳設的偌大房間中央，提耶里已經把一小塊跟四周破損的地磚之間有一段距離的地板打掃乾淨，在那上面安頓好自己，簡直像個懂得打理生活的遊民。那裡有一張生鏽的克難床，他的繪畫器材，煤油燈，還有一具擺在楓葉上的小火爐，旁邊擱了一個西瓜和一塊山羊乳酪。當天洗的衣物晾在一條拉撐開來的繩子上。居住條件很陽春，不過看起來是那麼自然，我覺得彷彿他已經在那裡等著我好幾年了。

我把背包攤開在地板上，穿著一身衣服就睡了。屋外的毒芹和傘形花一路長到窗邊，窗外是夏夜的天空，星星好明亮。

☆☆☆

在一個全新的世界中無所事事是最能令人全神貫注的一件事。

在薩瓦河大橋的巨大橋拱和薩瓦河與多瑙河的匯流處之間，貝爾格勒的郊區在火烤般的炎夏裡塵土飛揚。這個城區叫作「薩伊米希特」，意思是「展覽場」，因為這裡曾設有農業博覽會的展覽設施。納粹將展覽場改為集中營，在四年期間，猶太人、反抗人士和吉普賽人成百成千地在這個地方喪命。恢復和平以後，市政當局粗略整頓了這些淒愴的樓閣，為牆壁重新塗上灰泥，讓政府資助的藝術家進駐。

我們這棟房子門歪了，窗戶破了，沖水馬桶不聽使喚；裡面有五間工作室，住客從身無分文的小伙子到放浪形骸的富家女都有。樓上那幾個房客生活最拮据，每天早上，他們會拿著肥皂刷，跟門房一起站在樓梯間的洗手台前協助他刮鬍子。門房是個殘廢軍人，頭上永遠戴著一頂鴨舌帽，房客們得幫他捏著下巴的皮膚，讓他用僅存的一隻手小心翼翼地操縱刮鬍刀。他體弱多病，比水獺還要疑神疑鬼，成天沒事可做的他只能悄悄窺視樓裡那個年紀還輕、容易被男人誘拐的女孩，還有到廁所（是土耳其式蹲廁，得先把口袋清空才能蹲下那種）裡頭撿各式各樣的小東西：手帕、打火機、筆等等，因為心不在焉的使用者總會把它們忘在那裡。一樓的幾間工作室分別住了文學評論家米洛凡、陶藝家安納斯塔斯和農民畫家弗拉達。他們隨時願意幫我們忙，當我們的通譯，借我們打字機、破鏡子、一小撮粗鹽。每當有誰成功賣出一幅畫或一篇文章，就會邀請全屋子的房客一塊

開趴，白酒、甜椒、乳酪，大夥吃吃喝喝，喧鬧一陣以後，就會在什麼也沒鋪的地板上直接躺下，沐浴在陽光中集體睡午覺。老天爺知道他們日子過得很拮据，不過納粹占領和內戰[1]那些黑暗年月已經教他們懂得恬淡生活的價值，而薩伊米希特這個城區儘管物質條件不佳，卻有專屬於它的一種純良和自在。它像一座叢林，罌粟花、矢車菊、雜草聯合攻擊那些破敗的建築物，一片靜謐的綠意淹沒四周立起的棚屋和臨時住所。我們隔壁那棟房子裡住了一位雕刻家。他的下巴上留了髒髒的大鬍子，掛在腰帶上的斧頭看起來像一串左輪手槍。他睡的是一塊草墊，草墊擺在一尊他已經快要完成的雕像底下，雕像呈現一名上身赤裸、手中緊握衝鋒槍的擁護者。拜時運之賜，他成為全社區最有錢的傢伙。死難者紀念碑、紅色花崗岩星形雕塑、與百里長風纏鬥的游擊隊員塑像……他接到的案子至少可以讓他忙上四年。這倒也無可厚非；革命原本是祕密委員會的執掌，但後來安定了、僵硬了、石化了，於是很快就成為雕刻家的業務。像塞爾維亞這種不斷起義、抗爭的國家早已擁有相當可觀的英雄譜——躍起的駿馬、出鞘的軍刀、非正規軍成員[2]——因此按理說靈感俯拾即是。不過這次情況比較棘手些。解放者展現迥然不同的風格，成了打赤腳、理平頭，神情憂慮的凡夫俗子；雕刻家在我們登門拜訪時會按照塞爾維亞習俗，送我們一根果醬匙，這似乎間接意味著這個地區不再尚武好戰，變得溫柔甜蜜了。

空地另一頭有間酒品販賣處，旁邊是一家冰店，那裡既是郵務所也是聚會點，讓這群生活在天空和荊棘叢間、與母雞和湯鍋為伍的人有個交流的所在。民眾會到那裡買沾有泥巴的笨重冰塊，和一種吃了以後直到晚上都還覺得口齒酸澀的山羊乳冰糕。小酒館只有兩張桌子，每天酷暑最盛的時候，城區裡的拾荒老人會圍坐在那裡睡覺或分揀他們的收穫。他們發紅的眼睛動個不停，由於長年一起在垃圾堆裡撿破爛，他們的模樣變得像一群在同一個袋子裡長大的白鼬。

冰店後面是一名烏克蘭舊貨商人的地盤，他住在遍地寶物中間一個整理得非常清潔的小角落。他是有份量的一號人物，喜歡在頭上戴著一頂附耳鴨舌帽，做起生意來煞有介事，手下擁有的舊鞋子堆積如山，燒壞的、摔破的燈泡也堆成一座小山丘。他的存貨還包括一大堆有破洞的鐵罐和爆掉的內胎。離奇的是，他的店裡客人川流不息，很多都會帶著「戰利品」離開。貧困過了一定程度以後，沒有什麼不能拿來買賣。在薩伊米希特，即使是**單獨一隻**破損的鞋子，也可以成為一件好貨；民眾眼睛發亮地審視這位烏克蘭老闆的貨物，甚至經常有人光著腳就爬上舊貨山挑揀。

沿著澤穆恩路往西走，新貝爾格勒[3]試圖在一望無際的薊花海上打起衛星城的根基。政府不顧地質學家的專業意見，硬要在這片沒有經過有效排水的土地上建立新市鎮。不過當局再怎麼高高在上，也難敵含水量太高的鬆軟泥土，結果新貝爾格勒非但沒有如願擎天矗立，反而持續往地下陷落。棄置兩年以後，新城在遼闊的鄉野和我們之間勾勒出虛幻的窗櫺形影，貓頭鷹在扭曲的梁構上棲息。新市鎮成了一個邊界。

清晨五點，八月的陽光已經直戳我們的眼皮，我們會起身到薩伊米希特橋另一邊的薩瓦河裡游泳。腳下泥土鬆軟，幾頭牛在赤楊樹間吃草，一個戴頭巾的小女孩在照顧小鵝群，一個乞丐躺在地上的一個彈坑裡，用報紙蓋住身子睡覺。天色大亮以後，駁船的船員和附近的居民陸續來到河邊洗衣服。在他們的陪伴下，我們也蹲在土黃色的河水裡搓洗襯衫。與尚在沉睡的城市隔河相望，這一側的岸邊盡是擰衣、刷洗和哼唱聲；在此同時，河面上不時流過大片大片的青苔，順游而下，往保加利亞漂去。

夏天的貝爾格勒是一座早起的城市。才剛到六點，市政府的灑水車就開始清理蔬果商販的畜力車留下的糞便，店家推開百葉窗板的聲音響遍街頭；七點一到，所有餐酒館已經擠滿了人。展覽八點開門。我每隔一天會進去看管展位，這時提耶里不是到市區各處畫畫，就是對猶豫不決的買主死纏爛打，直跟到他們家裡。一張門票要價二十第納爾，付得起的人才進得了門。收銀箱裡只有一小把硬幣，還擺了一本前一次展覽的參展商留下來的瓦萊里[4]作品《文集五》(*Variétés V*)，這本書的風格矯揉造作，不過在這裡卻洋溢某種異國風情，平添閱讀的樂趣。展台下邊擺了半顆西瓜和一壺用大肚瓶裝的葡萄酒，等著塞爾維亞畫家協會的夥伴們來享用。他們會在傍晚的時候晃進來，不是邀我們一起到薩瓦河戲水，就是為我們翻譯一段刊載在某份晚報上的評論文章。

「……維**爾**—內**特**—[5]先生……想必已經造訪過我國的農村，他的速寫頗具趣味……不過，他挖苦諷刺的色彩太濃，而且還缺乏……還缺乏——你們的用詞是什麼?」為我們翻譯的人彈著手指頭苦思。「……喔!想到了，缺乏一種『嚴肅性』!」

事實上，在這些人民民主共和國，「嚴肅性」是賣相最好的一種東西。那些一大早就趕來準備寫稿的共黨媒體記者們口口聲聲都是嚴肅性。那是一群皮鞋踩得劈啪作響的年輕官僚，他們大都出自鐵托[6]的游擊隊[7]，從他們剛得到的權勢中獲取某種理所當然的滿足感。這份滿足感使他們有點目空一切，但在這個場子裡又讓他們顯得惶恐不安。他們宛如嚴厲的審查官，眉毛挑得老高，一張張查看著畫作，然而心中卻沒個底；因為，該怎麼判斷諷刺究竟代表反動還是進步？

上午十一點到中午之間，門口的海報（藍色背景襯托黃色的太陽）吸引了特拉吉耶大街上所有剛放學的小朋友。就算展覽內容是各式各樣的抹醬吐司，也不會有如此盛況。笑得露出滿口缺牙的小女孩們沿著成排的畫作單腳跳躍前進，灰頭土臉的吉普賽[8]孩子扮了個鬼臉就混進展場，他們一邊尖叫，一邊光著腳丫從一間展覽室衝到另一間展覽室，在打蠟地板上留下一串串迷你腳印。

下午五點到六點的離峰時段會賞賜給我們幾個來自富人區、有點像幽靈的人物。這些「前貴族」看起來慈眉善目、溫文儒雅，一口輕快的法語和充滿敬意的謙遜神態隱約透露出他們的布爾喬亞出身。老先生們手拎碩大的提包，翹鬍子輕輕顫動，老太太們足蹬網球鞋，膚色如農婦般黝黑。他們會讓小馬車一路開到收銀台前，向我們伸出一隻乾癟的手，小心翼翼地試探我們，期盼他們無以忘懷的憂傷往事能在我們這裡得到共鳴。這些人當中有很多是在一九五一年十月的大赦以後回國的，他們住在自己舊宅裡最小的一個房間，過著前景堪憂的日子。一名熱愛音樂的老律師幫一支爵士樂隊抄寫樂譜維生，一位從前的文化沙龍女神天剛破曉就得踩著腳踏車，到很遠的營區教視唱或英文。他們漫不經心地瞧了幾眼牆上的作品，只因為過於寂寞而不想一下就離去，但出於傲氣又不願承認這點，於是為了一直撐到閉館，他們會令人不勝其煩地拿一些漫無邊際的話題唱獨角戲，滔滔不絕地談論亞歷山大國王的墓[9]，或是馬其頓[10]的廢棄修道院，還說我們這些**能夠聽懂**他們話的人一定要親自去看看那些東西。他們就這樣神情急切卻又倦怠不已地在現場待著，設法跟我們做些私密的交談，不斷提供建議。但他們的心思早已不再帶勁。人可以強迫自己壯膽，但熱情是勉強不

來的。

傍晚時分，整條街上的人都跑到展覽場一窺究竟。貝爾格勒居民的娛樂少得可憐，所以任何機會都不願錯過。日子依然相當清苦，他們反而因此對所有事物充滿飢渴，而這種欲望引導他們開了不少眼界。搞神學研究的人也非常關心摩托車比賽，農民在鐵托元帥大道上買了一整天東西以後，會來看看水彩是怎麼回事。他們把一包肥料、一副新的籠頭、一把刀刃上了油的劈柴刀靠在門邊擺著，定睛撇了一眼收銀台上那疊門票，再從腰帶或帽子裡邊掏出錢來。他們雙手握在身後，邁著大步從一幅畫走向下一幅畫，神態鄭重地欣賞作品，下定決心要把他們花的幾個第納爾來個物超所值。他們的眼睛因為看慣了《莫斯塔爾日報》或《采蒂涅回聲報》上那些糊成一團的圖片，因此一時難以掌握這種線條風格畫作的精神。透過某個司空見慣的細節（火雞、清真寺宣禮塔、自行車把手……），他們設法釐清主題，然後忽然發出笑聲，或者自言自語，伸長脖子想看看是不是能認出他們熟悉的車站、駝背老人或河流。走到某個衣冠不整的畫中人物前面時，他們會不自覺地檢查一下自己的褲檔是不是有關好。我很喜歡這種凡事對照自己，一邊品鑑創作者的功夫、一邊充滿耐心慢慢審視作品的方式。通常他們會一直看到最後一刻，儘管穿著舊式的寬大長褲，渾身鄉土氣息，他們卻顯得從容自在，看完展覽以後會很有禮貌地走到櫃台跟藝術家握個手，或者給他遞上一根用舌頭猛舔一下捲起來的紙菸。七點鐘，塞爾維亞畫家協會的經理普爾凡會來打探消息。不巧的是，構成他主要客群的政府採購人員還是沒拿定主意。

「這樣的話，明天我們再去找他們咬耳朵。」說完，他就會帶我們到他母親家吃可口的菠菜派。

☆☆☆

顧客雖然稀少，朋友倒一個個彷彿從我們腳底下冒出頭來。塞爾維亞的寶就是人民的慷慨大方，儘管要什麼沒什麼，這裡卻充滿人情溫度。就像塞爾維亞人喜歡跟我們開玩笑說的那樣，法國或許確實是歐洲的大腦，但巴爾幹卻是歐洲的心臟，只是我們從來不需要主動使用它。

他們會把我們請進昏暗的廚房或者醜度跟廚房不分軒輊的狹小客廳，享用大片大片的茄子、香噴噴的肉串，還有用口袋型萬用刀切開時會滋滋作響的甜瓜。下一輩的女眷們和膝蓋發出戛吱聲的長輩（這些人至少都是三代同堂，一起擠在這些狹小的房子裡）早就已經滿懷興奮地準備好一大桌菜。互相介紹、鞠躬哈腰、用過時但迷人的法語致上幾句歡迎詞，接著是跟這些熱衷文學的老布爾喬亞一起聊天。他們打發時間的方式是閱讀巴爾札克或左拉，在他們心目中，《我控訴》[11]儼然還是巴黎文壇爆出的最新醜聞。斯巴的水療[12]、「殖民地博覽會」[13]……就在他們已經把往事說完的時候，幾個小寶貝跑了進來，他們的法國畫家朋友提耶里順勢挪開一堆杯盤瓢盆，起身找了一本談弗拉芒克[14]或馬諦斯[15]的書，我們一塊看了起來，一家人則在旁邊觀看這個寧靜場面，彷彿一場他們無緣參與的尊貴祕密儀式剛剛展開。這份肅穆令我感動。從前我讀書的時候，曾像栽培植物那般誠心誠意地耕耘我的文化底子，辛勤澆灌精神花園，用心做分析、寫評註，扦插知識的枝條；我細密剖析過一些名著，但無法體認出那些文學典範的驅魔價值，因為在我們的國家，生活這塊布料已經被習慣和制度裁剪、拼接、縫合得如此完美，以至於新的創意缺乏伸展空間，被侷限在錦上添花的功能，不再有什麼憧憬，只能「逗樂」，也就是說：胡搞瞎搞。這裡的情況迥然不同；物質的匱乏在某種程度上激發了人們對精神必需品的想望。依然清寒的生活對「形式」反而需求甚殷，藝術家（我用這個字的意思涵蓋了所有那些懂得吹笛子或能用花花綠綠的顏色把農務大車畫得美侖美奐的農民）獲得的尊敬，堪比幫忙說情的中間人或傳統接骨醫生。

☆☆☆

提耶里一幅畫都還沒賣出去。我也還一個字都沒寫出來。儘管我們生活得精打細算，口袋裡的第納爾還是散得快。我只好打起報社的主意，靠著薩伊米希特的幾個鄰居幫忙，總算投出幾篇小小的稿子。編輯部給的錢雖然不多，不過接待得很熱情。讓我立刻覺得舒心自在的是，幾乎每家報社的編輯部都在上好的位置擺了一架平台鋼琴，而且後蓋還是掀開的，說是為了「應急」，彷彿這裡的人對音樂的需求跟其他生理需求一樣緊迫；報社裡也會設個小吧台，讓人可以在土耳其咖啡的提神香氣中隨興聊天。這裡沒有預先審查的規定，原則上再怎麼離經叛道的言論都可以刊登……但事後就會挨罰。於是總編輯會謹慎地從版台上撤除一切有異端嫌疑的文字，至少有一半的文章最後不會採用。有時候，為了讓我們留下好印象，相關負責人會無意間誇大了他們被賦予的行事自由。「你們國家的婦女沒有投票權，請你用這個主題寫個版面吧。寫你的感受，照直說就好。」我對此沒有明確的想法，不過我還是寫說，婦女沒有投票權其實不壞；或許這是因為我在南斯拉夫待了幾個星期以後，覺得寧可看到婦女少過問一點政治，多花些心思讓自己明媚可人。我甚至還引出拉封丹[16]的名言：「優雅，比美麗更美」。那些女士們（文章是寫給一家女性雜誌的）自然感到受寵若驚，因為雖然她們並非個個美如天仙，但都散發優雅氣質。可惜的是，我寫的這個內容似乎不妥當。

「我們看了笑得很開心，」那位編輯面帶難色地告訴我，「不過按照編輯方針，還有點……你們是怎麼形容的來著……有點輕浮。恐怕會惹麻煩。」

我提議把文章寫成一篇寓言故事。

「這想法不錯；一篇沒有王子的寓言。」

「那惡魔呢？」

「如果你堅持寫的話……不過不要寫什麼聖人。我可不想失去這個飯碗呢。」

她甩著一頭黑髮，發出一陣友善的笑聲。

貝爾格勒散發某種鄉野魔力。然而這裡並沒有任何農村的痕跡，只是它的經脈中流著一股屬於鄉村的電波，為它賦予神祕氣質。在這個地方，我們很自然會想像出魔鬼的形象，他們化身為腰纏萬貫的馬販，或者外套磨損的膳食總管，千方百計地編織羅網、布設陷阱，但面對南斯拉夫人不可思議的天真坦率，他們的詭計反而屢屢被揭穿。一整個下午，我在薩瓦河邊晃蕩，試圖根據這個題材編出一個故事，不過徒勞無功。由於事態緊急，我不得不利用晚上的時間打出一小篇寓言，裡面的魔鬼不再平白無故地出現。我們立馬把文章送去給編輯，她的辦公室設在一棟牆體龜裂的樓房裡，位在七樓，雖然時辰已晚，她還是讓我們進門。我完全不記得那時的交談內容，不過我印象特別深的是，她穿了一件大紅色的便袍，還有一雙高跟鞋。在貝爾格勒，這種衣著是非常吸睛的。那身漂亮打扮甚至令我覺得感激，因為在當地生活匱乏的所有面向中，我一直覺得最糟糕的是那些把女人搞得醜不拉嘰的東西：標價統一、大得像義足的鞋子，龜裂的雙手，顏色很快褪去、變得黯淡無光的花布衣服。在這種殘敗光景中，編輯這身亮麗便袍堪稱一場勝利，像一片飄揚的旗幟般溫暖了我們的心。我很想恭喜她，舉杯祝賀那身俏衣裳長命百歲，只是我不敢表現得如此明顯。跟她道別時，我們再三道謝，使她顯得有點驚訝。

四千第納爾。離開這座城市以前，最好賺上這個的十倍才好，不過這已經足夠支應我們遁隱到馬其頓生活一陣子的計畫了。我們打算去那裡找點工作做，還有逃離貝爾格勒，因為這城市開始讓我們招架不住了。

☆ ☆ ☆

薩瓦河的堤岸一路鋪著砌石，附近建了一些小工廠。一位農民把額頭貼在一家商店的櫥窗上，沒完沒了地看著裡面一把嶄新的鋸子。上城區的白色大樓頂端點綴著共產黨的紅色五角星。洋蔥狀的教堂鐘塔四處矗立著。傍晚電車駛過時發出濃濃的汽油味，車上擠滿眼神空洞的勞工。一家酒館裡頭傳來一陣歌聲：……*shogom Mila dodje vreme*（再會了我的寶貝，時光匆匆流逝……）。隨著我們日復一日的接觸和使用，塵土瀰漫的貝爾格勒已經在不經意間透入了我們的肌理。

有些城市在歷史巨輪過於急促的轉動下，無暇顧及自身的外貌。貝爾格勒這個當年建有城牆的大市鎮被升格為南斯拉夫首都時，市區隨即一條街道接著一條街道往外擴展，那種官僚色彩濃厚的建設風格沒過幾年就已不再散發現代感，同時似乎又永遠不該顯得古老。郵政總局、國會大廈、栽種槐樹的林蔭大街、整齊的住宅區無不是如此，住宅區裡住了一些這個國家的第一批國會議員，他們的別墅都是從用紅包、賄賂開拓出來的土地上冒出來的。一切都發生得太快，以至於貝爾格勒來不及打點那些能使城市生活精緻美好的諸多細節。街道看起來只是被人占據使用，散發不出生活韻味；大大小小的事件、人際間的交往和言談內容，鋪陳在相當粗糙的脈絡中。整個市區找不到任何真正完善的城市都能為談情說愛或靜坐冥思提供的那種優美而隱蔽的角落。隨著布爾喬亞客層的消失，精工打造的商品早已不見蹤影，商店櫥窗裡看到的盡是彷彿還沒製作完成的貨品：像柴薪般成堆擺放的鞋子，顏色灰黑的長條肥皂，論斤計算的鐵釘，包裝得像肥料的爽身粉。

偶爾，某個來看展的外交官會請我們參加晚宴，這時我們才有機會重新見識這座城所欠缺的一種屬於文明都市的風雅。晚上七點，我們在薩瓦河裡滌淨一天風塵，對著樓梯間的鏡子匆忙刮了一下臉，穿上褪了色的全套西裝，然後踩著輕快步伐，滿心喜樂地晃進富人區，盡情享受那裡的鍍鉻水龍頭、熱水和香皂。我們其中一個人會假裝消失一陣，躲進洗手間裡清洗事先準備好的一包髒手帕和臭襪子。當天負責處理這個勤務的人滿頭大汗地重新出現以後，女主人會像媽媽般慈祥地問：「您是不是不舒服？哎呀，塞爾維亞這裡的食物……誰都免不了，大家都一樣，就在最近……」

「我自己就——」某部長舉起雙手插口道。

我們漫不經心地聽著那些對話，內容不外乎公路路況多麼糟糕，單位裡的人多麼無能等等，總之不是缺失就是匱乏。這些事其實完全不會對我們造成困擾，我們只顧專心品嘗芳醇的干邑，欣賞錦緞桌布的美麗紋理，嗅聞女主人的香水味。

旅行者所具有的社會流動性使他比較容易保持客觀。這些富人區小旅行讓我們走出平常生活的郊區，首次得以對所謂上流社會階層做出平心而論的判斷，而這個圈子確實需要我們拉出一段距離，才能分辨它的形貌。那些人的言語習慣、他們的可笑和幽默、他們的溫文有禮，還有他們在亮出「自己人」的身分以後所展現的那份自然；在所有土地上，那種自然都是一朵難能可貴的花卉。還有這個階層昏昏沉睡的麻木特質，以及某種好奇心的闕如。他們之所以缺乏好奇，是因為世世代代比他們更貪心也更有創造力的先祖前輩們，早已為他們打點出無微不至的生活。那是個擁有良好品味的世界，經常也充滿善心誠意，但基本上仍舊屬於消費傾向，儘管那些人會維持內在的美德，但就像家中的銀質餐具一樣，那種東西只在重要的場合拿出來用。

回到住處時，簡陋的房子因為一整天的豔陽烘烤，還非常悶熱。推開房門，我們彷彿從天上回到凡間。那份靜謐，那種空間感，那屈指可數、但我們都非常珍惜的物品。旅行的好處是，可以先把人生清掃乾淨，再開始妝點它。

☆☆☆

來了一個新鄰居。安納斯塔茲是一個塞爾維亞裔法國人，他覺得在巴黎蒙巴納斯區的日子過得太辛苦，所以決定返回祖國。他剛帶了一位賢淑的巴黎妻子一起搬進來，樓裡頭的所有房客暗中都希望她會是個水性楊花的女人，結果她不是。安納斯塔茲幾乎不會說塞爾維亞語，他很難習慣薩伊米希特的生活和這裡的風俗習慣。他試圖透過濃重的巴黎口音和某種靦腆的俏皮，讓自己顯得鎮定自如。由於害怕被當成布爾喬亞，他成天穿著地痞流氓喜歡穿的那種運動衫；他太太則為自己做了一件樣式素樸的棕色粗呢連身裙，在這個地方引起一陣騷動。可惜她沒能多穿幾次這件衣服，因為才過了一個星期，她就被一種傳播熱病的蚊蟲「帕帕達奇」叮了，現在只好躺在床上，身體明顯消瘦，在一群粗魯但樂於助人的女鄰居圍繞下，像個悔過的女罪人般痛哭流涕。

安納斯塔茲不但連連受挫，還經歷了一些令他詫異的遭遇。就連這裡的女人也讓他覺得很狼狽：他很篤定自己的法國人身分能讓他享有某種程度的縱容，於是他在浴室裡大膽地向門房的女兒求歡，結果差點沒被揍昏。他懊惱不已地嘀咕道：「要是……我知道要先打個招呼就好了。」批評家米洛凡把他大肆嘲笑了一番。

「安納斯塔茲，這樣毛毛躁躁只會誤了你自己。好可憐的女生……法國人，法國人……她肯定等著來點花前月下，要你獻幾份殷勤，說幾句甜言蜜語，展開愛情攻勢！誰知道你竟一下就纏著她要當場做愛，跟隨便一個渣男有啥兩樣！」

最初幾個禮拜，安納斯塔茲覺得彷彿陣腳塌陷。一切都那麼不一樣，居然連政治觀感都天差地別！一開始，為了表明自己跟大家是同夥的，還有為了證明自己思想靈通，他針對梵諦岡大肆發表義憤填膺的言論。結果沒得到任何人的反響。為什麼要談梵諦岡？沒人要他談這個，而且這個話題在薩伊米希特引不起任何人的興趣。貝爾格勒的極左派媒體已經養了一群記者專門發表這類言論，何必免費幫他們做這個工作？在場跟他說話的人都看著他，他們的驚訝表情打斷了他的激情。他們客氣地安撫他，斟酒請他喝。慌亂、寂寞，這種心情塞爾維亞人一眼就能看出來，他們馬上就會帶著一瓶酒和幾顆爛梨子，出現在你身邊與你作伴。

安納斯塔茲跟我們一樣，也享有這種種美妙的禮遇。米洛凡、素樸畫家孚拉達、塞爾維亞畫家協會的人都表現出手足之情，協助他度過難關。當他終於明白他碰到的是怎樣一群好心人時，他懷著瘋狂的感激之情投入這個圈子。於是他一心一意要把他從法國帶來的咖啡泡給大家喝。我們會看到他手捧冒著熱氣的托盤，在走道上來回穿梭。他想討大家喜歡。這會兒他倒算走運；咖啡在這裡奇貨可居，而且安納斯塔茲煮的咖啡真的好喝。大夥都喜歡他。事情就是這麼簡單。

☆　☆　☆

每逢星期五，我們就會到隱身在郵局後頭那間小小的東正教堂做彌撒。幾株向日葵倚在被蟲蛀壞的籬笆邊，幾張塞滿乾草的兔皮掛在聖器室的牆上。教堂裡邊有十來個涼鞋上布滿灰塵的老太太在一扇屏風後面唱聖歌。兩支大蠟燭插在一個盛滿沙土的水桶裡，給祭壇帶來一點微弱的亮光。整個氣氛柔和而又給人過時的感覺。昏暗的光線和嗡嗡作響的細弱人聲為整場儀式賦予某種幾乎令人難受的不真實感；我覺得彷彿看到某個粗枝大葉的電影導演剛布置出做彌撒的景象。這座教堂顯得好像處在垂死狀態。它沒能順應情勢，只能一路吃苦頭。確實，它在塞爾維亞王國形成階段扮演過的角色，以及它曾為反抗軍[17]提供的救援，都使它得以免遭迫害，不過，儘管共產黨沒做出什麼事來終結這座教堂，它在挽救教堂這方面作為更少，而所有人都知道，再怎麼勤奮參與宗教活動，基本上對於職業生涯的進展也不會有幫助。

話說回來，至少在有人死的時候，這座教堂還有用武之地，而且不必害怕往生者受到傷害。在貝爾格勒的各個墓園，家屬會到頂端嵌有紅星的共黨擁護者[18]墳墓上擺放紫色圓珠十字架，或著在星期天點燃幾根小蠟燭，這種蠟燭的火焰被吹斜了也不會熄滅。不同徽章間的爭戰悄然無聲地延燒到這裡。共產黨徽氾濫成災，至少會出現在柵欄上、商店門口，或壓印在香料麵包上，有時連波士尼亞的偏遠村落也無法倖免。轄區的黨支部會到那些村子的清真寺對面豎立所謂「黨民合作凱旋門」，美其名為凱旋門，其實只是用木漿紙板做成的巨大牌坊，一開始油漆得光鮮亮麗，不多時就毀壞得慘不忍睹。才過一個星期，農民就會把農用大車栓在柱子上，或是偷偷切下幾塊板材，拿回家封住破掉的窗玻璃。在強烈陽光的照射下，紙版的漆面逐漸爆裂，一座笨重的圖騰迅速變得殘破不堪，彷彿嫁接失敗的草木枯黃凋萎。

有一點真的令人匪夷所思，歷史上一場場革命運動自詡對人民有深切了解，但卻幾乎完全漠視他們的人文素養，只會拿一堆口號和標誌進行宣傳，而這些東西在因循守舊的程度上比它們號稱要取代的事物還要愚蠢。在百科全書派[19]最傑出的一群有識之士構思之下誕生的法國大革命迅速降格，成為一場對羅馬共和所做的無知可笑的模仿，好好的公曆不用，非要換成「雨月」、「旬十」[20]，還搞出「理性女神」這種花招[21]。這種降格也在這邊顯而易見，米洛凡心目中那種經過理性思維而又充滿人情溫暖的社會主義搖身一變，成為**黨的機器：**擴音器，軍用腰帶，坐滿無賴、在坑坑洞洞的路面上顛簸前進的賓士汽車——這整套設備不但已經顯得陳舊過時、莫名其妙，而且跟戲劇舞台上那些在最後一幕把死去的神祇和逼真的雲彩從布景架上硬拉下來的沉重機械一樣專橫無理。

☆☆☆

薩伊馬希特的人都不提從前的事。我們可以很有把握地推測，無論在哪個地方，從前的日子都很辛苦。就像得過馬瘟但記憶能力短暫的馬一樣，住在這個郊外地帶的居民是從對過往的忘卻中汲取重新活下去的勇氣。

在貝爾格勒，位高權重者對過去避而不談，彷彿那是個可疑的老頭，如果對他興訟，勢必導致太多人被提告。然而，塞爾維亞確實有過輝煌的過去，克羅埃西亞和蒙特內哥羅[22]留有豐富史籍，馬其頓樹立過無數豐功偉業，其中充滿善用權謀的主教君王、詭計多端的騷人墨客、槍桿子打得凹痕累累的游擊戰士。那些人物無不可欽可佩，但難以讓後人援引運用，不適合直接消費；就像有些肉類必須熬煮很久，才能去除腥羶味，他們的歷史價值來不及沉澱出來，因為他們通常忙著把敵國土耳其或奧地利留給他們喘息的片刻用來自相殘殺。

在讓這筆尚被「封存」的資產重見天日以前，塞爾維亞人制定的官方歷史是從納粹入侵才開始。造成兩萬人死亡的貝爾格勒大轟炸，游擊隊，鐵托主義，內戰，革命，與共產黨暨工人黨情報局的糾紛[23]，以及某種民族主義教條的建立，都在短短八年中接連發生。所有鼓動民族情感所必須的典範、詞彙與神話，都是從這些短暫而暴戾的歷史片段中擷取出來的。那個時代顯然不缺貨真價實的英雄豪傑和英勇犧牲的烈士，拿來為全國的街道重新命名綽綽有餘，不過世界上沒有什麼比同一個黨派的兩個擁護者性質更相近，因此這種不斷援引反抗運動相關人物的作法到頭來只會惹人反感，更何況，塞爾維亞人不必等到一九四一年，就已經具備那些深深吸引著我們的優良質性。

每當我們思念起那個被刻意斬斷的過去時，只消打開我們那本「法塞會話手冊」，就會像一根箭般被直接射進一個不會復返的舊世界。

我趁這個機會說說這種書的壞話；在這趟旅行中，我帶了好幾本這類提供給遊客使用的小冊子在身邊，它們全都派不上用場，不過沒有一本比一九〇七年馬尼亞斯科教授在義大利熱那亞出版的「法塞會話手冊」更離譜。書中內容過時得令人瞠目結舌，充滿鬧劇般的對話，交談者彷彿出自一名從未離開過自家廚房、卻極力幻想旅館生活的作者憑空編造出來的世界。通篇盡是高幫皮靴、少得可憐的小費、老式禮服大衣、不著邊際的言語。我第一次用上這本冊子是在薩瓦河堤岸邊的一家理髮店。在一堆剃了平頭的腦袋瓜和一群身穿連身工裝的工人之間，我被問到這句：

「Imam, li vam navoštiti brk？」（鬍子需不需要上點蠟光？）

根據會話手冊，這時我應該這樣回答：

「Za volju Bozyu nemojte puštam tu modu kikošima.」（老天饒了我！我把這種流行讓給那些小白臉吧。）

這已經算不錯了。不過在探索往昔的過程中，貝爾格勒博物館裡那些精采的古文物提供了許多其他形式的資源。當然，為了得到這份享受，得付出一點代價才行：首先我們必須穿越一間陳列老牌雕刻家梅斯特洛維奇（Mestrovitch）作品的大展覽廳。他的作品無一不是透過主題或神態，展現英雄氣概。痛苦扭曲的身體，希望飛揚的表情，慷慨激昂的姿態。米開朗基羅式的肌肉結構在大肥肉燉甘藍菜這類飲食加持下更加發達，把整個身軀緊緊繃住，連太陽穴都不放過，彷彿要把某個妨礙這些威猛運動員思考的一小塊組織徹底擠壓出去。

不過，通過那間展覽廳以後，接下來就驚奇連連了。我們立刻看到一系列哈德良[24]時代的半身塑像，包括默西亞[25]或伊利里亞[26]的歷任總督、行政官，各個都顯得維妙維肖。我在其他所有地方看過的古典雕塑經常都華麗而冰冷，但眼前這些雕像卻彷彿在恣意展現個人姿采。在追求相似性和生動表現的努力中，古羅馬人吹毛求疵的精準，以及他們的尖酸和刻薄，造就出藝術創作的奇蹟。在蜂蜜色的柔和燈光下，十來尊面目狡詐、看起來如雄貓般機敏的老長官安靜地互相打量。額頭表露倔強性格，魚尾紋展現無盡譏諷，厚唇寫滿縱情欲樂，這些五官細節以恬不知羞的方式，讓病態、狡猾或貪婪淋漓盡致地從中迸發，彷彿異國山巒中的居留生活已將這些人從虛假偽裝的生命重負中永遠解脫出來，令參觀者看得嘖嘖稱奇。除此之外，儘管一張張臉上留下多瑙河流域這個邊疆地區帶來的傷痕和刀疤，他們的神情依然流露平靜自在的基調。他們想必曾經貪婪地緊緊抓住一段高潮迭起的人生，但我們可以感覺，對於那一切曲折動盪，他們早已淡定從容。在南塞爾維亞發掘出來的密特拉教[27]祭壇則顯示，他們即使來到這個地區，也不忘妥善運用超自然力量。

參觀完畢，我們重新回到陽光普照的街道，西瓜的氣味撲鼻而來，大市集裡的馬匹取了小孩的名字，房舍屋宇凌亂地散落在兩條河流之間。這是一片非常古老的人類居住地，如今它的名字叫作貝爾格勒。

☆☆☆

晚上，為了保留一些絕對必要的獨處時間，我會一個人四處閒晃。我在胳膊底下夾了一個本子，走到河的另一邊，沿著漆黑僻靜的內曼吉納大街前行，一直到「默斯塔爾」。這是一家寧謐的餐酒館，在燈光照射下彷彿一艘夜航的客輪。波士尼亞的「老鄉」們全都聚集在此地，聆聽手風琴拉出他們那美妙的民族音樂。我還沒坐定，老闆就給我拿來一碟紫色墨水和一支生鏽的鋼筆。他三不五時就會走過來，隔著我的肩頭看我這攤活兒是不是有所進展。能一口氣寫滿一張紙，這在他眼

裡是非比尋常的事。對現在的我來說其實也是。自從生活變得如此多采多姿以來，要我集中注意力一直困難至極。我觀察周遭，寫了幾條筆記，然後暗自盼望自己的記憶力夠牢靠。

幾個蠻橫的穆斯林農婦占著長條沙發打呼，身邊擺了一堆裝滿洋蔥的籃子；然後是一些滿臉痘疤的貨車司機；幾個軍官直條條地坐著，身前擺了一杯酒，手上把玩著牙籤，他們不是忙著跑來幫你點菸，就是設法找話題搭上幾句。每天夜裡，四名年輕妓女會圍著門口旁邊那張桌子，邊嚼西瓜子邊聽手風琴樂師用他那嶄新的樂器拉奏出令人驚嘆的琶音。她們的膝蓋光滑而美麗，曬成健康的棕色，如果人才剛在附近的草坡上辦完事，膝蓋上還會沾了些泥土；她們顴骨高聳，氣血彷彿在裡頭打鼓，令她們臉色紅潤。有時她們會一下就昏睡過去，這時睡容會為她們平添幾分不可思議的青春氣息。我看著她們被紫色或蘋果綠棉布衣服包住的身體側面隨著呼吸規律地起伏。我覺得她們散發某種粗獷、撩人的美，直到她們開始令人作嘔地噴鼻息、清喉嚨，然後朝鋸末堆裡吐痰。

返回住處的路上，橋上的衛哨有時會找我碴。其實那傢伙很清楚我們是誰，不過我們無憂無慮的樣子惹他惱火，於是他會動用職權範圍內唯一可行的報復方法：耽誤過路人的時間。他渾身散發大蒜和茴香酒的氣味，動作笨重地晃著剃了平頭的腦袋，要求我們出示只存在他想像中的通行證。我的外國護照讓我不費力氣就擺脫糾纏，順利通過大橋，不過他怒氣難消，於是在我們之後好一段時間才過橋的孚拉達就得承擔後果了。他經常喝得微醉，像個孩子般從一節枕木跳到另一節枕木，心中幻想著，如果他不是孚拉達，如果他不是在這裡長大的，他會畫出多神多棒的作品，如果……這時，哨兵的喝斥聲會猛然把他拉回現實。他們會氣呼呼地吵架，一陣陣叫鬧的回聲甚至還會乘著夜風，一路傳到我們的工作室。

哨兵尖聲吼道：「罰款五百第納爾！」但孚拉達用固執的口氣把衛兵的話狠狠塞回娘胎。既然這幫人這麼難搞，哨兵絕不輕易放過。我們聽到他大叫：「五千！」這個數字報出來以後，接著是一陣消沉的靜默，然後會聽到已經清醒的孚拉達拖著腳步穿過高高的雜草，到工作室外面輕輕叩門。他不停責罵自己的衝動；他一個月才賺那麼點錢，怎麼也不可能付得起罰款。第二天，他得返回橋頭的崗哨，向人家低頭道歉，假裝白癡傻瓜，使出各種農民的花招，再從口袋裡掏出一瓶李子酒，然後才終於把事情擺平。

我們湊合著安慰他，不過那些天晚上，這座城市好像一直要找我們麻煩。我們真想伸手一揮，徹底掃除附近社區那些破陋的屋子、民兵的嗆鼻口臭、一些人的悲慘與窮困、另一些人的遲緩和憂煩。我們會忽然需要快樂的眼神、清潔的指甲、文明的舉止和細緻的家居織品。提耶里用鏤花模版在我們的帶耳馬口鐵杯子上畫了兩個王冠，我們倒了酒就舉杯暢飲。這是我們身處此地唯一的叛亂方式。而且，我們就是國王。

☆　☆　☆

巴契卡

展覽閉幕了。現在我們有了足夠的錢，可以盤算到塞爾維亞北部做一趟旅行。一位塞爾維亞畫家協會的年輕會員、我們的朋友米雷塔自願擔任翻譯，並催促我們趕緊成行，說什麼如果我們想錄吉普賽人的音樂，就該到那些地方去蒐羅。

南斯拉夫的鄉村地區目前大約有十萬名吉普賽人。這個數字比從前低得多。許多吉普賽人在大戰期間喪生，不是被德國人屠殺，就是被遣送到集中營。其他很多人帶著他們的馬匹、狗熊和簡陋的樂器，遷居到尼什[28]或蘇博第察[29]的窮困郊區，當起都市人。不過在鄰近匈牙利邊界那些省份的偏遠地區，還有少數幾個鮮為人知的吉普賽人村落。那些村莊的房子是用黏土和麥桿搭建的，會像變魔術般一下子就出現，然後忽然又消失。哪天村民住得厭煩了，就會將村子遺棄，到其他更荒僻的地方另起爐灶。不過，貝爾格勒沒有人能告訴你那到底在哪。

八月某天下午，貝爾格勒通往布達佩斯的公路邊一家歌舞酒館的老闆在米雷塔嚴詞逼問下，向我們透露吉普賽人那些忽隱忽現的臨時居住地之中的一個。那地方叫「巴契卡的博噶耶窩」，位於匈牙利國境南側，距離我們倚靠著啜飲白酒的橡木桶大約一百公里。我們把酒一飲而盡，就往巴契卡的方向上路了，目標鎖定博噶耶窩。夏天正慢慢讓位給秋天，最後一批鸛鳥在草原上空盤旋。

巴契卡地區的道路屬於白鼬、趕鵝婦、覆滿塵土的推車，是整個巴爾幹半島最糟糕的路。這對巴契卡倒也好，布滿輪溝的路面成為天然屏障，使這裡幾乎不曾發生戰事。同時這也是我們的福報，因為我們一點也不急著走出這片風景。這片平野已經是馬匹的天下，一望無際的蒼翠牧原上，偶爾會凸出一棵孤零零的胡桃樹，或是一口水井的鞦韆造型井架。這是個通行匈牙利語的省份。女人長得很美，每逢星期天，她們會穿上一身華麗中散發憂鬱氣息的服裝。男人身材矮小，非常健談，而且殷勤好客，他們喜歡抽一種有蓋子的小菸斗，進教堂做彌撒時還穿一種有銀質扣搭的鞋子。這個地區的氣氛難以捉摸，而且給人一種淒美的感覺。短短一個下午，我們彷彿就被施了魔法，徹底著迷了。

我們趕到博噶耶窩時，時辰已是半夜。這個村莊富庶而安寧，一座剛用灰泥刷白的教堂矗立在村子中央。除了隱約傳來最後一局撞球聲響的客棧還點著燈，全村沒有一點亮光。客棧前廳裡，三個身穿黑色全套西裝的農民一言不發地做出快捷靈巧的擊球動作，他們放大了的影子在身後的白牆上舞動。在耶穌受難十字架對面，一幅年代久遠的列寧像——就是那個隨處可見、打著大花領結的列寧肖像——懸掛在櫃台上方。一名穿皮襖的牧羊人獨自坐在桌邊，拿麵包蘸熱湯吃。這整個環境氣氛相當獨特，但是沒有一絲吉普賽人的痕跡。原來我們搞錯了博噶耶窩。這裡有兩個相鄰的村莊：農村博噶耶窩和吉普賽博噶耶窩。這好比一邊是史特拉汶斯基[30]，另一邊是拉穆茲[31]，而兩者似乎難以真正和睦相處[32]。我們在門口問了那三個打撞球的人，他們隨手比了一下不遠處的多瑙河彎，河面上閃著夜光，距離我們大約是步槍的射程。我們搞錯村子的事令他們印象深刻。我們把旅店唯一的房間訂下來以後，立刻又動身上路。

吉普賽人的博噶耶窩靜靜躺在河岸後方，已經沉沉入睡。不過在距離那個駐紮地幾步路的地

方，在村外一處斷橋口旁邊一間爬滿牽牛花的棚屋裡，我們湊巧看到幾個男性村民在唱歌跳舞，度過暢快夜晚。一種粗俗而歡樂的音樂聲從用油燈照亮的廚房傳來。我們擠到窗口往屋內窺探：在靠近油燈的地方，一名漁夫正在清除鰻魚的內臟；一個胖胖的村婦光著腳，在一名士兵的臂彎裡扭擺著跳舞。一張桌子上擺了好幾個一公升酒瓶，裡面的酒已經被喝掉一半；桌子後方並排坐了五個四十多歲的吉普賽人，五個儀容不整、衣裝破舊、老奸巨猾、煞有其事的吉普賽人，一邊撥彈修修補補的樂器，一邊盡情高歌。這群人有著顴骨寬大的面容，平貼在頭部的黑髮長及後頸。明明長了亞洲人的臉孔，足跡卻已踏遍歐洲各地的小路，被蟲蛀破的毛氈帽底下深藏著無盡的快樂與自由。在客棧撞見吉普賽人是極其難得的事；這次我們運氣好得沒話說，這地方真的是他們的巢穴。

我們出現在門口時，音樂戛然而止。那些人把樂器放下，定睛看著我們，滿臉驚愕與不信任。在這個平時無人問津的鄉村，我們是一群不速之客，得設法證明正身才行。我們就著他們那張桌子坐下，他們讓人重新擺上酒、燻魚、香菸。士兵帶著胖姑娘消失無蹤以後，這群人弄清楚我們是流浪打工路過這裡的，於是他們又恢復了原有的自在，然後開始百般殷勤地清理餐盤。在兩輪酒之間的空檔，大家會聊天；我們先用法語對米雷塔說，米雷塔用塞爾維亞語跟老闆說，老闆用匈牙利語翻譯給吉普賽人聽，然後又這樣一路傳譯回來。氣氛再度變得熱絡。我把錄音機插了電，音樂重新開始。

通常吉普賽人會演奏他們所在地區的民俗音樂；在匈牙利演奏查爾達什舞曲，在馬其頓演奏奧羅舞曲，在塞爾維亞演奏科洛舞曲。他們向來習慣借用居住地的各種事物，因此自然也會借用當地人的音樂，而音樂是他們唯一有借有還的東西。不必說也知道，他們有自己的一套吉普賽音樂，但他們在這方面相當低調保留，外人不常有機會聽到。不過這天晚上，在他們的窩巢裡，他們用自己拼裝的樂器演奏出來的，恰好就是他們的民族音樂。這些古老的悲歌早已被他們住進城裡的同胞遺忘。一些粗野、激昂、嘹亮的歌曲，用羅姆語[33]訴說日常生活的種種遭遇：東扒西竊、偶獲偏財、冬夜月寒、轆轆飢腸……

Jido helku peru rošu
Fure racca *šiku* košu
Jido helku peru kreč
Fure racca denkučec
Jano ule! Jano ule!
Supilečŭ pupi *šore*...

紅色頭髮的猶太小子
偷了隻紅色公雞和鴨子
蓄髮捲[34]的紅髮猶太小子
從角落裡偷了隻鴨子

你把爪子拔了毛
拿給媽咪當點心
軟嫩勝過紅玫瑰心
不得了啊亞諾，不得了……

我們用心聆聽著。就在亞諾帶著拔了毛的雞消失不見，吉普賽人在彆腳提琴拉出的節奏中以頑童般的喧鬧唱出他開溜的故事時，一個古老世界逐漸從陰影中浮現。迷濛夜色，鄉野情懷。顏色只有紅與藍。到處是肉質鮮美但機靈警覺的動物。一片苜蓿遍野、白雪皚皚、陋屋散落其間的大地，身穿繫帶長袍的猶太拉比、衣衫襤褸的吉普賽人和蓄著分叉大鬍子的東正教神父圍坐在茶爐邊，絮叨著各自的故事。這是一個他們可以恣意切換氛圍的世界，琴弓驟然轉折，就能毫無預警地從遊民的自得其樂跳到撕心裂肺的淒楚。

Tote lume ziši mie, Simiou fate de demkonšie……
——但是啊但是，所有人都曾告訴我：娶了鄰家那個姑娘吧……

新婚妻子是不是跟另一個男人跑了？她是不是不像別人發誓的那樣貞潔？故事情節無關緊要；他們只是忽然樂於陷入悲傷，無論用什麼題材達到目的都行。才幾根菸的工夫，他們就讓琴弦發出

如泣如訴的樂音，只為了得到心靈大喜大悲、劇烈震盪的單純快感。

這份憂鬱之情只是暫時的。轉眼間，那兩個特別起勁的樂師——方才我們為了錄音的需要，客氣地安排他們坐在其他樂手後面——又開始祭出激烈節奏。我們深怕音樂轉回歡快嘈雜的格調，果不其然，就在我們準備離開時，這件事就發生了；樂手們樂在其中，完全不在乎漁夫兼客棧主人正在角落邊打呵欠邊用拳頭揉眼睛。

大彌撒的鐘聲起勁地把我們吵醒時，時辰已經不早了。一群白鴿在旅店的中庭裡啄食，太陽高高掛在天上。我們坐在小廣場上，用鑲金邊的大白碗喝牛奶咖啡，欣賞婦女們往掛滿裝飾旗的教堂走去。她們穿著薄底淺口鞋、白色絲線長筒襪，花冠狀繡花裙被蕾絲飾邊的襯裙撐得更加鼓脹，上身是一件繫帶短上衣，髮髻頂端的小帽上別了一束彩帶。她們的身影修長美麗、婀娜多姿，彷彿一氣呵成。

旅店老闆低聲對我們說：「她們把腰身束得那麼緊，每到星期天，總會有兩三個人在舉揚聖體以前就暈過去。」

他帶著尊敬的語氣將聲量放低。老百姓會用這種充滿神祕感的口吻談論女性，顯見這裡已經發展出非常圓熟的鄉村文明。農村博噶耶窩確實多得是幸福的理由：膚色健康的婦女、漿洗得清新宜人的衣物、馬匹成群的牧原，而且還有吉普賽人比鄰而居，彷彿為揉好的麵糰添加酵母。

快到中午時，我們回到橋邊那間棚屋，兩名前一天晚上的樂手等在那裡，準備帶我們到他們的宿營地。他們坐在桌邊，看起來神清氣爽，精神飽滿，正在設法把一匹馬賣給旁邊的一位匈牙利老先生。我們把錄音播放給他們聽。效果棒極了：起初略顯畏縮的歌聲很快就爆發成粗野的嘶吼，散發一股令人難以抗拒的快活。他們閉上雙眼，愉快地聽著，嘴角露出微笑。坐在桌子另一頭的老先生也開始心花怒放。錄音機和我們的出現讓他有機會以嶄新的心情重新發現這個熟悉的音樂。錄音播放完畢以後，他站起身來，非常輕鬆自然地向在座眾人自我介紹。他也要唱歌，唱幾首匈牙利歌。他摘下手套，惠賜歌喉。我們沒有錄音帶了？沒關係，他純粹只是要唱歌。他把領口鬆開，兩手擺到帽子上，用宏亮嗓音唱出一支曲調。旋律變化完全無法預料，但等我們聽完以後，整首曲子卻顯得理所當然。第一首歌講的是一名士兵，他從戰場上歸來以後，讓人給他做了一張「白得跟這人的襯衫一樣」的大餅。第二首是這樣唱的：

公雞咯咯唱，天光漸漸亮
我不惜一切也要去教堂
滿堂蠟燭老早已經點上
可是我媽我妹卻不在場
我的婚戒被人偷個精光……

老先生全然投入在歌曲中，臉上做出一副可憐樣，在旁的吉普賽人則擺著身子露出竊笑，彷彿戒指不見就是他們幹的好事。

吉普賽博噶耶窩位於河堤下方的一片孤寂草原上，草原被一條小溪澆灌得青翠鬱蔥。村莊四周，一匹匹小馬被栓在柳樹林或向日葵地裡，正在悠閒地吃草。兩排茅屋中間是一條塵土飛揚的寬闊街道，一窩小黑豬在陽光下橫衝直撞，然後四腳朝天，在地上翻滾。村民剛宰殺了牲畜，家家戶戶門檻上都擺了一包顏色發藍的下水，在陶土甕缸裡冒著熱氣。村子裡寂靜無聲，但已經有人為我們在冷清的街道上擺好一張瘸了腿的方桌，桌子周圍放了三張椅子，桌上鋪著一塊紅布，宛如一灘鮮血。我們把錄音機安放好，一抬頭，便碰上上百雙漂亮的眼睛。全村的人已經踮起腳尖，圍在我們四周。一張張臉沾滿泥垢，孩子們光著身子，老太太叼著菸斗，配戴藍色玻璃珠飾品的年輕女孩正在整理髒污的金色破衣裳。

聽到丈夫、兄弟們的聲音以及號稱「總統」的村長拉奏的小提琴以後，人群中猛然掀起一片喧嘩，接著是自豪的叫喊聲此起彼落，但老太太們旋即拍掌，眾人頓時鴉雀無聲。博噶耶窩不曾有人聽過他們的音樂從一架機器傳出來；村子裡的樂師們被居民親切地圍在中間，享受屬於他們的榮耀時光。此時此刻，當然少不了幫所有人拍些照片，特別是那些姑娘們。她們每個人都想拍獨照，於是彼此擰捏推擠，拉扯起來。一場廝殺隨即展開——用指甲掐、用髒話罵、耳光猛搧、唇角破裂——最後，在淡淡的血光中，爭鬥場面又化成一片天旋地轉的歡樂。

拉提琴的「總統」和一名長得尖嘴猴腮的年輕助手陪我們一路走到河堤。他們在耳朵上別了一朵大麗花，步履相當緩慢，整個人還沉浸在那場驚奇音樂會中。然後他們用塞爾維亞語邀請我們再度光臨。

回到農村博噶耶窩，所有居民想必都在藍色百葉窗板關上的室內用餐或睡覺。廣場上見不到一個人影，只有一股紅色塵土像小龍捲風般直聳聳地飛舞，最後撞上教堂外牆，隨風散去。我們以十五公里時速在路上行進，準備搭渡船轉往巴契卡—帕蘭卡。靜謐的鄉村在夏末充滿果香的凝重光線中悄悄歇息。

有一天，我一定要回到這裡，就算得騎掃帚來，我也願意。

☆　☆　☆

巴契卡—帕蘭卡

在多瑙河對岸，渡船碼頭後方，地勢又變得高低起伏。經過一處挨著玉米田的陡坡時，一名男子忽然從玉米穗間冒出來，擋住我們的去路。他臉色蒼白，長相像個屠夫，用克羅埃西亞語吼吼叫叫。我們做了手勢讓他上車。他用力擠進前排座位和後方長椅中間，開始用所有他搆得著的東西——包包、毯子、雨衣——把身體蓋住，直到讓自己完全消失。

「他要我們把他送到警察局，」米雷塔說。「他從天亮開始，就一直在逃命。他讓一個女孩子失去了貞操，可是他已經結了婚，所以這兩個星期以來，那女孩的家人一直在追捕他。他們跟這一帶很多人一樣，都是蒙特內哥羅人，政府分了一些土地給他們。」

快要進村莊的時候，我們果然碰到一小群個頭精壯、皮膚被曬得黝黑的男人，他們都蓄了小鬍子，身上斜背著卡賓槍，正騎在高高的自行車上，用目光搜尋四周的田野。一陣禮貌性的問候使我們的保護對象受盡驚恐的折磨。我們剛來到警局外，他就把米雷塔推開，跳出車子，火速往門口衝了進去。我們保護的人得到安全以後，我開始對這些蒙特內哥羅人產生好感，不只是因為這群叔伯兄弟為達目的，聯手翻遍每一寸土地的決心，也是因為他們打招呼致意時那種略帶冷漠的鄭重。我實在很想到南部走一遭。

回到薩伊米希特以後，我們花了半個晚上查閱地圖。在尼什的西南方向，有一條通往科索沃和馬其頓的路，沿途都是些看起來奇形怪狀、似乎灑滿陽光的地名。我們打算就走那條路。

☆　☆　☆

返回貝爾格勒

從上城區通往薩瓦河堤岸的小路通過一片和緩的坡地，坡地上散布著木屋，屋外圍著被蟲蛀壞的籬笆，沿路有許多花楸樹和一叢叢紫丁香。這是一方溫馨怡人的城市田園，到處栓著山羊、養著火雞，穿著罩衫的孩童不是安靜地玩跳房子遊戲，就是拿著不太畫得出東西的煤塊在地上寫寫畫畫，線條雖然顫抖，但內容卻出奇地豐富，彷彿出自老人的手筆。我常在日落時分到這個地方閒晃，腦子全然放空，內心充滿喜悅，我踢著地上的玉米棒，彷彿這是生命的最後一天；我盡情呼吸著城市的氣味，任憑雙魚座那種經常會帶來致命不幸的散漫將我淹沒。山丘下有間很小的酒館，沿著河邊擺設了三張桌子。酒館供應一種很香的李子酒，每當旁邊有農務大車經過，杯中的酒液就會隨之顫動。薩瓦河的土褐色河水在邊喝酒邊等待夜幕垂臨的客人眼底靜靜流過。在對面的河岸上，可以分辨出布滿灰塵的荊棘叢林和薩伊米希特的小屋。如果剛好吹著北風，有時我甚至能聽到提耶里拉手風琴的聲音，一會兒是〈一切順利〉，一會兒又是〈不順從的女人〉，那些來自另一個世界的旋律散發一股輕浮的憂鬱，在這裡聽起來有幾分煞風景。

臨行前最後一晚，我又回到這個地方。河岸上，兩個男人正在清洗酸氣撲鼻、酒渣流溢的巨大酒桶。甜瓜的氣味當然不是貝爾格勒唯一的味道。市區還瀰漫著其他一些懾人的氣味：重柴油和黑肥皂的味道，甘藍菜的味道，糞便的味道。這是難免的事；城市就像一道傷口，必須讓它流水、排膿，才會痊癒，而它的血液功能強大，似乎足以讓任何傷口癒合。它已經能給予的，比它還欠缺的更加重要。如果我至今沒能寫出太多東西，那是因為幸福的感受占據了我的所有時間。況且，我們無權評斷逝去的時光。

☆　☆　☆

通往馬其頓的路

前往馬其頓的路會經過舒馬迪亞州的克拉古耶瓦茨[35]，我們的朋友、手風琴演奏家柯斯塔正在城裡的父母親家中等著我們。舒馬迪亞堪稱塞爾維亞的一塊福地。如海浪般緩緩起伏的山丘上種著玉米、油菜和小麥。果園裡，火紅的李子紛紛墜落，彷彿為乾燥的草地披上彩冠。這個省份的農民富有而固執，花錢不手軟，會在大車後方漆上sbogom（告別）的金色字樣，也懂得釀造全國最棒的李子酒。高大的胡桃樹聳立在村落中央，田園氣質濃厚到連在省會克拉古耶瓦茨上高中的布爾喬亞家庭小孩都深受感染。於是，柯斯塔始終帶有鄉土味十足的固執，也會不斷做出鄉下人表現難為情時那種擺頭聳肩的動作。還有屬於農民的沉默寡言。我們對他的家庭所知不多，只知道他的爸爸是區域醫院的醫生（柯斯塔補充說他十分健談，說完自己又陷入沉默），他的媽媽則是個肥胖而快樂的婦女，眼睛幾乎已經全瞎。

不過在克拉古耶瓦茨，似乎人人都已經知道是哪家人在等著我們光臨。一群小孩掛在我們車上，帶領我們到柯斯塔家門口。一陣歡迎的喧嘩、熱絡的握手，幾道湛藍的目光和幾點飛濺的口沫，然後我們就被引進一間寬敞而破舊的公寓。室內有玩具熊、黑色鋼琴、普希金[36]的畫像、擺滿豐盛食物的餐桌，還有一位身體已經被歲月壓彎的老奶奶，她坐在一束陽光中，握手時鋼鐵般的力道差點把我們的手壓碎。片刻之後，當醫生的爸爸快跑著趕到，他為人熱情、性情奔放，眼睛是勿忘草的藍，上唇的小鬍子使他顯得率直真摯。待過日內瓦的他用宏亮的聲音跟我們說法語，還一再為了尚—賈克・盧梭[37]而謝謝我們，彷彿盧梭是我們親自培養出來的人物。

開胃喝啤酒，小菜是香腸，還有淋滿酸奶油的乳酪蛋糕。

我們在餐桌就坐還不到一個小時，柯斯塔就背出他的樂器，醫生爸爸則忙著為小提琴調音，準備一起上陣。在堆放盤碗的餐具櫃附近，女僕開始翩翩起舞，起初舞步稍嫌笨拙，上身動也不動，後來越跳越輕快。柯斯塔繞著桌子慢慢走動，方方的手指頭在琴鍵上不停飛舞。他把頭斜倚在鍵盤上，如同在傾聽泉水淙淙流淌。停下腳步時，他只用左腳打拍，平靜的表情彷彿顯得與節奏毫不相干。造就出頂尖舞者的，就是這種自我克制。這音樂令我們心動不已，可惜我們不會跳舞，迷人的韻律只能在我們臉上化成無謂的悸動。醫生把小提琴拉到一個極致；琴弓將琴弦拉動了足足有兩公分，他汗水淋漓，嘆息低吟，因為音樂而神采飛揚，彷彿蘑菇在驟雨下脹得圓潤飽滿。就連幾乎動彈不得的老奶奶也把一隻手臂繞上後頸，另一隻手臂往前伸直（標準的舞蹈姿勢），隨著節拍輕輕擺動，咧著沒了牙的嘴笑逐顏開。

香嫩炸排骨，鮮肉酥盒子，爽口白葡萄酒。

「科洛」這種圓環舞是南斯拉夫的國民舞蹈，從馬其頓到匈牙利邊界，全國人民都能為它迴旋

轉身。每個省份、每個地區都有自己的風格，主題與變化版本數以百計，只要離開大馬路，到處都會看到有人在跳這種舞。在車站月台上，送子參軍的父母隨時可以在一籠籠的雞鴨和一籃籃的洋蔥之間，即興來上一小段悲傷的科洛。盛裝民眾在榛子樹下舞出的科洛則經常會被鐵托的宣傳機構用相機大拍特拍，政府非常注重這種民族藝術，派出大量號稱專家的官員深入鄉村，以九／四拍或七／二拍記錄農民的節拍技巧。這些農民舞技嫻熟，無論對輕快至極的切分音、奧妙無比的不和諧音，都有出神入化的掌握。這種對民間藝術的頌揚自然使許多音樂家受益，在南斯拉夫，只要笛子吹得好、手風琴彈得妙，就等於擁有一身寶貴資產。

美味肥肉片，果醬可麗餅，
兩次蒸餾的李子酒。

下午四點，我們依然圍坐在餐桌邊。醫生早已放下小提琴，現在正在聲嘶力竭地唱歌，並且情緒高昂地斟酒暢飲。他是那種會拉大嗓門的豪爽漢子，樂於陶醉在自己的喧囂聲中，而且還能讓一堆人甘願在旁受罪。至於女主人，她的眼睛確實幾乎已經看不到，於是她用指尖摸了摸我們的臉，確定我們真的在場，然後笑得彷彿要飛起來似的。不知道的人還以為她才是貴客。在兩首歌的空檔，我會聽到走道盡頭傳來水滴流在浴缸裡的聲音，原來他們為了達到冰鎮效果，把一堆西瓜和瓶裝飲料放在浴缸裡泡冷水。我去尿尿時計算了一下：那些東西至少相當於一個星期的薪水。

塞爾維亞人不只慷慨得令人讚嘆，而且還保留了古早時候的宴飲精神，既把餐宴當成享樂，也讓它發揮驅魔避邪的功能。生活過得輕鬆快活時，自然要好好吃頓大餐。日子變得艱難困苦？那更要大吃一頓才行。絕不像《聖經》那樣要人「脫去舊人的行為」[38]，而要拿大杯大杯的美酒來安慰他，用溫熱的人情包圍他，用美妙的音樂充盈他。

吃完乳酪和甜派以後，我們還以為大餐苦役終於結束了，沒想到在夕照中滿臉通紅的醫生又把大片大片的西瓜裝進我們的盤子。

「跟喝水一樣，」他大聲喊著招呼我們吃。

我們不敢拒絕，擔心這樣會為他帶來霉運。我在一陣迷濛中還聽到女主人絮叨著：slobodno…slobodno！——多吃點……多吃點！——然後我就直接在椅子上睡得不醒人事。

傍晚六點，我們重新上路，往尼什方向前進，希望能在天色全黑以前趕到那裡。過了尼什以後，我們就要離開塞爾維亞了。天氣已經變得清爽涼快。我們就像兩個打日工的人，農忙季節結束，口袋裡裝著剛領到的錢，記憶中盛滿全新的友誼，再度踏上了旅途。

☆☆☆

手頭上的錢足夠生活九個禮拜。錢的數目不多，不過要撐的時間相當長。所以我們拒絕享受任何奢侈，只有一個例外，而且是最寶貴的一個：慢活。打開車頂蓬，輕輕拉出手動風門，靠上椅背，一隻腳擱上方向盤，我們以二十公里時速悠哉遊哉地穿行在沿途的風景中（這裡的風景有個好處：它不會無預警地發生變化）。我們也像這樣安靜地馳騁在月圓的夜色中，欣賞精采紛呈的景致：螢火蟲漫天飛舞；養路工人穿著皮拖鞋工作；簡樸的村莊舞會在三棵楊樹下舉行；平靜的河流邊，渡船船夫還在沉睡。在萬籟俱寂的時刻，連按一聲喇叭都會讓自己嚇一跳。然後太陽升起，時間開始變得緩慢。我們抽了太多菸，雖然肚子很餓，不過一路經過的雜貨店都還大門深鎖，我們只好拿一塊從後車廂深處的工具堆裡翻找出來的麵包，細嚼慢嚥地解饞，不敢一下全部吞下肚。八點鐘左右，太陽開始發威，我們經過小村子時，必須睜大眼睛，因為總有些頭上戴著警察那種帽子的老頭被曬得頭昏眼花，在車子快開到他們前面時忽然笨拙地大步一跳，打算就這樣橫越馬路。快到中午時，煞車、引擎和我們的腦袋瓜都已經發燙。所幸無論周遭風景多麼荒涼，總是找得到一小片柳樹林，讓我們把雙手往後腦一枕，好好睡上一覺。

或者找到某處旅店休息。想像一下前廳的情景：凸起的牆壁，扯裂的窗簾，地窖般的陰冷；嗆鼻的洋蔥氣味中，蒼蠅嗡嗡作響，四處亂飛。一整天的旅途在這裡有了繫泊的所在；我們把手肘撐在桌上，盤點先前發生的事，彼此訴說一整個上午的經歷，彷彿各自有過不同的體驗。當天散布在千畝田野、萬頃鄉間的喜怒哀樂，濃縮在我們最先啜飲的幾口美酒、信筆塗鴉的桌布、暢快吐露的話語中。情感宣洩彷彿唾液分泌，與強烈的食欲相伴而生，足以證明在旅行生活中，身體的糧食與精神食糧休戚相關，緊密得難以分辨。大啖美味羊肉，構思奇異旅程；品嘗土耳其咖啡，咀嚼無盡回憶。

一天的時間在寧靜中邁入尾聲。用午餐時，我們已經暢所欲言。在嗚唱的引擎與不斷掠過的風景承載下，旅行的泉流貫穿身心，使思緒益發明晰。某些過去無端留置於腦海的想法離你而去；反之，其他一些想法如同湍流中的滾石，會自然調整、為你整頓成形。完全不需要介入；公路會主動為你效力。我們真希望它就這樣恪盡職守，不斷往前延展；不但延伸到印度的盡頭，還繼續伸向更遠的地方，一路延伸到生命結束。

旅行歸來以後，很多沒有動身旅行的人會來告訴我，只要專注思索、發揮一些想像，他們屁股不必離座，也能暢快旅行。我很樂意相信他們。他們必然是箇中強者，但我不是。我太需要「在空間中移動」這種具體的輔助。而且幸運的是，世界為我這種「弱者」開展廣袤的空間，張臂接納他們。而當這個世界，像某些夜裡馳騁在馬其頓的公路上那樣，月亮垂掛在左手邊，銀光粼粼的摩拉瓦河在右手邊奔流，還有滿心的憧憬催促我們奔向地平線彼方，尋找可供度過往後三個星期的村莊，這時我會不禁慶幸自己離不開這樣的世界。

☆☆☆

馬其頓，普里雷普[39]

普里雷普只有兩家旅館。「亞德蘭旅館」[40]主要是共產黨員下榻的地方，「馬其頓旅館」的客人則是難得一見的遊客。頭一天晚上，我們整晚都在那裡為了拿房間而討價還價。只要時間不趕，其實我挺喜歡討價還價的作法。再怎麼說，這也不像不二價那麼唯利是圖，而且還能讓人發揮想像力。此外，整個過程的重點主要是說明解釋；雙方都有各自的要求，必須設法冷靜對應，最終找到某種解決方案，而且事後沒有人會反悔。由於馬其頓旅館門可羅雀，事情變得特別好辦。明明就是星期六晚上，經理卻閒得發愁；設在中庭的餐廳拉起幾串彩色燈泡，在滿地落葉間，一名變戲法的魔術師身穿燕尾服，正在為少數幾位心不在焉、疲憊不堪的農民表演。他才剛開口吹牛皮，晚風就忙著來把話吹散；白鴿從他的大禮帽飛躍而出，卻沒贏得在場觀眾的一絲笑容。彷彿這個奇蹟太過簡陋，不足以驅散他們心中的憂煩。我們一直等到表演結束，才把行李搬上房間。兩張鐵架床，滿牆的百花壁紙，一張小小的桌子，一個藍色搪瓷洗臉槽；透過開啟的窗戶，可以望見群山的稜脊伸進漆黑的夜空，山岩的氣息幽幽飄盪進來。住在這裡等待秋天。就這樣吧。

☆☆☆

在這個到處是工藝師傅的城市，找人做一個我們車子所需要的行李架應該是輕而易舉的事吧？那你就錯了。首先，必須讓聽不懂塞爾維亞語的鎖匠理解我們的意思。用邊說邊畫圖的方式。不過我忘了帶鉛筆，鎖匠也沒有筆，車子周圍已經擠了一群湊熱鬧的人，他們都在摸衣服口袋……仍舊一無所獲。鉛筆不是這裡的人隨隨便便帶在身上的東西。一名看熱鬧的觀眾到隔壁的館子幫我借筆，同時群眾規模不斷擴大：他說要畫圖……他二十三歲……有人伸出手指怯生生地摸擋風玻璃，有人沒頭沒腦地就噗哧一聲笑起來。我著手描繪出一張盡可能準確的草圖，鎖匠那張膚色黝黑的臉孔開始發亮，然後又黯淡下來，因為他想起他手邊沒有焊燈。他在我的紙上畫了一具焊燈，在上面打了個大叉，然後看著我。旁觀民眾發出一陣失望的喧囂，然後一個老頭擠到前排，他說他認識一個小伙子，昨天才從德國開了小卡車回來，他那邊有一具焊燈。於是我得在老頭帶領下前往城市另一端，到那位老兄家拿焊燈。老頭頂了個大光頭，長了一副鷹勾鼻，眼神看起來瘋瘋癲癲，穿著一套修修補補的西裝，光著腳走動。一身還俗教士的可憐樣。他的美國話說得挺不錯，還說他叫麥特・喬登。他在加州住過三十年。查理・卓別林[41]則是他的小學同學等等。他一邊一瘸一拐地走著，一邊掏出一些布滿汗漬的美國明信片，藉此證明他所言不假。不過我還是覺得他一直在撒謊，而當我意識到有一群面帶譏諷的頑童尾隨在他身後十五公尺處時，我開始擔心他的幫忙是否反而會使這筆交易泡湯。幸好焊燈小伙子能說一口清楚易懂的德語，所以我們不必倚靠中間人。他原先是一名戰犯，在巴伐利亞結了婚，剛帶著老婆和小孩回到家鄉。昨天晚上，為了慶祝回國，他喝太多了，現在正用兩手按著太陽穴，不停地呻吟。「其實不是喝太多，」他解釋道，「**aber es hat gemischt**（而是喝混了）。」他的焊燈是全新的，他像撫摸聖像一樣小心翼翼地把它拿出來，答應借我用，不過我得給他一些汽油券，讓他幫他的小卡車加油。成交。回到鎖匠這邊，他似乎也答應接下這筆生意。圍觀群眾依然密密麻麻，他們發出幾聲加油打氣的叫喊；這群人顯然十分樂於看到事情有進展。不過開始談價錢時，他們就得大失所望了。師傅索價五千第納爾，這無疑是天價，跟他需要做的活完全不成比例。他自己也很清楚這點，不過這個地方很缺五金材料，而且政府至少會拿走他一半的收入。交易失敗，他垂頭喪氣地走回鋪子裡，民眾則一哄而散。我損失了一個上午的時間，他也白白耗掉大半天，不過我怎麼能怪他？要什麼沒什麼的時候，還能怎樣？省吃儉用有助於改善生活，這點無庸置疑，但這種如影隨形的貧困真的會讓人生失去動力。幸好這件事還不至於使我們兩個人失去人生的動力；我們可以不要行李架，我們甚至可以放掉車子、放掉所有旅行計畫，到一根石柱上頭打坐冥思……只不過這樣做對鎖匠的問題毫無幫助。

☆ ☆ ☆

普里雷普是馬其頓的一座小城，位於瓦達爾河谷以西一處禿山環繞的圓谷。從維雷斯通往這裡的公路穿城而過，再往南行四十公里，公路就會中斷，前方被一道爬滿牽牛花的柵欄擋住。那裡是通往希臘的莫納斯提爾[42]關口，戰後一直處於關閉狀態。朝西邊走，幾條路況不佳的小路通向阿爾巴尼亞邊界，那個地帶不太安全，而且對外地人而言無比神祕而封閉。

普里雷普位於農耕地帶，市區是一條條新鋪的馬路，兩座清真寺宣禮塔伸向天空，許多建築物立面上的圓凸造型陽台爬滿灰綠色鏽蝕。每逢八月，長長的木造走廊上便晾滿品質傲視全球的菸草。大廣場上，在菸草店與擺滿白色和金色瓶罐的藥局之間，一位民兵把槍桿靠在腳邊，坐在「自由商店」前打瞌睡。亞德蘭旅館的喇叭每天三次高聲播放〈擁護者之歌〉和新聞報導，兩家旅館面對面矗立在一片嘈雜中，躺在大車裡睡覺的農民則照樣不省人事。

只是把頭靠在「馬其頓旅館」枕頭上睡一夜就離開的外國旅客帶走的，除了司空見慣的跳蚤以外，只是一個無憂無慮的城鎮印象——毛驢四處閒逛，乾枯菸草和過熟甜瓜的氣味瀰漫在周遭。假使這外國人能待上一陣，他會發現一切遠比他所想的還複雜，因為千年以來，歷史在馬其頓不遺餘力地混淆這裡的種族與人心。在一代又一代的時間裡，鄂圖曼人為了便於統治，不斷製造分裂，挑撥不堪稅賦的村民互相對立。土耳其帝國式微以後，「列強」紛紛搶著接棒；這個一直受歷史摧殘的國度是個方便的工具，只需要一些人的中介，各大國就能恣意在此傾卸自己的紛爭。他們把恐怖分子、反恐怖主義者、神職人員、無政府主義人士紛紛武裝起來，馬其頓人民就算被折磨得透不過氣，也只能聽天由命。

在普里雷普可以看到一群祖先從蘇萊曼[43]時期就遷居過來的土耳其人，他們只跟自己人來往，成天不是去清真寺就是下田幹活，一心夢想著有朝一日能回到士麥拿[44]或斯坦布爾[45]。普里雷普也有一些保加利亞人，他們在大戰期間被納粹德軍強行徵召到這裡，現在早已不再有任何夢想。這裡還有一些阿爾巴尼亞人，以及來自馬科斯[46]部隊的一批身分不明的希臘人；這些人終日鎮守在餐酒館，等著讓人施捨一天的食物。共黨頭頭們坐在亞德蘭旅館的黏蠅器底下，一杯接一杯豪飲烈酒；馬其頓本地農民則沉默寡言、神情冷峻，他們被迫卑躬屈膝，但心中有清楚明白的理由認為他們有史以來一直在承擔所有事件的後果。為了進一步充實這座迷你巴別塔的內涵，在此不妨把駐守在城門附近的軍營也放進來；那裡的士兵來自北方，本地方言他們一個字也聽不懂，只能靠偷偷看幾眼

鄉下未婚妻或父母親的照片來排解鬱悶。

在十五分鐘步行距離外一片陽光普照的山坡上，可以看到一座古城的遺址。古城叫作馬爾科夫格勒，原本這裡有一處泉水，但後來完全乾涸，居民只好棄城，另闢普里雷普。現在遺址上還看得到一座施洗堂和幾座建於十四及十五世紀的修道院。幾乎所有遺跡都用兩道鎖頭鎖得緊緊實實，不然就是改造成廉價住宅，上面晾滿了衣服。不過在普里雷普，沒有人會在這個部分為你說明，理由是：那個時代已經永遠過去了。

☆ ☆ ☆

那個自稱為麥特．喬登的老頭自從遇到我們以後，就對我們緊迫盯人。他不是埋伏在門廊的陰影底下等著攔截我們，就是到咖啡館裡偷襲我們，用充滿感傷的口吻向我們傾吐無盡的往事，其中沒有一件聽起來像真的。

「有一天我會把我最大的祕密告訴你們……誰都不知道喔……噓！」他用英語說。

他稍微透露那是個將撼動全國的政治祕密，然後他拉著我們的衣袖，用妄想狂那種尋求認同的目光看著我們。這種人總是需要讓別人相信他們的鬼扯，才能從中得到充分的快感。我從旅館老闆那裡得知，他的大光頭是地方監獄裡那些憲警給他剃出來的；他因為做了對國家政權不利的預言，剛被送去坐了一個禮拜的牢。在許多方面，我們可以理解他的苦衷，不過他與其怪政府，不如怪他自己的生活。他那顆圓錐形的光頭、那副火山石般的枯槁面色、那雙深陷的眼孔，明明白白就是不吉祥的寫照；不禁令人心想，他這樣匯集所有形式的霉氣於一身，是不是在城裡肩負著某種與驅邪有關的神聖職務……不過他除了把那副皮囊攤曬在太陽底下，一天到晚真的無所事事。他甚至還擁有一間住房和一方花園，而且經過他再三堅持與懇求，我們竟然被成功吸引到那裡去。

一座四周種了槐樹的陰森別墅，散發一股免費牙科診所般的氣味。他在台階上迎接我們，跟我們握了手，進門以後又再握了一遍——這是本地人的習慣。坐下以後，我開始後悔來到這裡。窗戶檔板全部拉上，用煤油燈照亮的房間通向一間昏暗的廚房，聽得到裡面有低語和咀嚼的聲音。鄰居紛紛從花園湧進廚房，沒一會兒又鼓著雙頰走出來，從不停哈腰的麥特面前走過去。能在這種沉悶的人來人往中成為中心點，他顯然高興得很；原來他們家正在為他父親的喪事設宴款待，已經過了兩天，依然人氣暢旺。當他估計我們應該已經充分見識了這個場面以後，他拍了兩次手心，然後兩個瘦弱的男孩從暗處走出來，吻了我們的手。是他的兒子。他用手戳了他們的肋骨幾下，才讓他們含糊說出幾句英文。這兩個兒子顯然很怕老爸，一直不敢正眼看他。小兒子藉口說要布置餐桌，成功開溜了；大的那個沒找到合適的藉口，只好繼續待著。雖然他已經年滿十三，不過因為他父親不讓他出去上學，他只能成天耗在家裡做縫紉工作，而這時他還得當場為我們這兩個來客展示一番。他做了一面很大的塞爾維亞國旗，上面用簽字筆寫著「愛你的國王……愛你的國家」。格言四周貼了一塊樣式笨拙的刺繡裝飾。麥特得意不已地摸了摸兒子的腦袋，但男孩覺得做這種女生的工作很羞恥，最後忍不住淚水盈眶，把作品夾在手臂下就逃開了。

我們被請上桌。醃甘藍菜、麵包濃湯、糊成一團的馬鈴薯片（想必這些馬鈴薯還在泥土裡的時候就已經被施了魔法，凝結起來了）。我幾乎無法下嚥；一整盤菜餚彷彿散發濃重的死人味。可是我們似乎非吃不可，因為在旁邊的廚房裡，六七個模樣嚇人、頭髮從黑頭巾邊緣一綹綹竄出來的老太太已經圍坐在餐桌邊起碼兩個小時，還在一邊說說笑笑，一邊大啖什錦燉肉。她們是一群哭喪婦。我沒搞懂死者的大體是否還放在房子裡，不過我也完全不想知道了。麥特在我們的杯子裡倒滿一種透明液體，要跟我們乾上一杯。

「自家釀製威士忌，」他笑著用英語說明，露出滿口牙齦。

這是一種能把人喝死的劣等烈酒，喝了不但沒有溫熱、舒暢的感受，而且會有一鼓甜膩的臭味充塞口齒；任何人與生俱來的識別能力都只會把這種口感跟不幸聯想在一起。這時我幾乎不敢再往廚房方向瞧一眼，深怕看到那裡面的某個老婆婆忽然騎起掃帚來。

既然我們已經進了他的家門，又吃了他的麵包，他勢必得把我們霸住至少一個小時。他利用這個時間，把一些「機密」文件秀給我們看：都是些世紀初的明信片——漆成綠色的電車在最早期的摩天大樓底下行駛，「庭園派對，密西根州美麗島[47]」，穿皮靴站在柳橙樹下的女人。然後是一些照片：照片上出現一名穿軍服的年輕人，背景是一片洋溢奢華氣氛的光影。

「我在西點軍校拍的。」

可是仔細觀察一下，那些軍徽再怎麼看都像救世軍的標誌。在另一張照片上，他出現在某個魔術師俱樂部的年度餐會，周圍是一群頭戴尖帽的男人；第二排那個被陰影遮住半邊臉的人，就是卓別林。

自從他認為我們已經被「套牢」以後，他就不再顧及真實性了。故事接二連三登場，一個比一個更離譜：警察日夜監視著他，他策畫一個個陰謀，真正的鐵托很久以前就已經死了。而且他證據俱在，就是那些藏在一個舊餅乾盒裡的明信片，上面可以看到類似這樣的文句：「伯西曼夫婦祝您一九二二年聖誕快樂」。

一名訪客的到來打斷了這場苦不堪言的談話。來人是一位衛理公會的牧師，他來給死者致上來自教會的禮數。牧師只看了一眼，就明白了我們的情況。

「看來我們麥特老兄的狂想症又發作了，」他用德語說道。

牧師從前在蘇黎世讀過書，他的心智狀況似乎完全正常，或者說還不至於糊塗，不過因為年紀大、生活孤單，當局又只是勉強忍耐他做的這種神職工作，所以到最後他變得跟蟑螂一樣膽小。他的職權範圍包括普里雷普的一些衛理公會家庭，以及其他散布在科索沃的六七家人。這個教區比一個省份還大，我們向他請教了一些問題，不過他除了以厭倦的口吻做了個有關索多瑪與蛾摩拉[48]的影射以外，其他什麼也沒說。

我不禁心想，在採集世人的靈魂這方面，他的各路競爭對手是否做得比他更成功：東正教神父會謹慎地刪修他的布道內容，並乖乖向共黨的金庫納貢；伊斯蘭教的伊瑪目耕耘的信仰早已在流離失所的過程中大幅耗損，而且到了晚上，他還會在信徒家門口跟他們一塊湊著吸鼻菸；至於那些馬克思主義者，透過合唱團、DDT殺蟲劑[49]和全新建成的游泳池，他們想要招募新會員一點也不困難。每一個派別都會動用自己掌握的資源，與其他派系的思想進行對抗；不過所有人倒都有這種相同的感覺：波格[50]已經離開了這個城市。

牧師補充道：「如果你們想了解普里雷普，就想想這句本地諺語吧：『人人互相懷疑，但沒人知道誰是魔鬼。』」

說著，兩個老頭就把手帕摀在嘴上，笑得喘不過氣來。

☆ ☆ ☆

「別去找神父，」旅館老闆告訴我，「他腦子不好。」

我感興趣的其實不是他的智力，而是他的職務。他代表著神聖，而神聖就像自由一樣，我們只有在覺得它遭受威脅時，才會加以關注。此外，神父還是蠟燭這個產業的推手，那搖曳的火焰可以跟人類的任何心願輕易扯上關係。神父也掌管了一座木造教堂的鑰匙，教堂內部森黑寂靜，開門進去時，他得跟一個大如菸斗的巨鎖鏗鏗鏘鏘地纏鬥半天，接著他會讓你的荷包減輕一點重量，然後就把你扔在一個由湛藍、暗金和銀色組成的空間中。眼睛習慣了黑暗以後，可以在祭壇上方看到一隻木造公雞，它挺著身子，姿態悲愴，翅膀開展，尖喙打開，彷彿在高聲吟唱聖彼得的背叛。這其中同時含有某種溫暖和臣服的性質；彷彿人類的罪惡、童年與脆弱構成某種資本，而上帝透過寬恕，得以從中提領利息。

土耳其人的清真寺在宗教崇拜這方面表現得比較平和。這是一種寬闊而低矮的建築，邊緣豎立兩座宣禮塔，塔頂有鸛鳥築巢棲息。建築內部以灰泥塗布，石板地面鋪有紅毯，牆上裝飾著用剪紙製作的《可蘭經》經文。

清真寺洋溢親切和藹的清新氣息，莊嚴肅穆的成分比較低，不過這無損於它的宏偉。不像基督教的教堂，這裡沒有任何元素令人聯想到悲劇或缺乏，一切似乎都在指明神與人之間某種自然而然的親緣關係；人性的率真從中而生，虔誠的信徒為此欣喜不已。光腳踩上粗糙的羊毛地毯，在這個聖所稍做停留，會為人帶來一種到河中洗浴的感受。

這裡的土耳其人為數不多，但組織良好。我們是透過理髮師埃尤布的關係，打進了他們的社群。埃尤布跟我們年齡相仿，懂得幾句德語。我們就這樣結為朋友。他的家族來自士麥拿，而自從我們跟他說我們很喜歡士麥拿以後，他就堅持提供額外服務，幫我們刮除眼皮上的汗毛。於是每隔兩天，我們就會到他那邊，躺進破爛的皮沙發，臉上塗滿肥皂泡，欣賞鏡框上那些斯坦布爾的彩色石印畫片。我們慢慢融入他的圈子，有一天，埃尤布和他的一群朋友邀請我們跟他們一塊到野外共度週日時光。會有美酒、音樂、堅果……他們會駕農用大車去……到時還會有磨坊主偷偷打的一頭岩羚羊……這些都是他比手畫腳告訴我們的，因為他的德語還沒得到奇蹟加持，說不出那麼多。

天剛亮，我們就跟一夥人在出城的地方會合了。那些人我們大都不認識，但他們都認得我們。誰叫我們是「外國人」呢！幾句聲音嘶啞的 salaam（祝你平安、你好），藍色全套西裝，大得出奇的圓點領帶；帥氣的臉龐被清晨的剃刀劃出幾道小傷口，拖車上裝滿各式各樣的食物，其中還塞了一把小提琴和一把魯特琴。旁邊有個男孩扶著兩輛綠色和紫色相間的腳踏車，是埃尤布為了表示好客，特地為我們借來的。全員到齊以後，每個人都把自己帶來的白鴿放了出去（這是當地過週日的習俗），接著大夥就啟程前往格拉德斯科，我們兩個在前面騎著花花綠綠的腳踏車，後面跟著一整輛大車的歡樂青年。

腳踏車在這裡相當稀奇。這種奢侈品只有有錢人買得起，而且是民眾滔滔不絕的話題。咖啡館裡經常看到客人坐著不肯走，熱烈地討論不同腳踏車品牌、坐墊的柔軟度、踏板的硬度等等。那些擁有腳踏車的幸運者會把車子塗上好幾種精心挑選的色調，連續花好幾小時擦拭上光，把它擺進房間、放在床邊，連做夢都夢到它。

行進幾公里以後，我們穿過一道黃香李籬笆上的缺口，來到一片草地，草地旁邊種了一排楊樹。在草地盡頭處，磨坊主人盤腿坐在磨坊前重新鑿磨石磨，工作即將完成。他正等著這群人的到來，因為他需要幫手一起把重達三百公斤的石磨擺回去。六個人聯手把石磨放回磨盤上，磨坊主調好水流，倒進穀物，接著麵粉就開始染白磨槽的欄柵。隨後，他在草地上的一籃番茄和洋蔥四周鋪上幾塊皮革，再把一個藍色搪瓷咖啡壺斟滿茴香酒。大夥席地而坐，開始大快朵頤，這時埃尤布把魯特琴夾在雙腿中間，他拉開嗓門，用尖銳的哭腔為眾人唱歌助興，脖子因為拚命使勁而青筋暴露。天氣甚為美好。餐間小憩時，我們聽到磨坊裡頭傳來嘶嘶聲，原來是岩羚羊肉正在大鍋裡燉煮，鍋底襯著一層厚厚的茄子，熱騰騰的蒸氣緩緩升向秋日的青空。

理髮師的嘶吼、高唱和尖厲的「阿曼尼」[51]響徹雲霄，連在格拉德斯科都聽得到，結果把正在

附近遊逛的獵人都吸引到我們這片草地來。穆斯林獵人加入我們這圈野餐客，還沒坐定就拿起大片甜椒往嘴裡塞，接著空放了幾發獵槍子彈，以表達心滿意足的感受。馬其頓人受到的待遇差了些，他們坐在幾步路外的樹墩上，把卡賓槍夾在兩膝中間，抬手接住磨坊主人扔過去的香菸，然後隔著一段距離，零星放了一兩發子彈——他們藉著這種害羞的表示，嘗試與我們這群人交流。茴香酒在眾人間不斷流轉。一下得向土耳其人乾杯，一下得向我們兩個乾杯，接著要向馬乾杯，然後不忘祝福頭腦不清楚的希臘人、阿爾巴尼亞人、保加利亞人、民兵、軍人及各種無神論者們身體健康，為他們也喝上幾杯。透過一片不堪入耳的污言穢語，飄盪在馬其頓山巒間的所有怒氣都得到了宣洩。

這個星期天過得很圓滿。快樂似神仙的磨坊主人忍不住射光好幾匣子彈，近距離終結他養的一半土雞，然後搖搖晃晃地走到磨坊裡拔雞毛。這時他的兄弟們嘴角掛著滿意的笑容，互相傳遞步槍，向四周狂發子彈。

岩羚羊被吃到剩下骨頭後，大夥全部倒在三葉草中睡午覺。跟每次酒喝多的時候一樣，我們感覺大地不斷從底下拱起我們的背。下午六點左右，看到這群貪睡的人沒一個想動，提耶里和我便自行返回普里雷普。我們的腳踏車發出萬道金光。雖然我們的兩條腿彷彿廢了，但腦子相當清醒，很想使勁工作。在鄉間田野酒足飯飽、意氣風發，這樣的感覺令人無比滿足；沒有什麼比這種酣暢淋漓的幸福場面更讓人精神百倍。

土耳其人懂得善用星期日的時間，到野外享受生活，確實是排憂解悶的好辦法，因為在城裡，其他普里雷普居民沒讓他們過什麼好日子。馬其頓人一方面說自己飽受貝爾格勒方面的壓榨，另一方面卻對土耳其人報復，因為他們過去吃了伊斯蘭太多苦頭。他們這麼做當然大錯特錯；其實普里雷普為數不多的土耳其人就像一個純樸坦率、團結一致的大家庭，他們的靈魂比馬其頓本地人要平和得多。

在清淨心靈的清真寺與提供救贖的花園之間，他們打造出一個能夠抵禦所有苦惱的世外桃源；那是一個由甜瓜、頭巾、銀紙花、大鬍子、短木棍、孝心、山楂樹、紅蔥和臭屁所構成的粗獷文明；他們對經營李子園情有獨鍾，那裡的鮮嫩果實散發如此濃郁的氣味，有時會招引被薰得暈頭轉向的熊趁夜溜進果園狂吃一頓，把自己搞得不停拉稀。

然而，普里雷普本地人卻寧可排擠他們，放棄他們本可提供的美好服務，甚至要心機侮辱、刁難他們；就像所有曾經經歷太多苦難的族群一樣，這些本地人亟欲爭取遲來的正義，但不僅作法不合時宜，也違背了自己的利益。

☆☆☆

馬其頓方言[52]包含許多來自希臘語、保加利亞語、塞爾維亞語和土耳其語的字詞，當然還有一些本地專屬的詞彙。說話速度比塞爾維亞語快，交談對象也比較缺乏耐心；換句話說，我們在貝爾格勒學到的幾句話在這裡對我們的幫助非常有限。棺材店老闆向提耶里問時間的時候，每次都是同樣情形：一個打手勢表示他不知道怎麼說，所以直接把錶盤亮給對方看，另一個則表示他不會看時間。不過至少對於辦不到的事，大家最後總是有辦法互相明白。

棺材店老闆一邊刨木板，一邊跟隔壁鋪子的老闆談天。鄰鋪老闆是他的兄弟，而且無巧不巧，他是做步槍的。他們的對話夾雜著一陣陣爆笑，還有一些令人尷尬的字眼（那些字詞因為老是以文字或圖像形式出現在男生廁所，最後要我們不懂也難）；不過怪的是，儘管兩兄弟一個做棺材、一個做槍，死亡永遠不會成為他們的話題。說到棺材，那不過是一些用木條拼裝出來的大盒子，裡面蓋上一層膠合板，或墊著一層裝飾得花色駁雜的硬紙板。橙色、黑色、藍色，灑上厚厚幾道金粉，再用銀漆畫上帶有三葉飾的十字架。這是個裝飾花俏的便宜貨，隨便一個孩子用腳一踹，就會變得稀巴爛。話說回來，這個地區的樹木那麼稀少，把上好的木料帶到地底下有什麼好處？

經年累月為死亡服務的結果，到最後棺材匠自己也變得一副死人樣。午休時間，他會躺在一塊由兩副支架撐住的木板上睡覺，他的下巴往上揚，兩只大手掌合放在肚皮上。旁人幾乎看不出他在呼吸，連蒼蠅都誤以為那是個死人。木板很窄，他一動就會掉下去；萬一他掉了下去，一不小心就真的死了。

逢年過節的時候，他會跟花店老闆或麵包師傅一樣，把他的貨品也擺到街邊展示。各種不同價位、針對不同年齡的款式一應俱全。那堆陳列品雖然令人有點毛骨悚然，不過城裡沒有一個店家的商品像那樣五彩繽紛。偶爾某個穿黑衣的農婦會停下腳步，跟老闆進行一場熱烈的討價還價，然後抱著一個小棺材，踏著堅定的步履離開。這樣的景象不會讓人驚訝，因為在這裡，生命與死亡每天都在激烈對峙，彷彿兩個潑婦互相拉扯，卻沒有人會為了減少矛盾、降低衝突而設法介入調停。任何經歷過苦難的國家在設法彌補失去的時間時，都不會有餘力理會這種閒事。在這裡，如果看到一張臉沒有在笑，那麼這個人不是在昏昏欲睡，就是在咬牙切齒。還沒有被疲倦或憂慮壓垮的時刻會立刻設法用快樂和滿足填補，就像爆竹要放得大老遠就能讓人聽到。凡是有助於好好生活的，一概不會被人忽略；這就是為什麼這個地區擁有響亮程度在全國名列前茅的音樂：緊繃、不安，而後驟然宛如灑滿陽光的聲音；某種捨我其誰的急迫感，催促著樂師奏響自己的樂器。簡而言之，那是種持續不斷的警覺……是一場戰爭，而戰場上既不能浪費，也不能貪睡。

☆　☆　☆

夜裡，我有完全充分的時間思考這種問題。我被迫跟跳蚤纏鬥，幾乎被牠們吞食。在城裡，我到處都能看到牠們的蹤跡：雜貨店老闆低頭切乳酪……一隻跳蚤從他的襯衫裡頭跳出來，爬過他的下巴，他卻一點也沒被驚擾，然後跳蚤沿著他的喉結繼續往下爬，最後又消失在他的法蘭絨外衣裡。要是我一眼沒注意到，恐怕就只能等著受罪了——牠已經往我這裡攻堅。晚上，我一拉開被單，一片紅色的塵狀物就朝我臉上撲來，這時無論是用殺蟲劑噴或用大水沖，都不管用。在房間另一邊，提耶里雙手枕在腦後，一睡就是十個小時，其間沒有一隻跳蚤跑去叮他。

無論是因為這些蟲子，或因為我喝一堆酒性太烈的酒，把自己搞得昏頭昏腦，還是因為旅行在外的幸福感充盈心間，我都可能在黎明前就失去睡意。房間一片黑暗，瀰漫著松脂和畫筆的氣味。

我聽到包在睡袋裡的提耶里在大聲說夢話：「……不要在我的畫上面大便……喂！死蒼蠅！……」最近他又開始提筆畫畫了，而且能保有一種令我嫉妒的平靜心情；我呢，還處在充滿恐慌、寫不像寫的狀態，在我的筆記面前不停發抖，彷彿做壞事的小孩見到警察直打哆嗦。我拎著鞋子走下樓梯。我踩著鋪在街道上的冰涼塵土，胃部緊縮，精神卻異常活躍；山風一陣陣吹來，夾帶著岩石的氣息，輕輕揚起路面的塵埃。天還沒亮，不過一個個彎腰弓背的灰色身影已經在菸草田裡勞動著。可以聽到驢子在城市周圍嘶叫，公雞在路邊鳴啼，然後鴿子飛到宣禮塔頂端，接著陽光就開始輕撫最高的幾座山頭。這時我忽然覺得城市彷彿帶著一身率真的氣質，和某種嶄新的勇氣，在九月的黎明薄霧中航行。此時此刻，我自然會把這座城市的跳蚤、冷漠、表裡不一和它已深深內化的恐懼一筆勾消，誠心祝福它未來更加美好。

回旅館時，我經過中庭，剛好會碰到負責倒馬桶的服務員。她是個身材壯碩、臉色紅潤的快活女人，光著一雙大腳丫子，一邊扛糞桶一邊自言自語，走過我身邊時，她扯著粗啞的嗓子，帶著晨起的快活，高興地跟我打招呼。有一天，我無意識地用德語回答她，她驟然停下腳步，把髒桶子放下，裡面的東西潑濺了出來。她拋給我一個微笑，同時露出一口破損的牙齒。我恨不得她到遠一點的地方才把糞桶放下，不過那個笑容實在很迷人，同時帶有某種女性的柔美和頑皮的孩子氣；這個肥得像豬的女人身上居然能散發這樣的氣質，著實令人讚嘆。

「So … du bist Deutsch ?」——原來……你是德國人？——她揚起眉毛，用德語問我。

「不是喔。」

她交叉在圍裙上的雙手已經沒了指甲，我還注意到她的腳指甲也斷裂得不成樣子。「我是猶太人，也是馬其頓人，」她繼續用德語說。「不過德國我很熟。待了三年……」——她舉起三根手指頭——「大戰期間，在拉文斯布呂克[53]……糟糕透了，難友一個個倒下了。你明白嗎？……不過德國我熟得很，」她帶著某種滿足感，用這句話做了總結。

那天以後，每次我們碰到面，她總會給我打個手勢，或使個慧黠的眼神。縱使我們的德國經驗截然不同，但我們確實都到過德國；兩個人之間至少有這個共同點。這個女人讓我永生難忘，她那種調整記憶的方式也是。痛苦與煎熬超過某個程度以後，人生有時會用另外一種方式清醒過來，然後設法讓所有傷口癒合。時過境遷，遣送集中營成為某種形式的旅行；甚至透過記憶的一種幾乎令人毛骨悚然的能力——將恐怖轉化為勇氣——那件往事還可能成為當事人津津樂道的一場旅行。只要我們能成功熬過來，任何一種看待世界的方式都是好的。對那些從前折磨她的人來說，這般矛盾儼然是種侮辱：居留在德國的日子竟已成為她引以為傲的主要題材，成為普里雷普所有那些只能百般聊賴地在自家受苦的可憐蟲可能豔羨不已的奇遇。

☆☆☆

中午：一顆洋蔥，一顆甜椒，黑麵包配羊乳酪，一杯白酒，一杯苦澀而香濃的土耳其咖啡。晚上，幾串羊肉以及在花楸樹下喝杯李子酒的小小奢侈，稍微拉高了一頓餐食的價位。再加上品質絕佳的本地香菸和郵資，這就是每天七百第納爾[54]的兩人生活。

口渴的時候，補充水份的最佳來源莫過於西瓜；挑選西瓜的方式則是把它湊近耳邊敲一敲，聽聲音是否清脆。至於水，還是小心為妙。再說普里雷普人對他們的飲用水評價也不怎麼樣。他們覺得這裡的水風味不佳，喝起來很普通。我倒沒有特別的感覺，不過在我們國家，誰會去關心水的風味？而在這裡，水是一種揮之不去的執念；有人會雇用你走路到十公里外的源泉取水，因為那裡水質特別甘美。以波士尼亞為例，本地人雖然不太喜歡那個國家，不過出於良心，卻不得不承認那裡的水質無與倫比，可以提神醒腦等等……接著大家安靜做一陣白日夢，然後發出嘖嘖稱奇的聲音。

其他還有一些東西要當心：被蒼蠅光顧的腐壞水果；某些出自本能判斷（即便惹人不快也罷）最好留在餐盤裡的肥肉塊；握手的舉動（為免染上砂眼，握手後不要揉眼睛）。這些都是提醒，不是法律規定；關鍵在於慢慢找回一種我們已經失去很久的人體音樂，然後試著跟它達成和諧。還有件事要記得：本地食物本身就有自己的解藥——茶、大蒜、優格、洋蔥；健康是由身體或多或少可以耐受的一連串感染所構成的一種動態平衡。要是超過身體耐受的能力，那麼只要一顆有問題的蘿蔔或一口受污染的水，就會讓人付出代價：連續好幾天狂風肆虐般的腹瀉，導致我們額頭冒汗，往土耳其式蹲廁猛衝，後來因為下痢不會給人留下太多喘息時間，所以乾脆認命地坐鎮在廁所裡，無論誰在外頭拿拳頭猛敲都不管。

每當我處在這種衰弱狀態時，城市就彷彿要跟我作對。這是忽然間會發生的事；只消一陣天低雲暗、驟雨來襲，街道就變成泥沼，暮色轉為炭黑，剛剛還美不勝收的普里雷普像劣質紙張般轉眼破敗。城市可能具有的一切醜惡、污穢、奸險，如噩夢般尖銳地浮現在眼前：肋部受傷的毛驢，發高燒的眼眸，縫滿補丁的背心，蛀壞的牙齒，五百年的占領與陰謀調教出來的那些既尖酸又審慎的口吻。就連肉店裡那些淡紫色的下水也像在高喊救命，彷彿牲畜的肉可以死上兩次。

一開始我會拿仇恨來自我保衛——這很合邏輯。我在想像中拿酸性物質和燒灼劑灑上整條街道。然後我會試圖以秩序對抗混亂。我把自己掩護在房間內，拿掃帚清理地板，把身體沖洗得差點脫皮，言簡意賅地處理積壓過久的郵件，然後重拾工作，竭力摒棄一切修辭、粉飾、賣弄——這一整套保衛戰的儀式當然微不足道，外人恐怕也不會知道它的來龍去脈，不過我也只能盡量運用手邊的東西了。

恢復常態以後，就又能憑欄遠眺，在向晚的陽光中，欣賞驟雨之後仍然水氣蒸騰的白色屋宇、伸展在如洗碧空中的山脊，以及用無數令人寬心的碩大葉片包圍住整座城市的菸草作物大軍。我們又回到一個紮實牢靠的世界，在一幅大型銀色聖圖的核心。城市恢復原貌。先前我們應該只是做了一場夢。接下來十天，我們會喜歡這座城；直到下次舊病復發。城市就這樣讓人有了免疫力。

☆☆☆

旅行為我們提供抖動身體、甩除塵埃的機會，但不會像我們以為的那樣提供自由。相反地，它會讓人感受到一種減縮：旅行者被剝奪了熟悉的環境，宛如卸除龐大包裝般褪去平日的習慣，發現自己被拉進一種比較簡約的生存狀態。他也變得更開放，更樂於擁抱好奇、直覺，更能一見鍾情。

於是某天早上，不知什麼緣故，我們決定尾隨一匹小母馬。一位農民剛把牠牽到河邊洗了澡。小母馬體高腿長，兩隻眼睛看起來像外殼裂開的油亮櫟實，身上穿著無懈可擊的馬袍，在馬袍底下輕柔晃動的肌肉散發某種自主自覺的嬌媚。我在整個南斯拉夫沒看過比這更有女人味的景象。走在街上，兩旁的商店主人無不轉身朝牠張望。我們踩著清涼的塵土，靜靜地跟著牠，彷彿兩個狂情衝腦、欲火焚身的老色鬼[55]。我們目不轉睛地大飽眼福。人的眼睛需要看到這種清新真純、美如完璧的事物，而這種東西一般只能在大自然中找到：菸草鼓脹的嫩芽，毛驢絲柔的長耳，小烏龜的嫩殼。

這裡的大自然具有如此強大的自我更新能力，以至於人類相形之下顯得老朽不堪。臉孔以極快速度變得冷硬衰敗，彷彿那些在巷戰中遭受摧殘的街角：粗黑得像韌革，傷疤累累，被鬍鬚、天花、疲憊、憂愁折磨得原貌盡失。再犀利、再美麗的臉，即便是孩童的稚嫩臉龐，也彷彿已經遭受一支皮靴大軍的踐踏。放眼望去，竟完全看不到像在我們國家那種光滑如白紙、聰慧靈動的臉蛋，因為健康滿盈而飄飄欲仙，只等著世界為它譜寫人生。

☆☆☆

反倒只有老人才會顯得清新，那是在人生曠野上收穫而得的、另一種境界的清新。

於是，在城市周邊的無數小蔬果園裡，我們會在破曉時分碰到一些鬍鬚修剪得非常精緻的年長穆斯林，他們坐在一堆堆菜豆間的毯子上，靜靜地嗅聞泥土的氣息，享受初綻的晨光。他們具有某種才能，可以將自己幽閉在虔敬冥思、幸福充盈的時刻中，而這是伊斯蘭與鄉村環境穩穩當當地共同孕育出來的一種定力。他們看到你的時候，會招呼你過去同坐，然後從褲子裡抽出一把折疊刀，切一片西瓜給你，讓你吃得從嘴巴到耳朵都沾上一層黏糊糊的粉紅色痕跡。

我們就這樣認識了清真寺的毛拉[56]。他會說幾句德語。他為我們捲了香菸，然後指著宣禮塔，彬彬有禮地自我介紹。那我們呢？

「一個是畫家，一個是記者……」

「Ganz wie Sie wollen」——願一切隨您們所喜。這兩種職業對他來說或許不代表任何意義，不過毛拉還是禮貌地作了回應，然後他又繼續冥思。

另一天早上，我蹲在市立公園裡，一隻眼睛閉著，另一隻對著取景窗，正在拍清真寺的照片，這時有個熱熱的東西貼到我的頭旁邊，感覺粗粗糙糙的，而且帶有一股牲畜棚的味道。我推測應該是一隻毛驢（這裡到處是毛驢，牠們一點也不怕人，經常會把長臉塞到你的胳肢窩底下），於是我不以為意地把照片拍完。這時才發現，原來那是個老農夫，他踮著腳尖悄悄走過來，把臉湊到我的臉頰上，為的是逗他那群七八十歲的夥伴笑。他走回去的時候，自己也笑得直不起腰；看來這整天他都有得樂了。

同一天，我透過亞德蘭旅館咖啡廳的窗戶，又看到一位那樣的老伯伯，他頭戴毛皮帽，鬍子上沾了幾顆passa-tempo（「消磨時間」）[57]籽仁，正著魔般地對著一個木頭螺旋槳吹氣。擁有這麼清新的心靈，真是天賜的福氣！

這些老頑童是城裡最輕盈自得的一群人。隨著白髮漸多、身體變差，他們活得更清明、更超脫，變得活像小朋友在牆壁上畫的那些「好爺爺」——和藹而可愛的老公公。我們那些國家很缺乏「好爺爺」這種人物，因為那裡心智層面過度發展，損害了感性這個部分。但在這裡，我每天都會碰到一些這種調皮狡黠、毫不矯作、古靈精怪的人物。他們形形色色，有的搬運糧草、有的修理拖鞋；每次看見這些好爺爺，我總會有一股張開雙臂、大哭一場的衝動。

☆ ☆ ☆

每星期六晚上，手風琴師都會在馬其頓公園奏樂讓人跳舞，他的技術不錯，不過因為風箱破了個洞，拉奏時一股冷風會朝他臉上撲去，於是他幾乎是閉著眼睛在拉彈。提耶里把自己的琴借給他，那是一具「一百二十貝斯」手風琴，音量強大到連死人都會被吵醒。樂師奏得不肯停下來，而且他又喝了好多酒，結果後來好幾個人一起又哄又笑地把手風琴從他身上搶過來，以免他連人帶琴摔在地上。

這裡跟在塞爾維亞一樣，人民熱愛音樂。對外國人來說，音樂也有「芝麻開門」的作用；如果他喜歡音樂，他就會有朋友。如果這個外國人還能錄音，那麼包括警察在內，所有人都會忙著幫他招徠樂師。

於是，就在離開前幾天，歌唱老師一大早就跑到我們窗戶底下喊叫，說他使盡渾身解數，成功把全國最棒的風笛手關進他的教室了。我們跟在他後面趕過去，心裡有點不好意思，因為我們實在不敢這樣奢望。不過那獵物看起來的確不得了：是個禿頂的獨眼老先生，剩下那隻眼睛裡蕩漾著狡黠之氣。我們到的時候，他正坐在黑板底下打盹，風笛夾在兩腿中間。他名叫雷夫特里亞（Lefteria），只差一兩個字母，就成了「自由」的意思[58]。三十年來，他到全國各地的婚禮和洗禮儀式上幫人演奏，足跡踏遍馬其頓的城鄉。他故意露出一臉委屈樣，埋怨自己被音樂老師這樣扣在教室。我們只好把他請到亞德蘭旅館，請他喝了四輪酒，他這才答應演奏。這時旅館中庭已經出現一大群人，準備聽他的音樂：有棺材店老闆、郵差、黨辦秘書等等，都是些三十來歲的大男生，這些人對他表現出極高的敬意。

日正當中，天氣熱得嚇人。風笛散發羊毛脂的臭味，鞣製不良的皮革則吸引大批蒼蠅攻進現場，牠們在觀眾們汗珠流淌的腦袋瓜上方繞著飛，形成嗡嗡作響的圓冠。這風笛其實是一整張羊皮，頂端裹了一個吹口，下面則有一支低音管和一支五孔管，把手指按在上面，就能調節從皮囊裡壓出來的氣流。他吹奏了一支婚禮歌曲，是新娘踏進新家大門時對新郎唱的：

你讓我遠離了父兄
你讓我遠離了母親

一般來說，馬其頓的音樂旋律帶有某種技巧性或裝飾性的特徵，令人想到教堂音樂。即使在最活潑強勁的樂曲中，也總飄盪著一點基督教特有的憂鬱情懷。我們不禁想到，在很久以前那個到處都還荊棘叢生的時代，拜占庭修道院中的修士們大概就是用這種粗澀、尖銳、氣血充盈的聲音，唱出他們的讚美歌和素歌。不過風笛是個例外。這種樂器的使用方式從阿特瑞代[59]那個年代以來想必沒有太大改變。這是一種非常古老的樂器，用來表達一些亙古不變的事物：松鴉啼鳴、驟雨降臨，女孩被追時驚恐萬分的心情。這一切果真與潘神[60]的世界有關，無論是吹奏者的心靈、皮囊上的毛和皮，或羊角狀的吹口，都屬於潘神管轄的範圍。老先生調節樂音的速度越來越快，我們聽得心馳神往。最後演奏的是一支舞曲，曲調節奏分明，專橫而急迫，彷彿自幽幽遠古飄來助興。中庭咖啡廳被一片黑壓壓的人潮淹沒，所有人都在擺臀踏腳，隨著音樂晃動。

從這天開始，可以全權安排節目內容的普里雷普電台人員為了表示對我們的感謝，每天都會透過廣場上的擴音機，播放一些法國音樂。在太陽告別滾燙街道、城市開始用憔悴眼神凝視眾生的時段，拉威爾四重奏的顫音就會抖索著迴盪在滿城的屋宇和農車上空；在一刻鐘的時間裡，我們得以暢快享受這位忠誠馬克思主義信徒友情提供的「法國貴賓專屬節目」。

☆☆☆

普里雷普出了很多政治活躍分子和社運人士。其中最幸運的一批人會成為手持教條書籍的雕像，矗立在各個塵沙遍地的廣場，或者在馬其頓首都史高比耶擔任國家的高階領導人。至於其他人：有幾個成為民兵領袖，大家提到他們的名字時，會把音量壓得很低；還有就是為數眾多的青年子弟，他們曾經勇敢投身反抗運動，而現在對於參與革命的往事，有時似乎顯得惶然不安。

不過這並不是第一次發生的事。普里雷普向來是個不服領導的叛逆城市，轄區內各行政單位三不五時就發生小規模政變。至少從十世紀以降，人民就會毫無理由地隱身叢林，占山為王，其中有些山地至今還保留著他們的名字。「非正規軍」的身分一直以來經常是不滿現實者最後訴諸的手段。現在這一切都已不復存在。自從來自叢林的游擊隊正式掌權，再想隱身叢林成為游擊隊已不可能。不過，就連那些也已經屬於過去，而城裡的共產黨員不想搭理過去的事。

青年才是共產黨積極關注的對象，還有他們非常熱衷執行的宣傳活動。合唱團是他們辦的。足球隊是他們成立的。週日舉行體育比賽、一輛輛巴士塞滿目光黯淡的運動選手，這些也都是他們搞出來的。還有全新的游泳池：在這個被太陽烤焦的乾旱國度，清涼消暑的游泳池無疑為他們的公信力大大加分。才早上六點，年輕人就已經把游泳池擠爆。一開始我們很高興看到他們如此強健，全身上下一直到臉頰都是結實的肌肉。後來我們逐漸覺得，他們之中許多人像同一個模子造出來的粗魯青年，看起來一副準備成為憲警的模樣。於是我們會私底下搬出「機器國家」這種字眼來形容，而這個老套的詞彙確實平緩了我們的思緒。不過後來我們又想，不管怎麼說，對於那些既不曾有過機器也還沒享受過國家庇蔭的青年而言，「機器國家」這玩意兒還是充滿誘惑力的。

☆☆☆

我們動身前往希臘的前一天，土耳其理髮師埃尤布邀請我們到他家作客。他的目的是向我們展示他的收音機。那是一台很棒的收音機，他省吃儉用了好幾年，才終於存夠了錢，從薩羅尼加[61]訂購這台機器。想必他恨不得用純金把它鑲起來，不過出於財力限制，他只能請人用鏡面包覆收音機的每一邊。他輕輕鬆鬆地就為我們找到瑞士法語區的電台。我們離開自己國家才不過六個星期光景，瑞士播音員那種又假正經又像在說教的口吻就把我們嚇了一跳。這種站在黑板前面講話的口吻，一聽就知道是我們那邊的調調。我幾乎不敢張口說話，擔心聽到自己也發出那樣的聲音。我不禁心想，到底要旅行在路上多長時間，讓自己沉浸在多少低粗的庶民經驗中，才能甩掉那種牧師講道的腔調。

看到我們這麼專心玩味他的收音機，埃尤布高興得不得了。他得逞了，他的收音機沒有讓他失望。況且，他家的一切都運作得有如神功加持。滾燙的咖啡香氣撲鼻；驢子綁在院子裡，全身的毛用鐵梳刷得平平整整。他還誇稱他老婆是個完美無瑕的女人；他這麼說，我們也只能這麼相信，因為作為一名傳統穆斯林婦女，他的妻子不願意走出來拋頭露面。

「那他爸爸呢？」

「成天優哉游哉地坐著抽菸呢，」埃尤布用德語回道。經過這番補充，我們就更能在心中勾勒他們一家人的美滿形象了。

該回旅館了。月光映照在我們身後。埃尤布一路相送，他那頭梳理得有條不紊的捲髮在昏暗的夜色中散發一陣陣刮鬍盆的味道，聞起來略覺噁心。來到市立公園時，電影院正在露天放映一部西部片；忽然間，電廠的保險絲跳掉了，整個城市彷彿蠟燭熄滅，瞬間陷入漆黑，銀幕當然難逃一劫，觀眾席則湧起一片沮喪的騷動聲。

「普里雷普電力公司……太強了——太帥了！」埃尤布一邊嘆氣，一邊用德語說。

對我們來說，快樂倒垂手可得：我們已經把行李打包好，明天就上路了。

通往安納托利亞的路

希臘—南斯拉夫邊界

離開南斯拉夫前往希臘途中，藍色——巴爾幹的顏色——一路跟隨著我們，不過它的性質起了變化；從略顯沉悶的夜藍轉換成具有強烈歡樂感的海藍，這種藍色調就像咖啡因一樣刺激著旅人的神經。這樣也不錯，因為交流談話的節奏比先前加快了很多。原本我們已經養成慢慢解釋的習慣（而且說一遍不打緊，通常得解釋兩遍），每字每句都得停頓許久，直到對方逐漸明白。一過了國界，這種習慣就變得多餘了。交談對象會在你的句子說到一半時做出不耐煩的手勢把你打斷（因為他已經懂得你的意思），你還想繼續說，但他已經激動地比手畫腳，迫不及待地回答起來。

有時候，希臘人甚至比你期望的更能懂得你的意思。在邊哨時，由於我說話時裝腔作勢，在聲音裡添加了一些平時沒有的權威，我立刻得到他們通常保留給那些害羞旅客的特殊寬待。

頭兩天，這種速度令我們猝不及防。我們回話總會慢上至少一句，比手勢也要慢個半拍，後來

我們重新拾回敏銳和機智，逐漸順應環境，於是便開始樂在其中了。

☆☆☆

亞歷山德魯波利斯[1]

從薩羅尼加到亞歷山德魯波利斯一路酷熱難當，等到終於來到小小的碼頭，在鋪砌了光滑圓形石板的堤岸上對著一塊潔白的桌布坐下，感覺著實幸福。在短暫的時間裡，油亮的炸魚在我們的餐盤中閃耀著金條般的光澤，然後夕陽就將所有色彩往它的方向拉去，墜入藍紫色的大海後方。

此情此景，令我不禁想到原始文明中人類伴著白晝消逝發出的那些悲涼呼號，那種聲音驟然間令我覺得如此理所當然，以至於我彷彿準備好聽見身後整座城市嚎啕大哭。

不過沒有。什麼哭聲也沒有。想必他們早就習以為常了。

☆☆☆

君士坦丁堡

抵達君士坦丁堡[2]當天上午，我們把車開進亞洲這一側的海岸，在摩達區的街道巷弄中遊逛，尋找一間引起我們興趣的住所，這時一個微弱但急切的聲音用法語招呼著我們，使我們不由得回身望去。是個頭髮雪白的胖太太，她穿了一襲優美的喪服，上面別了一枚沉甸甸的紫晶胸針。她從高高的台階上方若有所思地端詳著我們的行李，彷彿那讓她回想起什麼事，然後她問我們在找什麼。我們向她解釋了一下。

「我上星期已經結束這一季的生意了，不過我還把員工留著，而且我挺喜歡接待遊客的。你們就住這兒吧。」她邊說邊用菸嘴指著門口上方的一行金色小字：摩達宮殿酒店。

我們靜默不語地提著行李穿過光線昏暗的維多利亞式餐廳。餐具櫃上，一隻芥末色的貓咪臥在幾把火紅色澤的昆庭[3]茶壺間睡覺。房間朝向一座花木凋萎的庭園，室內散發一股輕微的地板蠟味和漫過榮華與滄桑的霉味。除了一名女房務、餐廳領班和老闆娘萬達夫人以外，旅館裡沒有其他人影，而且因為擋風窗板全都緊閉著，令人覺得比進到墳墓還嚇人。我們猛然發現自己無意間已經放低了聲音；既然旅行的機緣把我們帶到摩達宮殿，我們也只好將就一下了。從旅館的一側可以眺望馬摩拉海和王子島，從前那些不安分的王位覬覦者會被流放到那島上。另一側背倚一座山丘，登臨其上，歐洲那一側鋪陳在淡紫色天空下的海岸和高聳的佩拉塔[4]一覽無遺，也可以望見舊城區那些牆面斑駁不堪的浮木色房舍，上面爬滿盛開的紫藤。

「你們打算在這裡賣什麼？」老太太瞧著我們的錄音機和畫架繼續詢問。

「賣些畫啊、文章之類的……也許辦個講座。」

「你們平常運氣好嗎？」

「到目前為止還可以。」

「相信我的話，到了這裡，再多好運也不夠用。記住萬達太太的話。」

她的語氣中似乎帶有幾分同情。

☆ ☆ ☆

接下來一整個星期，我們在城裡到處勘查。提耶里想找個地方展示他的畫。我跑遍報章雜誌的編輯部、電台、文化俱樂部，試著投出幾篇稿子。我甚至跑了于斯屈達法語學校，看是不是能找個代課或家教的事做。毫無結果。我們成天頂著大太陽奔波，身上卻穿著悶熱的法蘭絨全套西裝，我們以為要想找到工作，非得有這身打扮不可。晚上，疲憊不堪又一無所獲的我們聚在一起，唯一的慰藉是拼湊幾個土耳其語字詞自娛：**filetminyon**（菲力牛排）[5]……**agno alobergine**（茄子燒羔羊肉）[6]……**kudefer & misenpli**（快燙加捲髮）[7]……都是在兩次登門拜訪之間分別從一家餐廳的菜單和一家理髮店的櫥窗上瞥見的。

還有，我們覺得一首當時轟動全城歌舞咖啡館的歌曲似乎宣告了我們這些卑微企圖的喪鐘。這首歌名叫《立方體鎳製家具》……由此就可一窺當地的生活氛圍了。的確，不管是現代繪畫或關於外國的報導，伊斯坦堡的布爾喬亞階層差不多都漠不關心。他們要的不是這些，而是日常。鎳製家具就是最好的例子，還有那些身材圓渾的紅髮歌女，還有那一場場坐在法國梧桐樹下一邊宣洩情緒一邊下個沒完沒了的西洋雙六棋。詩歌嘛，點綴一下就好；主要還是美食、美國車、用咖啡渣預見的未來讓他們興致勃勃。至於藝術，他們相信既有的成就已經超出他們應盡的本分；他們只需看看那些美侖美奐的清真寺——藍色的阿里清真寺、菸草色的蘇萊曼清真寺，或白色與金色相間的奧塔科伊清真寺——對這點就可以深信不疑了；或者前往「舊王宮」欣賞展示櫥窗裡頭那些中國皇帝餽贈的華美瓷器，就能感受他們的國家當初是怎麼在世界另一端受到尊重。他們認為現在已經到了講求實在的時候，並且為此快活地過日子。當然，這是人家的權利，不過我們的事務卻因為他們這份快樂而飽受牽累。這個城市什麼都貴；可是十天過去了，我們連一個庫魯[8]都還沒掙著。

☆ ☆ ☆

我們現在落魄到只能啃烤玉米或上一些簡陋的廉價館子。在亞洲這岸，這樣的館子為數不少，染上猛爆疾患的機會自然也多。起先是腦袋灼熱，接著像尿液那樣的黃色從肝臟一路染上眼睛，然後是無休無止的嘔吐，還有發燒。這時渾身剩下的力氣只夠取消第二天的約會和爬上床，這一躺就是一個星期，只能一邊數著壁紙上的花朵，一邊在記憶中努力搜尋究竟是哪盤菜讓身體中了毒。在某種意義上，在這裡病倒還是比較好的；車子一旦開上安納托利亞內陸的公路，在至少一個月的時間裡，可千萬不能生病哪。

在不作畫的日子裡，提耶里勇敢地繼續在城裡窮轉，活像個出了毛病的陀螺。我每天早上看著他穿上親手洗過、還沒乾透的襯衫，把自己的身體當成晾衣架，胳膊底下夾著他的畫，就趕著出門了。那些畫上被人隨便摸弄留下的指印越積越多，他因為給人看畫的情況老是那麼惡劣，到最後連自己都討厭自己的作品了。他每次回來都怒氣沖沖，人還站在大水槽裡刷洗身子，就忙著訴說一天的經歷。他費盡苦心才連繫上一位畫廊女老闆，對她抱著相當大的期待，結果她熱心地向他說明，在伊斯坦堡，當畫家的是怎樣餓著肚子、為什麼必然會挨餓。一些自稱為收藏家的商人連他的作品都沒瞧一眼，只是掏了區區十個里拉遞給他，提耶里自然覺得飽受羞辱，但當他豁出自尊，說要送他們一幅畫當作交換時，他們卻興奮起來，戴上眼鏡仔細比對，非常精明地從中挑出最好、最貴的一幅。拿著好不容易弄到的地址，挨家挨戶地拜訪那些瑞士人開的店家，結果也好不到哪裡去。那些人會像接待上門推銷的流動商販一樣，讓他進到配膳室，由廚娘陪著喝茶，廚娘大約都是白俄羅斯或烏克蘭移民，她們會把眼睛瞪得又圓又大，一邊翻看他的畫，一邊告訴他一些驚心動魄的故事。話說回來，這樣畢竟還是可以打發些時間，讓他歇歇腳。老闆娘不肯露面（在離伯恩五千公里之遙的他鄉，碰上這麼一個上門賣畫的同胞，開始時打個交道也罷，隨後搞不好牽扯不清），最後她讓人塞給他一點零錢就把他打發走；當晚我們就會把這個小錢送回去，還附帶一張語氣蠻橫不遜、用高乃依[9]風格寫成的紙條，那些老實的家庭主婦恐怕看了只是一頭霧水。

有個人對我們的挫折失意見怪不怪，那就是摩達宮殿酒店的女房務員。她是個細瘦而滄桑的女人，跟她老闆一樣來自波蘭，花白的頭髮上戴著漿硬的冠冕狀頭飾（蒙投[10]的一些豪華旅館裡還看得到女房務有這樣的裝扮），工作的時候永遠菸不離嘴。每天早晨，她把茶送來以後，會在我們的床尾坐下，聽我們鉅細靡遺地講述前一天的悽慘遭遇。房間裡仍然一片灰暗，聽得到博斯普魯斯海峽上的輪船在嗚嗚。她垂著眼睛聽我講著，不時把菸灰彈到茶杯托裡，並猛力點頭，回應每一個可悲可嘆的細節。我們說給她聽的這些艱難困苦甚至讓她覺得歡喜，彷彿她聽到自己經常唱的一首歌從別人口裡唱出來。我不知道她這輩子經歷過什麼樣的困境，不過我們所受的麻煩在她眼裡顯得無足輕重，再自然也不過。有時她會轉身朝向我們，用兩手比個手勢，意思似乎是說：真是的。這是她鼓勵我們的方式。

她整天跟領班奧斯曼待在配膳室，無休無止地擦拭那些餡餅模具、茶爐和茶壺，把它們擦得亮晶晶。晚上，兩個人又會一起服務一言不發獨自用晚餐的萬達太太。洗完碗盤以後，他們會回到她身旁，跟她玩一局惠斯特紙牌，一直玩到夜半三更。我們每次回到旅館都已經夠晚了，還看到他們直挺挺地坐在黃燦燦的紗籠吊燈底下，聚精會神地盯著自己的紙牌，頂多稍微抬個頭，用手指比一下餐具櫃上那碟他們為我們準備的蜂蜜蛋糕。

☆　☆　☆

我的病好了，不過我們的業務幾乎一籌莫展。我寫了一篇很長的報導，講的是北歐拉普蘭地區的事，還附上照片，而且為了讓視力不良的翻譯看清楚，我從頭到尾都得用方糖塊那麼大的大寫字母抄寫。這番辛苦，竟然只讓我賺到十五里拉，相當於吃兩頓飯。萬達太太說對了：斯坦布爾的確是顆超難砸開的核桃。

秋意漸濃，西風傳來獵人的槍聲。在通往愛第尼[11]的公路兩旁，塗得鮮豔亮麗的計程車像彩色石頭般散落在棕褐色的遼闊荒地上，四周擺放了一堆卡拉賓槍、皮挎包和綁成一串串的死丘鷸。泛著青光的箭魚群靜謐無聲地穿過海峽，往南方游去。城裡那些布爾喬亞階層的有錢人坐在塞滿糖果的凱迪拉克轎車裡，南下駛往布爾撒[12]或士麥拿的別墅。在亞洲這一側的海岸，椋鳥在花楸樹的枝葉間如冷笑般輕柔地鳴唱。沿著一條條通向摩達區的狹窄上坡街道，在用電石燈照亮的小酒館裡，腳夫和司機們面前放著一杯凝乳，在那裡一個字一個字地慢慢誦讀報紙上的文章，令整個街區彷彿籠罩在一片低沉而異常淒涼的唸咒聲中。城裡早已秋色連天，摻雜了腐葉氣味的金黃景致撩撥著我們的心弦。游牧式的旅人生活讓人對季節遞嬗敏感異常：生活仰賴季節，人甚至與它融為一體，於是每逢時序變換，就覺得彷彿必須從一個已經住慣了的地方抽身，重新學習生活。

這天晚上，從報社回來的路上，我在海達爾巴夏車站[13]前面停下腳步，欣賞在鐵軌上沉睡的一列列火車。車廂上標著「巴格達」、「貝魯特」或「科尼亞—安納多魯」[14]這些地名。現在這裡是秋天，巴格達是夏天，也許安納托利亞已經邁入冬天。我們決定當晚就動身。

摩達宮殿酒店的工作人員頭一次這麼早就睡了。我們安靜地打包行李。老闆娘的房裡還亮著燈，我們透過半開的門縫，伸頭進去跟她道別和致謝。萬達太太沒有馬上注意到我們。她動也不動地坐在柱式床鋪上，旁邊點著一盞夜燈，面前攤著一本書（我記得是梅里美[15]的作品），不過許久也沒翻動一頁。我們從沒看過她真正精神警醒、留心周遭事物，彷彿總有什麼不知來自何方的聲音在分散她的注意力。住了這麼久，我們卻好像幾乎不認識她。我們輕聲喚她，深怕驚嚇到她。她終於看到我們了，看到我們的一身旅行裝束，於是開口說道：「我的小鴿子們，願上帝祝福你們……聖母會保佑你們的，我的小羔羊們……」，然後她開始說起波蘭話，連續不斷地說了許久，溫柔的語調中帶有如此淒婉的起伏，我們過了好一陣子才明白她已經不再看著我們，不再對著我們說話。她的說話對象似乎是某個非常古老、珍貴，但已消失不見的幽靈，這樣的幽靈總是伴隨著離鄉背井的老人，盤旋在他們的生命深處。我們重新把門帶上……

☆☆☆

我們在凌晨兩點左右離開斯坦布爾。如果沒有碰到下雨，我們應該可以在天黑前抵達安卡拉。

通往安卡拉的路

十月

在安卡拉的西北方一帶，小路穿越一片片光禿禿的廣袤高原。若想看到農作物，得低頭俯視才行：它們都隱藏在高原下方被激流鑿寬的斷層中。在這些鬱鬱蔥蔥的漏斗形谷地底部，可以看到柳樹和葡萄園閃著亮光，一些牲口（水牛和綿羊）在一堆堆廄肥間走動，木造清真寺周圍散落著幾間房舍，裊裊炊煙垂直往上升到高原頂端的高度，接著被風吹彎帶走。偶爾還可以看見一張剛剝下來的熊皮釘在穀倉門上風乾。

連續開了好幾小時的車之後，得到這些綠草綿綿的迷你桃花源深處找地方睡個午覺，才能明白「田園詩情」的真義。躺在蜜蜂嗡嗡飛舞的草地上，仰視天空，這時除了飛速移動的雲朵以外，沒有任何東西會讓我們回想起一整個早上在我們耳邊呼嘯的秋日狂風。

座落在這些背斜谷中的村莊都相當富有，作物也受到悉心照顧。不過我們怎麼也不忍心從樹上偷摘一顆核桃；而且也不會有人送我們一顆——樹上果實的數量都是計算過的。這倒也正常。這種荒原中的「孤島農業」，這種迷你面積的耕作方式，讓農民必須精打細算，甚至錙銖必較。況且，想必有史以來這裡的情況一直都是這樣；就在附近不遠處，在博加斯科伊的哈圖沙西臺遺址[16]中，考古學家發現了一些已有三千多年歷史的小石板，上面刻有細緻得令人感動的財產清單，連一株蛇麻草苗、一頭新生豬崽都不會漏掉。

☆　☆　☆

通往松古爾魯[17]的路

只有輕微的土質差異和卡車壓出的痕跡能讓人勉強區別道路和在道路四周無盡綿延的黃褐色大地。雙腳暖烘烘地窩在靴子裡，單手操縱方向盤，放眼盡是泥土地，我們穿行在這片廣漠無垠的風景中，不禁自忖：這一次，世界的規格真的變了，我們確實進入亞洲了！

有時，我們會在丘陵的斜坡上辨認出羊群，它們的米色形影彷彿構成地面上的一個淺色斑塊；有時我們也會看到成群的椋鳥在公路和開闊的天空之間掠過，彷彿一縷輕煙。更常出現的情況是：什麼也看不見……不過我們聽得見——總得幫安納托利亞配個音吧——我們真的聽得見某種說不清是什麼東西的緩慢哀鳴，起初是非常尖銳的高音，然後降下四度，接著艱難地重新爬高，往復循環。聲音刺耳如針扎，恰恰適合穿透這片皮革色的廣闊高地，同時又悲傷得讓人直起雞皮疙瘩，儘管令人安心的汽車引擎聲迴盪在四周，那聲音仍舊戳進了我們的身子。我們睜大了眼睛，捏了把自己，可是什麼都沒有呀！接著我們發現了一個黑點，然後那種樂音越來越響，聽得我們渾身不是滋味。過了一段時間，我們追上由一對公牛拉著的大車，趕車的人高坐在車上，把帽子蓋在臉上睡覺，沉重的大車壓著實心車輪，車軸吃力地轉動，每轉一圈就會吱戛作響。我們超了過去，心裡很清楚，以我們這種速度，那亡魂唱歌般的該死聲音會一路糾纏著我們，直到半夜。至於迎面而來的卡車，我們在會車前至少一個小時就得開始忍受那刺眼的大燈。燈光會忽然出現，然後消失，我們試著不去管它。可猛然間，它又迸了出來，接著在短短幾秒鐘裡，我們的車燈會照出卡車漆成粉紅色或蘋果綠、點綴著花朵圖案的巨大身影，隨後它便在光禿禿的土地上顛簸著逐漸遠去，宛如一束大得嚇人的花。

偶爾也會出現一種令人困惑的光芒，遠看宛如兩盞可愛的金色燈籠，忽明忽暗，搖晃閃爍，似乎在我們前方一直倒退。根據兩盞光之間的距離判斷，我們以為那是一輛小型旅行車……等我們開到它前面時，才發現那是一隻睡在路旁橋墩上的貓頭鷹，接著牠便在汽車揚起的風塵中如一團笨重的棉絮，尖聲叫著飛離地面。

說到這種實心車輪的大車，聽說有人在古巴比倫墓穴中找到一些幾乎一模一樣的東西。這樣看來，它們的車軸攪擾靜謐的安納托利亞高原至今已經四千年。這就很厲害了，不過在博加斯科伊通往松古爾魯的路上，我們還見識到更古老的玩意兒。時辰已近傍晚，天空清澈，我們穿越一片空空如也的平原。空氣透明得足以讓人辨認出孤身聳立在三十公里外的樹木。突然間……嘟……嘟……嘟……嗒……出現一陣清脆而激動的輕微撞擊聲，隨著我們靠近，音量逐漸增強。有點像乾柴燃燒時發出的爆裂聲，或金屬被火燒得炙熱變形時劈啪作響的聲音。提耶里臉色發白，趕緊把車停下；我跟他擔心的事一樣：恐怕是漏機油了，差速器的齒輪因為發熱而「啃」進機械裡。結果我們搞錯了，因為那聲音並沒有停止。它甚至越來越響，就在我們左邊不遠處。我們前去查看：在公路一側的邊坡後方，平野上黑壓壓一片都是烏龜，牠們正忙著發洩秋日的愛欲，龜殼撞得咖噠作響。雄龜用自己的殼當撞錘，把伴侶推到一塊石頭或一簇枯草上，讓她無處可逃。雄龜體型比雌龜小，交配時，牠會全身直立，才搆得著雌龜的身體部位。牠伸長脖子，張開鮮紅的嘴，發出尖厲的叫聲。我們離開時，看到平原上的烏龜正從四面八方慢慢趕來參加這場豔情大會。夜幕逐漸低垂，我們倆連對方說話的聲音都聽不見了。

☆ ☆ ☆

松古爾魯

早上六點，太陽還沒升起，農人們就已經坐在客棧的桌子前面，用帶有藍色搪瓷杯托的茶杯喝茶。說話聲與踩在泥地裡的腳步聲混成一片。身影模糊不清的雄壯牧羊犬挨桌嗅聞客人的味道。天色變得稍微亮些時，首先可以看到牠們頸圈上的尖頭和客棧裡的銅質托盤開始零零星星地發出亮光，這時地面、拴狗的繩子和人的臉孔還晦暗不明。廣場上來來往往的，是居民的棕色帽子、深橘色襯衫和幾個吉普賽人身上那顏色比較鮮豔的破衣服。馬匹的脖子上戴了用剝皮的樹枝做成的頸圈，在耳朵後方形成一個大大的圓箍；套在牠們身後的農車和幾輛油漆剝落的高大卡車聳立在咖啡館四周。兩名蓄了山羊鬍的老叟剛從桌邊起身離開，在半明半暗的光線中一邊開懷地笑著，一邊劈里啪啦地追踩一隻沿著牆根逃竄的老鼠。屋內可以看到一張海報，上面是個頭戴闊邊氈帽的墨西哥農人，還有一行文字寫著：「聽土耳其廣播電台，探索寰宇珍奇！」館子裡果真有一台收音機，只不過就算跟它糾纏二十分鐘，也調不出安卡拉放送的電波。

接著，地上的黏土和泥巴閃出點點晶光，秋陽在還把我們跟大海隔得遠遠的六道地平線上冉冉升起。城鎮周邊的所有道路都鋪滿了柳樹的葉子，馬車從上面輾壓過去時不會發出聲音，而且還散發一股清新好聞的氣味。大地遼闊，香氣襲人，感覺生命中最美好的年月還在我們前方招手；這一切就像愛情的作用般，讓人生的樂趣無限倍增。

☆☆☆

梅爾濟豐（Merzifon）

開了十二小時的車

晚上九點，梅爾濟豐唯一還在營業的餐廳是空軍飛行員俱樂部。城鎮邊上就有一座軍事基地。桌布潔白無瑕，陶罐裡插滿月桂，男服務生身穿帥氣的紅色制服招待客人。誤入這種高級陷阱的時候，有一種辦法可以脫身，雖然不怎麼光明正大，不過至少保證能成功。我們很清楚該怎麼做，不過這天晚上，我們決定給自己一點奢侈。我們從清晨五點就開車上路，接下來還得連夜趕路，好在下雪之前抵達目的地。我們一邊欣賞六七位飛行員在一架走了調的鋼琴樂音陪伴下自得其樂地跳舞，一邊享用了晚餐，並各自喝了一大杯甜葡萄酒，杯裡一半都是土色的冰塊。由於這些飛行員身高都差不多，他們只能把礙事的帽子拿在手裡，才能互相貼著跳舞。我絕對相信這裡娛樂活動很少，女性舞伴當然更是罕見；不過不管怎麼說，他們模仿男女擁舞時那副慵懶陶醉的模樣實在稍嫌過火。有人看到手風琴和吉他從我們的行李中凸出來，他們相當禮貌地請我們為他們演奏幾曲。那就來點華爾滋和爪哇舞曲吧；幾個軍人故技重施，又柔情似水地摟在一起扭腰擺臀。

☆　☆　☆

開了十三到二十小時的車

午夜時分，我們吃飽歇足，重新上路。頂蓬敞開，天上繁星點點。我們平靜地聊天，越過兩個棕土色的山口，隨後我問的問題忽然沒人答腔，我瞥了一眼，確定提耶里是睡著了。黎明之前，我一直開得很慢；為了不讓電瓶太操勞，我把所有車燈都關了。在抵達海岸前的最後一個山口，泥土路特別滑，而且坡度太陡，車子的馬達應付不來。就在車子快要熄火的時候，我把提耶里搖醒，他跳下車，一邊推車一邊繼續睡。開到下一個山肩時，我停車等他追上來。順著下坡滑降到底部時，眼前又是一道陡斜的上坡，迫使我們又得重複一遍方才的操作，然後提耶里又落在後方好遠。我再把車子停下，拖著疲憊的身子搖搖晃晃地走到路邊，對著柳樹撒了一泡彷彿撒不完的尿，同時讓柳樹的枝葉輕撫我的耳朵。在山頂時，我們已經開過一些積雪，不過這裡仍是一片秋色。黎明的空氣濕潤而溫和。一抹檸檬黃的微光開始出現在黑海上緣的天邊，霧氣在滴著水的林木間飄移。躺在閃著亮光的草地上，我真慶幸自己活在這個世界上，慶幸……到底慶幸什麼呢？不過疲倦到了這個地步，樂觀已經不再需要理由了。

過了一刻鐘，提耶里的身影從夜色中浮現，他仍舊邊走邊睡，到了我身邊也沒停腳，踏著大步就超了過去。

☆ ☆ ☆

通往奧爾杜[18]的路

開了二十小時的車

輪到我睡了。坐在車裡睡，沉沉睡著，夢見自己的人生，夢境隨著每一次顛簸，不斷變換情節與色彩，每次車子開過路面比較深的橫溝、讓人劇烈搖晃，或者引擎猛然變速，不然就是駕駛關掉引擎休息、周遭忽然一片寂靜時，夢裡的故事就會戛然而止。把累得發麻的腦袋靠在車窗上，透過黎明的氤氳看到一道路堤、幾片樹叢、一處河灘；一位穿著拖鞋的女牧人手裡拿著一根榛樹枝，正在趕一群水牛過河，水牛呼出氣味濃烈的熱氣，總算讓人徹底醒了過來；從先前的夢境投身這樣動人的真實景象，完全沒有損失。

女牧人謹慎小心地把頭靠近車窗，準備好隨時逃開。她才十二、三歲年紀，頭上繫了一條紅巾，脖子上掛著一塊銀牌。這兩個滿臉鬍渣、活像僵屍的人引發了她的高度好奇。

☆　☆　☆

不久以後

在一片黑色的沙灘上，我們請人給我們烤了一條小魚。粉紅色的魚肉逐漸染上煙燻色。我們收集了一些被海水漂白了的樹根和小竹片，用來當柴薪，然後我們就著火邊蹲下，在柔柔的秋雨中吃起魚來。我們邊吃邊觀看大海如何為難那幾艘駁船；遠在克里米亞那一岸的天邊，一片蘑菇狀的巨大暴雨雲團正在升騰。

☆ ☆ ☆

奧爾杜山口

在我們的地圖上，法特薩和巴巴里這兩座村莊之間的距離不過短短一公分，地勢落差最多也才五百米；可是從第一道上坡開始，我們就得跳下來推車子。狹窄油滑的土路穿越一片榛樹和花楸樹林，盤旋直上。坡度變得太陡時，駕駛就得拉出手動風門，自己也跳下車子，一邊透過車窗操縱方向盤，一邊用肩膀頂著車身幫忙推。如果連引擎也賭氣熄了火，那就得趕緊衝向手煞車，或者在後輪下方墊一塊石頭，以免負載沉重的車子在倒退時把某個變速箱齒輪弄斷。到了這個地步，什麼辦法也沒有，只能吹哨、叫喊，直到一兩個農夫扛著鋤頭應聲前來。他們弄清楚我們是需要他們幫忙推車以後，臉龐馬上亮了起來，忙不迭地在車輪邊挖了兩個坑來抵住他們的雙腳，然後牢牢抓著車子推，讓我們幾乎是直接衝上坡頂。他們不拿錢，純粹只是覺得推車這件事好玩。經過這番暖身，他們已經精力高漲，若是能夠接著來幾場徒手角力，想必他們會更開心。儘管我們早就聽說土耳其人力氣大，真實的情形似乎還是超乎想像。不過我們不是隨時隨地都能找到好心農夫，在最慘的幾個路段，我們只能自己來；六個小時只往前推進了二十二公里。

在山口最高處的幾棟破爛木頭房舍之間，三十來個村民正隨著尖細的音樂聲，在泥地裡跳舞。細雨將周遭的山陵籠罩在一片朦朧中，村民們或挽著手肘，或拉著用細繩縫補過的黑色舊外套的袖子，在雨中慢慢地轉圈子。他們的腳上不是裹著黃麻片就是包著破布塊。他們都長了鷹勾鼻，一臉凶神惡煞樣，臉上的平坦部位泛著鬍渣的青光。大鼓和雙簧管奏得慢條斯理，不過片刻也不停。某種緊張氣氛逐漸升起。所有人不發一語，我真恨不得他們說點什麼；在這個當頭，爭論，哪怕是凶巴巴的爭吵，都會忽然讓我覺得是所有行為中最平和的表現。我有種不舒服的感覺，彷彿他們正一絲不苟地在槍膛裡裝子彈。要是這霧氣瀰漫的山林中有另一座敵對的村子，那裡的人睡覺時最好只閉上一只眼睛。

就連那音樂聽起來也充滿威脅和災厄。我們試著湊過去，想看看他們用的是什麼樂器，這時一個個繃緊的肩膀和背脊宛如一波海浪，硬把我們往外推回去。我的錄音機就扛在肩上，不過這次我實在不敢用它。一個小時以後，我們又下了山，回到霧氣繚繞的黑海畔。

現在該稍微談談恐懼這個話題了。旅行時，總有那麼些時刻，恐懼的感覺會冒出來，結果我們吃進嘴裡的麵包忽然就卡在喉頭上了。如果太疲累或太寂寞的時間過於長久，或者在詩興大發之後身心陷入渙散，這時只要路途拐個彎，恐懼就可能從天而降，像一盆冰水般潑得你一身。恐懼接下來這個月該怎麼過，恐懼夜裡那些盤據在村莊四周隨時準備攻擊移動目標的兇狗，恐懼那些一邊撿石頭一邊走下山坡朝你而來的牧民，甚至恐懼我們在上一段旅途中租用的馬匹，不知道那會不會是一頭詭計深藏不露的惡獸。

我們竭力克服恐懼，特別是在攸關工作的情況中。幽默是一劑良方，不過得有兩個人才幽默得起來。其實我們經常只要深呼吸，嚥下一口口水，就能化解恐懼。恐懼遲遲不去時，我們會不肯走進「這條」街，害怕踏進「這座」清真寺，或放棄拍「這張」照片的念頭。隔天，我們會懷著浪漫心理自責一番，不過這樣是不對的。這些不安的感覺至少有一半是人的本能對某種真正的危險所作的抵制（但我們後來才明白這點）。我們不該輕忽這種警訊。當然，那些滿山土匪惡狼的故事是誇大其辭，不過，在安納托利亞和開伯爾山口之間，的確有幾個地方曾有一些慷慨激昂的浪漫英雄前去，他們不知好歹，把赤子之心拎在手上，不顧一切想要冒險，最後杳無音訊。這種事不需要強盜動手也會發生；只要有那麼個窮苦偏僻的小山村，或那麼一場為一塊麵包或一隻雞而怒目相向的爭執，然後因為互相無法理解，比手畫腳的動作越來越大，你的眼神越來越惶恐，結果六根棍子很快就朝你的方向揮起來了。這時，你就算滿腦子平等博愛、世界大同，也無法阻止棍子落在你頭上。

☆☆☆

吉雷松[19]

在那條伸向大海的街道盡頭，滿載暴雨氣息的天光隔著裝有檸檬水或琥珀色葡萄酒的瓶甕透析而出。紫藤香氣濃郁，花瓣散落一地。從房間窗戶望去，可以看到一些腿部畸形的漁民在廣場上穿梭，彼此勾著小指談天說地。肥壯的熊貓臥在砌石路面上睡覺，四周圍繞著魚的骨刺和頭尾內臟。城牆色的老鼠沿著地溝奔竄。這真是個自成一格的世界。

在這些濱海城鎮，有三樣東西讓民眾引以為傲：他們的體力，他們的榛子，還有他們警察的洞察力。所謂「警察」，基本上就是個身體被一件過小的短外套紮得緊緊實實、個性倔強得像頭母驢的年輕人，他會守在客棧，我們才剛進房安頓一刻鐘，他就已經等在我們的房門外。我們不是躺在床上，就是忙著刷掉這一路沾到衣鞋上的泥巴，起初他會謹慎地叩門，我們不予理會，接著，在挫折感的鼓動下，輕輕扣門的聲音很快就變成一陣急促的擂門聲。氣極敗壞之下，我們只好為不速之客開門，對方笨拙地裝出一副流氓樣，也不管自己裝得像不像，然後猛然開口要我們到黑市兌換美元。在這些生活平靜無波的小地方，要是不設法挑起一些事端，就搞不出什麼績效，安卡拉那邊也永遠不會注意到你的存在。到黑市換錢？我們當然假裝大驚小怪。經過這番試探，這傢伙在這個重大問題上安下心來，於是一本正經地說：「我是這裡的祕密警察。」我們極盡恭維之能事，一邊稱讚他工作好，一邊把他送到門口。

有時，警察會在晚上帶著一公斤蘋果和他的相簿，神態靦腆地到旅館找我們。照片模糊不清，是藥品雜貨商沖洗的：坐遊覽車旅遊，半艘貨輪，矗立在薩姆松的阿塔圖克[20]雕像，某個冒雨站在自己商店門口的姊夫或叔伯。他要我們玩遊戲，在二十個頭髮剃光、看起來一模一樣的新兵中把他找出來。我們猜錯了。然後是一陣開心的傻笑。他跟我們年紀差不多，對這個世界幾乎一無所知。只要給點小小的好處，他很輕易就會把全城所有祕密告訴我們。這一切當然就不是執勤警察該做的事了。

☆　☆　☆

特拉布宗[21]

我們的公路在這裡離開海岸，然後分別經由齊加納山口和柯普山口，穿越兩座山脈，在埃爾祖倫[22]一帶重新進入安納托利亞高原。

我到郵局詢問相關資訊，他們告訴我：「從這裡到埃爾祖倫，路面都是乾的，沒有問題。過了那裡以後，我們就不知道了。我們也可以發電報到東部問問看，不過得浪費一些時間等那邊回覆，而且電報很貴……還是到中學問問好了，那裡有安納托利亞各地來的寄宿生，他們肯定知道家鄉的天氣是怎麼樣。」

到了中學，我簡單說明了來由，法語老師把課停下來，用速度緩慢的法語問同學這個問題。沒有一個同學有反應。老師有點不好意思地用土耳其語重覆問了一遍，這時馬上就有幾個人從書包裡拿出皺巴巴的信，一隻隻指甲黑黑的小手跟著舉了起來。喀爾斯還沒下雪……凡城也沒下雪，卡吉斯曼也沒下雪……卡拉斯科斯下了點雪，不過已經融了。整體的意見是，在未來半個月內，我們還可以輕鬆地通過這個地區。

回到廣場，我看提耶里正在全神貫注地清理汽車引擎。圍觀民眾足足有上百人，不過他只顧工作，頭也沒抬一下。離開斯坦布爾以來，這種光景不斷出現，我們早就習以為常。我們總會看到同樣的圍觀人群：有目瞪口呆的，有提供意見的，有和藹可親的，還有一些穿拖鞋的老人，他們會翻遍口袋，找出一把小刀或一小塊砂紙，希望對我們的工作有所幫助。我們得給彈簧墊片上點油，以免半路斷掉；得把噴嘴吹乾淨，清除火星塞和分電盤上的污垢；還有重新調整因為前一天的顛簸和震動而移位的機件。自從路況變差以後，我們每天都得重覆這些操作，讓車子多一些馬力，也讓我們添幾分好運。橫亙在我們與安納托利亞高原之間的兩處山口令我們相當擔心。

結果我們錯了。起初公路通過城市後方的地區，穿越一座座翠綠山谷、茅屋村莊，以及由橄欖樹和榛樹交織而成的人間樂土。然後公路沿著一處坡度不大的谷地前進，兩旁是渾圓的青藍色山崗。在山谷盡頭，通向山口的最初幾個坡道穿越高大的山毛櫸林盤旋而上，黃色的樹葉在我們頭頂二十米的高處如銅管樂器般燦燦生輝。林間地面被成熟的野莓染成一片嫣紅，不過我們不敢停車採摘，因為害怕在坡道上無法重新啟動。抵達山口前這整段路我們一直只用一檔，而且始終站在腳踏板上，隨時準備跳下車。超越林線以後，夜幕逐漸降臨。在我們下方那些長滿青草的巨大背斜谷中，可以看到羊群在黑色帳篷四周移動，宿營的牧民燃起一堆堆篝火，其間臥著一些卸了馱鞍的駱駝。

☆☆☆

居米薩內（Gümüsane）

當天晚上

這一帶是山區，而且已經進入冬季。結實的石砌房舍屋頂造得非常陡斜，以免積雪過量無法負荷。母騾的鼻孔噴出霧氣。人們身穿棕色的全套羊毛裝，頭戴毛皮帽。被凍僵了的山鶉在食品店上方的籠子裡啾啾鳴叫。商店用汽油燈照亮，裡面堆滿沉甸甸的貨品，看起來五彩繽紛、閃閃發亮。

我們都還沒把車停妥，一個男孩就跑來找我們，說要帶我們去見校長；特拉比松的老師們已經把我們路過這裡的消息告訴了他。校長是個熱情親切的胖男人，他穿著一身睡袍[23]，坐在一籃蘋果和一具燒得通紅的火爐之間等我們。他不會說一句德語、英語或法語。我們懂的土耳其語頂多不過二十個字，而且我們累得沒力氣透過比手畫腳或畫圖來跟他交流。於是我們從頭到尾只是各自坐著啃蘋果，看著對方微笑。然後校長向我們展示了一張熊皮（熊是他上星期才剛獵殺的）和一張銀狐皮。看見我們很喜歡，他便要把狐狸皮送給我們。他的雙手略帶顫抖地把毛皮遞給我們，同時眼睛卻蕩漾著懇求的神色，似乎寫滿了不捨。我們堅持拒絕了他的好意。他換上外出裝束，一路把我們帶到客棧，讓人把最好的房間給我們。我們全身衣服都沒脫，就沉入毫無夢境的昏睡，結果他還幫我們結了帳。第二天早上，他帶著一個畸形的侏儒過來，他是斯坦布爾人，到這裡幫校長醫治已經沒救了的肺病，並幫他擔任通譯。校長要邀請我們待在他們學校幾天，為了留住我們，他開始扳著手指頭，如數家珍地告訴我們他們村莊的種種好處：空氣清新，房屋燒得很暖，從拜占庭時期開採至今的銀礦品質傲視全國，一九二一年以來不曾發生竊盜案……最後他提到充滿小片蜂蠟、能增強體力的上好蜂蜜。這些都是真的，我也向他保證會幫他們廣為宣傳。現在我真的做到了。不過在那個當下，我們一心只想趕到波斯過冬。

☆　☆　☆

柯普山口

兩個人跑步簇擁著一輛小汽車，從車身外側操縱它，這種場面再怎麼說也不可能不引人注意。從埃爾祖倫開來的卡車已經從昨天超過我們車的那些司機口中聽說了這樁奇聞，所以大老遠看到我們，就會鳴笛致意。兩車交會時，這些沿著坡道衝下來的巨大怪物有時會磨著輪胎，煞了五十公尺距離的車，然後司機會下車送我們兩顆蘋果、兩根香菸，或一把榛子。

好客、正直、善心，以及一種單純質樸、始終可以讓人仰賴的民族自豪感：這就是我們在這些地方見識到的美德。很簡單，而且很容易感受到。不像我們在印度時偶爾會碰到的情形那樣，在這裡，我們不必懷疑自己是否真正邂逅了這些美德，是否那些真的是美德。它們顯而易見，而如果我們偶然沒注意到，總有某個人會告訴你：「你們看，這一切……這種親切，這種正派，還有……等等，這些都是我們土耳其人的優點。」

通往柯普的公路很棒，因為軍方一直細心養護。不過路很陡，而且會爬升到海拔三千米的高度。我們必須不斷推著車子跑；抵達公路頂點時，心臟差點沒蹦出來。天空湛藍澄透，我們看到一片難以想像的壯麗景觀：起伏的山巒宛如巨大的波浪，翻騰著向望不到盡頭的南方垂降鋪展；至少二十次，我們失去了道路的蹤跡，後來路面又清晰可見；在地平線深處，一片雷雨雲占據了天空的小小一隅。有些風景因為一再復現相同事物，有了無與倫比的說服力，眼前便是其中之一。

一個大木架上掛著一具沉重的大鐘，這就是山口的地標。下雪的時候，當地人還會敲響大鐘，為迷途的旅人引路。我往那裡走去時，一隻棲息在上面的老鷹騰空飛起，翅膀拍到了銅鐘，激起一陣無休無止的劇烈震盪，鐘聲迴盪在下方的山巒間，越傳越遠。群山如羊群般綿延在周遭，大部分連名字也沒有。

☆ ☆ ☆

巴伊布爾特（Bayburt）

「這個地方啊，」提耶里說：「看起來簡直像不准大家蓋村莊。」

不過眼前正好就是一座村莊：占地廣闊，黃土斑駁，跟高原的土地幾乎難分難辨。居民頭戴黑帽、打著赤腳，許多罹患砂眼，狗兒身上則有壞血症造成的病斑。一群群膚色黝黑、辮子梳得密密實實的小女孩宛如嗡嗡鳴叫的蒼蠅，從一棟建築物走出來，看到我們便偷偷打量。她們身穿黑色罩衫和黑色長筒襪，大大的白色衣領以賽璐璐材質製成。這種衣領實在又荒唐又難看，不過因為那是學校的象徵，因此具有提振精神的作用。學校品質堪慮，不過至少這些小女孩可以在裡面學點算數和讀書寫字，學習重視衛生，不要用髒手揉眼睛，還有要定期服用老師發的奎寧。這已經是一些不錯的生活利器了。我們彷彿感覺到，阿塔圖克連這裡也來過，而且照例帶著他的教鞭、他那野狼般的神情和令人敬畏的黑板。在我們停下來歇腳那家簡陋的小茶館中，我們看到一罐噴霧殺蟲劑像一把利劍般掛在他的彩色肖像旁邊。

這裡的居民只看重發動機、水龍頭、擴音器和其他各種起居設備、生活用品，這點不足為奇。在土耳其，大家秀給你看的主要就是這些玩意，所以我們必須對這類物品另眼相待。你到這個國家想看的東西，正好能在美侖美奐的木造清真寺裡找到，但他們不會想到要帶你去看這個，因為人都是這樣，總是在意自己沒有的事物，對於已經擁有的東西則不再敏銳。他們缺乏技術；我們則想脫離過多的技術將我們帶進的困境——也就是說，在資訊充斥下已經飽和的敏感度，還有漫不經心、不著邊際的社會文化。我們需要靠他們的生活處方重新學習人生，他們則需要我們的處方來過個好日子。兩方在人生的道路上交會，不過不一定能互相了解；有時旅人會焦躁不耐，但在這份焦躁中，卻有很大的自私成分。

☆　☆　☆

埃爾祖倫

全城一片土色，天空線上突現出一座座低矮的圓樓，以及美麗的鄂圖曼堡壘在歲月摧殘下早已遲暮的身影。棕褐色的大地從四面八方簇擁著城市。城內隨處可見渾身塵土的士兵，外國人在這裡每天都要被查上十次證件。只有幾輛漆成薰衣草藍的老舊四輪馬車和楊樹泛黃的樹冠為這個地方增添了幾抹色彩。

下午將盡時，我們到縣立中學觀賞一種叫「巴爾戲」的舞蹈。這是一種源自突厥—蒙古文化的戰士舞，安納托利亞地區的每個縣份都有自己的巴爾舞風格。舞者身穿帶有肋形胸飾的馬甲，繫著紅色寬腰帶，下身則是一條配有黑色飾帶的白長褲。他們揮刀作勢，慢慢轉圈，模擬戰鬥場面。在東部各省，這種舞蹈非常受歡迎，大部分的男孩都有自己的巴爾戲服，而且這種舞戲可以現場即興發揮。

我們到場五分鐘後，組成隊伍的孩子們開始在操場邊的樹下跳巴爾舞。天氣很冷，夜幕漸臨。這舞的確美，因為每個動作都紮實有力，不過更美的是音樂。樂器只有兩種：一種是「祖爾吶」（東方的雙簧管）[24]，用來激發英雄氣概，另一種是從側面敲擊的「達胡爾」，看起來像巨大的定音鼓，令人印象深刻。帕提亞人[25]使用這種樂器作為開戰信號，匈奴人也曾將它進貢給中國。達胡爾非常適合在大草原上敲擊，它的聲音渾厚有力，比火車頭的汽笛聲更低沉，可以傳到很遠的地方；既可如緩慢的心跳，讓聽者的心臟到後來與它融為一體，也可以空靈到幾近無聲，彷彿羽毛豐厚的大型夜鳥靜謐安寧的飛行。

這個舞蹈表演結束以後，我們留下來繼續看低年級同學轉圈跳舞。老師們把手背在身後，安靜地站在我們周圍。他們有時會發出粗戛的喝斥聲，阻止學生動手打架。上了年紀的老師剪了平頭，鬚髮花白，看起來像退休的警察。比較年輕的老師則各個顯得筋疲力竭。法語老師三不五時會躲到一邊用法文寫一個句子，先複誦幾次以後，再過來跟我們說那句話。他說得結結巴巴，聽我們說話也很吃力。對他來說，這種交流比考試還困難；打個比方，就像我們只在學校學了點拉丁語，但得跟兩個來自亞歷山大時代的時空旅人交談。不過在這種寂寥冷清的地方，能在幾乎沒有書本的情況下學到這點法文，已經讓他夠有面子了。

在土耳其民族革命的激情之後，各種必要的新思維、新計畫以及務實精神就源自這群薪水很低、穿著土氣的小學教師。他們帶著工藝師傅那種執著與要求，辛勤培育安納托利亞這些粗里粗氣、沉默寡言，但內心卻求知若渴的農民，而這群農民正是這個國家的力量所在。在更遠的地區，在那些長年飽受大雪和結核病折磨的窮鄉僻壤，其他那些更缺乏資源的同儕（其中包括一些年輕女老師）為了把鄉下人從髒亂落後、極度迷信和貧窮困苦中解救出來，也在辛苦奮鬥。安納托利亞的文明程度暫時還處在村莊教員、小學教育和識字課本的水準。這是一個不能跳過的階段，必須經過這樣的奉獻和努力，一切才能真正起步。在土耳其，恐怕沒有一個行業比當小學老師更艱苦但又更有意義。

一股濃重的菜餚味從食堂裡飄了出來。在昏暗的校園裡，還能聽到喊叫聲和木底鞋踩在泥濘地面上劈劈啪啪的響聲。我們看到一群沒騎馬的騎兵走過，他們佩帶木劍，理了平頭的小腦袋瓜上罩著看起來淒涼陰森的黑色羊毛帽。每次聽到小朋友用外國語言說話喊叫的聲音，總有某種困惑會在內心浮現；我們會覺得他們好像是邊說邊發明那個語言的（這種感覺或許不無道理）。然而，迴盪在世界各地小學校園中的尖銳叫聲，很可能都是同樣的一些話：「把球還給我！」，或者打架時說的「不要拉衣服」……

在斯坦布爾，很少聽人提到這些默默耕耘的教育工作者；若不是他們偶爾會針對安納托利亞民俗文化在文學刊物上發表一些風味十足、犀利無比的文章，我們恐怕完全不會知道他們的存在。這群人跟一些軍人和安卡拉的「青年土耳其黨人」[26]成了凱末爾[27]剛毅精神的最後一批守護者。人們不夠感激這群刻苦耐勞的奮鬥者以及他們所代表的意義；他們象徵一個講求嚴酷訓練的時代，而現在的土耳其官方雖然頌揚那個時代，但也希望它永遠不會重現。阿塔圖克逝世後，他開動的那輛橫衝猛撞、但卻非開不可的創新改革列車顯然放慢了速度。某些當初因為膽小怕事而成為美德模範的公務員不無欣喜地重新品嘗「妥協」和貪腐的滋味。在鄉村地區，神職人員恢復了影響力，他們有時會鼓動虔誠的信眾褻瀆甚至毀壞「土耳其人之父」的雕像，把這些民眾拉回巫醫迷信[28]的卑劣世界，並煽動他們反對村裡的小學教員（因為他是真主的敵人），而且特別要抵制女教員（因為她是膽敢揭下面紗的婊子）。當然，並非所有毛拉都會這麼做，不過有良知的神職人員畢竟沒有多少，大部分確實都是凶狠殘暴的無知者，一心夢想著砍劈一切與新土耳其有關的事物，實現他們的復仇任務。這項任務的規模極為浩大；他們曾對危在旦夕的阿塔圖克發動「聖戰」，但為時甚短，在接下來的慘酷鎮壓行動中，安納托利亞許多地方的清真寺和伊斯蘭學校都聽到過頭骨和脊椎骨在警棍擊打下斷裂的聲音。如今，在部分地方，這些人捲土重來，並獲得許多農民的追隨。舊有的風俗多麼親切可愛，哪怕是那些壓迫人的惡習也不例外；與其接受天馬行空的新事物，不如陶醉在早已習慣的不幸中。而在夜幕低垂、疲憊不堪之際，還要努力了解這些事，那就真是愚蠢不堪了。

要想阻止這種倒退，散播那些通常備受排斥的光明，就得靠這些孤單寂寞、生活困苦侷促、吃不飽喝不足的教育界尖兵。看到他們在泥濘的校園中走動，我不禁想起他們在黑海畔的一位同儕說過的話。當我問他在他的教學工作中最欠缺的是什麼，他的回答是⋯⋯「十二打伏爾泰」。

☆ ☆ ☆

一整個晚上，我們和兩個義務幫忙的卡車司機奮力修理失去功能的點火器。午夜時分，事情終於搞定，車子又可以像拖拉機般吃力地前進。距離波斯只剩一個山口，不過要到下一家郵件可以留局自取的郵務所還有七百公里。夜晚寒冷而美麗，路面十分乾燥（就像先前他們說的那樣），我們身上的土耳其貨幣也幾乎花完了。我們決定把車開到憲兵隊，說服他們安排護送隊[29]，讓我們可以立刻出發。在冰冷的營房院子裡，我們跺著腳，等候護送我們的軍官、通譯和吉普車駕駛把軍服套在睡袍外面，好把我們一路送到哈桑卡勒。

路況很差。提耶里負責開道，那位軍官坐在他的車上。我跟通譯一起坐吉普車，跟在後面艱辛地前進。寒風彷彿在割裂我們的臉龐，車子的晃動劇烈到我們說話得緊閉牙關，以免咬到自己的舌頭。至於那位通譯（一個臉色蒼白、身體被過於寬大的上裝淹沒的年輕人），他話本來就少，而且嫌我們把他從床上折騰起來出勤，所以乾脆假裝睡覺，免得還得回答我的問題。行進五公里以後，他倒開口了：「我的法文是在于斯屈達學校學的。參軍以前我做過皮貨生意……後來破產了……那些放高利貸的希臘人把我整得很慘，不過只要我還穿著這身軍裝，他們就不能拿我怎樣……況且，那些希臘人啊，」——他補上這句當作總結——「總有一天我們會修理他們的……」說完，他又把眼睛閉上。開到二十五公里的時候，我的耳朵已經差不多凍壞了，不過我還能聽到幾句：「……在床上，我們喜歡很胖的那種女人。您不覺得驚訝嗎？……又油又肥，塞滿在你的懷抱裡，皮膚白皙，這就是土耳其人的口味……至少我是這樣……」他的其他話都被風吹走了。

開到哈桑卡勒城外時，我問他埃爾祖倫從前是不是庫德人的首都之一。他爆出大笑聲，讓人以為他準備說笑話，結果他說的是：「……他們很久都不會回來了。我們收拾了他們……我們狠狠地收拾了他們……[30]」他一邊把拳頭砸進手掌，一邊繼續這樣嘟噥著。這下我才留意到他的手大得出奇，身形像狗熊般魁梧，手腕粗壯如木棒。我本來還以為他是個瘦皮猴！原來是他的軍服實在太大了——就算讓巨人來穿也沒法穿實。

他又開口：「我每天下班以後，都會去做點希臘羅馬式摔角……我那條街上有個很棒的隊伍，星期天比賽的時候，我們會稍微作弊一下。您真該看看那副光景：扭打成一團，難以呼吸……每次都會有人受傷。您呢？您會玩摔角嗎？」

到哈桑卡勒以後，軍官下了車，祝福我們好運，然後跨上吉普車，車子掉頭就開走了。我謹慎地跟通譯握了一下手。接著我們一直開車到天亮，沿途沒遇到一輛卡車。

在埃爾祖倫以東的地區，道路變得非常荒僻，村莊之間距離很遠。基於各種不同理由，有時我們不得不停下車來，在荒郊野外度過黑夜。身體裹在暖和的毛氈外套裡，拉下毛皮帽的護耳，我們聽著車輪旁邊避風處的煤油爐上開水在翻滾沸騰的聲音。背靠山坡，我們仰望星空，凝視眼前的大地如波浪般起伏，向高加索奔流而去。遠處還可以看到如磷火般閃爍的狐狸眼睛。

時間在一杯杯滾燙的茶、半天搭不上幾句的話語、一根根香菸之間流逝，然後曙光升起，逐漸擴散，鶺鴒和山鶉開始唱和成一片……我們趕緊把這輝煌盛大的一刻如船錨般拋進記憶深處，等著有一天再去把它拉上來。我們伸展四肢，走動幾步，感覺全身輕飄飄；要想描述此時此刻的感受，「幸福」這個字眼實在顯得既單薄又偏狹。

說到底，構成人類生命架構的既不是家庭、事業，也不是別人對你的議論和看法，而是少數幾個這種性質的瞬間，它們被一種比愛情更寧靜祥和的懸浮力量抬升，而生命以一種謹小慎微的方式把它們分給我們，以免我們脆弱的心靈無法承受。

獅子與太陽

伊朗邊境

我們趕了一個小時的路，夜色已經降臨，這時我們在一個柳樹成排的山谷中央來到一棟刷成粉紅色、略顯陳舊的帝國時期風格屋宇。在車燈的光束中，我們看見一個人影打著呵欠出現在門框中，隨即消失不見，接著一盞燈光亮起。伊朗海關到了……

在電石燈上方，那位軍官揚起昏暗的臉孔，一對沉重的眼睛卻閃閃發亮。敞開的制服裡頭穿的是一件有虛線條紋的法蘭絨襯衫，很像我們國家的農民穿的衣服。他面帶笑容，端詳著我們的車子。

「很抱歉，朋友們，」他用法語說：「你們必須由一名士兵護送前往馬庫[1]，這是法律規定的。這段路不長……而且我馬上就可以派個小小的阿兵哥給你們。」

他要上哪兒找這個「小小的阿兵哥」？哨所靜悄悄的，好像沒有別人。他提著燈不見人影，把我們留在暗夜中，過一會兒他又出現了，旁邊帶了一個蒙古人種的侏儒，那傢伙打著綁腿，臉上綻開非常溫和的微笑。

「就是他！」軍官把他推到我們身前，彷彿他是從拖鞋裡把那傢伙拉出來似的。

我們讓小矮人坐在車蓋上。路面又窄小又鬆軟，我把車開得很慢。提耶里坐在副駕駛座上，不時為小兵點菸，小兵半瞇著眼睛，哼唱著一首小調，每次喘息都會吐出一股濃重的羊肉味。在我們左方，亞拉拉特山[2]的側坡宛如高達五千米的巨牆，挺然伸向夜空。車子逐漸開進峽谷，空氣變得比較暖熱。在巴黎會看到的那種雲朵從絲柔的月亮上掠過。車輪軋在沙地上，持續不斷地發出呼吸般的低沉韻律。在這一刻，充滿艱難困苦的安納托利亞在記憶中消融，彷彿方糖在茶水中溶化。

☆☆☆

馬庫

馬庫的客棧裡頭到處是昏昏欲睡的大鬍子男人，我們在這個人群中找到正趴在禮拜毯上禱告的老闆。他停下禱告，幫我們清出一張桌子，讓我們睡在上面。天亮以後，我們只要爬下桌子，就著桌邊就可以吃飯。其他客人已經不見了。牆上掛了兩幅大型彩畫，一幅畫的是沙赫[3]，另一幅畫的則是……造訪太巴列[4]的耶穌。天氣很好；從門口望出去，可以看到馬蹄鐵形的城鎮層層疊疊地鋪陳在峽谷兩側，峽谷的一邊是波斯，另一邊是安納托利亞高原。土造房屋線條柔和的屋脊逐漸塌陷，屋門漆成藍色，地磚上有葡萄樹圖案，窗簾上是輕盈如霧的楊樹。一種薄得像報紙的烤餅代替了此前的土耳其麵包，乳漿則取代了咖啡。再也無法看懂招牌或軍用界標；那上面都是倒著寫[5]的波斯文字。就連時間也不一樣了：一夜之間，我們從基督紀元第二十世紀來到了希吉拉紀元[6]第十四世紀；我們已經換了一個世界。

我們一整個早上的時間都耗在警察局，只為了拿張任誰也想不出理由拒絕的「道路通行證」[7]。我們把護送我們的小阿兵哥留在一張長椅上，讓他兩腿夾著步槍沉沉睡去。在他那件縫縫補補的外套左肩，有一頭精巧細緻的綠色小獅子，用金線繡在一輪太陽上。

☆☆☆

亞塞拜然省的大不里士

雲彩的陰影
就是乞丐的宮殿
——哈菲茲[1]

游牧式的生活是件令人驚奇的事。風塵僕僕，兩星期推進一千五百公里；風馳電掣，急速穿越整個安納托利亞。某天晚上，車子開進一座已經陷入黑暗的城市，只有一些單薄的柱式陽台和幾隻畏縮的火雞向我們打招呼。我們跟兩名士兵、一名校長和一名跟我們說德語的無國籍醫生一起喝酒。喝到後來，我們先是打呵欠，然後伸懶腰，接著就睡著了。深夜裡下了雪，白雪覆蓋屋頂，止住喧囂，阻斷了道路……於是我們在亞塞拜然省的大不里士一待就是六個月。

假如要繼續往東走，需要有一輛吉普車才行；想待下來的話，就必須申請許可證，因為大不里士是軍事管制區。而要想拿到許可證，就得靠關係。保祿斯（前一晚碰到那個醫生）指點我們去警察局找一位上校，他說他曾幫上校切除一顆腫瘤。上校是個制服筆挺的軍人，頭髮稀疏，臉部側面輪廓看起來像一隻鷹，而兩個紅潤過度的臉頰又讓他的神情顯得曖昧。他在普魯士讀過書，用德語盤問了我們好一陣子，語調生硬，充滿猜疑。當天下午，他給了我們答覆。他的口氣不一樣了，眼神中盈滿對我們的關切。

「我剛見過將軍，你們在這裡想待多久都可以。」接著，他的臉一路紅到耳根，聲音變得非常沒有自信。「我到清真寺待了兩個小時，祈禱我們可以成為好……很好……非常好的朋友。」

這個轉變大得令我們難以招架。一個星期以後，他就被調走了，我們不曾再見到他。正如一名詩人所寫：「人也罷，鼠也罷，最如意的安排，也難免出意外！」[2]

「你注意到了嗎？」提耶里重新跨門進來的時候說。「那些人臉上全都長了古銅色的玫瑰痤瘡！」

更令我感到迷惑的，是那個禱告透露出來的單純坦率。那是多麼棒的天主！居然什麼都能向他請求。不過上校遵守了承諾，我們的許可證真的簽出來了。第二天，我們就在亞美尼亞人居住區的一個小院落裡租了兩個低矮的白色房間。我們在大不里士落腳了，而且會待上很長一段時間。

☆☆☆

安頓下來的第一天晚上，我們在房客專用的廚房裡遇到一位懂一點英語的寡婦（她在教會醫院當護士）、她的老母親，和她的兩個兒子。兩個男孩眼睛跟寒鴨一樣黑，連耳朵裡面都洗得乾乾淨淨，正在油燈下做功課。晚餐吃的是鹽拌黃瓜、糖漬生核仁、薄餅，和帶有煙燻味的白葡萄酒。鄰居們會過來坐一下，好奇地瞧瞧這兩個從一處比較舒服的世界遁逃到這裡的外國基督徒。小批發商們穿著緊繃的深色毛衣，說話時壓低聲量，鼓鼓的臉龐上寫滿焦慮和渴望，他們帶著「懂得吃苦」那種人的保護者姿態，面帶笑容地回答我們關於這個城市的所有問題。

我們這條巷道是亞美尼亞人居住區的邊界線。「不好的那一頭」住了幾家土耳其人，還有一個小院落，院落大門緊閉，不時會隱約透出鴉片的氣味。「Bad people」，寡婦害臊地垂下眼睛用英語說。想必年邁的M先生也會被她列入「bad people」之林。這位老先生是個土耳其「阿爾巴卜」[3]，由於亞美尼亞人跟我們說了一堆他的壞話，我們出於單純的好奇，決定登門拜訪。其實我們心中還有一個盤算：他在離我們住處幾步路的地方擁有一間棚庫，我們想把車停進去。他馬上答應見面，彬彬有禮地接待了我們，覺得「敵方人員」這種主動交流的作法很有意思。然後他讓人套好他那輛四輪馬車，提議我們跟他一起走一段通往土耳其的路，一直到一個叫索菲安的小村子，那個村子有一半是他的財產。馬匹以小跑步拉著我們的車通過市郊的洗染工坊區；平坦的屋頂上晾著大綑大綑顏色鮮豔的紗線，映襯著灰白的天空。然後公路伸入一大片雜亂的紅土地，其間錯落著低矮的圍牆和葉子掉光了的樹木，樹上有小嘴烏鴉在棲息。鄉間原野上依然瀰漫著落葉被輾軋後散發的苦澀氣味，奔馳的馬車揚起無數黑蟋蟀，宛如一片烏雲，翻騰著橫越車轍，成千上萬地鳴唱著，或者死去。前天下的雪幾乎已經完全融掉了。

「現在算冬天嗎？」

「那只是一小陣雪，」老先生回道：「冬天過一個月會來……每年都來得相當早。」

他趕著馬全速前進，一路上不斷用幾近完美的法語對我們問東問西。跟很多抽鴉片的人一樣，他不修邊幅，要不是他會顯出高高在上的派頭，我們會以為他才是馬車夫。他用快活的口吻告訴我們，在他這代的阿爾巴卜中，抽鴉片是一種生活習慣，而不是罪惡。他一天頂多抽三管，而且就算不抽也無所謂。他手下的農夫給他種了一點罌粟[4]，跟幫他釀酒、榨油、紡羊毛一樣不足為奇。接著他問了我們一百個跟法國有關的無知問題，問完以後才告白說他在法國住過五年。他這種秘而不宣的作法讓我非常著迷；這個莫測高深的老者想必無所不知，只是不輕易透露而已。總之，他對他住的城市瞭如指掌，鉅細靡遺地對我們說了很多。他還小的時候，這是伊朗最大的一個城。每逢星期五（也就是穆斯林的休息日），大廣場上會舉行鬥狼比賽，各地農民會大老遠趕來觀看。那個時候，白葡萄酒任人暢飲，沒有一位毛拉會說閒話。城裡的巴札[5]也出名得很，不只是因為那裡有每平方米要價有時可高達一萬五千託曼[6]（約合五千法郎金幣）的特級地毯，也因為那裡買得到全中東最好的獵鷹：這些韃靼猛禽是從裡海另一邊飛過來的，但飛到本省東北部時就筋疲力竭，飛不動了。當年大不里士比現在更有錢，人口也更多，貿易商有辦法到萊比錫或下諾夫哥羅德的國際商展上開店做生意。後來俄國發生布爾什維克革命，俄羅斯邊界關閉，這個城就變得了無生氣，一片死寂。經商的布爾喬亞階級紛紛遷居到貝魯特或斯坦布爾，從前洋溢在大巴札那種冒險精神蕩然無存。從一九四一年到一九四五年，俄國人占領這個省份，所有還有點身家的人火速打包離開。占領時期管理極其嚴厲，不過很講究紀律。街上的乞丐都被集中起來強迫勞動，賺取勉強餬口的錢。蘇聯人離開這個城市時，留下了幾條鋪了柏油的街道、一家超現代化的紡紗廠，和一所裡頭全是蘇聯支持者的大學，貨攤上則是琳瑯滿目的廉價出版品：馬克思、列寧、愛倫堡[7]，是俄占期間急就章翻譯成亞塞—突厥方言[8]的。在他們所留的遺產中，最重要的恐怕非「亞塞拜然民主共和國」莫屬，這是個臨時拼湊出來的國家，它的政府無力擔負治國大任，不久後伏特加就氾濫成災，政府陷入一片混沌。一九四七年初，伊朗部隊不費一顆子彈，就收復了大不里士。

「為了慶祝大不里士光復，他們特別發行了紀念郵票……」說著，老先生又憤恨地補上一句：「然後他們大肆搜刮這一帶的鄉村地區……我損失的羊不知道有多少。」

我們順著沙哈納斯街回到城裡。這是一條淒涼冷清的寬敞林蔭大街，兩旁是成排的土牆，把後面的房屋完全遮住。天色還沒暗，一彎月牙已經閃著銀光。空氣很冷，可以感覺到霜雪欲來那種寒意。販賣木材、煤炭、下水、煮蘿蔔的商販們蹲在店鋪門口，隔著馬路聊天。這些人顴骨高聳，頭髮剃得極短，蓄著稀疏的山羊鬍，頭戴羊毛或毛皮小帽。

「你們明白了……這個城不是土耳其，不是俄國，也不是波斯……當然，它每種都有一點點，不過它的核心本質其實是中亞。斯坦布爾人很難聽懂我們說的突厥方言，可是這個話差不多可以一路說到中國的突厥斯坦[9]呢。在西邊這個方向，大不里士是中亞的最後一個堡壘。巴札裡頭那些寶石商人一說起他們從前到撒馬爾罕[10]採購寶石的事，大家耳朵豎得可直呢……」接著他說：「拜占庭滅亡以後，你們歐洲的歷史學家完全沒把中亞的事情搞懂。」

我們再次進到他家，喝這天的最後幾杯茶。隔著藍框窗戶，我凝視這個占地遼闊的城市良久：它就像是一個巨大的赭石色盤子，在巴札那一帶被「阿契柴河」[11]灰黑色的河灣分成兩個部分。泥濘的屋頂連成一片汪洋，幾個圓屋頂不時從中柔柔地冒出頭來。在東邊的城郊，可以看到農人從後面趕著駱駝或毛驢，還有一些漆成冰淇淋顏色的卡車停在暗乎乎的院子裡。

在從前的阿拉伯地理學中，這座城市跟喀布爾被視為世界上氣候最好的兩個地方。它的美讓蒙古人驚嘆不已，不敢摧毀它，後來成吉思汗的後代合贊大汗在這裡營造出全亞洲最燦爛的宮廷之一。今天，這些昔日的輝煌不復存在，只剩下那座在積雪重壓下漸漸崩毀的堡壘，迷宮一般的巴札，還有一座在整個伊斯蘭世界聞名的清真寺，那裡的門廳如今還閃耀著藍色琺瑯的柔和光彩。

夜幕就要降臨了，天空烏雲密布。我起身想到窗邊查看是否有大雨將至的跡象，這時，在平靜度日的生活藝術中早已練就出高超身段的M老先生輕輕拉住我的衣袖……「如果會下雨，貓早就進屋了。」

☆☆☆

大不里士養活了（或者該說，本來應該養活）大約二十六萬人，其中包括：亞美尼亞人、三十來個外國人，和兩個法國天主教遣使會會士。明明這裡幾乎完全沒有法國人和改宗的穆斯林，為什麼會有這些天主教神父？他們是怎麼出現在這裡的？現在誰也說不清楚，不過他們確實在這裡，而沒有任何人的孤獨比他們的孤獨更苦。我打著向他們借幾本書的主意去見他們；從離開貝爾格勒到現在，我連一頁法文的東西都還沒攤在眼底下過。教會隱身在法國領事館後方。快中午時，我在那裡找到這兩位神父，他們把手背在身後，正順著一道陽光踽踽而行。我們很快就熟識了。遣使會會長才剛到任不久，是個身材高大、面色紅潤的亞爾薩斯人，他留了大鬍子，做事慢條斯理。他的助手艾爾維神父則已經在這裡待了五年，他年紀四十多歲，來自布列塔尼，長了一顆雞油菌形狀的小腦袋瓜，動作笨手笨腳，眼神充滿狂熱，說話帶著坎佩爾[12]腔。他把我引進一個亂七八糟的房間，裡面有獵槍、菸蒂、一疊偵探小說，還有一大堆學生的作業，上面滿滿都是用紅色鉛筆寫的評語。一件打了補丁的山羊羔皮長袍上還掛著一些獵槍子彈。

「我的壞毛病可多呢，」艾爾維神父帶著無可奈何的表情說。「不過這樣也好。」

他兩手顫抖著幫我點菸。想必他在法國曾經是個優秀學生，來到這裡，出於對上帝或教會的愛，他夜夜耗費時間批改大學學生那些慘不忍睹的作文，而在大部分情況下，學生連作文題目都沒看懂（這倒也不能怪他們）。他對這個城市已經不再抱什麼幻想。

「本地的伊斯蘭教，正宗的？早就沒了……現在只剩下狂熱主義、歇斯底里，和由此而生的苦難。那些人只知道鬧事，跟在他們的黑色旗幟後面叫囂，洗劫一兩家商店，不然就是在伊瑪目殉教紀念日的神聖遊行裡自殘身體……在這一切所作所為中，早就沒有什麼倫理道德了；至於教義，連提都甭提！我在這裡接觸過幾個真正的穆斯林，他們都是很了不起的人……可是現在死的死，

走的走，一個都不剩了。」他接著說：「目前……狂熱主義，你明白吧，那是窮人的最後一種反動手段，也是唯一一個大家不敢不給他們的東西。這種造反讓窮人可以在星期天大喊大叫，但在其他所有日子裡都聽話得不得了。這裡有一些人專門在策畫這些事。其實要是沒有那麼多人餓肚子，很多事情會好辦得多。」

會長沉默不語地點頭。

「我們在這裡的工作一點用也沒有，」來自布列塔尼的神父繼續說道。「最近一次做彌撒時，整間教堂裡除了我，幾乎沒有別人……我們教區裡的幾個信徒連來都不敢來了。已經沒救了。況且，他們來了又能怎樣？那些可憐人！」

可憐的神父！我真想馬上在他面前開一瓶慕斯卡德[13]，把一包高盧牌香菸擺在桌上，讓他說說他的家鄉，說說貝納諾斯[14]、聖多馬[15]，隨便說什麼都行，使勁說，痛快說，設法排遣掉一點他心裡那些派不上用場、只會讓他變得尖刻的知識。

「您想看書的話，」他繼續說道：「到大學圖書館裡看看吧，他們收到了幾批從法國運來的舊書，都是我們在茹·費里[16]那個時代丟掉的東西，那裡面肯定可以挖到很多寶。至於偵探小說，」他有點難為情地指著散放在自己床上那堆書說：「我不能借你，這些書都是領事的，他隨時都要重看。沒辦法嘛，他在這裡整天無所事事，日子難熬。」

星期五，艾爾維神父會一個人出去打獵，「用基督徒的方式」對野狼發洩他的怒氣。「如果您願意，後天就跟我一起來吧，我會先跟開卡車那傢伙打聲招呼。」不過他做這個提議的時候顯得意興闌珊，所以後來我一直沒把這件事當真。會長送我走到門口。他怯怯地把手擱在我的肩頭，彷彿是為了替下屬吐苦水的事道歉。他什麼也沒說。他的模樣就像一塊大石頭，耐心十足，遲鈍的神經難以打動。這樣一個人，不管是城市的紛擾或流放的痛苦，都拿他沒輒。

☆☆☆

我們安頓得穩穩當當。兩個房間，或者該說是兩條帶有拱頂的通道，刷了白色泥灰，面朝一個院子，院子裡的一棵石榴樹和一叢萬壽菊正在抵抗初冬的嚴寒。牆壁上鑿有壁龕，用來放置聖像，房裡還有茶爐和煤油燈。一間小小的柴火房把兩個房間隔開，一群月亮黃的老鼠就住在裡面。我們各自有一張桌子、一把椅子，和一具像薄脆餅那樣有軋花的小鐵皮爐子。我們一下就繳了六個月的房租；一切都已就緒。提耶里又攤開了畫布；我從巴札買來一令白紙，又把我的打字機擦拭乾淨。在這樣準備好動手工作的時候，工作顯得最有魅力；我們乾脆讓它維持在這種狀態，先出門探索這個城市再說。

占地遼闊的大不里士遍地塵沙、荒涼破敗，處處令人感受到昔日的滄桑。除了幾條主要街道以外，整座城市有如一座由小街窄巷織成的網，黃褐色的土牆沿著巷弄兩旁排列，盡頭總會通到一處中央種了法國梧桐的小圓環，每到傍晚，老人們就會坐在樹蔭下抽菸聊天。外型粗獷、神情麻木的人群在巴札的通道上湧動：大衣上遍布補丁，帽子破爛難看，士兵一身黃土，婦女裹在飾有小花的查朵[17]中。在各處廣場上，馬車靜靜駛過，驢群、羊群、火雞群川流不息。店鋪門口的茶爐熱氣騰騰。鳶鳥在一直灰濛濛的天空下從屋頂上方高處飛掠而過。楊樹上的最後幾片葉子逐漸掉落。景色一片肅殺之氣，但引人無比遐思。

☆ ☆ ☆

大不里士的地理位置是這樣的。

向北九十公里：蘇聯邊界。每週一次，一列四節火車會從大不里士發車，開往朱利法[18]，然後開到蘇聯亞美尼亞首府葉里溫。這班火車總是沒幾個人搭乘。從阿拉拉特山的支脈到裡海的荒涼海灘，國界上是一道連續不斷的鐵絲網，以及沿著鐵絲網鋪出的細沙帶，逃亡者在那上面留下的蹤跡立刻就會被發現。不過這條封鎖線並非密不透人；蘇維埃留在本地的小嘍囉總能神不知鬼不覺地來回穿梭。這個浩大非凡的警報裝置從來不會因為他們而發出警報。本地俗語說得真好：「戰刀永遠不會把刀鞘割壞」。藉由這套運作，俄國人全盤掌握城裡的風吹草動，巴庫電台[19]有時甚至會任意中斷正在播放的高加索音樂節目，在大不里士的地方選舉前兩個星期就宣布投票結果。

往西方三百公里，阿拉拉特山的冰帽雄冠群山，一大片綿延起伏的藍色山巒由高而低，向俄羅斯、土耳其與伊朗方向鋪展。在這個古亞美尼亞的核心地帶，諾亞曾在洶湧奔騰的大洪水中讓方舟停泊，所以這裡是我們所有人的發源地。諾亞方舟在這裡留下了一些痕跡，比方說座落在蘇聯一側山坡上的第一個城鎮叫「納希契凡」，這個地名在古亞美尼亞語中的意思正是「乘船者」。

在南方遠處，遼闊的烏爾米耶湖長滿蘆葦的對岸後方，庫德斯坦的高地山谷與高聳山峰勾勒出天空線。這個地區風景壯麗，但鮮少有外人進入，伊朗軍隊幾乎控制著所有出入動線。住在那裡以畜牧維生的部落在城市人心目中以搶劫與偷盜出名，這種想法根深柢固，不過缺乏憑據。儘管大不里士人很不喜歡這些庫德人，卻不妨礙庫德人掛著一身子彈，下山進到城裡，帶著滿臉饕客的笑容，大口享受禽肉搭配伏特加的豐盛大餐。

往東邊走，一條土路在海拔三千多公尺的地方跨越吉卜利山口，一路通向遙遠的德黑蘭。過了米亞內以後，公路越過喀茲爾—烏祖姆河；當年被俘虜的以色列人曾在河邊坐下，「一追想錫安就哭了」[20]。過了河，就是另一個世界、另一種語言。離開突厥民族居住的艱苦國度，進入伊朗高原上千年古國的大地、陽光燦爛的勝景。除了這條經常因為冬天積雪和春天泥濘而關閉的公路，以及有時要花上整整四天才開得到德黑蘭的杏綠色客運巴士，沒有任何其他交通方式將大不里士跟外界連結起來[21]。這座城市在婆娑的楊樹、黃褐的土地和飛揚的風沙構成的搖籃中偏安一隅，自得其樂。

☆ ☆ ☆

滯留在生活極不方便的偏鄉，還可以忍受；缺乏安全保護、沒有醫生可看，也勉強可以接受；可是到了一個沒有郵差的地方，我就撐不了太久了。多年來，無論是穿越雪地、沙地、爛泥地，走上通往郵局的道路已經成了一種儀式。在大不里士的郵局，順利送達的留局自取郵件彷彿一個個小小的奇蹟，被展示在一個有柵欄保護的玻璃櫥窗裡。只有副局長有櫥窗的鑰匙，他把它掛在自己的錶鍊上。所以，如果不親自拜訪這號人物，跟他喝上幾杯茶，就永遠拿不到信。副局長是個和善的老頭，衣服破舊，非常拘泥禮節。他靠研讀法文打發時間，使用的教材是一本附裝飾性插圖的識字課本，裡面的詞彙按字母順序排列，以「**A-rrosoir**」（澆水壺）、「**B-oîte**」（盒子）、「**CH-eval**」（馬）這樣的形式出現。由於信件寥寥無幾，老頭多得是時間做練習，而他指望我們幫他改正錯誤。作為交換，他親自照料我們的信件，從來不會有一封信遺失。至於歐洲寄來的明信片，特別是以女人或花卉為主角的明信片，他立刻會為此怠忽職守；根據他的說法，這些東西在一路傳閱的過程中讓很多人開心極了。

如果從德黑蘭開來的巴士沒在半路上受阻，順利給我們帶來什麼東西，我們就會非常珍惜地把這個天賜好禮帶到巴札裡的某個小館子。館子裡的鳥籠底下擺了一攤攤亮如白雪的米，籠子裡的鳥兒被菸斗噴出來的霧氣和從茶杯冒出來的水氣薰得頭昏腦脹。填飽肚子、雙手洗乾淨以後，我們才終於慢慢地逐字拼讀這些來自另一個世界的金玉良言，一個字母都不放過。只可惜我老是先把信唸完，否則我肯定更會覺得這樣誦讀其樂無窮。提耶里會收到他女友芙蘿寫來的信，那些信總是洋洋灑灑，我很想一窺其中奧秘，不過實在無法從反面解讀信的內容，只能望梅止渴。我自己掛念的人都不是那種喜歡寫信的人，所以每次從郵局回來，通常都是我讓人拍拍肩頭表示慰問。

☆ ☆ ☆

十月中旬過後，當地舉行「穆哈蘭姆」祭典，紀念胡笙伊瑪目[22]殉難。對什葉派[23]穆斯林而言，這個活動的意義相當於基督徒的聖週五[24]。在一整天時間裡，喧囂聲和哭泣聲迴盪在周遭，狂熱的教徒對一千三百年前死去的殺人兇手憤恨難當，激昂情緒在全城沸騰。伏特加和亞力酒[25]四處橫流，群眾感覺自己威猛神氣，人心開始糊塗混亂，到後來可能演變成暴動，或者有人會洗劫幾家亞美尼亞人的商店。警察設法掌控街頭情勢，屬於遜尼派的庫德人避免露臉，城裡的少數幾個基督教徒最好也乖乖待在家裡。

我們小心翼翼地在亞美尼亞人居住區附近閒晃，這時M老先生從他的車上喊我們上車。此時已經接近黃昏。

「看到了吧？」他笑著對我們說：「在波斯，我們哭死人比哭活人要厲害多了。」

這碼子事，實在很難讓人笑得出來；我們已經聽到哀悼的隊伍發出撕心裂肺的哭聲，沿著巴勒維大道前進。在一片黑色三角形旗幟後方，有三組懺悔者依序行走。第一組人一邊放聲大哭，一邊捶打自己的胸脯。第二組人用一條末端附有五根小鐵鍊的鞭子，把自己的後背抽打得皮開肉綻。他們下手毫不留情，皮膚應聲爆裂，血流不止。最後一組人身穿白色罩袍，手持沉重的短彎刀，在自己剃光的頭上砍出一道道傷口。每當一道傷口出現，人群就會發出一陣讚嘆的呼聲。這些活祭品的親友圍在他們四周，設法確保他們不會把自己傷得太嚴重，他們會用一根木頭擋在懺悔者的頭部上方，以緩衝彎刀的力道。儘管如此，每年總有一兩個狂熱信徒頭顱綻開，倒地不起，告別這個充滿謊言與欺騙的世界。遊行結束以後，情緒最高亢那些人還會聚集在郵局後方跳一種圓舞，由觀眾以規律的嚎叫聲為他們打拍子。三不五時，某個舞者會停下腳步，大叫一聲，然後把刀劈進自己的腦袋。由於夜幕已經低垂，我們看不清楚刀鋒落下的情形，不過二十公尺距離外的我們確實清楚聽到刀刃砍進骨頭的聲音。晚上七點左右，瘋狂來到頂點，必須把刀從這些舞者手中奪走，才能避免他們當場把自己砍死。

在附近的村子裡，斷奶時的嬰兒死亡率非常高，活下來的也有很多會被瘧疾奪走性命。因此，那些已經痛失好幾個幼齡孩子的母親會把肚子裡懷的孩子託付給阿拉保佑。假如這個孩子順利活到十六歲，他就會成為毛拉，或者必須前往什葉派聖城喀爾巴拉[26]朝聖，再不然就是藉由參與穆哈蘭姆懺悔遊行來回報上天。M老先生在遊行隊伍中認出好幾個他手下的村民，他肯定地對我們表示，大部分的懺悔者都屬於前面說的第三種情況。

這天晚上，老先生安排我們跟城裡頭的少數幾個外國人之一見面。他叫羅伯茲，是美國德州人，「第四點計畫」[27]的顧問工程師。他才到任六個星期，已經很勇敢地開始學習亞塞—突厥語，他說了幾個句子，不過一直出錯，只好嘲笑自己，並大方地讓大家嘲笑他。他的職責是針對鄰近地區一些村鎮的衛生所與學校建築工程進行研究。他還滿懷樂觀心態，而且表現出一種很有趣但在本地顯得突兀的美國特質——一下子就信任別人。他相信教育，不相信鬼神，觀看遊行隊伍行進時，他沉默不語，只是偶爾輕輕發出噓聲，表示他無法置信的心情。整個下午，幾乎是用蠻力拉著他看穆哈蘭姆遊行的老先生一直待在他身邊，用夾雜嚴苛和挖苦的冷眼觀察他的反應。

在大不里士，外國人是稀有動物，總會引起民眾的好奇。不管是隔著花園，從小院子的圍牆頂端，或從平台屋頂上，住我們附近的亞美尼亞人一直在觀察我們。不過他們是帶著善意。我們不在的時候，偶爾會有一支神祕的掃帚來打掃我們的房子，或者某個隱形人的手會把一大碗苦菜湯擺在我們的餐桌上。

一個世紀以前，東亞塞拜然省有將近一百萬亞美尼亞人；現在，還勉強住在這座城裡的頂多不超過一萬五千人。他們生活在自己族群的圈子裡，互相扶持，每天晚上都會聚集在亞美尼斯坦[28]的昏暗廚房裡，圍著一盞汽油燈，不是討論社區事務，就是仔細研究他們在巴札的經營策略。這是一個溫暖的小世界，他們身穿黑衣，勤奮工作，行事隱密，虔誠景仰他們民族曾經輝煌的歷史，並竭盡所能地對抗他們遭遇的不幸。有時，如果某家人「成功」了，他們就會舉家遷居到德黑蘭，看看是否有鴻圖大展的機會。這是例外的情形，對這裡大部分的亞美尼亞人來說，生活非常艱困；不過他們懂得用古老種族才擁有的經驗與睿智去調理生活，並且為它保留原味。從星期一到星期六，婦女們一直待在大門緊閉的家裡，一邊拿著掃帚打掃，一邊哼唱美妙的哀歌，讓動人的旋律在屋頂上空飄盪。星期天上教堂時，他們會自然而然地唱出四聲部合唱；從他們互相認識到現在，大家早就很清楚阿爾祖魯尼宗族的人主要負責低音部，曼加薩里安宗族的人則集中在高音部。

這些人大部分是信仰耶穌單性說的基督教徒，他們的精神領袖艾希米阿津（Echtmiadzin）大主教生活在蘇維埃亞美尼亞[29]。作為一名與基督教世界隔絕的老者，大主教的當選在這裡成為民眾議論紛紛的話題。每年聖誕節，他都會透過巴庫電台的無線電波，給他在伊朗的教友們送來不甚有力但富於政治意涵的鼓勵。他們當中很多都有家人住在蘇聯，但幾乎收不到任何那邊的音訊。儘管他們對錢精打細算，但偶爾他們還是會把一包保暖的衣物寄到那邊去。有時他們也會驚喜地收到一包包裝粗糙的點心，附帶幾行寫得謹慎小心的同情話語；兩邊政府都透過宣傳工作，讓民眾以為國界另一邊的同胞生活得比這邊要來得不幸。有趣的是，我們的鄰居們很願意談論他們的不幸，他們對自己遭受過的苦難，以及未來還得受的痛苦，會表現出某種自豪：「你們看著吧……以後還沒完沒了呢……」曾在歷史上遭到無盡摧殘與不公義的民族特別容易產生這種帶著哀怨的自傲，比方說在過去的離散猶太人社群中，這種傾向就非常明顯。說到猶太人：七個對特拉維夫[30]不滿的猶太人家庭正好剛搬到大不里士定居，並且在巴札開了店。亞美尼斯坦的居民都帶著不懷好意的笑容談論這件事。這次亞塞拜然商人和亞美尼亞商人總算有了共識，準備聯手教訓這些猶太人。

☆☆☆

我們的日子不算太孤單。快到中午的時候，有時會有一個龐大的灰色人影穿過花園，接著我們的門就會在一陣敲擊聲中開始震動。是保祿斯，也就是那位替我們穿針引線，讓我們順利拿到居留證的醫生，他利用兩次看診之間的空檔來看我們。他精力充沛地把重達一百公斤的身體往我們最堅固的一把椅子上一擱，從大衣口袋抓出一條用報紙包著的煙燻鱘魚和一瓶伏特加，然後用拇指扳了一下，酒瓶就應聲開啟。他會帶著嘲諷的目光環視房間，接著一邊嚼食物，一邊開始報導本地新聞，開場白幾乎永遠一樣：「要專心聽喔……我只能一笑置之。」保祿斯是波羅的海地區的人，他用很重的德國口音跟我們說一種很即興、很隨機的法語，讓人覺得這個語言是他一邊說一邊創造出來的。他曾加入德國國防軍，與蘇聯作戰，後來他的國家被占領，他逃了出來，兩年前以移民身分來到這裡行醫。他醫術高超，治好了很多人的病，相對也賺了不少錢。他的食量很大，酒量又比食量更大。他那兩顆顏色不同的眼睛非常靈活，為那張寫滿機智與聰慧的蒼白大臉平添幾分光彩。除此之外，他還擁有野豬一般的活力，某種程度的憤世嫉俗，以及相當恐怖的笑聲，那笑聲會從腹部升起，歡喜快活地淹沒他的臉龐，替他說的那些暗黑至極的故事製造效果。而且他的確很有說故事的本領。他照料這個城市已經夠久，可以算是瞭若指掌了，而且大不里士所有曲折離奇的故事彷佛原封不動地通過他的身體；他既不做價值判斷，也從不加油添醋，不過從他嘴裡說出來以後，他見識過的那些疑雲重重的死亡事件、爾虞我詐的運籌、卑鄙齷齪的勾當，立刻染上寓言、神話的色彩，有了原型典範般的特質，並樹立起某種權威性，類似古代那些下流得無以復加的事件經過兩千年淬鍊後所享有的威信[31]。

那天上午，保祿斯剛從齊赫—凱蘭區回來，警察把他找去那裡查看一位老毛拉的屍體。屍體半裸，旁邊擺著死者的積蓄——一只錢袋，據稱他死前徹夜繞著這袋錢，用粗啞顫抖的聲音唸經。鄰居們被他連續不斷的禱告聲嚇得魂飛魄散，沒有人願意出面阻止。他們聽到他摔倒在地，繼而發出嘶啞的喘息，卻放任他逐漸死去，因為他們懷疑他又在施什麼法術；他們原本就已經把這個街區一半以上的流產和殘疾歸咎在他身上。這個故事強烈激發了我們的好奇，不過沒給我們帶來好運。當天下午，我們前往齊赫—凱蘭區探訪，那是城北一處土里土氣的街區，座落在一座山丘下方：泥濘的死巷，發育不良的杏桃樹，泥巴砌的牆；幾個看起來猥猥瑣瑣的老頭戴著羊毛雪帽，不是在掛滿霧淞的背斜谷中放羊，就是坐在沾滿鴿糞的店鋪門口打盹。在山丘頂端，一座廢棄的清真寺俯瞰遼闊的城市，那裡滿地是屎，早已成為壞人出沒的地方。第二天，提耶里回到那裡畫畫，回來時卻臉色慘白，全身多處擦傷，衣服也撕破了。原來他下山時，十幾個流氓圍上去把他推倒在地，拿刀抵著他，把我們一整個月的生活費搶走了；那錢是當天早上我們才在巴札換的。

我們把這個遭遇告訴保祿斯，他又發出無法遏制的狂笑（其實他這笑聲是拉近我們距離的重要因素）。他自己只被搶過一次，是在前往烏爾米耶的路上，搶他的人則是……一群缺乏約束、過於放任的憲警。憲警隨身配槍，是很危險的。他不但「只能一笑置之」，而且說得大笑不止。離開我們的時候，笑魔還緊攫著他；他笑得滿眼是淚，上氣不接下氣。我們聽見他笨重的腳步在土牆間逐漸遠離；他三不五時就得停下步伐，讓自己喘口氣。過不久，雪就開始下了。

☆ ☆ ☆

十一月

綻開的石榴彷彿在淌血
上面鋪了一層纖薄純淨的白雪
屋頂藍藍的清真寺鋪著白雪
鏽跡斑斑的大卡車鋪著白雪
白色的珠雞比白雪更白
紅褐色的長牆，迷失的聲音
幽幽飄盪在白雪下
全城連同宏偉的堡壘
飛在雪花斑斑的天空裡
這就是澤梅斯丹，這就是冬季

☆　☆　☆

在亞塞拜然地區的高原上，冬天來得雖晚，但來得紮紮實實。一天晚上，綺麗無比的夜空中，繁星彷彿近在眼前，城區的居民紛紛取出他們的「扣而西」[32]。入夜以後，溫度降到零下三十度；

第二天，冬天真的籠罩全城。寒風刺骨，如迅猛的冰刀從北方陣陣吹來，吹亂了雪花，凍結了田野。狼群放膽覓食，郊區的無賴結夥搶劫農民。絡腮鬍、八字鬍，通通結了霧淞，茶爐水氣蒸熏，雙手塞在口袋深處。所有人的腦子裡只有三件東西：熱茶……柴火……伏特加。在我們的院子門口，亞美尼亞頑童用粉筆畫了一個大姑娘，姑娘穿著靴子和層層疊疊數不清的裙子，腰際捧了一輪小太陽。只要有辦法把爐火填滿，有錢付得起柴薪，這一切真的是風花雪月，充滿詩情畫意。

我們的木柴供應商只會說一句德語：「古登塔克」（Guten Tag，「你好」），不過從他那張牙齒幾乎掉光的嘴巴裡說出來，「古登塔克」成了「虎打打啊」。無所謂啦，他說了句外語，我們是外國人，自然應該聽得懂。木柴商是個瘦小的老頭，眼睛永遠濕漉漉，滿手都是被凍傷的裂痕，為了增加重量，他會打著哆嗦，給木材澆水。木材有無花果木、柳木、紫紋棗木，都是《聖經》裡頭提到的樹種，具有良好的吸水性。我逮到他在玩這個把戲時，他爆出一陣率真的笑聲，眼珠在大鬍子上方打量我，看我這次是不是真的會發火。亞美尼亞街區裡那些婆婆媽媽們一直提醒他，說他這樣做會觸怒真主，有時她們會試圖讓他對自己的貨品感到羞恥；不過最後她們還是把濕木柴買走了。木柴是稀有物品；乾也好濕也罷，買賣照做不誤。

☆ ☆ ☆

提耶里努力作畫，期待到了德黑蘭以後能把畫賣出去；我為了維持生計，招了幾個學生。他們會在黃昏時分從雪深及腰的花園走來。

「哎！老師……在大不里士裡，我們的生活很黑暗……」

「**在**大不里士……**在**大不里士，塞巴博迪同學，不必說『裡』。你還是沒弄清楚！要說『在巴黎』、『在維也納』、『在義大利』，不是『在巴黎裡』、『在維也納裡』、『在義大利裡』……」

塞巴博迪同學是城區的藥店老闆。他的法語已經不錯，可以討論城裡發生的事，正確無誤地向我說明梅毒的三個階段（他事先已經在《拉魯斯醫學辭典》中仔細研讀過了），或者慢慢讀《驢皮公主》、《穿靴子的貓》[33]和其他那些文字晶瑩剔透、在詩意與邏輯間找到巧妙平衡、結局永遠幸福美滿的故事。不過我很難向他說明白仙女是怎麼一回事，因為這裡沒有任何元素能跟那種轉瞬即逝的現身、那些尖尖的錐形帽和那種極致但抽象的女性特質互相吻合。本地民間故事中那些會施魔法的女性角色性質截然不同：不是「蓓莉」（馬茲德教[34]中『惡』的女侍），就是庫德神話中那些健壯的女妖精（她們會用媚色勾引趕路的人，在床上把他們榨乾耗盡，然後把他們吃掉）。

儘管如此，學生還是挺喜歡我的課。讀了一章以後，藥店老闆會把眼鏡擦乾淨，輕聲說道：「我喜歡佩羅[35]……感覺很溫馨」；說了這個心得以後，他又一頭栽進已經寫滿東西、紅得像牡丹花的筆記本。透過一個音節一個音節的費力誦讀，卡拉波絲[36]、卡拉巴[37]這些童話人物慢慢展現他們的魔力與祕密，同時，夜幕降臨城市，羊毛般的白雪隨之覆蓋黑黑的街道。我房間的窗戶也結了一層羽毛般的冰霜，第一批流浪狗開始吠叫。我剪了剪汽油燈的燈芯。這堂課上得不錯。藥店老闆穿上皮襖，遞給我五個託曼（提耶里和我隨後就會把這錢兌換成伏特加），嘆著氣在門口跟我道別：

「唉！老師，在我們這裡……在大不里士裡，冬天真的很糟糕，很可怕。」

收到的學費如果不是變成伏特加，就是用來買電影票。「巷口電影院」永遠人滿為患，因為裡頭燒得暖。這是個奇特的地方：椅子是木頭做的，天花板很低，一具火爐燒得通紅，爐火有時比銀幕還亮。觀眾更是千奇百怪：凍僵的貓咪，在廁所的小燈底下玩紙牌的乞丐，犯睏哭鬧的幼兒，還有一名憲警；憲警的職責是在播放國歌、銀幕上出現皇帝肖像時維持秩序，只是放映出來的皇帝經常是大頭朝下。

在發行人的供片清單上，大不里士想必排在很後面的位置，因為除了伊朗片和「第四點計畫」提供的西部片以外，這裡放映的清一色是片齡至少二十五年的電影，而且是初次放映：《城市之光》[38]、《孤兒流浪記》[39]、葛麗泰．嘉寶[40]……不過我們沒什麼好抱怨的，這些都是非常精采的經典作品。不過，就像遙遠星辰的光芒一樣，外國影星的丰采總是經過一個世代以後才會閃耀在這個城市。已經逝去很久的明星在這裡悄悄地活著；男生癡迷梅．蕙絲[41]，女生暗戀華倫提諾[42]。有時電影比較長，放映員會加快播放速度，讓片子早點結束。於是故事在令人驚心動魄的節奏中結束：溫柔輕撫看起來像打巴掌，皇后穿著貂皮大衣從高高的樓梯飛奔而下。觀眾忙著捲菸、嗑開心果，誰也沒有餘暇出聲抗議。

走出電影院時，猛烈的寒意幾乎把呼吸凍住。低矮的牆壁、白色的陰影、骨骸般的枯樹；城市被積雪壓扁，蜷縮在銀河下方，卻顯出某種令人神迷的氛圍。況且，一支狂野的歌曲正迴盪在被冬風掃得乾乾淨淨的街道上；警察沒把廣場上擴音器的電源拔掉，這時傳來巴庫電台的播音。我們立刻認出那個無人能及的聲音：是卜爾卜爾（「夜鶯」）[43]，西亞地區最棒的土耳其語歌手。從前他就住在大不里士，當時那是全城最引以為傲的事之一。後來不知為了什麼理由，蘇聯人出重金把他招引了過去。從此以後，無數伊朗人的收音機都調到巴庫電台，為的是聽到他的歌聲……還有其他各種東西。他演唱的歌曲確實不同凡響。大不里士有四種不同的民俗音樂傳統，全部都動聽得令人心碎，而且所有人都以音樂為樂；不過無論說到抒情表現或折磨聽者情感的殘酷性，沒有哪一種音樂比得上那些外高加索的古老悲歌。

我們慢慢走回沙哈納斯。在亞美尼亞城區入口處，一小群乞丐跟每天晚上一樣，圍在一盞汽油燈旁邊棲身。他們彷彿一群瑟瑟發抖的衰老鬼魂，儘管飽受水泡折磨，卻充滿睿智，快快樂樂地活著。他們烤著幾顆從田裡挖出來的甜菜，一邊把手湊到火邊，一邊唱歌。伊朗人是全世界最富於詩興的民族，大不里士的乞丐各個都能背出好幾百首哈菲茲或尼札米[44]的詩詞，這些詩詞訴說的是愛情、神祕的美酒、灑在柳樹林裡的五月陽光。隨著心情，他們有時吟詠，有時吼叫，有時哼唱；天氣冷得讓人發僵時，他們會輕輕低語，一個接著一個背誦，直到太陽升起。五月的太陽還遠在天邊，酷寒的冬夜裡絕不可以睡著。

除了這些宛如一群家人、樂於共享僅有資源的「生命共同體」以外，也看得到幾個孤獨的社會邊緣人，他們的命運更令人哀嘆。一天夜裡，走出「茶依哈奈」[45]時，一個禿頭、生病的人影匆匆向我們走來。這時雪正下著。我們把剩下的錢都給了他（相當於我們兩三天的生活費），接著他就像來的時候一樣，轉眼又消失不見了。然後雪越下越大，我們在迷宮般的城區裡兜了一個多小時的圈子，才終於找到自己的家門。我從口袋掏出鑰匙時，猛地發現那個老傢伙縮在牆角；原來他一路尾隨我們，後來還趕到我們前頭，指望從我們這裡再要一點錢。我們當作沒看到他，這時他竟然猛地起身，用雙臂環住我的脖子，笨拙地蹦起來要親我。彷彿在做一場噩夢般，我看著那顆鋪滿濕雪的禿頭、那對闔上的眼睛和那張半開的嘴從下往上逼近我；一陣驚慌中，我把那副打著哆嗦的骨頭架子推開，閃進房子裡把門關上。提耶里笑得眼淚直流：「你真該親眼看看你們剛才的模樣，你們兩個簡直就像在跳愛情的探戈！」我們對老叟強人所難的作法表現得很厭惡，也許驚嚇到了他；窮困超過一定程度以後，人就再也顧不得細膩的禮數，到了他那個地步，他只剩下一副軀殼可以用來交易了。他不肯放棄……可說是鍥而不捨：我們都還沒把衣服上的雪抖乾淨，就聽到他又來敲我們的窗板，敲擊聲軟弱、單調，而且還帶著委屈，彷彿全世界都還欠他什麼沒還。在這點上，他倒是沒錯；我們確實不得不還他幾手：重新走出門，抓著他的肩膀，把他重新推進剛才他妄自脫離的黑夜中。

☆☆☆

剛在德黑蘭開庭的摩薩台案[46]讓人擔心會不會在這裡引發什麼衝突[47]。結果什麼事也沒發生，因為當天一早，總督就把他掌握的資源亮給市民看了：五輛裝甲車、好幾門迫擊砲，和二十輛卡車的軍隊；而且為了出這個任務，士兵還領到了全新的軍鞋。總督是個狡猾、凶狠又愛搞笑的老頭，而且奇怪的是，他在他所代表的政府中那些對手竟然都很尊敬他。他的確獲得極大的寬容，因為所有人都知道，他沒有任何政治信仰，任內所做的一切都是在為自己斂財，而且由於手段高超，反而讓許多人成了他的仰慕者。大不里士一直是個叛逆的城市，不過大家懂得怎麼在這裡「公平競爭」。只要做得恰到好處，就能受到讚賞。以這次出人意表的閱兵為例，它在城市才剛甦醒時就把市民壓制得無法動彈，這種作法的確符合這位被人親切地用名字直接稱呼的總督慣常採用的手法。這人無疑像個暴君，假如他忽然消失不見，大家都會如釋重負，而且所有人都虎視眈眈地等著他出錯。與此同時，這個消息靈通、效率十足、虛情假意、冷酷無情的總督繼續張牙舞爪。這個城市早已熟知專制暴政的滋味，對他這種獨裁者習以為常，反倒願意認可他的才幹。

話說回來，這個在清晨舉行的閱兵典禮還是妨礙了許多計畫的進行。大部分仍然支持摩薩台的大不里士人都抱著難過的心情，密切注意各階段的審理情形，每當作為被告的摩薩台在庭辯中粉碎了起訴方的控告，他們就會開懷大笑。事實上，摩薩台贏得的民心遠遠超過西方媒體的宣傳。我的學生說到他時，語氣無不透露出溫情。在茶館外面，乞丐和腳夫們滔滔不絕、近乎歇斯底里地談論他的話題，甚至為他的遭遇嚎啕大哭。有時我們甚至會在巴札入口處的泥地上看到一頭冒著熱氣的死羊，那是有人趁夜為他獻上的祭品。在一般民眾心目中，摩薩台是一隻比英國狐狸更狡猾的伊朗狐狸，他不只從西方人手中奪取了石油資源，而且在海牙的國際法庭上靈巧地維護了國家利益。他那可比普羅透斯[48]的才能，他的勇氣與愛國情操，以及妙不可言的兩面策略，都讓他成了一位民族英雄，就算他緊緊抓著他持有的那些村莊不放，他的地位依然難以動搖。儘管在他大獲成功後，阿巴丹[49]的石油產量便直線下降（因為缺乏技術人員），而且國際上對伊朗石油的禁運措施也讓國家財政岌岌可危，但平民百姓幾乎不以為意，因為無論如何，他們的生活也只能以很緩慢的速度改善。少了石油生產，至少還有廢棄的煉油廠；這些設施以出乎意料的方式造福了許多小商家：某些輕型設備一夜之間就被神出鬼沒的偷兒拆卸分解，各式各樣的龍頭、操縱盤、纜線、螺栓、管材，被運到胡齊斯坦[50]各地的巴札廉價出售。

☆ ☆ ☆

十二月

雲層低壓，天色暗沉。才到中午，民眾就亮起了燈。好聞的燈油味和鐵鍬剷雪時的碰撞聲竟日在周遭蕩漾。偶爾，我們還會在飄揚的雪花中，聽到附近院子裡某家亞美尼亞人婚禮上的歌聲與笛聲。茶水從早到晚沸騰著，暖和了我們的五臟六腑，也讓我們能保持清楚的神智。隨著城市陷入隆冬，我們反而覺得越來越自在。這樣的想法似乎讓經常來看我們的房東——已經守寡的舒哈尼克太太非常煩惱；我們大老遠跑到這邊住，心甘情願地過這種日子，看在她眼裡實在荒唐。起初她以為我們這樣放諸四海，肯定是因為被人從自己國家趕出來。這個身上繫著黑色圍裙的胖太太會坐在房間一角，帶著一種沉鬱而不以為然的神情打量房裡的野戰床、光禿禿的地板、用舊報紙塞住縫隙的窗戶，還有畫架和打字機。

「你們來這裡到底是在做什麼？」

「我來教學生。」

「那早上呢？」

「您都看到了，我都在記筆記、寫東西。」

「我也寫東西啊……亞美尼亞文、波斯文、英文……」她邊說邊用手指數。「這又不是什麼工作。」

我們很快就避開這個敏感話題，改從消息靈通的她那裡打探社區裡的消息。叫賣報紙的小販得了腸胃病死了……食品店老闆的兒子剛完成一幅皇帝的大型肖像，是用很多舊郵票拼貼出來的，花了他將近兩年時間，他打算親自拿到德黑蘭獻給皇帝……還有薩某，沙哈納斯大街那個皮革商，前些天晚上他賭輸了三萬託曼，不過一聲也沒吭。聽到這裡，我的耳朵都豎起來了；那真的是一筆很大的數目，而在亞美尼亞城區，從來沒有人會把數字搞錯。

城裡還住了少數一些有錢人，他們庭院深深，這個城市也得不到他們的什麼好處。這些人大都是大地主，跟M老先生一樣，都用破舊衣服掩人耳目，隱藏他們的萬貫家財。由於害怕在當地投資會使他們財富曝光，他們賺了錢就儲蓄，多的錢不是存到外國的銀行，就是用來豪賭——大門深鎖，賭注高得嚇人。賭博輸錢時面不改色的皮革商薩某在科伊和密耶奈之間的地區至少擁有一百個村莊。一個村莊大約可以帶來兩萬託曼的收益；所以他每年不勞而獲的收入高達兩百萬託曼，輸個三萬託曼自然不必眨眼睛。

這個城裡絕大部分居民生活窮困，但卻是這些人為這個城市賦予了它所展現的風貌。皮革商輸錢的故事在巴札裡流傳的時候，他們心裡是怎麼想的？其實我沒想什麼。他們知道薩某每天可以飽餐三頓，愛什麼時候睡就什麼時候睡，身上蓋著暖暖的被褥，被子底下抱著一個（或兩個）美人，出門時坐在漆黑的大轎車裡。除了這些以外，他們的想像力就沒了著落；奢華這種東西存在於一個超乎他們想像的世界，他們讀的書裡沒有這些東西，電影裡的場景也只是外國專屬的神話。如果他們有機會踏進富人的豪宅，也只到得了傭人出入的區域，而那些地方比他們自己的破房子好不了多少。所以他們無法思考三萬託曼代表的意義，就像我們無法思考十億美元是什麼東西。對那些一無所有的人來說，欲望的範圍不會超過皮膚和腸胃；吃飽了、穿暖了，就不會有別的欲望。可是他們吃不飽，赤腳走在雪地，而冬寒卻日益加劇。

由於這種不可思議的差距，富人在庶民的想像中甚至失去了他們的位置。他們的人數是如此之少、距離一般人是如此之遙遠，以至於他們變得可有可無。就連夢想的規模也縮水了，這個城市忠心耿耿地守著自己的匱乏：其他所有地方的算命仙預測給客人的好事，不是甜蜜的愛情就是美麗的旅行，這裡的算命仙幫他預告的美景則較為簡樸（而且還得抽到好詩才行[51]）——享用三鍋羊肉燉飯、躺在潔白的被褥裡一夜好眠。

☆ ☆ ☆

在一個飽嚐飢餓的城市，肚皮從不會忘記它的權利，食物總是代表歡慶。碰到大日子時，城區裡的婆婆媽媽就會起個大早，忙著削皮、搗末、剔骨、攪拌、剁肉、揉麵、吹旺火苗，誰家院子輕輕升起炊煙，稍微嗅聞就能猜出他們是在燉鱘魚、做碳烤檸檬雞，或者料理一種稱作「庫夫泰」的大肉丸，那裡頭塞滿果仁、香菜和蛋黃，然後用藏紅花香料炆煮。

土耳其菜是全世界最紮實的料理；伊朗菜以簡單而精緻為特色；亞美尼亞城區居民對醃漬食物和酸甜口味的掌握無人能及；至於我們這兩個瑞士人……我們吃的主要是麵包。美妙無比的麵包。天剛破曉，烤爐烘出的香氣便穿過漫天冰雪，直撲我們的鼻端。這會兒是亞美尼亞的圓形芝麻大麵包，烤得像炭火那般熱烘烘；那會兒是令人聞得意亂神迷的「森格克」（軍旗麵包）；然後是布滿焦痕的「拉瓦什」薄麵包。只有在一個非常古老的國家，人民才會這樣把奢華的概念凝聚在這麼日常的東西裡；在這種麵包背後，我們彷彿看到三十個世代和許多王朝排排列隊，一同施放撲鼻的香氣。咀嚼著這種麵包，搭配熱茶、洋蔥、山羊乳酪、幾根伊朗菸，以及悠長閒逸的冬日時光……人生至此，夫復何求！一個月三百託曼的人生[52]。我現在收的學生夠多，過得起這樣的生活了。其中兩個學生——都是肉店老闆的兒子——有時甚至會從爸爸的肉舖悄悄摸幾小塊肉帶過來，替我們的美食生活增添風味。他們是一對紅棕色頭髮的雙胞胎，個性害羞到幾乎會恐慌發抖，他們什麼都不懂，什麼都學不會，可是只要看到他們從小包袱裡取出一大顆如海綿般鬆軟、血淋淋的山羊肺臟，或幾塊還帶著黑毛的便宜水牛肉，我們就會龍心大悅。星期六晚上，我們會到「賈罕諾瑪」餐廳用餐，餐廳裡坐滿了庫德人和一些頭戴黑帽、神情陰鬱的饕客，我們在那裡享用一種美味無比的羊肉料理，回家後還津津有味地說了一整個星期。提耶里在光線不足的情況下作畫時，偶爾會以為他的視力衰退了，這時他會躲起來給自己煮一公斤紅蘿蔔吃。除了這種心血來潮的情況以外，他對飲食的要求不會比我講究；某天我用廚刀清理料理鍋的邊緣時，他眼睛發亮地提議用刮下來的殘渣做「像他們那樣的炸丸子」。

☆☆☆

「沒有信來嗎？」

「信還在路邊暖身呢！」郵差一邊呼著手指一邊答道。

已經十天沒有信來了。我們簡直像住在月亮上。不過我們覺得日子過得很自在。雖然學生不少，我仍舊有時間可以工作。我試著寫作，覺得很吃力。

遠行就像一場新生，而我現在所處的世界還太新，無法定下來進行有條不紊的思考。我沒有充分的自由和靈活的彈性；有的只是寫作的欲望，還有一種簡單而純粹的恐慌。我會把同一段文字撕掉又重寫二十次，但依然無法跨越那個該死的臨界點。儘管如此，憑著不斷的執著與堅持，偶爾我還是能在片刻中享受到寫作的快樂，用不至於太生硬的方式貼切表達出內心所想的東西。接著我會擱著滿頭的熱烈思緒，暫停休息，隔著窗戶看我們養的火雞安東尼在積雪的院子裡轉來轉去。安東尼現在還瘦巴巴的，不過我們有信心可以把牠養肥，讓我們過個豐盛的耶誕。

每當寫作不順，或者自己襯衫的味道開始讓我不舒服，我就會提著一包髒衣服，鎖定「伊朗澡堂」的方向前進。這間「哈瑪姆」（蒸汽浴室）離我們住的地方走路只要十分鐘，老闆是個很愛乾淨的老太婆，她喜歡抽一種有金色嘴頭的香菸，把菸氣從頭巾裡噴出來。這種潮濕的地方平常吸引蟑螂光顧，不過秋天還沒到，牠們都已經凍死了。蝨子跳蚤這類害蟲也一樣，都在冰冷的天氣中死個精光。滾燙的熱水嘩啦啦地流著，讓人快樂地盡情洗浴。只要花一個託曼，就能享有一個單人間，裡頭的設備包括兩個水龍頭、一個木桶、一塊可以用來坐或躺的長形石板。首先我會坐在磨得光滑舒適的石板上，一邊洗衣服，一邊聽附近單間傳出的洗刷聲、口哨聲和滿足的嘆息聲。如果多花一個託曼，就會有搓澡工親自照料。搓澡工是個安靜的小夥子，他骨瘦如柴，彷彿日日蒸熏的水氣不僅看著他的人生慢慢流逝，也在逐漸吞噬他的肉體。一開始他會讓你在長石板上躺下，從頭到腳幫你上肥皂。然後他用鬃毛手套和磨砂肥皂揉搓皮膚，把身體上的風塵全部洗去，再用熱水沖淨。最後，他還會慢慢幫你按摩，拉伸你的頭部，把脊椎骨弄得咔咔響，揉捏肌腱，用拳頭和赤腳按壓踩踏關節、肋骨和二頭肌。他的動作非常熟稔，不會漏掉任何一塊打結的肌肉。這套功夫果然奏效；在熱水沖洗和專業手法按壓下，我感覺全身神經一條條放鬆，身體中的所有猶疑躊躇一掃而空，成千上萬被寒冷凍閉的閥門重新打開。按摩結束後，我就這樣靜靜地躺在黑暗中，點上一支菸，審視腦海中的思緒，直到有人用拳頭不耐煩地擂門，催著我讓位。

將近六點，我才走出澡堂，感覺全身飄飄然，連靈魂都被洗滌乾淨，渾身像一塊熱熱的濕布，在冬寒中冒著蒸氣。澄透的天空是一片鮮明的碧藍，倒映在結冰的水窪中。街道沿途，商販們把帽子倒扣在腦後，趴跪在店內後方，在裝滿糖漿的瓶罐、成堆的蕪菁、圓錐形糖塊、袋裝濱豆和一綑綑黏蠅紙之間放聲禱告，祈求天主保佑他們保有這一切財產。這個地方猶如一座魔法牢籠，而我們都被困在這座籠子裡，等待春天來臨。耶誕將近，在亞美尼亞城區，家禽商販已經開始挨家挨戶兜售貨品，背在他們背後奄奄一息的家禽還流著血，無力地拍打翅膀。這些渾身沾滿毛絮、鼻子顯出蠟黃色澤的商販通常都是老頭子，他們頭戴傳統頭巾，身穿寬袖長外套，彷彿這座大牢籠的守護精靈，在雪地裡來回穿梭。他們的出現是種吉兆。一首巴洛克時期詩歌的開頭浮現在我心頭，是我為了教學生，特別從書裡翻出來的：

天空女兒展翼
捎我乘風遠離
我曾飽受奴役
終得自由之軀
……

在那些夜晚裡，我會無拘無束地工作，也會把雙手擺在膝蓋上發呆。爐子呼呼響著。安東尼火雞在床腳打盹，那副昏昏欲睡的樣子看起來真可愛。屋外，低沉的天空籠罩著晦暗的房舍。城市比墓地更加寂靜，只遠遠聽見巡夜的警員像隻可憐的老蟋蟀，在暗夜中為了壯膽，拉起嘶啞的嗓門低聲哼唱。

☆　☆　☆

將近十二月中旬時，附近一家鄰居的女兒為了愛情服毒自殺了。她愛上一個穆斯林男人，事情實在太複雜，沒有別的出路。她把「西雷」[53]吞下肚，男方則上吊自殺。這是現代版的蒙太古與凱普萊家族故事[54]。婦女們拉長的哭喊聲響徹整個街區。綠色和黑色相間的小告示張貼在每一戶人家的門口，通知葬禮的時間……在亞美尼亞小教堂，女孩雙手合攏，躺在開著蓋的棺木裡。她穿著一件幾乎全新的絲絨長袍，耳上戴著金環。在教堂深處，高齡婦女組成一個高貴肅穆的群體，宛如由一群命運女神構成的方陣，她們身披黑色披肩，靜默無語，神情嚴峻，同時卻又溫柔婉約，眼眸如溫暖的太陽。除了在先前碰到過的幾位年長吉普賽婦女身上以外，我這輩子不曾見識過這種獅身人面像般的莊嚴，既令人震懾，又令人心碎。她們不愧為這個民族的女衛士，她們的美百倍於那些待嫁新娘。儀式結束以後，整間教堂裡的人排成縱隊，陸續走過死者身前。然後大門打開，在外面的民眾注視下，兩名婦女用極其醒目的動作取下死者身上所有首飾鞋履，再用剪刀把長袍剪爛。時值隆冬，正是青黃不接、盜墓猖獗的季節；他們希望透過這樣的舉動，避免女孩的墳墓遭到褻瀆。

就在同一個星期，城裡死了一個庫德人，他的親人不在身邊，沒法把他帶走。算他倒楣！他會被「惡意埋葬」。在遜尼派的山地居民和什葉派的城市居民之間，長期存在著一股難以消除的怨氣，而成百上千的大小事故只會不斷使雙方關係維持緊張。不過庫德人彪勇善鬥，非常危險，大不里士人對他們恐懼不已，不敢攻擊活著的人，只能滿懷惡意地在人死以後實施報復。庫德人如果在城裡亡故，就極有可能以臉部朝下的俯臥方式埋葬，而不是像習俗要求那樣面朝麥加葬入墓穴。這樣一來，死亡天使亞茲拉爾就會因為死者埋葬姿勢不合禮儀而受到冒犯，拒絕死者進入天堂。基於這個因素，偶爾我們會聽說某個因病住進縣立醫院的庫德人在覺得自己來日不長時忽然消失，偷了一匹馬就快馬加鞭地飛奔逃離，以便能死在庫德斯坦的土地上。

有一天晚上，剛好就在「伊朗澡堂」門口，一名年輕庫德男子向我搭訕，相當執著地打聽住在街區裡頭一個女孩子的地址。他的頭上纏了一條白色絲質頭巾，腰間繫了一條全新的布腰帶，腰帶上插了一把至少要價一千託曼的匕首。顯然他剛讓搓澡工從頭到腳洗滌一新，準備要去向女孩子獻殷勤。我還真知道那女孩的地址，幾天前我們才剛幫她錄過音。她是個自我感覺太良好的蠢丫頭，自鳴得意地說要「像在音樂學院那樣」唱美麗的亞美尼亞民謠，那裝腔作勢的歌喉害我們浪費了整整一卷錄音帶。所以我對她多少有點怨氣，不過還不至於把一個態度那麼堅定的追求者送到她家門口。於是我把年輕人打發到相反方向，接著繼續走我的路。

不難料想，大不里士人刻意流傳著關於庫德人各式各樣的惡毒謠言……他們全都是野蠻人，專門拿刀劃開別人的錢包，不惜用低價出賣自己的女兒，然後又去偷搶別人的女兒……等等。亞美尼亞人雖然會跟著附和，不過只是隨便說說。事實上，他們跟庫德人的關係比他們要讓別人以為的要好。巴札的木柴商跟好幾個庫德部落有生意來往，不僅為時已久，而且是在完全信任的基礎上交易。有人信誓旦旦地宣稱，在遙遠的雷札耶一帶，庫德人還非常放肆，三不五時就會擄走向來令他們垂涎不已的亞美尼亞女子。不過主要還是亞美尼亞女孩自己不斷說這種故事，藉此顯示她們的美能引發多麼極端的行為，只不過我從沒聽過一件具體事例。無論如何，雙方之間的生意並沒有受到影響。其實很久很久以前，波斯人就已經這樣告訴過希羅多德：「搶奪女人自然不合道德；但是，懷恨在心，甚至亟思報復，這是何等瘋狂！賢明之人且三思而後行[55]。」

☆　☆　☆

「慶祝你們的先知降生，」穆撒倚著門框說道。他手上提著兩隻血跡斑斑的鷓鴣，從狩獵皮襖上端露出的眼睛洋溢笑意。這時已是聖誕前夕，他是全城第一個想到這事的人。正好我們很想吃肉；他來得正是時候。他留了下來，跟我們一塊吃他打的鳥。

穆撒是住街尾一個土耳其阿爾巴卜（地主）的獨生子，一個親切熱情、無所事事的毛頭小子，他把所有時間都用來打獵、畫袖珍畫，還有讀波斯文翻譯版《悲慘世界》。這本書他怎麼讀也讀不完，不過倒讓英勇救世的幻想和抑富扶貧的激情在他心中燃燒。現在的他滿腦子只有巴黎，而且試圖讓我們相信他很厭惡波斯，不過我們一點也不相信他的話；他只是焦急地渴望利劍出鞘，大舉改革波斯。他正值十七歲血氣方剛的年紀，這是他志氣高昂的原因。他的家族史也是：卡札爾王朝[56]時期，他的曾祖父與總督政見不合，後來帶著五十來個勇士奪取這座城市，維持了幾個月的統治。

繼這番行動之後，他在一場為他舉行的宴會上遭人殺害。他的祖父揚言要繼承志業，結果收到一包炸彈，被炸喪命。他的叔叔因為拒絕跟一群謀反者同流合污，被人一氣之下灌鉛死亡。至於他的父親則決定放棄政治冒險，專心經營自己的產業，積聚了一大筆財富，讓他兒子有充分的餘暇夢想行俠仗義，奔馳在自己的想像世界中。穆撒也打算到巴黎蒙馬特當個窮畫家。為了實現這個計畫，他甚至還想從他父親那裡搾取好幾個村莊的收入，因為對他而言，「在巴黎當窮人」是個極其令人豔羨的身分，因此在他的想像中，那種生活一定比在大不里士當富人還要昂貴。

在被穆撒搜刮以前，疼愛兒子的父親已經開始每天晚上帶著他去接觸各路朋友中的幾個老滑頭，藉此培養他的判斷力，讓他學會用正確方式搖骰子，懂得怎麼喝酒不倒，知道要在輪到自己的時候才開口說話。此外，由於父親知道兒子經常糊里糊塗，所以特別幫他雇了個撿來的孩子，充當他的聽差和「桑丘·潘薩」[57]。城區裡的人管這孩子叫「庫屈克」（kütchük，「小」的意思）。「小」小子雖然才八歲，不過人小鬼大，討價還價的時候架勢完全不輸那些亞美尼亞老太太，在巴札裡頭大搖大擺，再麻煩的差事都難不倒他。小小子幸福得很，他這年紀還可以住在女眷區，在那裡讓人塞肉凍或烤鵝肝給他吃。嶄新的短外套、一頂鴨舌帽，還有大人們給他親熱的拍拍打打，這一切都保護著他那頑皮而快樂的心靈免受寒風侵襲。特別值得一提的是，他從來不知道什麼叫害怕。一個孤兒在大不里士可以不識害怕滋味，這是不得了的事。無論如何，這讓他顯出某種與眾不同、惹人憐愛的特質，沙哈納斯的婆婆媽媽們碰到他時，總忍不住要摸摸他的頭、輕聲說幾句甜言蜜語，他通常會回上幾句流里流氣的客套話，驚得她們花容失色。

穆撒經常過來找我們。自從我們在這裡安頓以後，他使出各種辦法迫使我們接受這個事實，他得到某種特權，每次造訪都可以講同樣那些「納塞丁毛拉」[58]的故事，還有他對繪畫的個人見解：「要先學古典繪畫，然後學印象派繪畫，最後才學現代繪畫……」他總是坐在野戰床上滔滔不絕。我有一搭沒一搭地聽他說話。這些話我全都聽過至少十遍了。而這天，我一心想的是耶誕，一年中最大的日子。今年耶誕，我們就在這兒過了……明年耶誕，我們又會在哪？人生會有什麼樣的轉折？我看著鶴鶉在我們那個凹凸不平的鍋子裡發出唱歌般的咕嘟聲漸漸膨脹。鍋裡撒了一把薄荷葉，還倒了一公升亞美尼亞白葡萄酒，這種聖經裡頭提到的酒可以在本地的巴札裡買到，酒瓶的封口上模模糊糊有一個用紅蠟蓋的戳印。

蕩漾著祭祀氣息的纖細炊煙在房屋上方冉冉升起，飄向亞美尼亞小學生工整寫出的天書般的作業本，飄向城內各處的屋頂，飄向城外冰凍的荒地，飄向睡鼠的地洞和烏鴉的窩巢，飄盪在這個充滿溫存、令人肅然起敬的古老世界中。

☆☆☆

負責「第四點計畫」的幾個美國人形成了一個團結互助、親切友善而又相當孤立的小團體，某種程度上游離在這個城市的生活之外。平安夜的時候，他們選了一處豪宅宴請賓客。這種豪宅是從前亞美尼亞那些上層布爾喬亞遷走以後留下來的，儘管現在裡面掛著這些新富階級的奢華印花窗簾，也擺了新穎的電唱機，不過還是掩不住某種被遺棄以後充滿滄桑的動人氛圍。有人陪我們過新年，我們自然樂不可支；我們把自己洗得神清氣爽，穿著整齊體面的衣服，懷著感動的心情走進宴會廳。晚宴正在進行；熱情洋溢的美國人頭戴紙帽，相互握手，又是摔杯又是唱歌。少說有三分之一的人已經喝醉，在酒精和善意的浸潤下，他們潮濕的眼睛一時閃出幾絲慌亂的光芒：那是在這樣的大日子裡因為如此遠離家園、如此不被理解、如此異於眾人而產生的恐慌。接著他們又開始喧鬧沸揚，歡欣鼓舞。在吧台另一邊，伊朗賓客面帶笑容，靜默無聲，宛如一個秩序井然的方陣。我們決定加入這個陣容；這天晚上，我們感覺自己跟他們比較屬於同類。離開了平日隱居般的生活，這種嘈雜讓我們不知所措。眾人開始翩翩起舞。我邀請一位容貌姣好、已經微醺的年輕女士一起跳舞。與她身體貼近的感覺突然讓我覺得極為不可思議，值得我全神貫注，於是我忘了音樂的存在，身體一直動也不動，只是把她越摟越緊。片刻之後，她抬起頭來看我，眼神先是驚愕，繼而是一陣憎惡與反感，然後她就掙開身子，消失不見了。我喝了很多，提耶里也是；我們為已經完成的事和有待進行的事乾杯，不過我們已經失去以前的酒量，所以很快就不勝酒力。我們在當場醉倒之前趕緊溜了出來。夜色嚴酷而美好，積雪很深，舉步維艱。我們互相攀著肩膀，以免滑跤。我們還不想回家；在很長一段時間裡，亞美尼亞城區的夜鶯和狗兒都能聽到我們呼喚著一些充滿異國風情的名字，在一條條巷弄間穿梭。

我們嚷嚷叫叫著兜轉了至少一個小時。過火了。回到家時，我們喉嚨已經腫脹，牙齒凍得咯咯作響。我的房間冷得厲害；我把所有找得到的衣服、破布、包裝紙全部鋪在床上，然後就睡著了……還沒天亮，一個輕佻而又特別的旋律把我喚醒；隔著一層迷霧般的東西，我瞥見床頭邊站了一個踉踉蹌蹌的人影，他把帽子壓低到幾乎遮住眼睛，一邊看我，一邊用口哨吹出舒伯特的曲調。「新年快樂！」那人用德語祝賀，並做了個充滿嘲弄意味的屈膝禮，然後從鼓鼓的口袋裡掏出一瓶酒遞到我面前。是保祿斯。他是在外面過的夜，經過我們家時見房門沒關，便靈機一動進來「表達祝賀之意」。我喝了一口，還是沒法完全清醒。我問他跨年過得怎麼樣。

「在賈罕諾瑪跨的年……狂飲一場。」他又換成德語：「可怕啊……可怕，尼可拉先生！」緊接著是他的口頭禪：「我只能一笑置之。」

他不喜歡酒鬼，不過愛喝酒卻又是他的弱點；所幸他自有辦法克制酒量。就算是在亞力酒的洶湧浪濤中，他也能像一艘永不沉沒的駁船般穩健航行，而且更能顯出本來氣概，更具懾人氣質。他坐了下來；在一小段時間裡，他對我描述他去看開往德黑蘭的客運巴士發車的情形；為什麼去，我也搞不清楚。車站裡，到處是用繩子捆住的行李，那些旅客站在雪地裡，不知道什麼時候可以上路，也不知道是不是會順利抵達目的地……「實在可怕，」他用德語下了總結。不管怎麼說，他自己也被困在這個城市。隨後，我幽幽聽到他捧著我的脈搏在記數，又過了好久，我聽到新年的第一聲雞啼。第三天早上我清醒過來時，發現自己高燒不退，喉頭上長滿了白膜。保祿斯已經做了該做的診療，舒哈尼克寡婦正在我的房裡為皮下注射器灌藥水。她特意穿上了護士服，顯得格外興奮……

☆☆☆

一月

……我躺在這張搖搖晃晃的野戰床上，屁股底下墊了好幾層舊報紙。在夜色迷濛的花園和光影狂亂的火爐間，我等著針劑發揮效果。在街區深處，一架收音機正在播放波斯歌曲；亞美尼亞護士的孩子們在院子裡吵吵鬧鬧，我聽到提耶里在隔壁房間裡唸出「玫瑰」（**rosa**）的各種格變化。為了打發漫長的冬天，他開始讀摩霍主教編寫的《輕鬆學拉丁語》。周遭一片雪白，令人敬畏的古老語言在耳邊迴盪，身處這個安東尼[59]的軍團從未能征服的古阿特羅帕特尼省，在教材前面幾課就出現的**Regina parthorum**（「帕提亞女王」）、**pugnare scytham**（「西臺之戰」）這些拉丁字詞彷彿有了無窮的意義，顯得神祕高深、如極光般冷峻，美妙無比地搖動著我發燒的身子。燒還是沒退。好幾天以來，我一直設法找出這場病的薄弱環節，希望能插根楔子進去支撐。亞力酒幫不上忙；喝下去就留在肚子裡灼燒，病情卻不見改善。連課本的拉丁文也起不了作用了。我小心翼翼地把後背靠到石牆上坐起來，看著窗外雪花飄落，開始哭了起來，哭得跟清掃壁爐或洗刷鍋具的時候一樣有板有眼。就這樣哭了一個小時。這回居然管用了。我感覺病痛造成的所有阻障都在崩潰、消解，最後我終於睡著了，坐在隆冬的懷抱中，彷彿蜷曲在一個柔軟溫馨的蠶繭裡。

提耶里在照顧我的同時，自己也染上了這種嗚喘性喉部痙攣；我恢復健康以後，剛好換我照顧他。照顧他很容易。他生病的時候，自己可忙了，彷彿是在用心孵蛋或替自己動手術。他幾乎不回答別人的問題，不是因為心情不好，而是因為他正在聚精會神：把生病的過程調理得越好，病情就會好轉得越快。事實上，他懂得利用最輕微的感冒來讓自己煥然一新，設法迅速重拾健康，借助各種劑量適當的小小幸福來復元：坐在楊樹下喝杯熱茶，散步五十公尺，吃一顆核桃，花十分鐘回想斯坦布爾城，或者看幾份從我一個學生那裡借來的過期《悄悄話》雜誌。這些舊雜誌讓他看得心滿意足，特別是「情聲韻事」這個讀者投書專欄。他在裡面挖到一些珍寶，例如「淚娃兒茱麗葉（上索恩省）」或「被活逮的尚路易（安德爾省）」的來函……「可是我真的幾乎不曾主動欺騙過她啊，少數幾次旅途上的邂逅差不多都是不勞而獲的」……

☆☆☆

要想度過漫漫長冬，還得有些習慣出入的地方才行。

我找到的好地方就在亞美尼亞城區的一個邊角上，是腳夫喜歡光顧的那家平價館子。他們跟乞丐構成了這座城裡最一無所有的一群人。這就是為什麼他們總會往這家茶依哈奈聚集，他們知道除了一個會坐在吧台邊喝茶的員警以外，在這裡一定可以跟自己人在一塊。我第一次誤闖這個地方時，全場驟然安靜下來，安靜得如此緊張而徹底，彷彿整棟房子就要垮下來壓在我頭上，害得我把脖子縮進肩膀裡，一行字都寫不出來。我本來以為自己已經過得很簡樸了，到了這裡，我的爛帽子、破外套、舊靴子卻好像在高聲宣揚日日飽餐的優渥生活。我把手伸進口袋，壓住裡面的幾個銅板，以免它們叮噹作響。我覺得害怕，但我錯了：這裡是全城最平靜祥和的安樂窩。

正午前後，腳夫們會三三兩兩地抵達，他們打著哆嗦，彎腰縮背，扛行李用的繩子套在肩膀上。他們坐到木桌邊，發出一陣愜意的咕噥，破舊的衣服上冒著水氣；他們那看不出年齡的臉龐是如此赤裸，被生活磨損得如此嚴重，幾乎連光線都能直接穿透，但此刻卻閃出磨舊的鍋子那種溫潤光彩。他們有的下雙六棋，有的一邊舔著茶杯托裡的茶水，一邊發出長長的嘆息，有時則圍坐在一盆溫水邊，把受傷的腳泡在裡面。錢比較多的幾個會叫個水煙來吸，在兩陣嗆咳之間朗誦幾句精采絕倫的詩詞，讓一千年來波斯最偉大的成就在茶館裡顯露光輝。藍色牆壁上的冬陽，細緻的茶香，棋子落盤時劈劈啪啪的聲響，這一切都散發某種奇異無比的輕盈，令人不禁心想，這群胼手胝足的老人是不是會化身為六翼天使，在一片響亮的羽毛拍擊聲中振翅飛起，將整間館子帶上天空。漾滿溫柔的奇妙時刻。儘管氣管耗損、凍瘡開裂，卻能在沒有指望的生活中營造出這樣一小段美好時光，這多麼令人欽佩，多麼具有波斯風範。

一月中旬，冬寒肆虐得更加嚴重，好幾個人就這樣被帶走了，他們的遺物在茶館最裡邊以拍賣方式處理：一條破毯子，半個錐形糖塊，一段繩子，甚至有兩次——我記得很清楚——拍賣物品包括「塞耶德綠腰帶」：這玩意兒可是先知穆罕默德的後代才能配戴的標誌！以先知後代自居的人在這座城裡比比皆是，不過綠腰帶在窮人和底層人物中出現的機率最高。

在習慣的麻木和安撫作用下，他們當中大多數人對自己的饑餓狀態幾乎已經沒有感覺。每天除了喝三杯茶以外，他們只用一片土耳其麵包和一小塊拔絲糖點果腹。每當我跟他們坐同桌時，他們一定會說句Beffarmâid（「您請用」），然後把自己的餐食讓給我，這點微薄至極的食物瞬間便顯得神聖無比。假如我接受了好意，他們這天唯一的一餐就沒了。我不禁想，到底是什麼樣的法則在驅使這些餓肚子的人這麼理所當然地把他們僅有的一丁點東西送給別人？那必然是種高貴的法則，或說某種寬宏、迫切的慷慨；這些人雖然吃不飽穿不暖，卻比我們更熟悉這種生命秩序。

☆☆☆

艾爾維神父說的果然沒錯：圖書館雖小，但收藏了至少兩百本法文書籍。藏書五花八門，令人驚奇：有巴博夫（Babeuf）、博須埃（Bossuet）、亞森・羅蘋（Arsène Lupin）、艾利・佛爾（Élie Faure）、荷內・格魯塞（René Grousset），還有蘇畢茲元帥（Maréchal de Soubise）的著作《甘必大的一生》（*Vie de Gambetta*）和書信集。元帥的風格非常優美，行文綴滿委婉詞藻（「步兵團戰鬥得缺乏熱情，不久便向自己輕易撤退的傾向讓步……」），彷彿是從波斯語翻譯成法語的。

我在格魯塞的《草原帝國》（*L'Empire des Steppes*）這本巨著中讀到一位中國公主嫁給西俄羅斯一名可汗的故事。可汗的使者花了十五年時間往返，才帶回中國方面同意的消息，婚事終於可以舉行……只不過結婚雙方已經是下一代的人了。我喜歡這種慢；而且，空間彷彿是一種迷幻藥，而這個故事毫不保留地把它發給讀者享用。吃午飯的時候，我把這個故事說給提耶里聽，結果看到他一下就把臉拉長了。他的女友芙蘿寫給他的每一封信都使他結婚的念頭更加堅定，他完全沒有把這件事拖到下一代的打算。簡單說，我的公主故事沒得到共鳴。

過了一段時間，我從「伊朗澡堂」回來以後，發現他正準備發火。我出去泡茶，讓他有時間恢復平靜，可是等我回來的時候，他說：「這個監獄，這個牢籠，我再也受不了了！」一開始我沒弄明白他指的是我們的旅行——一廂情願的私心果真會讓人瞎眼——「都過了八個月，你看看我們落到什麼下場！困在這裡！」

這一路以來的所見所聞已經夠讓他畫一輩子了，更何況，遠離戀人導致他的依戀無以復加，早就望眼欲穿。我一時愣住了；最好還是先填飽肚子再來談這事。我們朝賈罕諾瑪餐廳的方向走去，在那裡一邊啃雞腿，一邊決議夏天到了就分開。芙蘿可以到印度找他，我後續再跟他們會合，參加他們的婚禮，預計是在德里和可倫坡之間某個地方；然後兩邊再分道揚鑣。

也罷。基本上我認為只有疾病或愛情可以阻斷這種旅行大業，而如果真要二者擇一，我會希望那是愛情。他要推動他的人生前進。我卻想迷失自己的人生，比如說迷失在這個中亞一隅，為鄰里的故事癡心著迷。上床就寢前，我研讀了郵差送給我的德國老地圖：高加索山脈的褐色分支，代表裡海的冷峻藍斑；還有吉爾吉斯的「奧爾達」[60]那片橄欖綠，光是那個地區就比我們旅行至今的範圍還大。這些遼闊的疆域令我激動得全身震顫。還有那些可以另外展開的大型自然環境圖也讓人看得滿心歡喜，那些斑塊、層次、閃光波紋，無不引人遐想身在其中的移動路線、遙遠異國的晨曦、一些更隱密的過冬地點，還有那些頭戴彩色方巾、鼻子扁平，正在叢叢燈心草間以木板搭建的村莊裡曬魚的婦女。（這些對處女大地的渴望或許有點幼稚；不過那並不是浪漫，而比較像是某種古老的本能，它激勵著我們與命運周旋，藉此達到一種讓心靈提升的生命強度。）

話說回來，我還是覺得亂了方寸：我們這個組合很完美，而我一直相信我們會一同走到終點。我以為那是早已約定好的事，不過此時此地，這種約定可能已經失去了意義。人之所以旅行，是為了讓事物發生、改變；要不然乾脆待在家裡。從他的角度來看，某些事的確改變了，他的計畫因而必須更動。無論如何，我們沒有承諾過什麼；況且，在所有承諾中，總是存在某種學究式的小心眼，會去否定成長、新生力量和超出預期的事。就這方面而言，這個城市儼然是台孵化器，孕育出他現在的心態。

☆☆☆

大不里士有太多其他事可做，因此美術多少受到了忽略。老巴格拉米安是城裡唯一的畫家，他非常開心終於能找到同行。他戴手套、套護腿，頭上也不忘戴頂帽子，看起來活像默片中的風流公子。他三不五時會來探查提耶里的創作，並發出一串鼓勵性的驚叫聲。巴格拉米安曾在列寧格勒耗掉三十年的光陰，在那裡教「花卉繪畫」，後來移居此地，找到一批學生，並在晚年娶了一名嫁妝豐厚的亞美尼亞女子，他的漂亮白色絲巾和山羊羔皮手套都是她送的禮物。自從這份關係成交以後，他幾乎不再作畫；他真正的強項是舒舒服服享豔福。他過冬的方式是坐在自家餐廳，一邊啜飲杏桃烈酒、吃牛軋糖、嗑開心果，一邊對非常愛他的老婆說各種千奇百怪的故事，讓她聽得搖頭晃腦、嘖嘖稱奇。我們登門拜訪時，他會針對蘇聯的情況，喋喋不休地用俄語發表長篇大論的報告，我們完全不知所云，他的太太則會守在一旁幫他斟酒、柔情似水地輕拍他的肩頭，或拍手表示讚賞，一對眼睛亮得像兩枚胸針，足見她對這位藝術家老公的迷戀。偶爾她會打斷他，用簡單的法語為我們做點翻譯：「不去……絕對不行……黑暗的大國……你們會消失，會忘記一切……忘河[61]……」巴格拉米安用誇張的口吻重複說了一次「忘河」，然後把幾片切碎的橙皮扔進滾燙的茶水，藉此具體說明他的話。

據說他在蘇聯有個元配，他們沒有離婚，不過他的確徹徹底底地把她丟進忘河了。大家都知道這件事，只有他的第二任妻子假裝不知道元配的存在。亞美尼亞城區的人認為巴格拉米安表面上裝瘋賣傻，其實所作所為像隻非常精明的老狐狸，一心要為自己安排一個暖烘烘的晚年。能像他這樣機靈應付人生被認為是值得尊敬的事。無論如何，沒有人會故意在這個部分讓他難堪；鄰里上的人都願意欣賞這個老頑童的快活，而且「亞美尼斯坦」的生活是那麼辛苦，沒有人會閒著沒事去做對自己沒好處的誹謗。

我們每次光顧他家時，都會把他的畫瀏覽一番。這些畫不像他的人那樣喜氣洋洋：儘管精緻的花園總是陽光普照，卻流露晦暗的氣息；身穿絲絨連衣裙的貴族仕女雙手擱在手絹上，笑容顯得冷硬；一身勳章的將軍騎馬佇立在雪地，蠟黃的臉頰了無生氣。提耶里噘著嘴做鬼臉；天塌下來也沒事的巴格拉米安為了合理化他的學院派作風，每次都會把提耶里拖進一場針對繪畫的激烈辯論。他會喊出某位畫家的名字，然後把手伸到某個高度，藉此顯示他對那位畫家的評價。提耶里會反駁。他們很少有觀點一致的時候：老巴把米勒擺在肩膀高度，而且三十年來一直在抄襲米勒，如果提耶里把米勒踩在地下，對方就會仰面倒進座椅，用手摀住自己的臉。他們對早期義大利畫家[62]的意見倒還算統一，高度大約放在一米；然後他們會針對幾個永遠的贏家——安格爾、達文西、普桑——，小心翼翼地再把手抬高一些，同時用眼角嚴密觀察對方，設法保留自己心目中的最佳人選，因為在這種競價較量中，每個人都希望自己是最後那個落錘定音的人。當提耶里高舉手臂，把他最欣賞的畫家比到小個兒的老巴搆不著的高度時，老巴就會爬上板凳，最後搬出一位名不見經傳的俄國畫家，不太光彩地奪得錦標。「希施金[63]……偉大的畫家，」他太太在旁搖旗吶喊。「偉大的作品，白雪中的白樺林。」我們不如承認吧。比賽期間，餐桌上已經陸續擺滿一瓶瓶酒、白乳酪、黃瓜；說到底，我們最感興趣的還是吃。用吃來培養友情。這也是老巴的用意。

☆ ☆ ☆

二月

這個城市已經看我們看習慣了，我們不再被視為可疑分子。心中憧憬著把女兒送到洛桑的寄宿學校讀書的亞美尼亞人、白俄羅斯人、警察局上校、公務員，紛紛請我們坐進他們家的客廳，那些地方燈光總是太亮，裡頭擺滿鏡子、地毯、帶有廉價裝飾的家具，用意是向人證明他們屬於人生勝利組。他們不斷把食物盛進我們的餐盤，讓我們進一步強化這樣的印象。他們會審慎地詢問我們的生活方式，因為雖然我們的東道主私底下真的喜歡大不里士，他們卻不想讓我們有理由認為，我們每個月只要有一百五十托曼的生活費，就能像他們一樣喜歡這個城市。他們認識我們還不夠久，因此不會敞開心扉談論這個國家和它的問題，不過我們知道的事情已經夠多，不至於輕易相信波斯人習慣提供給短暫停留的外國客人那種樂觀的官方說法。場面相當尷尬；在推託的言詞和真心的好話、慎重的緘默和細膩的關懷之間，主客的交談後繼無力，這時提耶里就會拿出手風琴演奏幾曲，讓在場女士們開心跳舞。有時，在我們的一再堅持下，這些穿著黑色連衣裙、體型壯碩的布爾喬亞太太中就會有某個人走出來站在客廳中間，垂著靦腆的眼神，用淒厲嗓音唱出幾首薩雅．諾瓦[64]的歌曲，或某一首撼人心弦的亞塞拜然哀歌，然後，彷彿所有窗玻璃碎裂一地，大不里士所能傳達的一切力量、狂情，它那所有無法取代的特質，都會驟然充斥在整個室內。眾人眼眶潮濕，乾杯聲此起彼落，歌聲逐漸遠去……帶著溫暖的心情，大家像枯葉般重新落入一種屬於鄉土的苦悶，其中洋溢著兄弟情誼、暗流湧動的欲望，猶如一齣契訶夫的戲劇。

在陌生的聲音、連天的哈欠、滿桌的炸肉餅之間，某種朦朧的倦怠逐漸盤據著我們。女主人用她在德黑蘭修女會學到的一點法語大聲招呼：「隨便吃……多吃幾點……多喝幾點……」（聽得出來，她已經把不少學過的東西還給老師了。）這些敦促的話語彷彿隔著某種耳塞傳進我們的耳朵。提耶里和我隔著酒杯看著對方：我們在這裡做什麼？我們在這個城市待了多少年了？為什麼待在這裡？巴格拉米安的話在我的耳邊迴盪……沒錯，這裡也是忘河。我們向主人告辭。外頭依然在下雪；在凍得令我們太陽穴刺痛的冰冷中，酒足飯飽的我們凝視著對方。「食物夠油」；我們已經沒有其他的衡量標準了。

這倒不是沒道理。我們成天抖個不停，體力都這樣消耗掉了。我們的體重一直在下降。我們的夢想不再是吃得好，而是吃得油。「納努之家」可以滿足我們這方面的需求。這家學生餐廳是兩個長得鼠頭鼠腦的老太太開的，她們裹著黑披肩、黑頭巾，看起來有點心虛，不過她們會燉出各式各樣的肉皮湯。年紀比較大那個就是納努太太，她當過前「自由共和國」[65]保民官皮謝瓦里的廚師。波斯人回來以後，皮謝瓦里曾經差點被送上絞刑台。有時他會低調地走進她的餐廳，在角落坐下，聞著鍋裡飄出來的香味。我不知道他有沒有付錢，不過每次都有人給他上菜。我也不知道他在得勢的時候有沒有善待她，不過關係無論好壞，總是人類之間的連接劑，而且永遠都是這樣。他就這樣坐著，肚子填飽了，身體也暖了（這些感覺比過眼雲煙的權力紮實多了），在一種喝完湯後昏昏沉沉的狀態中，他聽著其他客人挖苦政府，或在喝兩口湯之間的空檔哼唱幾句反動歌曲，坐在入口附近的兩名老警察則無精打采地在筆記本上做記錄。

這種批評時政的插科打諢使大不里士與德黑蘭之間的古老爭端得以持續存在。大不里士的大學是「共和國」時期在蘇聯支持下成立的，屬於進步派。伊朗人重新掌權以後，由於害怕民主派人士的躁動，曾經打算關閉各系所。但在大不里士，有意思的事本來就不多，怎麼可以對教育下手！據說，學生因此舉起槍桿，贏得了他們的訴求，後來他們支持摩薩台，更後來又反悔，並將他們的心聲發洩在一份匯總報告中（報告內容實在太激烈，不適合在本書中報導）。納努之家的老主顧之一、經常跟我們同桌吃飯的曼蘇爾用蒙馬特行話為我們翻譯了其中的精華。他是馬什哈德[66]一名小學教員的兒子，曾經設法弄到一本護照，到法國撐了三年，後來回到大不里士完成醫學學位。每當嚴冬難熬或寂寞難耐時，他就會來找我們發洩。他滿腦子那些（法國製造的）共產主義思想在他回鄉後立刻不敵他重新看到的現實。這個粗魯而反叛的城市顯然無法吻合共產主義學說。他感到無比困惑。他曾指望家鄉的同胞能成為充滿反叛精神與行動能力的模範受壓迫者，結果事與願違。在大不里士，太多乞丐在酷寒中依然無憂無慮，飽受水痘之苦卻仍能嘻笑怒罵；他們會把他視同其他所有人，用粗俗但友善的動作向他握手；他們也會帶著猥褻的欣喜之情接受施捨，無論施捨來自何方。這些都令他覺得彷彿受到侮辱。

在我們的小房間裡，他感到比較自在；他的控訴比較能融入我們的西方式思辨，而且他可以慢慢地向我們陳述各種理論，我們則會搬出一些不痛不癢的反駁論點來跟他作對。這樣討論政治其實好過聽他鉅細靡遺地講述他在法國的情史——那些有如親臨現場的細節讓我們聽得頭昏腦脹。在他興致特別高昂的日子裡，他甚至有辦法把政治和愛欲這兩個他同樣高度關注的主題結合在一起，最後杜巴利夫人[67]的床笫韻事跟剩餘價值理論的瑕疵扯上了關係，凱薩琳大帝的戀男癖則成為帝國職能的一環。我們從不樂見伊朗變成一個集體農場，因此我們會故意挑剔他過於簡略的邏輯思維，他的烏托邦主義，以及他那些不堪一擊的舉證；不過我們只是做做樣子。因為除卻上述那些「調整不當」的情形，他的惶恐與憤慨仍舊具有合理性。許多大學生私下都抱持相同的觀點；在札赫迪[68]政權時期，這類見解足以立刻讓他們鋃鐺入獄；伊朗的監獄對犯人而言，絕不是鬧著玩的。因此，這些學生最謹慎的作法莫過於睡覺；這個城市受到的壓制雖然沉重，但它睡覺睡得更沉。可惜的是，年輕人熱血沸騰，永遠會受到鼓動，因此從來不曾乖乖睡覺。

☆ ☆ ☆

提耶里的畫布和顏料已經短缺好些日子了，他總算接到郵局的通知，說他從瑞士訂購的物品終於寄到了。他火速趕到郵局，填好表格，簽好貨單，付了關稅，親自前往海關，然後又趕回郵局，現場看他的包裹拆封。東西一樣都不少，不過正當他準備要把包裹帶走時，職員卻猛然把包裹擋下，並告訴他局長要親自把包裹交給他，可是他暫時有事離開一段時間。在等局長回來的空檔，他們安排他坐在一個小客廳，裡面有隨身小暖爐、香菸、葡萄、茶，他坐著坐著就睡著了。一個小時以後，他醒了過來，準備去找這位耽擱他的老兄——局長。

「我到底在等什麼？」

「等局長啊……他人超好的。」

「他幾點會回來？」

「帕爾達〔pharda，「明天」〕！」

「！（？）！」

「你的包裹……今天你看到它了，明天你再來把它領回去。高興一次不如高興兩次！」老職員友善地做了這個結論，然後把他送到門口。

帕爾達總是被召出來當理由。帕爾達永遠充滿許諾。帕爾達來到時，人生一定更美好……

☆ ☆ ☆

三月

冬天還真的教我們學到了耐心。大不里士冬意仍濃，不過在南部，它已經開始收兵了。在那裡，從敘利亞吹來的暖風拂過山巔，融化了積雪，使庫德斯坦的溪流水勢高漲。有幾個晚上，那個方向的天色已經呈現飄移不定的微黃底氣，宣布春天的到來。

我湊巧在圖書館找到一本庫德故事集[69]，那些故事非常清新，讓我看得心馳神往。一隻麻雀（當然是庫德麻雀）因為波斯大王對牠不夠尊重，竟然鼓起羽毛頂撞他：「我要在你爸的墳上撒一泡尿！」個子只有靴子那麼高、長了驢耳朵的精靈會在深夜從地底下鑽出來，用雷聲般的低吼傳遞千奇百怪的消息。還有那些單挑的格鬥場面，連圖潘[70]和蘭斯洛特[71]都要自慚形穢！雙方輪流出手，一方一下就把對手砸進地下，只剩一顆頭顱露在外面，對手掙脫出來，抖掉全身泥土，全速衝上前去回敬對方。彎刀、狼牙棒、長矛，各色各樣的武器一一上陣。廝殺聲迴盪在大地上；這邊砍飛一隻手，那邊打掉一個鼻子，雙方越戰越勇，怒火益發猛烈，打鬥的樂趣也直線上升。

遠方天邊短暫放晴的現象，以及鮮活生動的庫德文學，都讓我們想親自到那邊近距離一窺究竟。想要弄到一張賈瓦斯（通行證）實在不容易，因為庫德斯坦的情勢相當緊張。庫德人雖然是正宗的伊朗人，也是忠誠的帝國臣民，但他們強悍好鬥的習性一直無法讓中央政府放心。早在一千七百年前，安息帝國皇帝阿爾達班五世就在寫給造反的封臣阿爾達希爾[72]的信中表示：「你行事乖張，咎由自取，你這個庫德人，從小在庫德帳篷裡長大的庫德人……」在那次警告之後，無論是阿拉伯人，或甚至是蒙古人，都不曾有辦法把庫德族牧羊人逐出伊拉克與伊朗之間那片風光秀麗的高地草原。牧羊人在那裡生活得無拘無束，他們希望自己管自己的事。當他們決定捍衛自己的風俗習慣，或用自己的方式解決紛爭時，德黑蘭方面的聲音很難壓制當地的卡賓槍聲。有時（只有在天候惡劣的季節），他們甚至會暫時切斷道路，以索取過路費。為了制止這些行為，政府在幾個邊界附近的市鎮布署了人數眾多的軍隊，但因為糧餉發得不勤，這些士兵很快就墮落成搶劫土匪的搶匪。局面算是達到平衡，當局的地位也勉強確立，不過這一切的代價是某種程度的混亂，每逢選舉到來，各種陰謀、施壓、交易就會重新登場，混亂進一步升溫。這種家醜不能外揚，因此我們在這個時候申請通行證並不恰當，可是我們沒有別的選擇。參謀部和警察局都不是很願意核准我們的申請，不過由於我們跟市政府的關係已經搞得不錯，各單位都不忍心傷害我們，只是像丟皮球般把拒發許可證這個燙手山芋推給其他單位。在半個月期間，我們在不同辦公室間來回穿梭，陸續跟一些很客氣的高階軍官喝茶，他們什麼都願意跟我們聊，就是不談我們要辦的事；答應完了立刻又推拖，使得我們日復一日都得重新提醒他們，而且還得拚死命裝出平靜的樣子，設法讓這些屢次食言的對話者相信我們認為他們的誠意無懈可擊，就這樣嚴重磨損神經，只為了學會誰有耐心誰就贏的古老遊戲。最後他們讓我們贏了。

出發前一天，保祿斯來看我們。他剛走過那條路，米揚道阿卜[73]之前的路段都很好走，過了那裡以後，路面雖然有積水，不過可以通行。在後面那個路段，當天早上有一輛吉普車遭到攻擊；司機從南部載了一車走私物品，為了保住他的貨，他不顧攔截強行通過，抵達大不里士時，車門上都是彈痕，一邊肺臟也吃了子彈。保祿斯剛幫他把子彈取出來，讓他撿回一條小命。保祿斯認為那是米揚道阿卜的什葉派信徒或假扮成庫德人的逃兵幹的好事。

「戴頭巾很簡單……只是那些人沒想到，在這個時節，庫德人腦袋裡有別的事要關心：羊群開始出動了，馬上就得進山放牧。沒錯，庫德人是硬骨頭，他們會互相打鬥，不過只有在鬧飢荒的時候，他們才會攻擊趕路的人。大家故意放大那些故事，設法把錯推到他們身上。跟在這裡一樣，那種事確實可能發生，阿拉保佑，不過那畢竟是例外的情形。你們把剛好夠保命的錢帶在身上就好，絕對不要帶武器。他們太需要武器了。他們最喜歡的東西就是武器，所以十個人，十五個人會一擁而上，把你的武器搶走……你能怎麼辦？只能一笑置之！」

保祿斯說得對。帶手槍出去串門子確實沒有意義。如果連怎麼用都搞不清楚，那就更沒意義了。我們出發旅行是為了看看這個世界，不是為了對它開槍。

頭巾與柳樹

通往米揚道阿卜的路

急流沖出的深溝阻斷了道路；行車變得非常艱難，而且六個月沒上路的安定日子使我們變得不太靈光。我們好幾次讓車子開進泥坑，陷到引擎蓋的高度，完全不可能靠自己把它開出來。碰到這種事，最好的辦法還是席地而坐，一邊欣賞風景，一邊等候大車路過。這種辛苦倒也值得。雖然空氣潮濕，視野依然能伸展到很遠。往北看是大片大片的果園，裡面種了枝葉有刺的果樹，地面遍布斑斑積雪，一望無際，綿延著鋪向大不里士和冬季的國度；在這片風景盡頭，薩瓦蘭山脈將雪白而輕盈的山脊伸向天空，漂浮在霧海之上。往西看是一片荒涼的沼澤地帶，另一邊就是烏爾米耶湖。南方則是春天的方向，庫德斯坦最外圍的一道道山肩俯臨一片點綴著楊樹的晦暗原野，在驟雨中雲霧蒸熏。環顧周遭，在成片的積雪間，大地宛如一塊大海綿，正在忙碌工作，在嘆息般的聲音中擠出千百條細小的溪流，讓山巒原野閃閃發光。太多的水。我們開始碰到許多全身濕透、腹部不斷滴水的駱駝。在公路穿越河流的地方，水位早已上漲，我們只能脫掉衣服，在湍急的水流中為車子尋找最好的通行路線。

☆ ☆ ☆

通往馬哈巴德的路

一個強盜也沒遇上；不過我們碰到好幾次六七個人一群的小隊伍，他們滿懷希望地把車攔下來。在庫德人的想法中，任何具有引擎和四個輪子的東西一定都是客運公車，所以他們會努力想擠上車。我們一再解釋：引擎功率太小、懸架彈簧會斷……結果還是沒用。他們大聲叫嚷，友善地拍打我們的背，拎著大包小包坐在擋泥板、腳踏板、保險桿上，設法讓我們明白他們坐得很穩當，不舒服無所謂，反正只有五十公里路……我們很委婉地把他們請下車（非得委婉不可，他們身上一個個都有武器），但他們以為我們是想談價錢，於是紛紛和氣地從腰帶裡摸出一個託曼。他們完全不會想到車子的大小和負載力，認為車子不過就是一頭鋼鐵做成的驢子，唯一的功能是盡量裝載，累垮了死掉很正常。對我們來說，一個大人或兩個小孩，這是我們能接受的極限。

接近馬哈巴德時，我們就這樣讓一個老頭搭了便車。老頭連屁股都沾滿了泥點，他蹚著雪水，邁著大步，邊走邊聲嘶力竭地唱歌。一坐到後座上，他就從褲子裡抽出一把老槍，畢恭畢敬地交給提耶里。在這裡，一旦進了別人的地方，如果槍還留在身上，那是很失禮的事。然後他給我們一個人捲了一大根菸，接著又開始開心地唱起歌來。

我這個人特別容易受到快樂的感染。

☆　☆　☆

馬哈巴德

柴泥房舍，漆成藍色的門，宣禮塔，冒著熱氣的茶爐，柳樹成排的河畔。三月最後幾天，馬哈巴德浸潤在早春的金黃色淤泥中。透過黑痲痲的雲朵，一道滿載風雨氣息的光線照射在平坦的屋頂上，鸛鳥正在那裡築巢，長喙發出咯咯的響聲。主要街道宛如一條巨大的車轍，上面人來人往，有頭戴破舊鴨舌帽的什葉派教徒、頂著無邊圓氈帽的札爾多什提信徒[1]，和裹頭巾的庫德人，這些庫德人身材短粗，用嘶啞的嗓音大聲叫嚷，見到外國人就用肆無忌憚又熱情洋溢的目光打量他們。沒有急事要辦的庫德人會跟在外國人後面三公尺的地方走；他們上身略為前傾，雙手背在背後，而且是一直背在背後，因為他們的褲子沒有口袋。

我們彷彿由這個多采多姿的人群護送著，在他們直視的目光陪伴下，踩在深達一尺的泥濘中閒逛，不時坐在攤舖中喝茶，呼吸著令人精神抖擻的空氣，欣然擁抱周遭的一切……唯一例外是那兩個臉孔陰晦的警察：他們緊跟在後，急切地想要施展幾絲小小的權威，有氣無力地搧打這些毫無惡意的民眾，虛張聲勢地驅趕他們。

軍警太多——這是馬哈巴德的缺點。除了穿國王藍上裝的伊朗憲警以外，還有隨處可見的士兵，他們衣衫破爛，看起來個個像混混，面帶茫然神色在街頭晃蕩。他們的長官比較少露臉；不過抵達這天傍晚，我們在隨興漫步時，走到一座因為水位上漲、有被淹沒之虞的橋，非常湊巧地在橋頭撞見十來個正在爭論不休的軍官。他們打斷談話，仔細檢查我們的證件，然後用生硬的語氣囑咐我們「在被庫德人搶劫以前」趕緊返回市區，說完他們又繼續他們的爭論。洪流轟隆作響，軍官們為了聽到其他人說話，只好輪流大聲吼叫，同時一名傳令兵在旁記下一些姓名和數字。我們花了好一陣子才明白，原來傳令兵是在記每個人所下的賭注，他們正在打賭橋是不是會被沖垮。結果橋真的垮了。

馬哈巴德並沒有什麼攔路搶劫的庫德人，有的只是一些對現實不滿的人，而軍隊的職責是壓制他們的言論。關於庫德族強盜土匪的傳聞提供了方便的藉口，讓政府在這裡維持重兵駐防的態勢，因此官員非常樂於傳播這類故事，有需要時還會隨便抓幾個人，藉此證明那些傳言的真實性。由於過去軍隊在這裡留下許多令人不堪回首的記憶，庫德人對現在這種變相占領感到格外難以忍受。一九四八年，政府軍以極其強硬的手段肅清小小的「馬哈巴德庫德共和國」[2]，儘管庫德自治主義者要求不高，卻遭到大肆屠殺，而庫德首領卡齊．穆罕默德（Qâzi Mohammed）雖然對當局作出最鄭重的保證，卻仍被送上高高的絞刑台。此後馬哈巴德人一直忠心耿耿地在他的陵墓上獻花，對駐紮在此的部隊則報以憎恨眼光，因此未來局面多少令人憂心。

比起下場悲慘的卡齊，曾任交通部長的吉蘭酒店老闆運氣好得多。他曾被波斯政府判處死刑，所幸及時以數個村莊作為交換，僥倖獲得赦免，在七十歲的年紀重新品嘗美好生活的滋味，並本著充滿幹勁的認真態度，將他經營的旅館打點得光彩煥發。旅館是一棟牆壁厚達兩米的建築，房梁粗大，梁間的縫隙裡塞滿麥桿，家燕和雨燕紛紛在那裡築巢棲息。兩張漆成天藍色的鐵床，一張小餐桌，還有一張褪色的庫德地毯，這就是我們房間裡的擺設。每天晚上，我們會渾身濕透地回到這裡，把脫下的衣物放在火盆上方烤得水氣直冒。淹水的街道將世界末日般的光影映照在我們的房間，我們裹著毛毯，在慘澹的光線中下雙六棋。老闆給我們送上晚餐，他湊到我們旁邊觀看棋局，這會兒讓我們後悔剛走的一步，那會兒又悄悄戳我們一下，讓我們知道我們忘了要出本來可以耍的把戲。這種棋表面上看起來簡單，不過各式各樣的小手段可以讓棋下得十分精采。

巴札上的一名說書人也會來跟我們一起吃飯。他的肚子裡裝了許多傳說和牧歌，我們一一錄了下來。他唱起歌來特別起勁，展現出一種執著頑固的快活，把整層樓的房客都吸引了過來。鄰房的客人紛紛來敲我們的門，然後成排坐在床上聽他唱。這些房客是來自烏爾米耶湖畔的大財主，個個身材肥壯、肌肉發達，跟白鼬一樣機靈敏捷；他們把地產交代給別人照料，到馬哈巴德來近距離追蹤選舉前的各種利益交易。除了布料顏色深暗、流蘇垂到眼睛上方的包頭巾、寬大的棉布腰帶和庫德式匕首以外，他們的穿著已經西化。一身英國毛呢西裝，十足十五世紀大貴族的派頭；他們在這個外國人的房間裡從容自在，用庫德人特有的那種注視眼神審視著我們的人和我們的行李，時而將

刻有格狀飾紋的菸盒遞到我們面前，時而從小口袋掏出老式純金懷錶，面帶笑容地將它貼到耳邊聽它的響聲。

「我可以進來嗎？」

警察隊長在門外用英語問了一句，不過沒等人回答就直接進來了。他聲音悅耳，眼睛細長，咧嘴假笑時露出了尖牙。他把手槍和濕淋淋的帽子擺在桌上，向在場眾人打了招呼，然後親切地問我們當天做了什麼事，不過和善的表情難以掩飾他因為看到這麼多庫德人聚集在我們房間而感到的不快。他相信我們是假裝聽不懂波斯語，認為我們到這裡是為了策畫陰謀，只怨自己沒有早點趕過來聽到全部內容。不能否認，這裡有眾多勢力在暗地裡施展影響力：英國、俄國、美國、庫德分離派人士，這還不包括任務目標各不相同的警察和軍隊。每個人都屬於某個派系，知道誰跟誰同夥是很重要的事，不過剛到這個城市上任不久的警察隊長還難以準確掌握這些動態。他被調到這裡是為了接替地方監獄典獄長的位子，原來的典獄長因為囚犯接二連三的控訴和黑函而被革了職，他意興闌珊地接下了監獄總管的職務，並對犯人百般照顧，以求他們諒解。出於無所事事，出於友誼，出於對我們的不信任，他頻頻造訪，堅持在我們出行時陪同在旁，甚至不惜批評政府，藉此誘使我們暴露自己的立場。這種無所不在的監視讓我們惱火，不過因為他做得很有手腕，我們實在沒辦法把他拒於門外。況且他的英語說得很好，可以向我們忠實稟報房間裡的來賓們最尖銳的言論，還有逐句翻譯說書人的每一首歌曲：

天公在下雨
處處是雲雨
春天的花兒
你為何尋覓？
……
這下不完的大雨
是我眼中的淚滴

這首歌唱得正是時候：在屋簷天溝的排水聲中，旅館彷彿一艘飄搖的方舟，下不完的大雨沖垮一座又一座橋梁，把我們困在這座城裡。我們的錢花完了。吉蘭酒店的老闆知道我們不是壞人，不會不願意讓我們賒帳繼續住著，不過隨著我們停留的時間拉長，警察隊長對我們的關切變得更加神經質，監督也變得更加緊密，於是在這個當頭他盛情安排我們住進監獄。這個提議儘管和善，但卻不容置辯；我們沒有選擇的餘地。

☆　☆　☆

馬哈巴德監獄

曙光穿過一根根欄杆，先是照到掛在藍色牆壁上的銅釦制服外套，然後照到一幅帶有伊朗國旗顏色的海報，上面的圓形肖像展示著幾名功勳彪炳、但已奔赴來生的警察，最後才從側面照出隊長的身影——他穿著睡袍，正在無休無止地漱口。我們躺在地上的睡袋裡，用沉鬱的眼神看他做了十多下屈膝運動，一邊數數一邊**深——呼——吸**，然後穿上制服，對著鏡子裡的自己微笑，又用壯漢的力道給自己拍了幾下。接著，他迎著清晨的驟雨打開窗戶，點了一支香來淨化空氣，然後坐在辦公桌前，慢慢搓著汗毛濃密的雙手，彷彿正在設法說服某個緘默不語的隱形談話對象。

今天我們可以出去嗎？

恐怕是不行……城裡的情況太動盪，選舉的事情……我們可能會被人修理，然後他得為此負責……況且，他正打算邀我們共享午餐：黑牛油拌長生草芽，他特別請人準備這道庫德特色料理。他按鈴叫了值班警員，警員拖著腳步走進來，一邊敬禮一邊用左手藏住他利用值勤時間編織的毛衣，接著他就拎著一個草編提包上巴札去。

「長生草是很好的東西，」隊長邊用力吸氣邊補充說道：「利尿，強健腸胃。」接下來是一連串飲食方面的建議。怎麼讓消化好，什麼是均衡的飲食——隊長就喜歡這一套。健康固然是好事，可是每天早上都得被迫觀賞這種健康演示，誰受得了！我們轉身面向牆壁，設法再睡一覺；畢竟監獄就是讓人睡覺用的，而這監獄說起來也算是讓我們第一次有機會放假。

將近九點，監獄開始熱鬧起來。我們聽到各個牢房裡傳出打哈欠和哼哼唱唱的聲音。隔壁館子的小伙計頭上頂著熱茶給看守的衛哨送了過來；接著上門的是剃頭匠，他肩上搭著磨剃刀的皮革，在監獄裡轉了一圈，輪流給囚犯們剃鬍鬚。告狀陳情的人也陸續報到，他們跨過我們的身體，走進隊長的辦公室：模樣謙卑得令人同情的囚犯家屬，一些專門搞走私的人；還有鄉下來的毛拉，他們把驢子栓在門口，進門後不斷鞠躬哈腰，設法為村子裡的某名信徒求情。我們半闔著眼，從地面高度觀察這絡繹不絕的訪客。

一天早上，兩只沾滿泥巴的拖鞋從我的鼻尖旁邊掠了過去，接著一個撕心裂肺的高亢女人聲音把我猛然驚醒。那是個腰厚臀圓、身體柔軟的妓女，臉上抹了一尺厚的脂粉。她說的是亞塞拜然語，這個語言我現在已經可以稍微掌握，所以聽得出來她在跟隊長抱怨，說有一些軍人享用了她以後卻不付錢。

「那是軍隊的事，」隊長回道：「跟我們無關。別再跟那些士兵來往了，找我手下的憲警吧，只要他們還罩得住。到時有什麼問題，妳再來找我說。」

他遞了一根菸給她，又讓人給她上了茶。她裹著飾有小花的查朵，坐在一張桌子的邊角，一邊一口接一口地抽菸，一邊繼續用快活的口吻跟隊長嚷個不停。可以肯定，她心中完全沒有害怕的感覺。人在害怕的時候，聲音和眼神都會刻意壓低，旁人馬上就能看出來。她剛好相反，一條玉腿晃著帶有釘飾的鞋子，嘴巴不斷冒出話來：打情罵俏，發牢騷，巴札上的流言蜚語；說話時帶著一種粗鄙、奇特的活力，只有在突然爆笑或對我們拋幾個低俗的媚眼時才會稍微停頓。她的腳踝上沾滿了泥土，一對美麗的眼眸掩不住憔悴，嘴巴周圍還留著被咬傷的痕跡。這一切都不妨礙她像條大江般恣意奔流：泥沙混濁，深不見底，水勢強勁。才正豎著食指，半開玩笑地威脅著隊長，轉眼卻消失得無影無蹤，跟來的時候一樣突然。隊長被逗得心花怒放：「她想回鄉下一陣子……她也做鄉下生意，像流動商販那樣走路做生意。香水放在包包裡背著，手裡拿著一根包鐵的木棍。」

這些人的生活充滿殘酷和羞辱，但卻何等強悍有力。我其實很想鑽出睡袋，衝上前去給這個長舌婦獻上一個擁吻，不過看門的衛哨——他一直用手攏著耳朵偷聽，一句話都不想漏掉——看了一定會一頭霧水。

☆☆☆

我們這種住客兼囚犯的身分定義得不明不白。每天下午，我們可以出監獄到城裡走走，不過有兩名憲警隨侍在旁，負責把我們送回來。這兩個上了年紀的監護人留著拿鐵色的鬍鬚，走路上氣不接下氣，我們稍一加快腳步，他們就可憐兮兮地喊我們慢下來。我們對他們沒什麼意見，不過他們的存在總讓別人對我們報以異樣眼光，而且在一群敦厚老實的百姓中間，身邊居然要有兩名憲警保護，這實在很不給人面子。只有一個辦法可以讓我們實實在在地脫身：混到巴札裡面。他們憑著自己的小小權勢，在那裡敲過幾次小小的竹槓，所以現在不敢隨便走進去。他們只好待在這個「危險區」外圍，坐在茶鋪上喝茶，我們逛完以後會去接他們一起回警察隊，免得他們挨罵。

小小的巴札輕快活潑地讓風翻攪著。商鋪開在閃閃發光的泥地上，眼圈黑黑的水牛在水窪裡打滾，門簾在驟雨中擺盪，駱駝的額頭上掛著護身用的藍珠，一綑綑地毯，一袋袋大米、濱豆或火藥，每家舖棚的擋雨板上都有鸛鳥嬉鬧的白色身影。在這片馬戲團般的情景當中，什葉派的店東們在烏木算盤上飛快地算帳；騾夫們在打鐵的火星和燒蹄子的焦味中忙著給他們的牲口上蹄鐵，或者幾乎明目張膽地把走私貨裝載到騾子身上，準備運往伊拉克庫德斯坦那邊的「家鄉」[3]。他們可一點也不想耽擱；由於季節性失業的關係，再加上附近一帶的邊界幾乎不受管制，所以競爭非常激烈。巴札上也有很多小孩，他們不是放聲高唱兒歌，就是圍著圈子盡情跳舞，他們的觀眾都是些滿臉凶相的大人，而且是站在圈子裡。本地人認為，如果要好好觀賞這種環形舞，就得站到圓圈中央。看來庫德人不管做什麼都有自己的一套，而他們這種生活方式流露出某種詼諧詭奇而又洋溢手足情誼的氛圍，令我內心激動不已。

☆ ☆ ☆

對於是不是有權利這樣軟禁我們，隊長其實也不太有把握，所以到了晚上，為了給我們來點消遣，他會把監獄裡的菁英們請過來坐坐。他對待這些人的方式很溫和，一半是出自真正的人道，另一半則是因為害怕犯人的家屬給他送上一槍。世界的運轉就是這樣一體兩面。總之我們因為這樣而認識了哈山．梅摩克里。他肩上披著囚房裡的毛毯，從衛哨後面走進來，滿不在乎地打招呼，一邊微笑一邊晃著他那頭長長的亂髮，然後隊長會像每天晚上一樣對他說：Hassan... salmoni tchâi dar chin...（「哈山……你需要讓理髮師請喝一杯茶了」[4]）。他沒包頭巾，破破爛爛的褲子在腳踝的位置稍微束緊，腳上穿著顏色俗豔的便鞋（是那種牧羊人在放牧時編織的毛線鞋），身上是一件長袖襯衫，開叉的袖口在他的手腕上晃蕩，還有一件平原地區庫德人習慣穿的那種顏色暗沉的俄式衣領長外衣。儘管一身粗鄙裝扮，他對波斯語的通曉和從胸前口袋露出來的鋼筆在在顯示他出身不俗[5]。原來這個年輕人是雷札耶地區的一個地主。十六歲那年，在一次爭執中，他用刀刺死了一位對他威脅的叔叔。這種事在所難免；證人都幫他說話，他平安無事地脫身了。不過四年以後，一名堂兄因為覬覦他從名下村莊得到的收入，靠著算計和賄賂，成功使他被法院判了刑。由於事發當時哈山年紀還小，不能判死刑，於是他被判了一百年有期徒刑（伊朗的刑法中沒有無期徒刑，因為只有真主有權判罰無期徒刑）。他在這裡已經關了十年，並且發誓出獄之前絕不剪髮。他每次動一下頭，長度及腰的濃密頭髮都會遮住他那對綠色眼睛。他捧著熱茶暖手心，用低沉的嗓音說起他的故事，並刻意放慢速度，讓幫忙翻譯的隊長可以跟上節奏。

哈山的出身是庫德族「塔古阿爾」部落，這個宗族的牧場從雷札耶西南方一路延伸到土耳其邊境。他的家庭屬於下層貴族，一直以來都非常效忠伊朗，不過不時也會放肆而為，比方說，他有個祖先曾搶過薩菲王朝[6]一名皇帝的女兒，並在那次事件中跟心愛的美人一起喪命。不過另一位祖先曾獲阿拔斯沙赫[7]贈送一隻上等黃金打造的手，用來代替他在跟鄂圖曼人作戰時失去的那隻手。還有許多其他祖先曾經為一些芝麻小事大動干戈：幾頭綿羊、幾棵桑樹苗，或一條胳膊大的水流。話說回來，那些溪流縱然毫不起眼，但澆灌著烏爾米耶地區的富饒果園，讓杏桃、核果、甜瓜和葡萄奇蹟般地孕育熟成。

「雷札耶……就是迦南地，」隊長用尖銳的聲音補充道；他覺得我們好像不夠注意他的存在。

「他沒騙你們……而且他的確是個好孩子，很聽話，我給他建議什麼他都照做，他很喜歡我……很尊敬我，我還把我的書借給他看。想必你們從沒見過像我這樣的獄監吧？」

我倒從沒見過像哈山這樣的囚犯。他抱著一種淡然的宿命心態，接受了自己的厄運。即使想到那個不仁不義的堂兄，他也不會喪失這份平靜——頂多是個壞分子罷了，在規模龐大、分支複雜的庫德氏族中，那種人多得是。當初他該除掉的是這個堂兄，而不是他的叔叔。他責怪自己沒把事情看透徹，認為自己現在是在為他當年的疏忽付出代價。事實上，他犯的罪可以說是時代倒錯的結果，因為儘管同等報復、以牙還牙、族間仇殺這類風俗曾經長年讓庫德斯坦浴血，但現在已經開始變得落伍、不合時宜了。相關事件越來越罕見，而一旦發生，就會成為眾人議論的話題。這裡的居民到現在還在談一件三年前發生在布坎山谷的禍事：兩個敵對家族的全體男丁跟著各自的毛拉一起，在村裡的一棟房子集合，打算消弭一場已經使雙方對立好幾代的糾紛。一整個下午，兩邊的人馬都在吃喝、抽菸、交涉，沒有人把說話聲拉得比對方高，不過也沒找到和解的辦法。然後他們把教士和十五歲以下的孩子請了出去，將門窗緊緊拴上，並點上油燈，以便看清楚誰是誰，接著他們開始用匕首來解決世仇。三十五個赴宴者最後只有六個人活下來。兩個家族死傷同樣慘重，不久，因為沒人放牧，羊群陸續被偷走。那次教訓敲了一記警鐘，山谷中明理的庫德人紛紛放棄了那種極端的作法。

監獄四周，夜色逐漸濃厚。隔著雨聲，我們可以聽到河水上漲的聲音。哈山剛為我們在地圖上標出庫德地區各主要氏族的居住地，然後忽然語帶堅持地問了我們一個問題。這個問題似乎讓他非常開心，不過我們聽得糊里糊塗。

「是一個謎語，」已經躺上床的隊長打著哈欠說。「一座沒有門的白色城堡，這是什麼東西？一座白色的城堡……」

我腦子轉了好久也想不出來，不過要想知道答案還有得等，因為隊長說著說著就沉入夢鄉，讓哈山自行返回牢房。

☆☆☆

有人說錢是用流的，這種說法不對；錢是往上升的。金錢會基於一種自然傾向而往上升，就像祭祀肉品的濃濃香氣升向權貴的鼻孔。這種特性當然不是伊朗獨有的，不過在馬哈巴德監獄，它以最直白的方式全面展現。因此，如果想當個憲警，光靠熱忱不夠；必須送四百個託曼給副局長，才夠資格享有這份殊榮。可是副局長不太用得上這四百個託曼，因為他為了當上副局長，得送八百個託曼給局長。至於局長，他也絲毫輕忽不得，他不能忘了他對省司令官的虧欠，而省司令官則必須在德黑蘭還一堆人情債。這種作法絕對不是什麼正式規定；最謹小慎微的一批人會對這個現象表示哀嘆，最堅毅不屈的人會對此敬而遠之，不過微薄的薪水使它成為一種必要，而若一意孤行，堅持擺脫這種積習，很難不造成整個制度發生短路，並因為這種張揚而招致敵意。在現實情況中，這種習慣通常都會占上風，金錢輕鬆自在地往上升，然後，就像所有上升的事物總有一天會往下墜落，錢升到最後也會掉下來，彷彿天降甘霖，落進瑞士的銀行、各地的賽馬場，和蔚藍海岸的豪華賭場。

對一名普通憲警而言，四百託曼可是一大筆錢！要想籌出這個數目，他必須欠一屁股債，而且還得花自己的錢買昂貴的制服。他的薪水只夠他勉強餬口，他為囚犯提供的種種服務也只能讓他賺到少得可憐的外快，而因為他的階級最低，他為了還債，唯一能壓榨的是農人，於是他會索取保護費，或憑著自己的機靈和小聰明，亂開一堆罰單。在這個部分，他那頂大蓋帽和那根警棍可說無往不利。至於這些被敲詐的農人，如果能給他們一點喘息的機會，他們會是世界上最棒的農人；可惜迫於現實，他們只能忍氣吞聲，唯一能發洩的對象只有他的毛驢，或怎麼叫也不回應的老天爺。

☆ ☆ ☆

時辰快到傍晚。一直下雨。我們心裡發慌。隔著開啟的窗戶，我們聽見駱駝走在泥地上的柔軟足音，趕駱駝的人沿路唱歌，歌聲扭曲得宛如擰緊的海綿。唱一句，歇一句，接著又是一陣狂野的飆唱……

「他幹麼吼那麼大聲？」

「他是吼得太早了點，」隊長笑著回答。「聽聽看他唱些什麼吧：

……

春光無限好，遍地驢食草

太陽暖暖照，世界真奇妙

處處鬱金香，丁香多芬芳

我春心蕩漾，暈頭又轉向

……」

就像阿拉伯故事裡頭那些大臣一樣，我覺得自己快樂得融化了。這就是庫德人！這種滿不在乎，這份躁動不安的快活，這種不斷激發他們的天堂酵母。任何事物都是開心作樂的好藉口，馬哈巴德人一樣都不會放過，而剛剛開始的選舉更提供了無與倫比的歡笑機會。比方說有個故事把全城男女老少逗得人仰馬翻。兩個農夫在投票箱前崇敬地跪拜，一位毛拉上前斥責：「異教徒！你們為什麼崇拜這個箱子？」——「敬愛的毛拉，這箱子剛創造了一樁奇蹟呢！全村人丟進去的都是卡塞姆，結果出來的卻是尤素夫！」

無盡的歡笑猶如一場風暴，將政治及所有由此而生的卑劣醜惡掃蕩一空。

這種喜歡打趣的心情多少也是因為季節的關係。洪水、細雨、狂風都在承諾豐美牧草即將到來，鼓舞全城的醉人春情漾入監獄核心。文字遊戲、歌曲片段、情色故事飛盪在一個個牢房之間。遙想從前，這群嘻笑怒罵的人們曾經是一幫可憐傢伙，在前任典獄長的管理下遭受毆打、棍擊和各式各樣的酷刑。瘀青、骨折、硫酸的燒灼，林林總總的傷害令人怵目驚心。在他存放個人物品那個漆繪了玫瑰花環裝飾的黑色櫃子裡，隊長保留著一份有關虐囚事實的報告，報告內容對前任隊長的潛在殺傷力是如此之大，至今他還在猶豫是否要把它呈交上去。有時我們會看到他拿出那疊文件，若有所思地輕輕撫摸，接著把它放回原位，然後起身去跟監獄住客們閒聊，分發香菸、鷹嘴豆、山金車藥膏給他們。這的確是最明智的作法。

黑櫃子裡面還藏了別的東西。在一堆紙張文件底下，有一本黑色封皮的精裝書，有一天，他有點不好意思地把它遞給我看。是一本英文《聖經》。這本書是從前他在這個國家另一端的一處小監獄擔任典獄長時，一名跟他結成朋友的囚犯送給他的。囚犯是信奉基督的亞述人[8]，他在臨刑前一天告訴他：「今晚我有事得回城裡，你讓我出去，我用這本聖書發誓明天一定會回來。」——「去吧，」隊長說：「不過如果你沒回來上絞刑台，我就得替你上去了。」這話遠非事實，他頂多可能為此賠上幾個月的薪水；儘管如此，他還是徹夜輾轉無眠。隔天囚犯及時趕回監獄，並把他的《聖經》留給隊長。至少隊長是這麼說的，而且說得有點得意。事情真的像他說的這樣嗎？隊長是不是編造了這個神話，還有這麼一個「完人」，用來妝點自己過於孤寂的生活？這不是很重要，而且他的故事聽起來合情合理。德黑蘭出刊的報紙上充斥著這類故事。在伊朗，沒有什麼事是不可能的。

無論是最好的、最壞的，人的心靈都有很多餘地可以容納。而且這裡的人對完美依然有種不顧一切的鄉愁，這種情懷可能導致那些最無憂無慮的人做出最極端的決定，因此絕對不能等閒視之。

☆ ☆ ☆

大水和大雨在這座城市已經造成兩千人無家可歸，而且沖走許多物資，其中包括監獄的西面圍牆。好幾個牢房門戶大開，隊長只好在屋頂布署衛哨，以免那些囚犯逃走。於是現在我們會聽到他們在我們的頭頂上走來走去，在鸛鳥的窩巢之間打哈欠、按響打火機。夜幕降臨。隊長在收音機上摸摸弄弄，設法調到巴庫電台；提耶里在直接掛在電線上那顆光禿禿的電燈泡底下畫圖；我翻著亞述人留下的那本《聖經》，一點也不覺得時間不好打發。有那麼一兩次，我心中甚至閃過一個念頭：乾脆在這裡耽擱久一點，讓我有時間把這本書從頭到尾仔細看完，並且慢慢等待明媚的春天破繭而出。尤其是好好研讀《舊約》；震耳欲聾的預言、無盡的悲苦、詩情畫意的季節，為水井、帳棚、牲口而爆發的爭執，以及多如冰雹降臨的宗族譜系，《舊約》中的一切在這裡都顯得如此貼切。至於《福音書》，福音故事中那種令人眩暈的大膽和魯莽早已在我們國家被消弭殆盡，不過在本地的脈絡中仍然看得到；反之，仁愛在這裡難以體現，對冒犯不予計較的美德也只能乖乖守在幕後。能清楚浮出檯面的都是一些配角：百夫長、稅吏，或抹大拉的馬利亞。還有髑髏地，這倒很難避免。在馬哈巴德，向打自己右臉的人伸出左臉不是常人的處世之道，這種作法在這裡只會招致悲慘下場。假如耶穌基督返回這裡，當然就像在加利利一樣，老人會爬上枝頭目送他經過，因為庫德人尊敬勇者……只不過麻煩馬上就會接踵而至。而且，不管到了哪裡，情況恐怕都一樣：重新被釘上十字架，而且是說釘就釘。或許，在我們那些對預言家和殉道者同樣畏懼的理智國度裡，他頂多只是被人關起來；他的存在甚至可能得到容許，於是他便能在公園裡宣講，或在眾人一片漠然中辛辛苦苦地辦起一份小小的報紙。

☆☆☆

曼古爾（Mangour）

河水依然在上漲，沿岸的房舍一幢幢倒塌。監獄岌岌可危，沒有誰有閒再顧及我們。我們趁著這個機會，天一破曉就溜了出去，沿著山谷往南走，直到進入曼古爾人的領域。在所有庫德人中，最難對付、最不愛乾淨，也最愛開玩笑的，就屬曼古爾人。吉蘭酒店的歌手陪我們走這趟路。為了避開軍隊的哨所，他直接切過山丘，用很快的速度爬坡，片刻也不停。我們穿過遼闊的牧原，由於地面透濕，腳踩下去就會嗞嗞作響地往下陷。逐漸上升的太陽燃亮殘雪，並在我們後方將城市四周的一片片泥沼地照得閃閃發亮。除了我們前方那個像黑點般騎馬沿著山稜線前進的人以外，群山杳無人跡。空氣非常清新，想必今天會是大好天氣。

快到中午時，我們在天邊看到了小小的貝伊塔斯村。十幾棟簡陋的小屋高高掛在一座尖山上，一座土砌堡壘被簇擁在村落中央，俯瞰下方的山谷。在村裡最高的屋頂上，一個矮壯的身影用望遠鏡追看我們走近。我們來到山腳下時，監視者爬下他的高棲地，沿著小路快步下山，前來跟我們會面。距離我們二十公尺時，他停下腳步，抬起手臂遮在眼睛上方，用粗啞的聲音向我們打招呼，然後示意要我們靠近。他是這裡的阿爾巴卜（地主），一個身體寬、身高矮的老頭，他一身黑衣，從腳底到耳朵都沾了泥巴。他的左手少了食指和中指，砂眼毀了一隻眼睛，不過另一隻眼睛閃著快活的光芒盯著我們看。兩隻非常興奮的黑色獵兔犬發狂似地在他身邊蹦蹦跳跳。

跟庫德人打交道時，絕對不要避開他的目光。他們需要這種接觸。目光是他們衡量對話者、找到契合點的方式。他們說話的時候眼神不會離開對方，並且期待對方也這麼做。我們也不可以用左手握手或收受物品；左手是不潔的手，只能用來擤鼻涕和擦屁股。於是我們伸出右手，一言不發地盯著阿爾巴卜看，然後他拍了拍我們的肩膀，帶我們到他家吃午飯。

庫德人有句諺語：「匕首是兄弟，長槍是堂表。」阿爾巴卜的「私人城堡」其實只是一個大房間，不過他在這裡可說不缺親人：他在腰帶上佩帶了一把少說有半米長的「兄弟」，至於「堂表」，它們傲然挺立在茶爐上方兩個槍眼之間的牆面上挖出的壁龕裡：一支帶瞄準鏡的卡賓槍，四支精心擦得亮晶晶的「布爾諾」長槍，好幾支扳機已被磨得發亮的「帕拉貝倫槍」，另外還有他剛擺回去那副砲兵望遠鏡。這個迷你軍火庫是他唯一的奢侈；他擁有的是一個窮困的小村莊，他的小孩各個衣衫襤褸，他請客的餐桌上只擺了粗茶淡飯：一盤澆了些清淡茶水的米飯，一碗蒼蠅光顧過的優格，還有一瓶雷札耶產的葡萄酒，而因為他是安分守己的穆斯林，從頭到尾他一滴酒也不肯碰。儘管東西少得可憐，他卻請得大大方方。就連酒也是，因為酒是我們宗教的東西，在他們的宗教裡是沒有的。曼古爾人在宗教方面遠遠稱不上狂熱；他們至今還會在烤餅上畫個十字架，藉此紀念亞美尼亞人在四個世代以前曾經提供給他們的一次幫助。

這位阿爾巴卜看待伊朗基督徒的方式非常正面，不過他對摩薩台的觀感就差多了。摩薩台在土地財產權方面所作的聲明，導致庫德斯坦出現第一波農民起義事件。庫德農民原本受制於幾近封建的租地制度，一九五三年春天，摩薩台在一次演講中承諾「伊朗的土地歸伊朗人民」，造成這些農民紛紛舉起連枷與木叉，爭取他們應得的權利。他們的雇主則取出卡賓槍壓制，暴力衝突於焉展開。在布坎[10]那一帶，小型武裝衝突已經導致五十多人死亡。地主們甚至在多名領頭鬧事的農民耳朵上打鐵釘，把他們釘在農場大門口。後來他們才知道原來是德黑蘭方面在煽動雙方對立，而且軍隊利用這個藉口進駐他們的土地，於是隔天他們踹了這些人屁股一腳，就解放了他們，並提出良好的和解條件，至今雙方關係和睦。庫德人認為自己被摩薩台玩弄了一場，因此支持札赫迪將軍發動的政變，並將數以千計的騎兵集結到南庫德斯坦，迫使素來與王朝敵對的強大卡什加部落[11]歸順，幫助札赫迪取得成功。基於這些發展，庫德人原則上與沙赫的君主政權關係良好，阿爾巴卜的破舊外套上甚至有兩枚沙赫親手別上的勳章，不過在地方層級，由於駐紮在馬哈巴德的部隊行為不檢，因此情況大有不同。阿爾巴卜不想讓軍隊進入他的山谷，而那些士兵也不敢冒然闖入。

旅行者的情況很不一樣；當地人的好客為他們構成保護，而且他們有某種娛樂效果。況且，由

於平地居民對貝伊塔斯人的風評很差，這個地方很少出現遊客的足跡。滿口食物的阿爾巴卜一直問我們問題，把飯粒像一陣雨般噴到自己四周。陪我們來的歌手把庫德語翻譯成波斯語，我們大約聽懂六分之一，不過透過創意十足的比手畫腳，我們的交流相當順暢。每當我們想不出用什麼動作表達時，提耶里就會用刀尖在白鐵皮餐碗背面描繪：我們從埃爾澤倫到這裡的路線，我們的車，監獄的柵欄。阿爾巴卜看著這些塗鴉，覺得很開心，甚至大聲拍手表示他懂了。監獄特別讓他覺得好玩……住監獄？太妙了！他重重地拍打我們的後背，差點沒把我們的胸膜拍到破掉；顯然他很享受這樣的時光。

他這樣藉機找樂子是對的，因為他的山谷可以說是乏善可陳，就只有一片被嫩芽染紅的果園，關在荊棘圍欄裡的四頭駱駝，一群在灑滿陽光的山坡上吃草的水牛，幾條獵兔犬，幾隻長毛山羊，和一頭跟他一樣瞎了一隻眼睛的毛驢。倒是還有一種名叫「喇格喇格哈吉」[12]的鸛鳥，這種吉祥鳥每年都會飛到小堡壘的屋頂上築巢。在村子下方，一條急流在柳樹、核桃樹和亞洲楊樹之間奔湧傾瀉。從我們坐的地方，可以看見一對灰色的涉禽動也不動地佇立在湍流中央，窺伺水中的魚兒。阿爾巴卜三不五時會讓一顆石頭滾下去，故意打擾牠們的寧靜，偶爾他也會打個飽嗝，或發出舒服的嘆氣聲。天氣溫和，山中一片靜謐。早春三月的柔荑，柔嫩的莖皮，新生的枝葉；小樹叢重新發芽，顯出籃筐般的色澤。這是個簡陋的伊甸園，不過終究是個伊甸園。

有需要的時候，阿爾巴卜會向平原地區的走私者敲竹槓，藉此改善收支。這些走私者必須借道他的山谷，好把他們的貨品——地毯、鴉片、裡海地區生產的伏特加——運到伊拉克基爾庫克或摩蘇爾的巴札，然後從那邊帶回武器、布匹、英國菸之類的商品。如果貝伊塔斯的居民不從中作梗，這確實是一條絕佳的路線。不過貝伊塔斯人多少會介入；畢竟這是他們的地盤，總不能讓人連個招呼都不打就在半夜三更自由穿梭。曼古爾人占上風時，他們會把搶來的錢、武器和牲口保留下來；至於庫德人習慣適量吸食的鴉片，他們是透過中間人轉賣給馬哈巴德的駐軍；能透過這個伎倆讓那些軍人昏昏沉沉，曼古爾人高興得不得了。不過，碰到佩帶武器、行事警覺的走私者，曼古爾人的勒索勾當不時會擦槍走火：阿爾巴卜已經因此失去兩根手指和一個兒子，不過為了聲張他的權利，他不會因為這點犧牲而放棄。

看樣子當天晚上就會有一批走私人馬路經此地，因為我們散步回來時，發現門口繫了好幾匹已經備好鞍具的馬，小堡壘中擠滿了精神高亢的壯漢，一個個都在忙著裝子彈、擦槍栓。還有一些熱心的親戚從離這裡最近的村子趕過來幫忙。不知道的人可能以為他們正在準備一場婚禮，而如果花錢能讓我聽懂在室內各個角落此起彼落的笑話，就算價碼很高我也願意付。接近下午四點時，我們告別了忙著準備的一家人，重新上路。阿爾巴卜陪我們走到河邊；接下來只要沿著這條小河，就可以走回馬哈巴德。下山半途中，我們停下來泡腳，並欣賞夜色逐漸瀰漫在點綴著斑斑積雪、散發茴香和八角香氣的山坡上。

☆　☆　☆

馬哈巴德

隊長沒打算跟我們告別，不過我們還是向他告別了。選舉已經結束，我們在這裡也沒作奸犯科，他已經沒有理由再把他的「好客」強加在我們身上了。不過他有他的理由：一方面他需要同伴，另一方面，他仍舊認為我們沒把到這裡的真正原因告訴他，因此他想繼續把我們扣著，直到把事情弄清楚為止。他遲遲不肯跟我們分手，並且一直往四面八方打電話，設法向我們證明通往北方的路不能走。電話打得相當辛苦，因為在雷札耶那邊，電話線跟著橋一起被沖走了；米揚道阿卜也打不通，他一邊搖著手柄，一邊咒罵那台野戰電話機，還對著聽筒說了一堆褻瀆神明的話。我們的心情跟他相反，這具過時的電話機，這個形狀像一朵牽牛花的聽筒，都讓我們覺得妙不可言；我們已經八個月沒打過電話了。

「明白了吧，」隊長掛上電話的時候說：「連電話都打不過去。客運巴士也通不過去……你們絕不可能去到那裡。我賭十個託曼，今天晚上我們就會在這裡重逢……」

十個託曼，這是相當可觀的數字。我們趁機向他借了四十託曼；既然他那麼堅持，我們就這樣拍板定案吧。

☆ ☆ ☆

返回大不里士的路

阻斷公路的水澤最深的地方足足有一米，最寬的地方則有四十米。水流中央，一輛杏綠色的巴士側翻在地；另一輛比較幸運，成功倒車回到岸邊。吉普車太重，無法靠牽引渡水，只好掉頭回去，不過水牛、駱駝和輪子高的大車可以輕鬆跨越。甚至還有一輛四輪馬車也勉強開了過去，它的銅製燈籠和在風中劈啪作響的黑色頂篷，為一片來來往往的景象平添了幾分充滿鄉土情懷的感傷氣息。我們花了一個小時，才搬完車裡的行李、電瓶、座椅，拆下分電盤，並用浸了油的廢麻把引擎填塞好。然後我們又花了一個小時，才從一位農民那裡借到一匹花斑大馬，把牠套在我們的車子前頭，接著連鞭帶打、推推拉拉地弄了好久，才終於通過冰凍的水流，慢慢返回大不里士，返回冬天。

大不里士之二

隊長給了我們城裡的一個地址，要我們到這裡還錢。住在這個地址的人是一名孤獨到已經變成孤僻的美國傳教士，他眼睛近視，眼神看起來謹慎小心，牙齒則長得歪歪扭扭，那似乎是英國國教某些教派的人獨有的特色。他誤會了我們的來訪目的，所以連招呼我們坐下都沒有，一見面就要讓我們知道他應付那些穆斯林已經夠麻煩了，顧不上拯救基督徒的事，他只在耶誕節的時候才會客，我們絕不可以指望他，他這邊已經沒什麼本錢多容納一個人住宿了。最後為了把他打斷，我們直接伸手把隊長的錢拿給這位客棧主，這時他的眼睛從眼鏡底下閃出一道光芒，表示他已經知道這件事了。

「不是四十塊錢嗎？」他再數了一遍鈔票，然後問道。

「本來是……不過隊長跟我們賭十塊，結果他輸了。」

「你們真的確定嗎？」他用略帶侮辱意味的溫情口吻問了這句，彷彿他等著看我們難堪地落淚。

光是因為我們從沒給那個隊長指點過什麼，只是不斷接受他的指點，我們就值得拿一百託曼的獎賞了。我們提議神父走一趟馬哈巴德，親自向當事人問個清楚，說完我們就揚長而去，離開前還注意到他的褲子前邊沾了一些有失教士身分的斑斑點點。我們走在積雪的巷子裡，心裡越想越氣。「看他那副幸災樂禍的模樣，恐怕連在火車出軌的災難現場都能打手槍。」我接著補上幾句粗鄙不堪的笑話。我們已經變成口不擇言的野人了。管他呢！我們又回到了冬天，回到冰冷的世界，回到被迫裝出的貞潔，回到這個對那麼多人凶狠殘酷的城市。說這種下流粗話畢竟烘熱了我們的心頭，給我們帶來某種溫暖的假象。等春天降臨、萬象更新時，我們再學著優雅吧。

☆　☆　☆

晚上回到我們跟寡婦租住的房子時，我發現在我們離開這段期間，已經有人悄悄造訪過我們的房間，而且還任意翻動過。錢是還在，不過我放在一個壁龕裡頭那些從歐洲寄來的信件被翻得亂七八糟，郵票也被剪走了。郵票我不在乎，不過在旅行的日子裡，信件還是有幫助的，可以一看再看。可是郵票被剪得匆匆忙忙，幾乎所有那些讓人讀得滿心歡喜、可以盡情從中尋求慰藉的段落——通常是結尾部分——都跟著被剪掉了。想必在整個街區人家的廚房裡，小伙子們已經把那些零散的郵票和那些令人盼了又盼的珍貴字句貼進集郵冊裡。由於寡婦還沒回來，我只好找老奶奶告狀。這倒也好，在亞美尼亞城區，罵小孩是耆老們的責任，因為他們閒暇比較多、鞭子比較硬，比較講究公平，下手也比較老練。老奶奶穿上她那雙舊鞋，通知了幾個跟她地位相當、在各個院落裡呼風喚雨的婆婆媽媽，然後像一陣雷電般地撲向她們那群不規矩的孩子。隨著肇事者一一坦白事情的原委，嗚咽的哭聲陸陸續續由遠而近地傳來，小傢伙們頭髮短短的腦袋瓜被老長輩長滿粗繭的手搧得劈里啪啦響。不到一個小時，一群看起來氣呼呼的老婦人就陸續過來，把一把把被眼淚沾濕的郵票帶回給我們。雖然她們冒火的眼神彷彿從黑色長袍裡頭噴出來，不過她們看起來似乎對自己很滿意；想必那些在夜色中逐漸減弱的懺悔哭叫聲，可以讓亞美尼亞人信仰的上帝聽得耳朵舒舒服服。不管怎麼說，這兩個外國來的基督徒也算是同宗的盟友；他們買東西不會討價還價。城區的律法遭到了違反，負責守護律法的她們必須主持正義。這套律法要求所有人要誠實守份，特別是在跟日常生活和行為品行有關的小事方面。至於大事，由於那牽涉到命運，就不必那麼嚴謹了。

☆ ☆ ☆

通往德黑蘭的公路積雪還太厚，汽車無法通行。為了打發苦苦等待的時間，我們把車開進「第四點計畫」的車庫，在那裡把它好好整頓了一下。車庫是工程師羅伯茲好心借給我們用的。我們常跟他見面。他現在已經變了一個人，不再有原先那種活力和熱情。某天晚上，我問他是不是有什麼煩惱。

「所有事……這整個國家都出了毛病。」

他剛從某個村莊考察回來。整整一個月間，工程毫無進展，而且那裡的農民對他不太客氣。

美國在伊朗執行「第四點計畫」的機構可以比喻成一棟兩層樓的房屋，兩個樓層分別處理性質迥然不同的業務。一樓是政治部，負責協助（不外乎透過承諾、施壓、宣傳這些外交上的傳統手段）一個腐敗而受人唾棄、卻屬於右派的政府繼續掌權，藉此對抗共產主義的威脅。二樓則是技術部，那裡有一大群專家在努力設法改善伊朗人民的生活條件。羅伯茲屬於這個部門。

他對政治沒有興趣。他感興趣的是電子、蓋學校，還有桃樂絲．黛[1]和芭塔舒[2]，他認為她們是「人間天使」。羅伯茲是一位科學家，不過這個人心胸開放而且非常善良，因此當初這個深具意義的工作對他充滿吸引力。不過這正是他後來失望的原因。

「你能想像嗎？我去那裡幫他們蓋學校，結果那裡的小孩一看到我，居然開始撿石頭。」

他面露笑容，又說了一次：「蓋學校欸！」

我相信美國人普遍都對學校很尊重，特別是最具大眾性質的小學。我相信在所有人權中，美國人認為最有趣的一定是教育權。在一個公民社會非常發達的國家，其他更基本的權利都已經獲得充分保障，被視為理所當然，因此關注教育權是很自然的事。於是，在美式幸福的配方中，學校扮演著極其重要的角色，而在美國人的想像中，沒有學校的國家必然是落後國家的典型。但是，幸福配方不可能不經調整就順利輸出；在這裡，美國沒有讓自己的配方順應本地的脈絡，它甚至非常不了解這裡的實況。羅伯茲遭遇的困難源自於此。因為還有比沒有學校的國家更糟糕的東西：有些國家沒有正義，或者沒有希望。羅伯茲腦袋和雙手滿載慷慨的工作計畫來到大不里士，但就像所有其他城市一樣，這座城市也有它的現實，而這個現實日復一日地讓他的計畫站不住腳。

回過頭來說羅伯茲要蓋的學校。「第四點計畫」的運作方式是這樣的：美方機構無償提供建地、建材、設計方案及諮詢服務，至於村民，他們多少都有點泥瓦師傅的本領，因此應該可以提供勞力，以美國的學校為模範，建造一個未來可以讓他們享受教育權的場所。如果是在芬蘭和日本的某個鄉村社區，這套制度應該可以執行得非常圓滿，但在這裡卻行不通，因為美國人一廂情願地以為居民具有公民精神，事實上他們連一丁點都沒有。

時間一個月一個月過去。建材神祕消失。學校沒有建起來。老百姓不要它。美國人的禮物不受歡迎。這一切的確會讓送禮的人心灰意冷，羅伯茲當然也不例外。

那村民們又是怎麼回事？他們是些生活相當困苦的農人，世世代代飽受封建租佃制度的剝削。自他們有記憶以來，從不曾有人給過他們這樣的禮物。而且由於西方人在伊朗的鄉村地區一直有愚蠢而又貪婪的名聲，這種無償贈送顯得更是可疑。沒有任何思想基礎讓他們有能力相信聖誕老人。最重要的是，他們無法信任，覺得這是個陷阱，懷疑這些要求每個村民投入工作的外國人懷有某種不可告人的目的。生活的苦難讓他們變得狡猾，他們認為，如果他們把美國人交代的事搞砸，或許他們就能挫敗那些他們猜不透的不良企圖。

其次，他們對建校計畫不感興趣。他們不理解學校的好處。他們還沒發展到那個階段。他們一心盼望的是：把肚子填飽一點，不再需要見了憲警就躲，工作不要那麼辛苦，或者至少可以多享受一些他們的勞動成果。況且，美國人要送給他們的教育是一種新的東西。假如要了解這種東西，就必須思考，可是這裡瘧疾橫行，痢疾肆虐，空空的肚皮令人頭腦昏昏，只能靠一點鴉片來獲得抒解，在這種情況下，沒有人有辦法好好思考。如果我們設身處地為他們思考，我們就會發現，只要他們的佃農身分得不到根本的改變，讀書寫字絕不可能讓他們日行千里。

再者，毛拉是學校的死對頭。懂得讀書寫字是他的專才、他的特權。只有他會擬合同、代筆寫訴狀、解讀藥劑師的處方。他提供的服務可以讓他得到半打雞蛋、一把果乾，他不想失去這種小外快。他夠謹慎，不會公開批評建校計畫，不過一到晚上，他就會在居民的家門口表示他的意見。大家會聽他的。

最後一點：把一堆全新建材擺在一個人人需要建材的村莊，這是一定有風險的事。居民需要樑和磚塊來修繕那些對全體村民都有明顯用途的建築物：清真寺、蒸氣澡堂、烤麵包的火爐。猶豫了幾天以後，村民決定到現場找材料，開始進行修繕。自此以後，村民因為良心不安，自然就不會高高興興地等著美國人到來。其實只要能好好說明一下，一切都會變得很簡單；可是不知道該怎麼說。於是外國人回來的時候，會發現學校沒蓋出來，建材不見了，他期待的感激也不存在，只有民眾躲躲閃閃的目光、封閉漠然的神色，彷彿他們對事情一無所知，孩子們則會在他要經過的路上堆石頭，因為他們很會看父母親的臉色。

……這不過是一個需要跨越的距離，但卻是很長的一段距離，因為做慈善需要無比的技巧和謙卑。要鼓動一個民心不滿的村莊造反很簡單，想改變那裡的習慣很困難；也可想而知，要找到「阿拉伯的勞倫斯」[3]和煽動者相對容易，想碰到對人類心理有充分了解、因而可以有效工作的工程師則難上加難。羅伯茲具有這種特質；不久後他就開始在報告中建議，或許應該暫時放棄建校計畫，先處理其他問題，比如改善老舊蒸汽浴室的引水設施，使這些地方不再成為細菌病毒滋生的溫床。經過好一段時間，他在美國的上級才接受了他的看法。不過，為了讓「第四點計畫」繼續進行，必須不斷挹注新的資金。因此說到最後，羅伯茲的問題——一個富於象徵意義的問題——恐怕會一直延伸到美國的納稅義務人身上。我們知道這些納稅者是全世界最慷慨的一群人之一，不過我們也知道，這群人經常欠缺訊息，而且他們期待所有事情按照他們的方式進行，他們希望看到的是能滿足自身情感的成果。他們對曾經培育他們的學校保有無比美好的記憶，因此有關當局可以毫不費力地讓他們相信，只要建造一些那樣的學校，就能成功阻止共產主義的壯大。他們會比其他人更難承認，自己國家的好東西拿到別的國家不一定行得通；他們也難以了解，伊朗這個已經遍嘗生命所有滋味——也已忘卻許多寶貴經驗——的古老貴族政權排斥一般療法，要求獲得特殊的治療。

如果接受禮物的「小朋友」比聖誕老公公老五千歲，聖誕老公公要準備禮物給他們自然很頭大。

☆　☆　☆

四月

天氣稍微沒那麼冷了。我的一個女學生開始會思考了。（想必其他學生也會思考，不過他們似乎認為不把這點表現出來比較明智。）這是在閱讀《亞德里安娜・美敘拉》[4]——那種憂煩，那種暗流湧動的日常，那種被壓制在沉悶的外省生活底下逐漸消蝕的人生——的時候發生的事，我也不知道是因為什麼，她認為自己在書中看到了自己的故事，並為此感到惶然而震撼。她連半夜裡都想著這本書。她開始一件事接著一件事胡亂聯想，想得頭昏腦脹，不知如何停止。那是一種嚴重的耗損，一種恐慌的心境。她必須不停地閱讀新的書，要求額外多上課，並且希望她的種種問題可以得到答案：如果連一個法國女人都能那麼不幸，那她怎麼辦？……老師的鬍子跟「存在主義」有關嗎？什麼是「荒謬」？——這兩個詞語是她在一份德黑蘭的刊物上看到的。

存在主義？我留鬍子純粹是為了讓自己顯得老些，因為我這小群學生的平均年齡是四十多歲。可是荒謬……荒謬！我被問得目瞪口呆。假如是在瑞士的話，我們應該不至於回答不了。可是在這裡，該怎麼解釋他們心中感覺不到的東西，尤其是在一個如此超出思考範型的城市？這裡不存在荒謬……但生命卻如隱晦的利維坦[5]般在萬事萬物背後推動著，將怒吼聲推出胸膛，將蒼蠅推向傷口，將數以百萬計的螞蟻和野生鬱金香推出泥土，而在幾個星期之後，這些鬱金香就將把轉瞬即逝的美麗染遍山崗。生命也不斷把你牽扯進去。人在這裡不可能置身事外——不過偶爾，我們真的會想從中遁離。冬天朝你的臉龐咆哮，春天潤澤你的內心，夏天用滿天流星轟炸你，秋天在楊樹繃成的豎琴中震顫，而且這裡無人不為它的音樂感動。臉孔閃亮，塵土飛揚，鮮血流淌，陽光在巴札這個昏暗蜂巢中釀製蜂蜜，城市中透過祕密的串謀編織而成的流語傳言可以讓人振奮激昂，也可以把人全盤毀滅。但沒有任何人能逃脫這一切，而某種奇妙的幸福就瀰漫在這種宿命當中。

自從待過馬哈巴德監獄以後，我自己也有一個疑問：

「幫我猜猜看……一座『沒有門的白色城堡』……那是什麼?」

「雞蛋,」她馬上給了答案……「老師沒猜到嗎?這個謎語很簡單欸,小朋友都知道。」然後她坐定凝思,彷彿要品鑑這其中的意涵和滋味。

雞蛋?我真的猜不到。就算是奇里訶[6]本人肯定也想不出來,可是我隨便一個學生卻高高興興地找到其中的關連。既然他們的雞蛋和城堡都不至於跟我們那邊相差太遠,想必一定是他們的想像力有所不同。而我居然責備他們缺乏想像力!大錯特錯,那份想像力是在一個跟我的世界截然不同的世界中馳騁。

☆☆☆

穆撒,他優秀用功的同伴薩伊迪,土克曼毛拉的兒子尤努斯,還有永遠舉著雨傘跟在他們屁股後面的小小孩「庫丘克」。多麼滑稽的組合!開始放假以後,他們一直闖進我們房間,在這裡吵吵鬧鬧,為一些蠢事笑個不停,抽我們的菸抽得直嗆,要我們糾正他們的英語,或要我們只用小調演奏探戈給他們聽。薩伊迪甚至仔細地把這些樂曲記載在自己的音樂本上,好在女人經過時閉上眼睛用帕拉維語哼唱:「嗒—啦—啦—啦啊——」,還帶著一種讓自己心馳神往的鼻音。我心想,不知道他對西班牙有什麼想像。他以書法方式用兩種顏色寫下標題,不過會拼錯一些字,讓人看得很開心;例如「Avant de mourir」(死去以前)被寫成了「Avant de mûrir」(成熟以前)。

「寫成mûrir（成熟）蠻符合時令的，」提耶里對他說：「不過比較會讓人想到梨子而不是死亡。」

在我們離開以前，薩伊迪無論如何都要我們找一天帶著我們的樂器到他家作客。他們一家人住在一棟簡樸的房子裡，父母是辛勤工作但薪資微薄的公務員。他們為我們大排盛宴，鋪開平常捲起的地毯，並把最好的房間騰出來招待我們一行，以報答我們給他們的兒子打出好成績。檸檬伏特加、白甜瓜、烤羊肉；一台老式留聲機播放亞塞拜然歌手卜爾卜爾的唱片。已經微醺的他們樂性大發，於是我們得把我們的曲庫裡最悲涼那首歌演奏不下十遍。那是個難以忘懷的夜晚，充滿濃烈的酪酒、帶勁的美食、熾烈的心情。我們離開那個被汽油燈照得熱烘烘的房間時，小庫丘克已經蓋著大衣，躺在地毯上睡著了。其他人則衣冠不整、面紅耳赤，帽子戴得歪歪斜斜，興奮到極點，正在大玩打飽嗝比賽。

一頭小毛驢佇立在積雪的院子一角。穿過院子時，我們看到一個黑夜色澤的碩大人影，是薩伊迪的媽媽，她正在餵驢子吃被我們啃到只剩外緣的西瓜皮。我們向她表示感謝：東西真好吃，大家好開心，她的兒子是個好孩子。她用嘶啞的聲音祝我們一路順風，並拋給我們一個美得無藥可救的眼神。然後她走回房裡，薩伊迪和他那群死黨正在裡面玩得天翻地覆。天上繁星紛亂，月色迷濛。可是我們整晚幾乎沒喝什麼酒啊……難道春天真的來了？

☆　☆　☆

儘管大不里士人對政治懷有激情，這次的選舉卻沒有引起太大的興趣。必須承認的是，總督早就放話說，無論發生什麼事，只有他的候選人才會當選；他用這種方式事先澆熄民眾的情緒。雖然他說到就一定會做到，不過還是有幾個熱血沸騰的「局外人」不信邪，他們採取戲劇化的方式進行抗爭，比如某位醫師甚至在選前親自布置投票箱，在前面擺了一張草蓆，就躺在那裡睡覺。

我們的鄰居M老先生倒是在吉蘭省[7]的一個市鎮再次當選，他在那裡擁有幾塊土地。他是合法當選的，因為他非常自尊自重，不可能在選票方面動手腳。選前他甚至讓他的年輕對手——一名進步派的小學教員——率先向聚集在廣場上的農民發表演說，抨擊德黑蘭政府的腐敗、地主的貪婪，然後畫出各式各樣的大餅。輪到老先生演說時，他只補充了幾句：「你們剛才聽到的事情全都千真萬確……我自己也不是什麼完美的好人，不過你們知道我，我從你們那裡拿得不多，而我一直保護你們免受那些比我貪心的人壓榨。如果這位年輕人跟他所說的一樣誠實，那麼他將無法捍衛你們對抗首都那些人。這點顯而易見。如果他沒那麼誠實，那麼請你們記得，他這輩子才剛剛開始，他的錢箱還是空的；我這輩子已經過得差不多了，而我的錢庫是滿的。你們選誰風險比較小？」

農民們覺得他的話是金玉良言，於是紛紛把票投給他。

這裡的人不會對這麼粗魯的論調大驚小怪。然而，這些人並不會比其他地方的人壞；他們只是沒那麼偽善罷了。比起西方人運用得如此精妙的虛偽之道，他們大大偏愛蔑視世俗道德的犬儒心態。這裡跟世界所有地方一樣，人在真正必要的時候會欺騙旁人，不過無論在行事動機或追求的目的方面，他都不會矯揉造作、自我欺瞞。於是，當目的達到時，他就可以跟朋友們自由自在地分享快樂。這套做事程序比較張揚醒目，但比較不拐彎抹角，比較不流於虛情假意。此外，這其中少了一些撒謊的成分，因為，雖然當事人確實在騙其他人，但他不會對自己撒謊，而我們從希羅多德時代開始就知道，波斯人討厭撒謊。

伊朗人很少像法利賽人那樣言行不一，但這裡確實存在著一批假裝乖巧的人。某些西方人狀似為此感到憤慨，但那其實又是他們的偽善所產生的一種效應。

我去拜訪了老先生，感謝他一整個冬天把庫房借給我們停車，順道恭喜他當選。他坐在長廊角落，前額上掛了一個鐘錶師傅用的放大鏡，正忙著把三十年間他在中東地區各大巴札蒐羅而來的希臘化時期及薩菲王朝時期凹雕寶石，分門別類地放進一堆舊的加冕牌雪茄盒裡。一塊塊晶瑩璀璨的珊瑚紅或蜂蜜色項墜和鑲戒寶石上，透現出阿里翁和他的海豚[8]、馬什哈德的清真寺、赫密士·崔斯墨圖[9]，還有用庫法體[10]書寫的伊斯蘭讚詞「真主至大」。提耶里和我都很高興看到雙方所屬的世界這樣交錯在一起。老先生一邊閒談，一邊一件件展示了足足有三十幾件寶物。他一如往常，平靜中帶著挖苦。我向他問起一件令我們擔憂的事：前往德黑蘭的公路路況。他擱下寶石笑了起來。

「現在去還早了點，不過你們應該開得過去。萬一開不過去，沿途你們會看到一些奇景……上回我走這段路的時候，大概是十年前的事吧，洪水把克茲爾—烏祖姆河上的橋沖斷了。怎麼也過不了河，不過洪水就算今天不退，明天有可能忽然就退了，所以巴士和卡車仍舊從東邊和西邊一直開來，而由於雨水讓岸邊的地面變得很鬆軟，很多人車都陷進橋兩頭的泥地裡。我也一樣。大家將就著安頓。河兩邊擠滿了車隊和牲畜。後來，一夥正在南下途中的卡拉奇人[11]搭起小小的打鐵舖，開始替卡車司機們敲敲打打地修這補那，因為那些司機當然不能為了順利過河，隨便把貨物丟掉。而且那些為自己工作、沒有靠行的司機很快就開始在現場兜售車上的貨品，用它來跟旁邊的農人換蔬菜。一個星期以後，橋兩頭彷彿立起了城市，一座座帳篷搭了起來，成千上萬的牲口在那裡咩咩、哞哞、嗚嗚地叫，到處冒著炊煙，家禽四處亂跑，有人用枝葉和木板搭建小屋，開起茶館，有些家庭租住在沒有裝載貨物的卡車上，睡在篷布底下，有些人吵吵鬧鬧地擲骰子玩跳棋，幾個苦行僧給生病的人驅趕邪魔，再加上一大堆聞風而至趕來搶點好處的乞丐和妓女。一片喧鬧的情景，太壯觀了……還有草地也開始慢慢變綠了。就差清真寺還沒蓋起來。總之就是過生活！」

「大水退掉以後，轉眼間全部撤得一乾二淨，簡直像做夢一樣。而那一切都是因為不該斷的橋斷了，因為我們的混亂無序，因為那些怠忽職守的可悲公務員……啊！相信我，」他帶著虔敬的口吻說：「再怎麼說，波斯到現在還是奇蹟的國度。」

他這句話令我不禁深思。在我們的基督教世界，「奇蹟」比較像是某種可以助人成事的特殊現象；它具有實用功能，或者至少蘊含教誨意義。但在這裡，奇蹟卻擁有某種奇幻的特質，它有可能從一份遺忘、一個罪行、一場災難中誕生，在打斷日常習慣的過程中，為生命賦予了一個出其不意的場域，讓它能在時時等待以此為樂的目光注視下，恣意展現它的壯美。

☆ ☆ ☆

離開大不里士

所有屋頂都在淌水。排水溝裡，在一層還結著硬殼的黑雪底下，可以看到熱情而急切的淙淙流水。陽光烘暖了我們的一側臉頰，楊樹發出劈啪聲響，盡情伸展身軀，映襯著再度變得輕盈歡快的天空。人人的腦袋、骨骼、心湖中，一股深沉而緩慢的力量正在推進。新生的計畫逐漸有了具體輪廓。這就是「巴哈爾」，這就是春天。

在亞美尼亞城區的餐酒館，執勤員警制服外套敞開，倚靠在藍色的牆壁上打盹，牆上有一行某位客人用煤塊塗鴉寫下的法文句子：「國王吃大便」。在巴札裡，最後一間仍在苦撐的猶太商家關門歇業，一些人站在店門口神采飛揚地聊天。不久前，這家店的老闆被一綑地毯壓傷了。其他猶太人已經離開了市集：不到半年時間，他們紛紛破產倒閉、陷入絕境、被掃蕩出局。沒有人向他們伸出援手；有人甚至拍手叫好。這個城市太艱辛，大家不會白白把好處送給別人。它跟這個世界一樣古老，一樣惹人疼

愛。它是一塊已經回爐過一百次的麵包。這裡什麼事都有，見怪不怪，生氣憤慨毫無用處；這個城市不會讓步半寸。有句諺語說：「若你不能咬那隻手，那就親吻它，並祈禱它斷裂。」我們照著這個囑咐做了。但這並不妨礙我們享有許多充滿恩典、極樂或溫存的時刻。

小嘴烏鴉在新長出的嫩枝頂端放聲鳴叫。在一片污泥的金色氤氳中，在奇妙動人的光線裡，從西邊開來的巨大卡車在巴札前面搖搖擺擺地停住。我們坐在街邊喝茶，聽著一支雙簧管的聲音從嘈雜的市場飄揚而出。我們很熟悉這個聲音，是亞美尼亞木匠吹的，他人很細心，很溫柔，會用一個漂亮的梨木盒子拎他的樂器。

蘿蔔在自己的濃汁裡滾沸
蛋糕中加入了檸檬的香味
警察帽，短木棍
拉車的駿馬，耳際別著紙摺的石竹
黑呼呼的窗戶
結冰的玻璃彷彿嵌滿了星星
泥濘的道路通向遼闊的天廳
這就是，大不里士

公路

Sharah：公路……

不過，不管有沒有掛個「公」字，伊朗根本就沒有路。

——《英語—波斯語詞典》，菲洛特上校主編

通往米亞內的路

軍人做的評價有時候實在很不可思議！伊朗當然有公路，不過必須承認的是，這些公路有待改善。比如說從大不里士通到米亞內的公路，在二十幾公里長的路段上，來來往往的卡車已經讓路面嚴重凹陷。兩側各有一條深深的車轍，中間是一道由黏土和碎石組成的土方。由於車子的輪距不一樣，我們只能一直讓左邊車輪走在中間的路堤上，讓右邊車輪走在右側車轍裡，車身非常傾斜，幾乎刮到凹溝的外緣。而且，因為車前蓋會把前方的泥團和石頭推起來，然後越積越多，所以我們每

開五十公尺，就得停下來把土石剷開。天氣暖和，我們一邊滿頭大汗地工作，一邊凝望夾帶冰雹的暴雨砸向圍繞在我們四周的廣袤山坡。再次踏上往東前進的旅途，心情好不愉快。

有時我們還得把車子抬起來，將它移出車道，好讓卡車通過。大如猛獁象、大如堡壘的卡車，恰與壯闊的風景應和，車身上布滿裝飾畫、藍珠護身符或祈願的文句，比如：**Tavvak'kalto al Allah**（「開車的是我，負責的是真主」）。卡車以馱獸般的速度行進，有時得花好幾星期的時間，才能抵達某處偏僻的巴札、某個軍事哨所，甚至在必然會遇到的機械故障或道路中斷等情況下，動彈不得的時間會拉得更長。這時卡車就成了住家。他們會用木塊把車子墊穩，把車子裡頭收拾妥當，然後車組人員就會在這個動也動不了的巨大廢物上生活，直到車子再度開動。在灰燼中烤薄餅、玩牌消磨時間、畢恭畢敬地行淨禮[1]；簡直是從前的駱駝商隊轉世到現代。我有好幾次見到這些龐然巨物癱瘓在某個村莊的正中央；母雞會在車輪的陰影底下孵蛋，母貓也會選擇在那裡生小貓。

☆☆☆

米亞內

全世界所有昆蟲學家都聽說過米亞內，因為這個地區生活著一種叫作「米亞內之王」（*melech myanensis*）的蜱蟲，如果被牠咬到，可能會一命嗚呼。儘管有這樣的名聲，這個城鎮其實相當迷人，以赭土色為主調的市區點綴著藍色的斑塊，一座清真寺的青藍色圓頂宛如乘著四月的薄霧，輕盈地航行。（不過還是要小心那條穿過茶館陽台的高壓電線，它乍看之下就像一條無傷大雅的晾衣繩。）

米亞內也是兩個語言之間的邊界。另一邊是亞塞拜然語，這個語言從一數到五是這樣的：bir、iki、ütch、dört、bêch；過了米亞內則是波斯語的世界，數字變成這樣：yek、do、sé、tchâr、penj。只要比較一下這兩個數列，就能體會從前一種語言轉換到後面這種語言時，耳朵會覺得多麼愉快。亞塞拜然語自然有它的美感，尤其是在大不里士那些了不起的婆婆媽媽們用它來唱歌的時候，不過基本上那是種粗澀的語言，是為那裡的狂風和大雪而製造的；那裡面完全沒有陽光的氣息。波斯語就不同了：溫暖，纖巧，充滿謙恭，同時還帶著一股慵懶；這是一種屬於夏天的語言。在伊朗人的土地上，人的臉龐也變得比較靈活，肩膀比較纖柔；警察沒那麼魁梧，不過眼神比較兇悍；旅館老闆比較精明，也比較會騙客人的錢。他遞給我們的帳單我們完全無法接受；實在太離譜了。他把我們當成沒見過世面的土包子。放聲大笑完全沒用；況且我們的笑容一點也不坦誠。那就發個脾氣吧？就在我對著帳單內容吹毛求疵的時候，提耶里消失了一段時間，他想辦法讓自己也發脾氣，回來的時候滿臉脹得通紅，憤怒的眼睛直噴火，然後他丟了幾張鈔票在老闆的膝蓋上，老闆則看得一頭霧水。他無法相信我們是真的光火了，不過這麼一遲疑，他就輸了這場仗；等到他恍然大悟，一邊叫罵、一邊兩步併作一步從樓梯上跑下來時，我們已經拐進另一條街了。

☆　☆　☆

通往加茲溫的路

一開始，公路沿著一座種了許多柳樹的山谷蜿蜒前進。渾圓的山巒近在眼前；河水喧囂奔騰，公路渡河的地方情況都很差。然後山谷逐漸開闊，變成一片仍然點綴著積雪的沼澤高原。河流到這裡就失去了蹤跡，視野也變得無邊無際。第一道起伏的山巒遠在二十公里外，肉眼還可以分辨後方的十幾道山脈，一直綿延到天際線。陽光燦爛，空間遼闊，景色寂靜空靈。花朵還沒開始綻放，不過到處看得到睡鼠、田鼠和旱獺著魔似地在這片油肥的土地上挖掘坑洞。沿路我們還邂逅了蒼鷺、琵鷺、狐狸、紅色的山鶉，偶爾也能見到姿態悠閒、時間充裕的行人。這其實是規模比例的問題；在如此浩瀚的風景中，就連策馬狂奔的騎士也會顯得像慢吞吞的懶鬼。

☆　☆　☆

德黑蘭

四月—五月

在這種直接接觸泥土的緩慢旅程中，一旦異國風情所帶來的興奮心情消散以後，有另一種感覺讓人覺得非常愉快：我們對細節變得很敏感，而透過種種細節，我們對不同省份的差異也變敏銳了。滯留在大不里士六個月的過冬生活儼然讓我們成了大不里士人，對任何一點小事都會大驚小怪。在旅途的每個階段，我們都會注意到這些細微的變化——目光的性質、雲朵的形狀、戴鴨舌帽的斜度；改變雖小，卻使一切都變得迥然不同。然後，就像奧維涅人[2]北上巴黎，我們帶著外省鄉巴佬那種充滿驚奇的心情進了伊朗的京城，口袋中裝著陸續碰到的好心醉漢在酒館桌角潦潦草草塗寫出來的一些推薦信。（不必太指望這些東西——那只會讓你徒勞無功地東問西問，浪費一堆時間。）這次，我們只打算動用其中一封信；是寫給某個亞塞拜然猶太人的，我們馬上就找到了他。他看起來像凶神惡煞，不過其實是個大好人，懷著滿腔糊塗的熱心要幫我們搞定大大小小的事情。不行，他認為我們這樣的外國人不可以跑去住開在巴札裡那種廉價小客棧……沒有，他不認識任何報社方面的人，不過他認識一個警察局的頭頭，是他心目中的厲害人物，我們要不要跟他吃頓飯啊？我們說，好呀！真是見鬼了；頂著火熱的大太陽，結果是到一個穿著睡衣接待我們的老頭家吃了一頓酸奶燉羊頭。我們有一搭沒一搭地交談；老頭退休已經很久了。以前他在南部的一個小鎮當過局長，現在在警界已經不認識什麼人……而且從前的事他忘得差不多了。不過他倒很樂意跟我們下一兩局象棋。他下得很慢，邊下邊打瞌睡；我們就這樣耗掉了一天。

☆ ☆ ☆

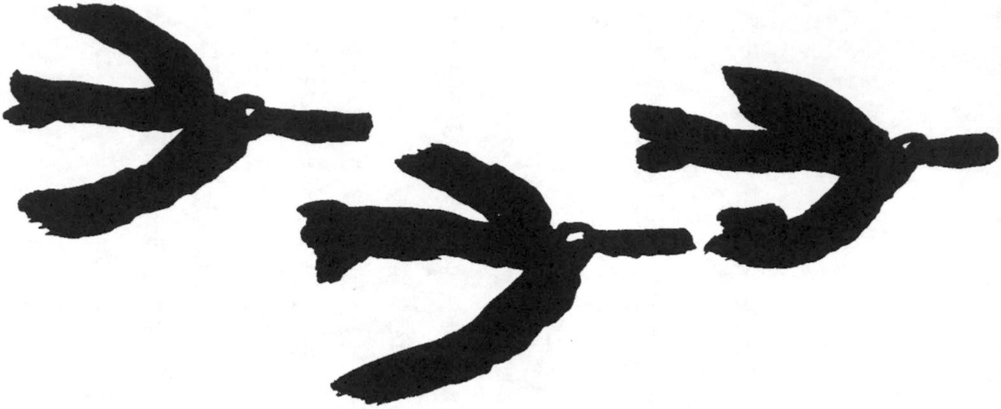

我們住進了巴札邊上的「帕爾斯客棧」。房間既窄小又擁擠，只能躺在床上工作。天花板是用英國石油的油桶鐵皮拼湊出來的，月光可以從縫隙透進來。有幾隻跳蚤出沒。客棧的房客有庫德人、一身羊騷味的卡什加牧人，還有幾個對你笑得恰到好處、很有分寸的農婦；隔壁房間住了一位亞述批發商，他一遍又一遍地數著一些金額很小很小的錢。一條木橋從旅館客房連通到茶館，茶館裡的收音機不斷播放伊朗古樂，讓那種平靜祥和的琶音音階充盈在周遭。在房間窗戶下方左手邊的地方，一連串已經蛀壞的木造長廊往下通到巴札入口。再往下則是一叢叢的檉柳，還有郊區的一片土造房舍，那裡的斷垣殘壁縱橫交錯，一直延伸到鄉村。

右手邊：古砲陳放在圖普卡恩廣場上，拉雷札爾大街緩緩往上通向富人街區，大街上霓虹燈閃閃爍爍。下方：兩間庶民酒館，裡面有一些穿亮片芭蕾舞短裙的削瘦女孩，在一群喝亞力酒的酒客和大聲喧嘩的食客中間表演平衡技巧。還有許多無照小販賣著各式各樣的商品：梳子、布鞋、聖像、哨子、保險套、「紫花牌」香皂。然後是一間劇院，即將上演的劇碼是莫里哀劇作《冒失鬼》（*L'Étourdi*）的波斯語改編版，正在上演的則是從菲爾多西史詩《列王記》[3]取材編成的一齣喜劇。在這部劇中，薩珊王朝皇帝巴赫拉姆五世隱姓埋名混進治下最貧困的臣民當中，調查軍官壓榨百姓一事。我們去看了：生硬的演技，假得離譜的紅鬍子，年代錯誤的頭巾，還有搧耳光、翻跟斗、懲罰壞人之類的表演。實在太完美了。場內無論是一身灰色全套西裝的高雅仕紳，或穿粗布襯衫的販夫走卒，無不對這種檔次的滑稽鬧劇報以驚天動地的掌聲；當然也少不了幾聲竊笑，因為今天的君王如果沒有軍警護駕，絕不可能外出行動——那種即興出巡已經不合時宜，那樣的收場更早已被時代淘汰……再過去是一家報社。幾家時髦的裁縫店。霓虹燈變得比較柔美，樹木比較茂密，人聲比較細膩。妙不可言的頭巾狀蛋糕在亞美尼亞茶室的彩色燈泡照射下顯得光彩耀眼。再往上走，在雷札沙赫大道[4]和薛米蘭山之間一帶，滿街的凱迪拉克發出轟隆轟隆的低鳴，淺色長牆沿街綿延，豪華府邸的門廊以藍色琺瑯裝飾，全區空間寬闊，盡顯富貴榮華。夜裡，喜歡空想、衣衫破舊的老司機們開著車內地板上撒滿開心果殼的黃色計程車，穿梭在大街小巷；在城市最外圍的幾座花園以北三十公里，厄爾布魯士山脈的皚皚積雪迎著春天的天空，閃耀奢燦的銀白光澤。

兩肘支撐在旅館的陽台上，我們可以看到整個德黑蘭從低處往高處鋪陳。我們坐的是餐桌的下位，還處在整盤佳餚的邊緣，但我們決心要吃到幾塊好料。在我們這個年紀，能從城市的最低處展開攻勢仍然不失為一樁美事。濃烈的氣味、露齒的笑容、親如兄弟的駝子：很好！不過還是得在這裡掙點錢，讓我們可以去到印度。

☆☆☆

我正在針對大不里士發表評論，也不記得自己說了些什麼……

「好好聽著，注意聽他說……這一切實在太有意思了！……」他讓全桌的人都住了嘴，懇請我再說一次，雖然兩眼炯炯有神，不過其實自己一點都沒在聽。就算奇蹟出現，他真的聽了，太陽下山以前他也會忘得一乾二淨。

這位老兄是我們的朋友加勒卜。他剛當上全城第一大報的編輯不久，在報社裡做得很成功。比如說他針對氫彈做了一篇報導，為了寫這篇文章，他借用了一則伊索寓言的標題，也援引了里爾克[5]一句關於「恐怖」的精采詩文。他對那首詩有深切的感受，很想把整首詩引用出來，可惜版面不夠用。他打算把多少好東西像這樣歸為己有啊！不過他這麼做也無傷大雅：由於他本身也是詩人，其他人的詩作多多少少也屬於他。只是他沒時間，沒能把自己的詩寫出來。

「**曾經名叫太平的汪洋**[6]，這樣的報導不錯吧？至少我的主管覺得如獲至寶……至於你做的那些報導，大家也都很喜歡，正好是我們目前需要的東西。我們至少會採用其中的四篇。」

他這話的意思是不是說他們只會採用其中的一篇，或者全部都退回？我還掌握不到他們的言語習慣。得靜觀其變。在這個等待過程中，加勒卜把我們的一系列照片刊登在報紙頭版，而且附上非常誇張的說明文字，於是現在我們走在城裡隨時都有驚喜，一些滿臉鬍渣的陌生人會煞有介事地對我們行脫帽禮。這很好玩沒錯，不過不能當飯吃。所以我經常跑去糾纏加勒卜，看我的文章有沒有著落。我見他的地點是尤素夫—阿巴德大街上的一間酒館，酒館老闆是一名飽嚐命運滋味、有深刻思想的喬治亞移民。往下走三個台階，就能進入酒館。眼睛適應了裡面的昏暗以後，可以看到一些酒客坐在桌畔喝清涼的馬克蘇斯伏特加。酒瓶的標籤上有一隻用顫抖的線條畫成的紅色老鷹。客人們邊喝酒邊啃黃瓜或燻魚，以免空腹喝了頭疼。此時，陽光彷彿慵懶的浪濤，翻滾在大街上，掠過皇宮的柵欄，掠過一排排不起眼的磚牆，掠過磚牆後方那些又貴氣又舒適的亞美尼亞商賈寓所。加勒卜喜歡在一天當中最熱的時候坐在酒館裡寫文章，或者焦心等候遲遲不來的女生，邊等邊在桌布上寫東西：

……前天：一天
昨天：兩天
今天：三天
妳依然沒來
我心已焚毀

我趁勢問他我那些文章是不是也被焚毀了，他搓著沾到墨水的兩手回道：「焚毀是不至於，不過怎麼說呢……還在沉睡呢。那些文章現在好像沒那麼討喜了，假如你能給我幾張卡片的話，我就重新推動這件事。」所謂「卡片」，就是有權有勢的人寫給他主任的推薦信函；在這裡，如果沒有這些東西，似乎什麼事都窒礙難行。最初我們確實拿了一張「卡片」給他（是一位曾到瑞士治療肺病的參議員寫的幾行字），不過好像還不夠力。不到一個星期，那封信就像一瓶劣質氣泡酒一樣走了味，編輯部的興致無影無蹤，換成徹徹底底的失憶。我去把文章拿回來的時候，不但沒見到主任，連他的助理都碰不上。當時正好是午休時間，所有人都在睡大覺。最後我終於遇到一位身穿藍色工作服的老頭，他花了一個小時，才把我的稿子找出來拿給我，並補上了一句：「先生，這玩意兒在我們這邊不管用……不過還是請您轉告你們那邊的排版工人，說他們的伊朗同僚向他們問好。」這個任務現在完成了。

話說回來，這項挫敗絲毫沒有減損加勒卜的樂觀，他繼續向我們允諾各種好處、「卡片」，出了一些突發奇想的主意，比方說提議我們去做一些面試或尋求某些人的贊助，但那些事他自己完全做不了主。他這麼做無非是出於真誠的善意，只為了紓解我們的心情，讓我們重拾信心。假如做出允諾以後必須永遠信守，那麼允諾別人的樂趣何在？用一些虛幻的憧憬來撫慰我們，這是他幫助我們的方式。（無論我們的懷疑心態有多強，那些能幫人解決問題的神話總是能發揮某種效果。）而且他真的會給我們實質上的幫助。有好幾次，為了辦講座或開畫展，我們憑著加勒卜的保薦，去拜訪了一些人，加勒卜大言不慚地說他跟那些人很熟，事實完全不是如此，不過這些「假鑰匙」終究還是開啟了一些門。經過前面幾分鐘的尷尬以後，這種會面經常為我們帶來好處。後來我們對加勒卜轉述相關進展時，他會忽然臉色發白：

「……校長見了你們？而且是因為我的推薦？其實我原先只是隨口說說而已……結果談成了

嗎？太不可思議了！我偷偷告訴你們，我要求見他都已經兩年了，也許下次你們可以在他面前幫我說幾句好話。」

現在換他不敢置信了。加勒卜這傢伙，我們對他衷心感謝；我們實在很喜歡他。

☆ ☆ ☆

按照德黑蘭人的說法，這座城市甚至連漂亮都稱不上。為了現代化，他們拆除了巴札上好幾個迷人的區塊，用起重機拉出一些神祕氣息盡失的通衢大道，推倒一些歷史悠久的大門，同時也毀掉了一間裝飾有卡札爾[7]時期壁畫的餐廳。在那些壁畫上，可以看到頭戴軍官帽的戈比諾伯爵[8]出現在一片羽飾頭巾當中，背景則是盆栽橙樹。至少要一直往南走到市郊的雷伊一帶，才能感受到往昔的情懷。當年的東方三賢士[9]就是從這裡出發朝拜的。本地人也會帶著歉意，向外人說這裡氣候太乾燥、經常發生沙塵暴、小偷扒手很多，而且還有一些磁場會讓人心情鬱悶煩躁。他們會告訴你：「耐心等一下……等你們看到伊斯法罕，等你們看到設拉子……」

也許吧。

不過這裡卻有我們只有在夢裡才看得到的那種法國梧桐，長得又高又大，每一棵都能遮蔽好幾家我們願意一輩子泡在裡面的小咖啡館。尤其這個城市裡到處是藍色。如果想要發現藍色的奇妙，就必須不辭辛勞地來到這裡。在巴爾幹半島的時候，眼睛已經做了準備；在希臘，藍色確實是主角，不過有點自以為是：一種咄咄逼人的藍，像大海般不停翻攪，不過還是能孕育堅定樂觀的心態、各種美好的計畫，和某種不願妥協讓步的精神。但是到了這裡！無論是商店的大門、馬匹的龍頭、廉價的首飾，到處都是那種無可比擬的波斯藍，它寬慰人們的心靈，力挺伊朗這個國度，並且在歲月的推移中日漸閃亮、發光，彷彿一位偉大畫家的調色盤那般光彩照人。阿卡德[10]雕像的天青石眼睛，帕提亞宮殿的皇家藍，塞爾柱[11]陶器上顏色較淺的琺瑯彩，薩菲時期清真寺的藍彩，還有現在充盈在周遭的藍，它迎風飛舞、盡情歌唱，自在無比地陪伴著赭石色的沙土、布滿灰塵的淡綠色枝葉，陪伴著白雪、黑夜……

坐在酒館裡寫東西，雞隻在你的兩腳間拉屎，同時有五十個好奇民眾擠在桌邊圍觀，這樣的情景很難讓人放鬆心情。經過多番嘗試，終於可以辦個畫展，可是卻一幅畫也沒賣出去，這也不是讓人舒心的事。頂著大太陽在城裡奔波，只換來一次又一次的挫敗，這更讓人感到身心俱疲。不過，當我們失去勇氣時，我們還是可以到人種學博物館欣賞喀昌[12]藍瓷餐具：那些盤碗、水壺帶來無盡的撫慰，下午的陽光更將一種非常緩慢的律動映照其上，然後讓它充斥在觀賞者的心靈中。很少有什麼負面情緒能抵抗這樣的療癒。

☆ ☆ ☆

既然不能指望報社，法國—伊朗學院似乎理所當然成為可以扶持我們事業的保護主。我們刮好鬍子、繫好領帶，穿上厚得讓我們滿身冒汗的全套西服，毅然前去毛遂自薦，決心挖到一塊餅。經過再三推諉，秘書把我們引進院長辦公室，她幾乎不敢呼吸，彷彿等著看我們被怪物吞掉。院長是個氣色紅潤的魁梧漢子，正在用不耐煩的口吻講電話，聽筒另一邊好像是一個詢問文化資訊的法國女遊客。他用迅捷的目光掃視了我們一下，斷定我們是有求於人，然後——顯然是打定主意要給我們來個下馬威——突然對著電話大吼：她不應該把法國—伊朗學院當成旅遊諮詢單位……她的需求不屬於學院的業務範圍……到波斯這種地方旅行應該事先做準備才對……她不如去問伊朗本地人。在電話另一端，那位被這個突如其來的轉變嚇到的女士自然不可能猜到這個轉折的成因，只能默默聽這些重話，忍受這個男人嚴厲而暴躁的口氣，知道自己最好還是不要隨便招惹他。院長用力放下聽筒，把一張正在抽搐的臉轉向我們，怒聲咕噥道：「無可救藥……瘋女人……實在離譜……」在這樣旁敲側擊地展現他是怎麼個不好惹以後，他指著椅子讓我們坐下，然後把聲調放柔，仔細潤滑低音部分，假裝和顏悅色地說：「說吧，有什麼指教嗎？」在他的黑色西裝背心胸口上，有一朵玫瑰花形勳章像一顆惱怒的眼睛，在那裡閃閃發亮。總之是個非常幹練的外交人員。他這番伎倆讓他取得了優勢，於是在接下來的一段時間裡，我們只能支支吾吾地說明我們可以提供的服務，而且越說越是低聲下氣。他以一種毫不容情的禮貌謝絕了我們的好意，並提出他拒絕的理由，不過我們立刻又把他的理由轉化成各種新的提案（比方說我們可以負責洗黑板之類的），於是他便被迫搬出其他藉口，而且越說越站不住腳。我們死纏爛打。他堅毅不拔地親切回絕。暑熱令人窒息；我們肚子空空，失望得喘不過氣。在這齣鬧劇演變成我們的潰敗以前，非得找個台階下不可。這就要看我們的神經怎麼表現了。對方又用展覽廳壞了幾個燈泡當藉口，推辭我們辦展的提議，這時提耶里猛然發出一陣燦爛如陽光的狂笑聲，我則驚恐萬分地感覺他的笑聲像海浪般把我捲了進去。這時倒換院長不知所措了，我們笑得滿眼淚水，努力試圖在兩次喘息間的空檔，用比手畫腳的方式讓他明白，並不是他讓我們笑成這樣。我們還算幸運的一點是，眼前這個愛擺架子的人相當機靈。他非得迅速做出抉擇不可：既然他不是這陣爆笑的始作俑者，現在他至少要主控好戲的發展方向。而且必須火速進行。於是他也開始大笑，笑得比我們還大聲，起初用很有技巧、經過適當調節的方式笑，繼而紮紮實實地狂笑。驚慌失措的秘書把門稍微推開，想一探究竟，院長便順手給她打了個手勢，請她帶三杯酒進來。等我們終於把氣喘過來以後，情況已經完全不同。一抹陽光照亮了地毯。過兩個星期提耶里可以到這邊開畫展；我可以開座談會介紹他……如果我想要的話，也可以多辦一些其他座談。所有事情忽然都變得再自然也不過。我打算照稿唸嗎？

「不，我比較喜歡……」

「您說得對，」院長親切地打斷我的話。「我也特別喜歡自己只靠筆記臨場發揮的時候那種表現。」

他完全恢復本來面貌了。

☆　☆　☆

開幕式的情況相當理想：燈光效果極佳，展覽做得有模有樣。「法蘭西畫派，」院長讚道。（這個範圍也太廣了吧？）他現在變得又熱情又慈祥，而且興致高昂。況且，我們不正是他發掘出來的嗎？

「朋友，等一下夏姆絲公主[13]也會來。我們等她到了以後才正式開幕，到時候您要這麼說：『殿下、閣下、各位女士、各位先生……』」

五分鐘以後，開始有消息說她不來了；沒多久，又說她可能會來。現場相關指令跟著改來改去。

最後院長這樣說：「因為是由我來介紹你們，所以你們只要聽我講，然後照著**我**的樣子做就對了。」

他陪我走上講台，然後用好幾分鐘的時間，以相當幽默的口吻細細說明像我們這種情況的遊客通常很容易犯的一些毛病，而我們至今一樣都沒犯過；這種審慎應該得到獎賞，而這便是今天他以**無比熱烈**的盛情歡迎我們的原因。我認為他這段長篇大論的內容跟我們畫畫或開座談會的動機差距極大，不過不容否認的是，假使沒有學院和學院附設的超優圖書館，我在這裡肯定是英雄無用武之地。人家送來一匹駿馬，你就別挑剔馬嘴裡的牙齒。

我比較注意觀察到場聽講的是哪些人。坐在演講廳後面的是一些學生、幾個加勒卜帶來的記者，兩排戴著修女帽的修女（太妙了！）；還有兩排坐的是一些激賞安納托爾．法朗士[14]的參議員和幾個耳朵習慣聽塔爾琴[15]的聲音超過槍炮聲的將軍。在前方坐得整整齊齊的則是手戴珍貴戒指、腳踝光潔無暇的名媛淑女，個個閃耀燦爛光芒；衣香鬢影中瀰漫著一種莊重自持而又充滿享樂氣息的氛圍，在這層文明粉飾之下，偶爾會閃現出幾張焦慮不安、敏感至極而又惹人眷愛的臉孔。德黑蘭這個城市特別懂得怎麼製造這種令人心動的臉龐；在大不里士的時候，我們的眼睛沒有得到這份恩寵。

公主一直沒出現，不過一隻獵狐犬倒從一名女性聽眾腿上跳下來跑到台上，倚在講桌旁邊一直待到演講結束。就算是一隻浴火重生的波斯神鳥[16]棲息在我的肩頭，也不會營造出如此神奇的效果。提耶里賣出了很多畫。大學請我去做一場付費演講。當天晚上，幾個剛結交的朋友就說要把上城一座樓房頂樓的工作室讓給我們用。房子座落在一座種有許多桑樹的庭園中。由於庭園的大門沒有插銷，管家把他睡覺的床橫放在門邊。他是個穿白色長外套的老頭，每次我們晚歸的時候，都得把他叫醒才能進門，我們向他道歉時，他會這樣回答：「願你們的影子越來越長。」

我沒忘記當初是一陣爆笑讓我們的運勢有了轉變。從那次開始，我總是在心裡擺些滑稽可笑的事，每當事情不順遂時，我就會在內心把它拿出來嘀咕一番。比方說，碰到海關人員把頭湊進我的過期護照，用一種我聽不懂的語言決定我的命運，而我幾經周旋都只是碰釘子，到最後連頭都不敢抬，眼睛只能盯著鞋子看；這時某個荒唐的笑話，或某個好笑度在記憶中歷久彌新的遭遇，就能使我恢復振奮，甚至自顧自地在旁開懷大笑起來。那些制服官員一頭霧水，不解地打量我，眼神露出迷惑，開始檢查自己的褲檔是不是沒關好，裝出某種表情……到了某個時候，也不知是什麼原因，他們就決定把卡在我輪子上的機關拿掉了。

☆☆☆

跟京都、雅典一樣，德黑蘭是文化素養很高的城市。眾所周知，巴黎沒有人會說波斯語；在德黑蘭，很多人一輩子都不會有機會或財力親自到巴黎走一遭，但他們卻說得一口道地的法語。這不是政治影響力塑造的結果，也不像英語在印度的情形那樣，是因為殖民占領的關係。這個現象源自波斯文化本身——這個文化對所有異文化的事物都充滿好奇。而且，波斯人看書的時候，手裡拿的既不是吉普[17]，也不是保羅．布爾熱[18][19]。

某天早上，在拉雷札爾大街，我路過一家香水店，店門開著，我聽到裡面傳出一個彷彿罩上薄紗的低沉聲音，有點像在說夢話：

……我的生命，你飛奔遠離
將我拋棄
我還指望再進一步
你卻將戰場移向別處
……[20]

我踮起腳尖走了進去。在香奈兒香水瓶的流光溢彩中，一個胖男人一動也不動地倚在一張圓弧寫字台上，面前攤著一本雜誌，正在高聲朗讀這首詩[21]；他一遍又一遍地讀著，似乎不只是在賞詩，還要藉此幫助自己接受一些令他刻骨銘心的事物。一種不可思議的、揉合了默認與幸福的表情瀰漫在他那張淌著汗珠的蒙古人種寬臉上。店裡只有他一個人，而他完全專注在那首詩上，沒有發現我的存在。我竭盡可能地不要打斷他；沒有一種方法比像他這樣更能把詩朗讀得好。當他終於讀完，並發現短短兩步距離之外的我時，他沒有表示出任何驚訝，也沒問我是不是要找什麼。他只是向我伸出手來，作了自我介紹。水潤的黑色眼眸，一小撇海象般的黑鬍子，一種略帶柔弱的風雅——這就是索拉卜。

如同一面明鏡，一張聰明的臉孔所顯現的年齡會跟它映照出來的鏡像相仿。索拉卜的實際年齡是二十五歲，但有時他看起來像十六歲，有時又像四十歲。比較像是四十歲，以及某種對於生命已經不再懷抱驚訝的調性。因為，他這輩子不只是一直待在香水店裡朗誦米肖的詩。索拉卜體驗過很多很多事，而且他的人生很早就已經起步。十六歲時的他：閱讀、夢遊、大麻，徜徉在詩人海達亞[22]的圈子裡，儘管他年紀還小，這個圈子卻接納了他。現在，海達亞已經離開人間，他在巴黎一棟公寓頂樓的租住處開煤氣自盡[23]，但他的身影依然駐留在年輕的伊朗文學中。他吸毒；許多人跟著吸毒。他自殺；以後某些人也會自殺。他喜歡弔唁用的鮮花，喜歡無謂、放浪，活在死亡與黑夜的感受中；他的追隨者們逐一仿效這一切。在戰後警察當道的德黑蘭，索拉卜這個恣縱不羈、幾乎過著地下生活的文化青年勉強撐了五年。企圖進行急進行動，開設畫廊，興辦超現實主義雜誌（推出兩期便夭折）……悄悄地，逐漸遠離現實；以為已經永遠消滅了現實，現實卻如千斤磚塊般墜回身上。朋友紛紛離去，畫廊朝不保夕。為了吸引買主，必須舉辦香豔茶宴。茶香四溢，豔色流轉；然而，年輕的東道主給不起纏頭，鶯鶯燕燕隨之不見蹤影。唯獨年紀最長的一位大姐留了下來，月復一月揮之不去；費盡唇舌、耗盡心力，才終於擺脫。於是又孑然一身，才剛滿二十一，卻已超乎尋常地戰戰兢兢、神經兮兮。

然後他到馬蘭德[24]當了一年中學老師。亞塞拜然的楊樹；一群頭髮捲捲的鄉下學生，僵化遲鈍、了無生趣、令人絕望，從不曾想過人類可以擁有思想。他揮刀砍進一片愚昧，奮力搖撼他們，自己終於彷彿也逐漸清醒，卻因罹患結核，不得不離開。此後他利用養病的機會拿到工程師學位，進入阿巴丹的一家英國公司任職。「日子過得很好……科威特是很近的，而且不需要護照。走私很多。我們是走海路去的，我們會偷渡一些東西——萊卡相機裡面裝滿了（這時他的聲音在平靜中忽然出現一絲高亢）古柯鹼。而且這不是什麼大不了的罪，我是後來因為企圖組織工會才被炒魷魚的。不過啊，朋友，您真該聽聽那時候我是怎麼講話的——我給他們做的演講棒得簡直**不**——**像**——**話**。」

情感豐富的他有感於國家的苦難，於是加入「圖德黨」[25]，並採納了在伊朗年輕族群中非常普遍的一種迂迴試探性的馬克思主義。不過，儘管許多人歸附這條路線，他們的忠誠卻並非毫無保留。波斯人雖然認為俄國人比美國人上道，但他們對俄國的好感有其限度。（宣傳口號、大字標語、踢正步遊行、制式的言論向來不是他們的強項。）我們也不能忽略他們對於「絕對」的某種懷念；儘管這種情懷一再被克制，但它始終存在，而《星火》雜誌[26]的「集體農莊的星期天」專欄描繪那些如茵綠草上的用餐情景所展現的樂觀過於簡單，無法滿足他們的「絕對情懷」。至於教義部分，大部分對它有所認識的人都覺得它過於粗略、簡化，不太適合用來維護伊朗對其貢獻有加、但這個世界總是過於輕易失去的那份精緻。問題是，當他們不再想要一種粗暴而且利益導向的保守主義，當他們不再對為這種保守主義背書的西方世界懷抱期待，當他們年輕、寂寞，當中間路線沒有人走，當恐懼感使自由派噤若寒蟬，那麼他們就沒有太多選項，他們就只好把在心頭浮現的懷疑吞回去。不過這只是暫時的。摩薩台被迫下台後，索拉卜放棄了一切。現在他只管經營他的香水店，還有在某個政府機構擔任顧問，只是他從沒在那裡出現。不久前他把毒品戒掉了，不過少了這個東西讓他坐立難安。

「……我設法解決這個問題，設法變成所謂正常人。有人在督促我，鼓勵我。一個女人。這是因為愛情呢，朋友……年少輕狂的季節。」

不過他說這些的時候帶著一種如此超然的淡然，令我覺得他彷彿是在戲說至少千年以前的舊事。我們坐在通往薛米蘭的舊馬路旁的一家咖啡館，桌子被夾在巨大的卡車之間。照亮我們的防風燈發出輕微的嘶嘶聲。天空中布滿星辰。索拉卜說話的聲音細膩而和緩。他大汗淋漓，一顆顆汗珠在髮根凝成，然後流向他的眼睛。想必他看到的我們很朦朧。在他的眼神後方深處，他正在獨自對抗心魔，對抗恐懼，對抗災難，在這盞乙炔燈的白光底下，一身國王藍雙排扣西裝，二十五歲。

☆　☆　☆

這裡乞丐很少，不過在主要幹道交叉口，全身破舊衣裳的年輕人會成排坐在djou[27]旁邊聊天、嚼花、玩牌。他們在等路燈變成紅色。紅燈一出現，或者交通阻塞、車輛寸步難移時，他們就會衝向汽車，吐幾口口水，用一塊破布擦拭擋風玻璃，然後開車的會給他們幾枚銅板。警察通常睜一隻眼閉一隻眼，設法讓他們有時間把工作做完。還有些人會自告奮勇地指導你回自家的路，幫忙拎包包、澆草坪等等……每天早上，一大群參雜著毛頭小孩、失業者、老頭子的烏合之眾都會這樣從巴札奔向上城區，攬點小差事，撈點小錢。有時候，警方會把這支漂移不定但隨叫隨到的隊伍召集起來，每個人給一個託曼，讓他們代表「伊朗人民」，到蘇聯大使館外面示威，或者前往某個招惹到政府當局的大人物住處，用石頭砸他們的豪宅。如果任務結束而他們仍舊吵嚷不休（他們都想多拿些酬勞），警方就會動用水槍把他們驅散。第二天，很可能同樣這群「人民」會表現懊悔之情，在大群學生簇擁下回到同樣那間使館，在台階上放置鮮花。同一批警察火速趕到，迅速制伏領頭的人（通常是學生），把他們的頭髮剃光，丟進部隊再服一次兵役，或者遣送他們到遍地石頭的南部砸石料。令人悲嘆的伎倆。令人讚嘆的方法：這樣總可以讓社會少五十個失業者。

不過這個方法不足以解決所有失業問題。於是，每當你把車停好，自然就會有個混混冒出來要你給半個託曼，說是幫你「保管」車子的費用。最好還是接受他們的好意，要不然你的「保管人」很可能會在你走開以後讓你的輪胎漏氣，或帶著備胎直奔巴札，消失得無影無蹤，不過你可以到那裡把它買回來。總之，這些人是要保護你免於他們可能對你施加的禍害。起初我們會拒絕；況且我們手頭緊，一個託曼畢竟也是錢。而且我們心想，我們的車已經破得沒人要了。然後某天，我們發現車子跑到人行道中間。想必他們是六個人結成合作隊伍，在看熱鬧的人幫忙下，一邊哈哈大笑一邊把車子抬到水溝另一邊。除了那個事件以外，那些土匪對我們的車一直手下留情；這大概是因為我們請人用波斯文在左側車門上寫了一首哈菲茲的短詩：

縱使黑夜提供的庇護不安全
而你要去的地方還遠在天邊
須知世上沒有一條路走不完
請你切莫傷感心煩[28]

在好幾個月的時間裡，在這個國家中某些外國人沒什麼理由受人喜愛的地方，這首銘題在我們車身上的詩成了我們的開門芝麻和脫困秘方。在伊朗，這些歷史超過五百年、內容相當隱晦難解的詩詞擁有不同凡響的影響力和高人氣。蹲坐在店鋪門口的商店老闆們會戴上眼鏡，隔著街巷，互相朗誦詩詞給對面人行道上的夥伴聽。在巴札裡頭那些擠滿了無賴的飲食店，我們不時會碰見某個衣衫襤褸的客人很享受地閉著眼睛，聆聽同伴在他耳邊低聲吟詠的詩句，整個人顯得光彩煥發。就連在最偏遠的鄉村，民眾也能背誦許多奧瑪．開儼[29]、薩迪[30]或哈菲茲的「加札爾」（長十七行到四十行的詩詞）。這就好比在我們那邊，拉維列特[31]的工人和屠夫居然懂得從莫里斯．塞佛[32]或內維爾[33]的作品汲取養分。在大學生、藝術家和跟我們同年齡的人當中，這樣的品味經常可以比喻成一種毒癮。他們熟記好幾百首這些閃閃發光的詩詞。這些詩篇一邊照亮世界，一邊將它揚棄，審慎低調地揭開善與惡的終極身分，同時為那些用指甲破損的削瘦雙手捧著一杯伏特加的誦讀者，賜予他們的生命吝於分給他們的滿足。他們可以連續好幾個小時輪番上陣、交相吟誦，像詩琴上的低音弦一樣，透過「交感」而震顫，這個停下來說他打算自殺，那個停下來點一杯酒，或為我們翻譯一段。

波斯音樂異常美妙，而這種由蘇非教派的玄祕特質滋養出來的詩歌，則是全世界最登峰造極的詩種之一。然而，假使用量太大，它也有它的危險：詩歌不再提升生命，反而取代了生命，為某些人提供一個非常體面的庇護所，讓他們脫離現實，而事實上，這個現實卻亟需新鮮血液的滋養。許多波斯年輕人會仿效奧瑪·開儼……暗自撕裂這個世界的悲哀藍圖……然後耽溺於現狀。

☆☆☆

伊瑪目一邊把手伸進盤子裡抓菜，一邊鏗鏘有力地反覆說：「不行……往南部這條路很危險；不如走往馬什哈德那條路。一定要去看看那個聖城，而且我可以把你們引薦給很多人。」

主美伊瑪目是這座城市的最高權威。他是宮廷的講道者，由沙赫任命，並獲沙赫委以司鐸大權。另外，他並不是毛拉，而是畢業自一所歐洲大學的菁英，專研《可蘭經》律法，同時領導著一個世世代代支持王室的強大家族。據說他跟英國方面的交往也非常密切。因此，他是一名政治型高級神職人員，而不同教派的狂熱分子已經數度試圖刺殺他。他每次升座講道時，從來不能確定自己是不是會乘著炸彈的翅膀飛上天空。他非常勇敢，深受婦女同胞青睞，對他美麗迷人的妻子百般疼愛。他坐在餐桌上座，在一片靜謐的崇敬氛圍中津津有味地享用：

冰鎮甜瓜泥
米飯佐果醬
薄荷炭烤雞
凝乳拌黃瓜和葡萄乾

同時他主宰著十五六位姪甥、連襟、姑嬸阿姨、堂表兄弟，他們來來去去，低頭彎身，吃一口東西，消失不見，一會兒又再出現，低頭彎身……他就像個和藹可親、戴了頭巾的蒙田，臉部豐潤飽滿，絡腮鬍如一個大頸圈，充滿聖靈光彩的眼睛一刻不停地盯著對話者。我們打算走的路似乎真的讓他傷腦筋。從德黑蘭出發，有兩條路線可供前往阿富汗。北側路線先經過沙赫魯德，然後是馬什哈德，客運公車會定期走這條路。對我們充滿誘惑的南側路線則比較長，而且長很多，沿途路經伊斯法罕、亞茲德、喀爾曼，穿越魯特沙漠南部，然後橫越整個俾路支沙漠，最後才抵達巴基斯坦的奎達。我們知道這條路走的人不多，不過可談得上危險！？

「是因為有游牧民嗎？」

「不是，」伊瑪目回道：「不是……是因為沒有人！麻煩就在這裡，只有陽光，太多太多的陽光。」

可是我們已經聽過太多關於這些路的事了。我們心想，現在又多了一個人說三道四，而他自己從不踏出德黑蘭。

「凡人無法想像的太陽，」他用平靜的口吻再次開了口。「去年，兩個奧地利人想在同樣這個季節走那條路，結果還沒到邊界就死了。」

說完，他仔細漱了漱口，把鬍子擦乾，請我們到他的花園，自己則先去做禱告。

這是一片玫瑰花園，四周圍著高牆，中間是一座長方形的水池。「雁來紅」色、白色、茶色、藏紅色的玫瑰，貼牆種植、集栽成叢、攀延成拱，淹沒在強光之中。有幾株近乎黑色的玫瑰由遮陽薄紗保護著，散發令人暈眩的濃烈香氣。兩名光著腳的僕人在沙土走道上來回穿梭，用灑水壺澆水。色彩柔美的一方天堂，平靜的水面，在園丁們寂然無聲的迴旋間，滿園花朵排列得一絲不苟。不過這是一個莫測高深的抽象天堂；與其說是真實的花園，更像是一座花園的映像。歐式花園以滿園植物為奢美，縱情擄獲最大量的自然界珍寶。伊朗的花園無意追求那種令人透不過氣的豐富性，它重視的是布局得當的陰涼和寧靜。在土地與嬌柔的花朵之間，肉眼幾乎無法分辨花莖的線條。整座花園漂浮著：宛如奇蹟的清水，還有這種輕盈的漂浮感，這就是人們對花園的要求。

☆ ☆ ☆

展覽結束以後，提耶里離開幾天，到吉蘭省作畫。我留在德黑蘭，籌備最後一場講座，藉此充實我們的阮囊。由於大學和法國—伊朗學院已經關門，我向聖路易學院的遣使會會士借用他們那裡的宴會廳。「無神論者司湯達爾」——雖然講題對神明不太尊敬，他們並沒有因此而退縮。他們甚至借給我一間散發粉筆和假期氣息的小教室，讓我在那裡工作，而且神父們會捎來一些雪茄和清涼的啤酒。

在聖克萊爾修會的修女們教導全德黑蘭富家千金的「聖女貞德學院」，司湯達爾倒沒這麼受歡迎。

「蒙田、圖雷[34]……這些還行，」修會會長告訴我。「可是司湯達爾！那個毀神滅僧的傢伙，那個雅各賓黨的混帳！您何不就講巴斯卡[35]好了？看您一副悲傷青年的模樣，這個主題對你再恰當不過，而且我可以讓講堂高朋滿座。」

我們坐在一個巨大的基督受難像底下，喝著基安第葡萄酒[36]。會長又給自己斟了一杯，同時補上一句：「可是就你這個題材，我實在沒辦法把眾修女們帶去聽你演講……況且我自己根本沒看過他的書，那個不信神的傢伙，他的書全被列入禁書了。」

會長是個有個性、有頭腦的女人，她治校有方，而在刻薄的表象底下，卻掩藏了一種令人憐惜的憂鬱。我們相處融洽，因為她有塞爾維亞人的血統，而我很喜歡塞爾維亞。她很珍惜自己的祖源，對南斯拉夫革命人士表現出的寬容超過禁書作家。我跟她聊到貝爾格勒的音樂時，她消失了一會兒，回來的時候拿著一張唱片：「借給你聽，很棒的音樂……不過您得給我保管好，我愛惜它就像愛惜自己的眼珠子呢。」

她把封套上壓印了一個巨大紅星的《擁護者之歌》遞給我。

出於好奇，我特地到教廷公使館查了禁書目錄，結果發現司湯達爾的書只有《日記》（*Le Journal*）被禁（因為裡面有幾段比較激烈的文字），可是巴斯卡的書卻幾乎全部榜上有名。公使館裡有位可愛的主教大人，來自普里亞[37]，我問他這件奇事的緣由。他這樣回答我：「司湯達爾的危險度不算高，而且他有阿里哥・貝爾[38]可以當藉口——他喜歡義大利。巴斯卡呢，他有點像在教堂守門的一品修士。當一名新教徒走近時——太棒了！——因為他要進去；不過如果走來的是一名天主教徒，當心……因為他是要出去。」看來特拉尼[39]那邊的人很懂得推理。

☆☆☆

出發前一天

法國梧桐的樹梢還沒我們睡覺這座平台高。天空黑暗而暖熱。裡海來的雁鴨帶著搖槳的聲音飛掠而過。隔著海達亞大街上的枝葉，我觀察店主們在人行道上張羅著準備過夜。這樣睡覺比較有人情味，而且比較涼快。他們有的架起簡易床，有的把紅黑相間的大毯子直接鋪在地上。他們也會帶著藍色搪瓷茶壺、骰子跳棋、水菸筒，並且隔著街道隨興聊天，看不到對方也無所謂。到處瀰漫著一種微弱而耗竭的電燈光線，這是電網負荷過重的亞洲城市特有的景象，不傷眼睛，剛好足夠讓人在夜間活動，而又無損於夜色之美。還有一種看起來冷冰冰的電石燈光，由下往上暈染著蒙了一層灰塵的樹葉。

這座城市讓我留戀，而由於我的腦子剛好想著司湯達爾，我藉機告訴自己，他一定也會喜歡它。他在這裡可以找到屬於他的世界：為數眾多的敏銳心靈，一群不折不扣的無賴，還有巴札裡那些肚子裡裝滿警句格言的鞋匠，他一定很樂意跟他們聊天。空氣中飄盪著宮廷的影子——詭詐的陰謀、難喝的咖啡、陰暗的酒宴——比帕馬的宮廷稍加腐敗，深深懼怕著那些被它丟進牢獄的自由派人士，而且在這個宮廷裡，即便是惡貫滿盈的稅務總長拉西也會被看成天真無邪的祭壇侍童[40]。一個心思細緻無比的民族，能帶著苦澀的幽默感評論那一切狂妄的惡行。後悔多於愧疚，還有某種無所謂的悖德，漫不經心，只指望著神明的寬容。值得一提的還有那些由宗教人士或蘇非派信徒組成的低調團體，它們隱身於巴札，為這個城市的質地增添了一個極其重要的面向，在一片低沉囈語中對人類靈魂的本質做出最詭麗的臆測。司湯達爾終究深深關切自身靈魂的本質，因而對此絕不會無動於衷。

至於我，最令我訝異的一件事是，公共事務的慘況對私人德行的影響少之又少，令人不禁懷疑它是否反而激發了人民的品格。在這個如此缺乏條理的國家，我們感受到的好客、善意、禮節與協助，卻遠遠超出兩個遠赴我的城市旅行的波斯人能期望獲得的待遇，儘管那裡的一切都井然有序。而且我們在這裡找到很多工作，賺到的盤纏至少可以讓我們生活半年。明天我們就上老巴札兌換美元。順著拉勒札爾大街下坡走去——那條曾經讓我們辛苦爬坡的來時路。

☆☆☆

出發

早上七點

在下城區的一家酒館，朋友們正等著給我們送行。我沒想到我們竟有那麼多朋友。喝下最後一杯茶。車子發動時，哎……哎……他們是帶著怎樣依依不捨的嘆息和眼神，目送我們的車子逐漸遠離！然而，這裡並不缺我們；況且他們當然不可能羨慕我們要去的地方，因為在德黑蘭，大家不斷告訴我們：伊斯法罕人是偽君子，喀昌人是壞蛋，錫斯坦的井水是鹹的，俾路支斯坦的人全是傻瓜。旅行，驚奇，磨難：一整套關於旅途的玄祕思維在這些東方人心中是多麼生機盎然，而我們將從中汲取多麼豐富的滋養。

☆☆☆

通往伊斯法罕的路

「第一段路：以短為佳」——這是波斯駱駝商旅的格言。他們知道，出發當天晚上，每個人都會發現他們還有什麼忘在家裡；所以這段行程通常只有一法薩[41]。一定要讓那些糊里糊塗的人有時間在天亮以前回去把東西拿了再回來。這種對粗心大意的關照又多給了我一個喜愛波斯的理由。我深深覺得，在這個國家，沒有任何一個實務安排會忽略人類身上那種根深柢固的不完美。

從德黑蘭到庫姆的公路雖然鋪了柏油，不過路上的坑窪深得可以放進一條手臂。過了庫姆，路面變成壓實的硬泥地，不過非常崎嶇不平，我們不得不把時速維持在二十五公里以下。遠處不時可以瞥見狼蛛像一道芥末黃的閃光以Z字形橫越路面，或者乍看像一個暗色斑點的天蠍正在忙碌求生。灰渣渣的禿鷲在電線桿上棲息，偶爾也會潛進牧羊犬或駱駝的屍骸中，連屁股都埋了進去。大白天的時候，由於猛烈的光線和震動的空氣完全扼殺了風景，我們的注意力特別集中在這些五花八門的動物上。將近下午五點時，太陽開始泛紅，於是，彷彿有人用抹布把起霧的玻璃擦個乾淨，荒漠般的高原以一種不可思議的清晰度倏地出現在我們眼前。據說天使曾牽著多俾亞的手，穿越這片荒原[42]。高原呈淡黃色澤，上面長了一簇簇淺色植物。茄紫色的山巒以難以言喻的鋸齒狀身影包圍著它。**卓爾不凡**的山巒。沒錯，就是要用這個修辭：在綿延數千公里的空間中，伊朗的大地以一種疏薄有致的布局和君臨天下的態勢，卓爾不凡地鋪陳著，彷彿由最細緻的灰燼中升起的一股幾近止息的氣息吹塑而成，彷彿始自太古的苦澀滄桑長久以來不斷以一種能激發性靈也能令人沮喪、而且這個國家從未曾捨離的完美，在上面布設詭奇的地景特徵——水澤、幻景、龍捲風般的沙塵暴。即便是在東南部那片荒涼至極、只有死亡與豔陽的廣袤大地中，地勢依然美得令人驚嘆。

本地人很少見到這麼小的汽車；而且因為我們的車裝載得滿滿當當，非得走上前來，才能確定它真是一輛車。一路上，我們不斷看到有人眼珠溜得圓滾滾、下巴張得差點掉下。前幾天早上，在庫姆郊外某處，一個老頭太過驚訝，頻頻回頭，最後居然讓長袍纏住絆倒，一屁股坐到地上，驚叫道：「Qi ye Sheïtanha?[43]」（哪來的妖怪？）記得每到一個地方停車休息，好奇的人群都會擠到車子四周，警察則會吃力地試著解讀車門上那首詩，擔心那是什麼具有顛覆意涵的文字。警察唸到第二行的時候，民眾就會加入朗誦，現場變成低聲吟詠的詩歌朗誦會，一張張瘋臉綻放光彩，然後剛剛還一直買不到的茶水像變魔術般被端了上來。也還記得，連續好幾小時小心翼翼地駕駛，穿越遼闊得看起來彷彿動也不動的曠野，雙眼被炙烈的豔陽灼燒，在蒼蠅圍攻下睡午覺，晚上喝到「阿布古須特」（羊肉、鷹嘴豆、檸檬在加了胡椒的滾水中煲成的湯），夜裡睡在**茶依哈奈**的板床上。這就是我們一天五託曼的旅行生活。還有對引擎聲那份充滿擔憂的關切——我連這種感覺也開始愛上了。

☆ ☆ ☆

伊斯法罕

車子的一條後彈簧斷了，我們只能緩慢地穿過城市周圍的農業地帶。太陽在一棵棵孤立的高大法國梧桐樹後方緩緩下沉，斜斜的樹影伸展在一些黃土建成的農村和房舍的破損屋脊上。在收割完畢的麥田裡，一綑綑麥桿將光線留住，發出青銅般的光輝。水牛、毛驢、馬匹；農民身穿色彩鮮豔的襯衫，忙著完成最後的收穫。清真寺的塔頂宛如輕盈的圓球，漂浮在平展的城市上方。坐在車前蓋上，讓病懨懨、累兮兮的車子恢復健康活力；為了將此情此景占為己有，我試著找出一個詞彙來描述，然後反覆說著：**卡拉巴**[44]。

☆ ☆ ☆

不久以後

在德黑蘭的時候，有朋友跟我們說：「你們乾脆就住我們的堂哥家好了」，然後給了我們地址。波斯人很好客，這點無庸置疑，不過時間已經晚了，而且我們到得真不是時候。這天剛好是星期五，也就是家人團聚的日子，房子裡擠滿了吵鬧的小孩，還有許多鄉下來的親戚，他們穿著睡衣四處走動，忙著吃杏桃乾、玩跳棋、搬棉被、拿油燈、掛蚊帳。我累過頭了，反而睡不著覺，索性在餐桌上分撿我們的隨身藥品。走過房間的男人們和氣地打招呼，其中有些坐了下來，安靜地看我做事。一個身材粗壯、模樣快活的陌生人就這樣從頭到尾陪在我旁邊。某個時候，他問我可不可以用溫度計，然後把它放進嘴裡，又繼續觀察我的工作。為了慶祝齋月結束，他暴飲暴食，現在有點擔心自己發燒。其實沒有：三十七度半。這就是我對他的全部了解。

詩琴奏出的波斯音樂從收音機飄盪出來，古老而美妙，有幾分像賽哥維亞[45]那種全然超脫的音樂，又有點像幾片碎玻璃懶洋洋地掉落的聲音。不過我們的主人過來把收音機關了，說是因為這個音樂會妨礙大家思考有關神的事。他在巴札裡做生意，為人彬彬有禮，信仰非常虔誠，生意也受到很好的保佑。他對我說他是怎麼嚴格管教孩子；他的孩子們因為太有禮貌，幾乎從來沒露臉。我有一搭沒一搭地聽著。我們這兩個外國人這樣出現在這個地方，忽然讓我覺得荒謬。在德黑蘭累積的疲勞等我們進了這棟為我們提供親切招待的房子以後才顯現出來，現在疲倦已成定局，把我跟外在的一切隔絕了起來。現在提耶里和我只需要一個東西：連續睡上一個星期的覺。

☆☆☆

皇家清真寺的院子可以輕鬆容納一百輛巴士，甚至整座聖母院可能都擺得進去。這個院子貼著一座大廣場上比較窄的一邊，廣場長五百公尺，寬將近兩百公尺。從前廣場上會舉行激烈的馬球比賽，那些從皇家看台前方策馬奔馳而過的騎士在還差很遠才會跑到廣場盡頭的時候，看上去就已經像是比大寫字母O還小的黑點了。在跨越札因代河的三十三孔橋底下，可以看到許多小螞蟻忙著把類似彩色郵票的東西往橋墩的方向拉——其實是人在清洗地毯，每張地毯都有十公尺見方。

十七世紀時，人口六十萬的伊斯法罕是波斯帝國的京城，也是全世界人口最多的城市之一。今天，這裡的人口只剩下二十萬。伊斯法罕變成了一個小省城，它的面積縮小了，那些宏大而優美的薩非王朝建築物在城上飄盪，彷彿一件件變得太大的衣服。而且這些建築物逐漸風化、腐蝕，因為當年好大喜功的阿拔斯沙赫急於炫耀，沒有耐心花時間把它們蓋得堅實穩固。這種不堪時間侵襲的情形感覺充滿人性，而且這些建築物也只有這麼一個缺憾；但是，正因為這樣的缺憾，我們反而覺得它們可親而動人。「漠視時間的挑戰」——我敢肯定，從阿契美尼德王朝以降，絕對沒有一個伊朗建築師墮入這樣的愚痴。

比如說這座皇家清真寺：沒有一場暴風雨不從它身上捲走一批無可取代的彩陶磁磚。一百多萬塊磁磚被吹走幾十塊，整幢建築物是那麼龐大，必須經過五十年的暴風雨侵襲，才能讓人感覺到變化。再小的一陣風，磁磚還是會剝落，從高處墜下，彈跳起來，碎成粉末，除了一點枯葉落地般的輕微聲響，聽不到其他聲音。這些磁磚之所以能如此輕盈地墜落，或許是因為顏色的關係。就是那個了不起的藍；我又回來說這種顏色了。在這裡，它被摻入少量的天青色、黃色和黑色，使它形成某種顫動，並且賦予它某種懸浮的能力，而這種能力通常會讓人產生與神聖有關的聯想。被這種藍色覆蓋的巨大圓頂彷彿一顆被繫住的氣球，直想伸向天空。在這座圓頂下方、在廣場四周的宮殿前面，伊斯法罕市民來來往往，看起來小得不成比例；他們各個和顏悅色，不見得真正坦率，身上流露出一種藝術之都的居民經常擁有的神態，彷彿是某項競賽的評審，而外國人無論如何也永遠不可能理解其中的一絲一毫。

儘管如此，伊斯法罕確實完全像其他人對我們斷言過的一樣神奇而美妙。

昨天晚上，我們沿著河邊散步。那真是一條河嗎？即使是在水位最高的時候，它也會在這座城市往東不到一百公里的地方消失在沙地裡。現在它已近乎乾涸；寬闊的三角洲上斑駁地點綴著閃閃發亮的水窪，裡面的水幾乎完全靜止。裹著頭巾的老人騎在毛驢背上，在濃雲般的蒼蠅群中穿越河面。我們在兩旁一片蛙鳴聲中沿著一條被曬熱的土路走了兩個小時。透過柳樹和尤加利樹的縫隙，已經可以看到白色的沙漠和淡紫色的札格羅斯山脈；這山脈的鋸齒狀輪廓很像普羅旺斯的山。這片大自然蘊含著某種綿軟而又危險的親密之感，跟有時我們在夏夜的阿爾或亞維儂[46]外圍所感受到的情形一模一樣。不過這邊這個普羅旺斯沒有葡萄酒，沒有自吹自擂，也沒有女人的聲音；換句話說，這裡沒有那些通常會將我們與死亡隔絕開來的障礙或喧囂。這樣的想法才剛在我的心頭浮現，我就開始感受到死亡的無處不在：迎面而來的眼神，水牛群的陰鬱氣味，面向河流張開大口的明亮房間，密集得有如高大立柱的蚊子群。死亡以全速攫住我。這趟旅行？一場糟蹋……一個失敗。我們在旅行，我們自由自在，我們向印度推進……然後呢？我再怎麼反覆說著「伊斯法罕」也沒有用；見不到站得住腳的伊斯法罕。而且，這個觸摸不著的城市，這條通往虛無的河流，都不可能讓人置身於真實的感受中。一切也不過是頹圮、拒否、缺席。在河岸的某個彎處，不安的感覺變得如此強烈，不得不掉頭。提耶里同樣心神不寧——他也遭受了這種侵襲。然而我完全沒跟他說起這事。我們幾乎是用跑的返回市內。

的確很怪，彷彿驟然間世界崩壞、解體了。也許是因為睡眠不足？或者前一天我們重新讓人打的疫苗？還是那些據說當你半夜走在水邊卻沒誦唸真主阿拉的名字時就會攻擊你的精靈？我倒認為應該是這樣的：某些地景**與你有仇**，必須立刻逃離，否則後患無窮；這種地景不多，不過確實存在。對每個人而言，在這個地球上，必然有五或六個這樣的景色。

☆☆☆

通往設拉子的路

這個村莊在地圖上沒有標示出來。它窩在一處俯臨一條乾枯河流的懸崖邊上。與其說是村莊，更像是一座帶有牆垛的白蟻塚，在正午驕陽令人難以想像的強光輻射下，牆壁正在龜裂、粉碎。村莊幾乎荒廢了，只有一間茶館，十五六個卡什加[47]牧羊人投宿在這裡，等著他們的牲口把鄰近山地的草像剃頭般吃個精光。他們是一群美不勝收的粗人，臉型尖瘦，皮膚被太陽曬得黝黑，戴著一種從阿契美尼德時代流傳至今的淺色毛氈頭巾，那是他們的族群標記。他們成排地坐在板床上，或者把槍橫放在膝蓋上，蹲坐在角落。其中幾個人左手握著一個深色羊毛紡錘，一邊哼哼唱唱一邊紡紗。一陣咕噥接著一片死寂，這就是我們打招呼得到的回應。他們再也不吭一聲，只是一會兒看看我們，一會兒看看停在門口的車子。把菸發了一圈，氣氛也沒怎麼緩和。由於老闆好像不急著招呼我們，我們決定打牌，藉此掩飾自己的窘態；然後提耶里睡著了，我則開始照顧先前修理引擎時受到的擦傷。這些卡什加人看到藥包的時候，一邊低聲嘟嚷著davak（藥），一邊圍攏過來。他們得做一些包紮：這個有甲溝炎，那個扭傷，還有幾個人身上有潰瘍——他們在上面塗的不是牛糞就是廢機油。至於那些健健康康活蹦亂跳的，他們硬把一些微不足道的小問題當成藉口，只為了得到治療的權利：有個人高馬大的巨人像睡美人一樣用紡錘傷到了自己，有個人說他腳上有個看不見的刺讓他疼痛不已，還有個看起來更像惡霸的人說他需要治療的毛病是心慌和頭暈。

快三點的時候，我們重新上路。茶館門口有幾隻母雞在滾燙的地面上啄食，設法挖出一些牠們愛吃得不得了的小天蠍。卡什加人陪我們走到車上。車子沒法發動——電瓶壞了，電都被太陽抽光了。我們把車排到三檔，設法把它推到下坡的地方；我們運氣不錯，公路在村子盡頭就開始下坡了。卡什加人也跑來插一腳，我們過了一段時間才注意到他們的眼睛開始發亮，而且他們雖然確實在推車，可是把車往回拉的力道似乎更強。他們當然覺得我們人不錯，不過我們的行李對他們也有吸引力；現在他們的大爪已經伸向我們的物品，我們一邊擠出笑臉（硬在臉上拉出來的假笑），一邊勉強把他們的手扳開，心裡很清楚只有維持這種鬧劇的假象，情況才不至於演變成拳打腳踢。同時，我們還得繼續像苦力般把車往前推，然後因為下坡的坡度相當陡，車上裝載的東西又多，車子很快就跑得相當快，讓我們可以跳進去開車，接著沿著幾道土牆轉了幾個彎，那幾個最熱心的幫工終於不得不把手鬆開了。

到了峭壁底下，車子利用下坡的動力衝過乾涸的河床，然後就停了下來，比先前死得還慘。接下來兩個小時，我們鑽進引擎、窩在車底設法修，但徒勞無功。汗水直滴進眼睛，還得在油膩結殼的積土層裡把短路的點找出來，這簡直比登天還難！下一個可以稱作村莊的地方遠在將近一百公里外。太陽漸漸西斜，而我們一點也不想在這個天殺的土殼碉堡底下過夜。幸好隨著氣溫降低，開始有一些人路過。先是一位老士官，他是從附近的一個監察哨所徒步過來的，不過他唯一做的事是說真主至大，只是引擎燒壞了，說完人就在一顆石頭上坐了下來。然後是一輛北上前往伊斯法罕的吉普車，車上坐了兩個蒙著面紗的女乘客。司機熱心地搶過我們的工具，把我們剛才做的動作全部重做了一遍，結果一樣無濟於事；吉普車上的兩個客人開始不耐煩地一邊嚷嚷一邊按喇叭，司機跟著心煩氣躁，一使勁就把分電盤接線頭弄斷了，只說了聲抱歉，就把我們丟在原地，發動車子揚長而去。

夜幕降臨。老士官仍舊坐在石頭上動也不動，我們正開始擔心，這時好運給我們派了一輛小卡車，在我們旁邊停了下來。卡車剛刷了新漆，而且是空載，車廂剛好夠寬，可以裝下我們的車。卡車跟我們一樣要南下前往設拉子，由三個長了狐狸臉的男人輪流開。在所有伊朗人當中，設拉子人以最可愛、最快樂著稱，而這幾個人可說是純種設拉子人：狡猾而不失平和，心思敏捷，凡事見怪不怪，適度的貪婪。他們答應把我們連人帶車載到阿巴代。三個人當中年紀最長那個坐進駕駛座，冒著摔斷脖子的危險把車開下河岸，然後倒車回來，讓車廂甲板跟路面切齊；一夥人把車子扛了上去，我們坐進自己車裡，這樣安頓好以後，一行人重新出發，在沙漠邊緣剛升起的頭幾簇星星照耀下，慢慢往南前進。

抵達阿巴代時，夜色已深，萬籟俱寂。這地方是窮鄉僻壤；不可能在這裡修車。能找到東西吃已經不錯了。我一邊把烤餅折成小塊泡進發酸的牛奶裡，一邊觀察開卡車這幾個人：車主、技工、老闆兼司機——長途貨運卡車的典型三人組合。他們剛在德黑蘭做成一筆買賣，正不停地說著到了設拉子以後要怎麼大肆慶功。我聽著他們說話，內心有種似曾相識、跟他們已經熟識很久的感覺，這是人在很累的時候有時會出現的現象。尤其是那老闆，他的古怪模樣中有某種東西讓我覺得莫可名狀地熟悉。吃完飯以後，他們提議我們繼續跟他們前往設拉子，他們希望在天亮以前趕到那裡。他們說反正他們的車子空著，而且我們是「撒亞」（遊客），他們可以免費讓我們搭便車。我們花了一整個小時才用繩索把車子好好固定住，然後爬進那個棲身處；還有將近三百公里的路要走，而且前方的路況恐怕很糟。公路先是得一路爬升到海拔兩千公尺以上，然後切進一片荒漠中央，四周都是輪廓支離破碎、黑壓壓的大山。透過卡車引擎的聲音，我們聽到不知從何方傳來的駱駝鈴鐺聲。高海拔地區純淨得令人眩暈的天空像大碗般覆蓋著我們。每當卡車搖晃得不是太厲害，我們不需要監看車子的牢固情況時，我們就會讓自己軟綿綿地隨車搖擺，把頭倚在窗邊，沐浴在星光中。

走了三分之二的路程以後，一盞燈籠在一條手臂前端晃動，幾根樹幹橫躺在路面上，我們不得不停車。我聽到老闆跟一名士兵交涉，然後把車熄了火。樹幹後方隱約可以看見一個軍事哨所和一輛燈光全熄的卡車像兩個龐大暗影般矗立著。這輛卡車是運糖的，從設拉子開過來，剛剛在距離這裡六公里的地方遭到一支往南方遷移的卡奧力部落[48]襲擊。儘管下巴吃了一顆子彈，司機還是衝破突圍，把車開到哨所，現在軍方限制人車通行，直到天亮為止。寒氣刺骨。我們忍受著可怕的鴉片

氣味，跟車組人員坐在哨所裡的板床上，一邊是那名昏昏沉沉的傷者，另一邊是三名幽靈般的士兵，他們的嘴唇已經被毒品燻黑，正傳著竹片輪流猛吸。老闆去把燈吹熄的時候，我第一次看到他的臉被全部照亮，這時我終於明白先前是什麼東西讓我覺得困惑了：原來那張臉是我爸爸的翻版。比我爸老一點，黑一點，滄桑一點，不過仍舊是我爸的模樣。這種感覺是如此強烈，我立刻就想起我爸那被我遺忘已久的音色。（這一年來我聽到的其他聲音實在太多了。）我就這樣又聽到我爸的聲音，甚至是一個字一個字地聽到我出發前他跟我說的最後一句話——他有點不好意思地提醒我要小心某些女人，那些……她們……在港口城市……

這個忠告在這裡幾乎不適用。不過我還是很高興自己找回了他的聲音；這樣的行李一點也不占空間。

黎明，重新上路。月色慘淡。一條跟手臂差不多大的小溪流過哨所，蜿蜒流向沙漠深處，沿著溪邊生長著一些看起來還很暗沉的綿軟青草。往南方望去，高聳的藍色山巒排列在天際線上。有兩次，車組人員把車停下，拿著工具消失在底盤下方。第二次的時候，我們跟著去看毛病出在哪裡：技師正在用鐵絲綁住一根斷裂的後軸懸吊彈簧；老闆取出電瓶，往裡面一小股一小股地撒尿，為電瓶激發短暫的活力[49]；車主則神情憂慮地在煞車液裡加了一些水。都是在無計可施的狀況下不得不採取的應急辦法。嶄新的油漆讓我們上了當；這輛卡車已經不堪使用，而他們居然打算靠這種爛車翻越大山。

在開上山口的最初幾個彎道上，我們追上了前一天晚上那些攻擊者。負重的牲口把望不到盡頭的路面覆蓋住，羊群則直接穿越陡坡前進。鈴鐺聲、狗吠聲、羊叫聲、從喉嚨發出來的人聲迴盪在半明半暗的天色中。婦女蓬頭垢面，卻別具魅力，渾身上下配戴銀飾。年輕少婦騎在小馬上，給髒兮兮的嬰孩餵奶；年紀大的女人身體僵直得像根棍子，肩上背著卡賓槍，坐在駱駝背上，在裝滿地毯的包袱間用紡錘紡紗。男人徒步行進，一邊高聲喊叫，一邊揮著牧棒催趕牲畜。可以看到一些睡著的小孩像包裹一樣被橫七豎八地擱在鞍墊上，羽毛蓬亂的公雞栓在馱鞍頂端，四周是一堆茶壺和鈴鼓。

與那些已經融入伊朗生活、說突厥語言的部落民族（巴赫第亞爾人和卡什加人）相反，卡奧力人一直生活在社會邊緣。他們分布在全國各地，不過其中大部分人每年依然會從錫斯坦地區南下布什爾[50]地區或前往伊拉克東北部。一路上，他們會讓瘦弱的羊群吃草、幫馬匹放血、修補鍋子、占卜算命。過定居生活的族群認為他們沒有信仰，對他們又恨又怕，指責他們偷別族的小孩。不管他們是偷搶別人還是被人偷搶，總之他們人多勢眾，隊伍龐大得足以布滿山口兩側的山坡。

在山口過後的第一個下坡道上，我們聽到卡車制動器的爆裂聲。（這就是在煞車液裡加水的結果。）車子已經衝得太快，不可能跳車，車速帶起來的強風如利刃割臉般地襲擊高高坐在自己車子裡的我們。駕駛艙裡冒出幾句髒話，接著是三檔小齒輪鬆脫後機件發出的淒厲聲音，然後，手煞車被猛然拉起，又是一陣尖銳的咔嗒聲。技工把喇叭按下卡住，跳到窗邊大吼大叫，設法疏散道路。在我們前方，兩群卡奧力人紛紛蹦往路旁，彷彿過熟的石榴爆開。卡車飛速穿越，居然沒撞到任何人，然後極為勉強地轉過了第一個彎。接下來的下坡道大致上沒有阻礙，不過第二個轉彎被山體遮住了。卡車的速度繼續加快。我告訴自己：過了這個彎，一定就是平原……我不願意這趟旅行就這樣戛然而止。結果轉彎過去以後不是平原；前方三十公尺處，路面上是黑壓壓一片牲口、婦女、兒童。破衣瘋狂飛舞，咒罵聲此起彼落，鈴鐺叮咚亂響，駱駝驚慌飛奔，家禽驟然騰空，有人跌倒，有人尖叫，五顏六色火速撲向路肩。還不夠快。技工向我們比了個無能為力的手勢後就從車門邊消失。提耶里和我很肯定逃不過這個劫難，我們互相握了手，壓低帽子護住臉部，接著司機以神乎其技的靈活度操縱卡車朝山體撞去。撞擊聲之後是一片沉寂，只傳來一個六神無主的小女孩還在嗚咽的聲音……

我恢復鎮定的時候，沙塵已經落定。在我們前方相當遠的地方，卡奧力人已經重新組好隊伍，繼續往山下走去。身上、車窗上、行李上，到處是血跡。傷得雖然不重，不過血流了不少。我們用目光搜尋車組人員：駕駛艙那三個傢伙背倚岩石，頭部的一半隱沒在陰影中，正拿著小黃瓜在削皮、蘸鹽。牙齒想必斷了幾顆，眼睛也腫了，不過既然命中注定這次大難不死，不如立刻享受美食。他們慢慢嚼著爽脆的黃瓜，臉上布滿快活的皺褶，而且為了改變氣氛，他們忙著討論到設拉子以後要怎麼狂歡。車禍的事他們連提都沒提。

連續四個小時，我們一直看到先前在上山的路上被我們甩在身後的游牧民頂著火球般的太陽，昂首闊步地魚貫通過。等到公路終於暢通以後，車組人員伸了伸懶腰，估量了一下損壞程度，平心靜氣地開始整頓這堆破銅爛鐵。用碎石子敲，用重重的榔頭砸，拿大錐子扎（這是為了處理爆掉的輪胎），跟修理一台農用大車的方式沒兩樣。我從他們身上領悟到一件事：我們向來對機械太過尊重，對其他所有事情也一樣。下午五點鐘，引擎開始轉了。卡車拖著一塊少說有半噸重的大石頭當作煞車，慢慢把我們運往山下的平原。

☆　☆　☆

設拉子

當天晚上

在「贊德酒館」[51]的中庭，我們坐在月桂樹簇擁的餐桌前，不可置信地看著自己身上布滿乾血跡的襯衫、一個小傢伙剛給我們送來的玉米和葡萄酒，還有我們插在桌子上的兩把短刀。德黑蘭彷彿已經是陳年往事了。到喀布爾的時候會是什麼慘狀啊！我們才走了不到四分之一的路程，可是我們設法讓自己相信最困難的一段已經走完。我依稀又看到我們兩個坐在那輛狂飆卡車車頂上的露天墳墓，看到那些驚恐的吉普賽人像一團團羊毛般飛奔到路旁，看到那感覺無止無盡、讓我們以為會就此了結的短短十秒……而現在，這座城市精緻而寧靜，處處飄著檸檬的香氣，說著全波斯最美麗的波斯語，徹夜都能聽到流水潺潺，葡萄酒有如埋在地下淨化過很久的清爽夏布利[52]。流星在中庭上空如雨般墜落，我試著找點什麼理由來舉杯祝福，不過除了我已經擁有的一切以外，我想不出其他願望。至於提耶里，他深深相信命運送來這個禮物只是為了昭示接下來還會出現的其他更多禮物。他就是有這種特質，總認為天上有許多看不見的齒輪和龐大機械日以繼夜地忙著為他創造好事。

蒸氣澡堂還開著，我們的床鋪也已經在露台上鋪好，可是我們彷彿被釘上了椅子，因為一身的疲倦，還有因為這份快樂——這種在黑暗的夜色中、在死亡的壯闊陰影和夏日賜予我們的氣派人生之間輕輕咀嚼食物的喜悅。

☆ ☆ ☆

贊德旅館

在旅館的院子裡看到一家農民圍成圓圈坐在他們的包袱上，中間有一個快樂似神仙的老人，大夥正在逗他。一名婦女一邊笑著一邊使勁地把一件乾淨襯衫套在他的破衣服外面。小朋友們像在愛撫馬匹那般不斷用手摸他。所有人正傳著一根香菸，從一張嘴抽到另一張嘴。每個人都很有節制地抽一口，並且閉上眼睛，不願失去一丁點兒享受。這片歡樂情景實在強烈，令我們著魔似地停下腳步。沒有一張表情粗俗的臉孔，有的只是一種把握每個瞬間盡情享受美好時光的本領。他們殷切地告訴我，老爺爺剛從監獄出來，他們正在幫他慶祝。從監獄出來？他那副模樣的人也會進監獄？這樣的人也能關，那些人到底還想從他身上揩些什麼油水？

設拉子明明就是個溫柔可人的城市，生活的藝術甚至能體現在警察身上；只是在這個國家，沒有一天不會發生這種令人義憤填膺的事。那裡面有多少的不公不義！然而在此同時，卻有某種品質，某種精粹的、緩慢析出的、充滿智慧的東西從中閃現，令人感動不已，而那就是：波斯。儘管有人生活貧困，儘管有人卑鄙無恥，但在這個世界上，波斯仍舊是以最一以貫之的方式和最聽天由命的態度表現出精緻精神的民族。一個一無所有的農人究竟出於什麼動機，會去品鑑與農村生活毫無關係的傳統詩歌，用最珍奇的色調將家門重新漆得美侖美奐，或者是用舊輪胎裁製「基維」，那種造型纖瘦、精準而考究的便鞋，讓人一看就知道出自一個擁有五千年悠久歷史的國家？

對我而言，沒有任何事物比那些輝耀在舊地毯炭火般光芒中的路邊茶館離天堂更近。

☆☆☆

從這個中庭望出去，可以在幾級台階下方看到一間昏暗、涼爽的地窖，地窖裡蟑螂橫行，身穿碎花查朵的婦女蹲坐在地，精心烹煮燉菜。

尖叫、爭吵，濃郁的香味：這是女人專屬的空間。不過我還發現更好的地方：一家前來馬什巴德朝拜的巴林人所住的房間正好面朝我鋪床睡覺的露台，他們帶了一名年輕吉普賽女傭隨行，那是我好一陣子以來見過的最美尤物。她的頭上包了一塊綠色絲巾，一件短上衣裹住她的手臂和雙峰，飄逸的長褲採用跟頭巾一樣的綠色絲綢，並用兩個銀環箍在腳踝處。夜涼如水的時候，她會靜靜地走出房間，拿起晾在那裡的羊皮囊啜飲。我從沒見過任何人用那麼輕盈的方式移動！她喝了水以後，會在那裡逗留一陣，蹲在自己的腳跟上看天空。她以為我睡著了。我半睜著一隻眼睛，不吭一聲，就這樣悄悄看著她：雙足裸裎，玉腿如一道分叉的瀑布在夜色中傾瀉，肩頸線條緊緻優美，雙頰迎著月光閃閃發亮。她之所以如此泰然自若、如此令人心動，正因為她以為周遭沒有別人。若是有誰稍微移動，她就會立刻隱遁。我躺著裝死人；我也在解渴——啜飲那無盡的芳華。在這個國度，凡是青春曼妙、撩人心弦的，都必須蒙上面紗、遮蔽掩藏、噤聲不語，因而這般乍見的風情顯得更加必要。

至於那些有時會向你拋出一兩個字眼、甚至一兩句話的妓女，她們不見得是壞女人，只是我們總會聽到一種那個行業為她們冶煉出來的妖精聲音。

☆☆☆

賈姆希德御座（波斯波利斯）[53]

伊朗最好的地圖至今依然不準確。這些地圖上標示的一些城鎮只剩下一棟廢棄的小古堡，水源早已乾涸，道路被塵沙淹沒。於是，地圖上那條由設拉子經賽伊達巴德通往喀爾曼的路根本已經不存在。因此我們必須回頭沿著通往伊斯法罕的公路，一直開到朱薩克哨所，然後轉進朝東走的叉路。

從前的皇城只留下一片遺跡，占據著一塊背倚大山、西側面朝瑪夫達什特平原的巨大長方形挑高平台。在當年那個時代（公元前六到五世紀），眾王之王[54]前來視察王朝的未來都城時，這座平原上還長滿了等待收割的莊稼。很久以後，隨著皇城沒落，灌溉系統也逐漸萎縮；今天，我們從廢墟高處放眼望去，幾乎只有一片乾旱的荒地，偶爾會有一輛卡車帶起一片塵煙，或者初夏時節裹著沙塵直衝雲霄的龍捲風，三兩成群地在廣場的支撐牆與平原西緣的紫色山巒之間慵懶遊盪。至於皇城，它還沒蓋好，就被希臘人放火燒了。除了通上平台的壯觀階梯、一道飾有淺浮雕的樓梯所遺留的垂直牆體，和兩間現在已經很難想像原有風貌的寬闊多柱式大廳以外，這裡基本上是一個堆放著巨大石材的工地，在二十四個世紀以前已經被劫掠一空。在被炙烈的大火烤斷的石柱旁，可以看到一些巨大的公牛頭還等著讓人裝上耳朵（那些耳朵必須單獨雕製，然後再嵌入牛頭）。待造與已毀相鄰並存，為廢墟賦予一股說不出來的蒼涼——尚未真正活過即已遭到摧毀的悲哀[55]。

路經這裡的遊客可以租住一間在薛西斯一世之妻賽米拉米斯王后寢宮中整理出來的房間。房間內有兩張鐵床、一張漂亮的卡什加地毯，以及一個飾有黑黃相間圖案的第二帝國風格[56]浴缸。遺跡管理人是一名低階官員，他安排我們進房間安頓的時候顯得意興闌珊，因為我們的出現讓他多了一些工作，還有因為他不喜歡西方人，特別是希臘人。他認為亞歷山大大帝的征戰就像一群喝醉酒的牧羊人結成武裝匪幫，到處燒殺擄掠，而阿貝勒斯戰役[57]在他眼中好比卡塔隆平原戰役出了亂子[58]。

他要這麼認為，我們也無可奈何。那是一種出於悲情的民族主義，不過這種心態由來已久，已經成為受到尊重的觀點。況且，我們這些歐洲人不見得比較客觀，只不過我們的偏見形成時間比較晚，變成後來居上。我們總認為亞歷山大是合情合理的殖民者，將亞里斯多德的思想光明帶給野蠻人；至今我們仍舊瘋狂地相信世界是希臘—羅馬人的發明，學校教育對東方的一切漠不關心，頂多稍微提一提埃及（路克索神廟、金字塔），讓小朋友有機會練習畫陰影。希臘—羅馬人本身並沒有這麼沙文主義（只要翻閱希羅多德的著作[59]或《居魯士寶典》[60]就知道），他們非常尊敬伊朗這個給了他們太多恩惠的國家——星相學、馬匹、郵政、無數神祇、各種優雅舉止；想必還有伊朗人深諳其道的及時行樂精神。

話說回來，這位管理員掌握的資訊還是比我少。他死都不肯承認公元前六世紀大流士一世的宮廷裡有希臘人。

「不可能，先生，不可能……希臘人是後來才出現的，他們出現以後就把好東西都給毀了。」

那麼悠長的波斯歷史，以及管理這個偉大史蹟的工作，想必早已讓他暈頭轉向。由於他不喜歡別人在他不在場的情況下參觀薛西斯國王建設的管道系統，他花了很多時間警告我們，說有很多豪豬在那裡面築巢、做愛。他聲稱那些豪豬會像射箭一樣把尖刺投向入侵者，然後還用他的蓄水鋼筆為我們演示了一番。另外值得一提的是，他眼神狂熱，嘴唇顏色暗黑，看起來一副抽鴉片被逮個正著的模樣。他時而說話結巴，時而連連道歉，沒等我把話說完，就牽著漂亮小女兒的手離開，回歸他的煙斗、他那些荒誕不經的歷史年表，和那些會射箭的豪豬。

☆　☆　☆

波斯波利斯

七月七日

黎明即起。行李已經打包好，我們精神抖擻。私底下我們倆都想由自己開車，疾馳千里，開往印度，開往森林、水澤、形形色色的臉孔。提耶里抓到了方向盤，他拉出啟動器風門，然後一臉失望，喘著氣從駕駛座走出來。

我們請了一位卡車司機幫忙檢查，他看了以後嘀咕了一句：automat sukhté。這句話的意思不見得是指斷流器燒壞了，不過肯定意味著，在車子底下的某個地方，或車子裡面的某個地方，在某個搆不著的角落，在某個看不見的線圈裡，有某條線（二十條之中的一條）迸脫了它的絕緣層，或者某個完全封閉的機件（歐洲的修車人員永遠不可能拆開的那種機件）中某個小小的白金接觸點熔掉了，而因為這其中的某種原因，我們的所有計畫都得推遲，我們的行程也得延後——得推延多久？

那句話意味著：卸下所有行李，搬出電瓶，在恐怖的太陽底下辛苦工作（因為這裡沒有任何地方可以遮陽），努力找出被油污遮蓋的短路點，在刺眼的炫光中跟指甲屑大小的螺絲周旋，螺絲會從你手中脫落，掉進滾燙的沙子裡，掉進濃密的薄荷草叢裡，你不得不四腳著地，無休無止地找，因為如果不找的話，得大老遠跑去設拉子才買得到同樣的螺絲，可是我們又不能回去那裡，因為「賈瓦斯」已經過期了。

那句話意味著：把車子推到台階地底下的村莊，攔下第一輛路過的卡車，然後使出百般誘惑把司機留住，直到第二輛卡車開來，把電線接到兩輛卡車的電瓶上，因為我們的車子用的是十二伏特的電壓，而他們的卡車用的是六伏特；然後試著發動引擎，多次啟動無效以後，只好讓他們拉著穿過整片原野，經過「沙普爾一世凱旋」浮雕時，也沒心思注意羅馬皇帝瓦勒良正跪在擊敗他的薩珊王朝征服者面前，只因為汽車裡那些神祕難解的磁場令我們煩惱得胃部打結。

那句話意味著：在豔陽直火炙燒的鋼板之間跟汽車機械奮戰到底，直到你從附近茶館找到的那些修車老油條在閃爍不定的乙炔燈底下圍著車子摸索，逐一試驗在這個一拋錨就可能送命的地區通行的搶修招數，一邊搖頭晃腦一邊俯身在分電盤、線圈、起動機、發電機上，彷彿「腸卜僧」俯身觀察帶有凶兆的動物內臟（多麼豐富的民俗），最後終於診斷出一絲我們察覺不到的焦味，或某顆白金螺絲上的小黑點……也許是這個，也許是這個，不過完全不能確定……

那句話意味著：派遣一名素昧平生的司機，請他帶著錢、電瓶、可能出毛病的零件前往設拉子，忐忑不安地等上好幾個小時，等到他終於回來，希望卻變成失望，因為顯然問題出在別的地方；於是又得裝機件、拆機件、刮這刮那、絞盡滾燙的腦汁，設法找出某個我們還沒想到的點，或許這樣就……

就這樣，從清晨六點開始，連續三十多個小時，直到第二天晚上。忽然間，在逼人的太陽重壓下，伊朗讓我們覺得非常陰險。我思量著如果要申請延長許可證的效期，得搬出多強韌的耐心。提耶里則心焦如焚地盼著能夠如期趕到錫蘭跟女友會合；當一顆前一天他從遺跡管理員的一隻母雞那裡偷來放進口袋然後就忘記了的雞蛋在他口袋裡破掉時，我差點以為他就要嚎啕大哭了。

太陽泛紅的時候，一位躺在沙地上小睡一下的臨時幫手愛笑不笑地伸了個懶腰，把儀表板上的線路拔掉，把它們綁成一條類似辮子的東西，然後車子竟然就發動了。看來我們接下來得靠這團亂七八糟的線通過喀爾曼沙漠，而且還得連夜趕路，追回耽誤掉的時間。

機械，進步——是不錯！可是我們難以估量自己對這些東西的依賴程度；等到某一天它們把你拋棄時，我們才發現自己的造化遠不如那些相信白魔女、壞和尚，或者指望百般刁難的精靈保佑他們有好收成的人。至少他們可以像西臺人那樣，把神靈訓斥一番；或像馬薩格泰人[61]那樣，瞄準天空對祂們放箭；不然就把祭壇上的美食撤走一段時間，以處罰神明偷懶。可是「電」這種東西，你能拿它怎麼辦？

至今我們還沒在任何一家茶館喝到酒，不過那天晚上，一瓶葡萄美酒卻在村莊的茶館裡等著我們。一輛路過的卡車特地把這瓶酒拿給茶館老闆，說是要請我們喝的。另一位卡車司機則留了一塊冰和一條牽引繩索給我們。在這個人員流動頻繁的環境中，消息傳得很快，所有從設拉子開車北上的司機都已經知道我們遭遇的麻煩。我們坐在鋪了紅白相間地毯的板床上輕酌慢飲，逐漸恢復了精神。黃瓜、洋蔥、這瓶顏色暗沉的葡萄酒，還有在這種困境中彌足珍貴的友誼。我們玩著從大不里士一路玩到現在的骰子跳棋。外頭的風越刮越猛，逐漸變成一場風暴。

能夠把車開上荒山，睡在波斯波利斯的遺跡裡，再多的麻煩都得到了彌補。這些古老遺跡在夜裡特別美：橘黃色的月亮、漫天的飛塵、灰絲絨般的雲朵。貓頭鷹有的棲息在斷了一截的石柱上，有的駐留在柱廊守護者斯芬克斯的頭巾上；蟋蟀在黑暗的牆垣中唱歌。宛如一幅陰森的普桑畫作。我們對亞歷山大沒有太多怨言：這樣的古城更是意味深長；它的毀滅拉近了我們跟它的距離。石頭不在我們的主宰範圍裡；它有不同的對話者，它屬於與我們不同的循環。我們可以在雕琢它時讓它說我們的語言，但那只是一時而已。然後它會回頭說自己的語言，那個語言的含意是：撕裂、捨棄、漠然、遺忘。

☆☆☆

蘇爾馬克的茶依哈奈

其實這裡也就只有這麼一間舊房子，房子對面的憲警分駐所，還有灑在鮭魚紅沙地上一望無垠的月光，可是全伊朗的卡車彷彿都停到這扇門前。

一張張消蝕的面孔，從美軍剩餘的羊毛軟帽底下露出來的蒼灰色捲髮，亞塞拜然人的黑帽，甚至有時還有庫德人或俾路支人的頭巾。儘管長年扳手柄、染油污，卻有著鋼琴家那種纖細手指的削瘦精靈們，仍在引擎噪音和廣漠的夜間景致作用下茫然若失，宛如盲人般穿門而入，不過很快就加入圍在火盆四周的一群憲警；一支支鴉片菸槍正在火盆裡溫著。在溫度會迅速降到冰點以下的夜色中，一輛輛龐然巨物——那些以十五公里時速征服無數段路程的二十或二十五噸卡車——組成一道黑色壁壘，環伺著這棟土造房舍。室內，一旦眼睛習慣了電石燈的猛烈光線，疲勞不堪的游牧民就會互相打招呼、認出見過的人、彼此詢問交談。這次是要去哪裡？手指頭低調地比劃著，口中低聲道出回答：我從波斯灣到呼羅珊；我要到安納托利亞的埃爾祖倫買榛子；我得走那條通到阿巴斯港的該死公路，真主保佑，一直去到荷姆茲海峽那邊。牆壁上、茶爐上方，張貼了一些圖像：雷札伊瑪目之死，皇后的三色肖像，胸脯蒼白的老流鶯（是從大戰以前出版的義大利雜誌上撕下來的）。話說得越來越少；鴉片菸劈啪作響，擴增了這些骨瘦如柴的軀體之間的距離。隔天才要用的肉品用碎花抹布包著吊掛在天花板上，免於蒼蠅侵襲，在那裡輕輕晃動。

偶爾會有一輛蠻橫的凱迪拉克開來，停在卡車群中間，急促的喇叭聲把茶館驚得雞飛狗跳。是赴任途中的新總督路過休息；不然就是某位日薄西山的阿爾巴卜必須緊急送往醫院。一陣騷動，色彩繽紛的毛毯亂成一團，一名身形佝僂的垂死老者被攙扶下車，戴滿碩大戒指和純金腕錶的雙臂沉甸甸地垂向地面。裹著查朵的眾妻們圍在他身邊，徒然地為他搧風，司機和助手則無動於衷，在旁大口吞食一份櫻桃米飯。

也有些時候，透過半開的店門，可以在朦朧的星光下看到一名警員手持長桿，重重敲擊卡車上的貨物，進行荒誕的探測搜索，彷彿時光倒流到徵收入市稅的美好年代。一名菸客歎息說道：「他在找神呢……」頓時一絲淺笑拂過板床上所有人的臉龐。

不過蘇爾馬克還屬於幹線公路。我們從這裡離開這條公路，改道向東，隨著車子繼續前行，卡車會越來越稀少，太陽會越來越炙烈，生物將逐漸罕見，生命將變得更薄弱。

☆ ☆ ☆

通往亞茲德的路

七月十日到十二日

離開蘇爾馬克以後，我們先是穿越紅黑相間的遼闊曠野，上面結了一片片的礦鹽。開了一百公里以後，鹽就開始掌握大權，極端刺眼，苦了那些沒準備東西保護眼睛的行旅人。我們在這條狀況絕佳的泥土公路上從下午四點開到七點，連一個人影都沒見到。由於空氣極度乾燥，視野可以伸展到不可思議的距離：看到沒？那邊那棵孤立的樹，樹下有一棟房子，那裡離我們有幾公里？提耶里說十四公里，我說十七公里。我們打了賭，繼續往前推進，直到夜幕低垂，仍舊沒有誰贏。原來房子的直線距離有四十八公里。一些需要好幾天路途才到得了的高大山脈也清晰可見；我們一清二楚地辨識出那上面的雪線（在這個熱得像火爐的地方！）和岩石[62]。由於地球的弧度遮住山脈的基部，只有山尖顯露出來，有些像手指，有些像牙齒，有些像刺刀，有些像乳頭——宛如分布廣闊的群島漂浮在沙漠邊緣的霧靄氣墊上。在繼續推進的過程中，還有其他形貌詭譎的山巒身影突現在廣袤如汪洋的地平線上，彷彿在向我們打招呼。

☆ ☆ ☆

阿巴固

宏偉而怪奇的黃土建築，質地疏鬆的高牆，方形宣禮塔，豎立在塔上的尖竿狀構造，深幽的巷弄。只有自信飽滿、性格高傲，甚至有點故作風雅的人，才會打造這樣的生活空間。阿巴固：根據古代的地理資料，這裡的居民曾有一萬八千人。這座城市在卡札爾王朝時代想必相當重要。後來呢？……

現在看來，這片坍塌、荒蕪、寂靜的迷宮還算是一座城嗎？不管從哪個方向，都能聽到同一棟房子裡的同一個穀物石磨發出刺耳聲響；無論走到哪裡，都會碰見同一個穿黑上衣、赤腳走路，好像已經沒了舌頭的驢夫。找了一個小時，最後還是找到了四顆雞蛋，我們面對著一座半塌的清真寺，把雞蛋吞下肚。清真寺頂端建有一個令人看了就頭暈的大木籠，穆安津[63]剛剛爬了進去，我們看到他又遠又小的身影在柵欄間不斷躁動，彷彿一個被交給祭司的犧牲品，彷彿一隻猛烈擺動的知了；然後他開始用黑奴那種熱烈的嗓音喊叫、吟誦，聽起來不太像禱告，而像義憤填膺的斥責、聲嘶力竭的悲訴，迴盪在宛如大瘟疫肆虐般一片死寂的城市上空。

在車子旁邊睡了不安穩的一夜，黎明就重新啟程。

☆☆☆

……??

前方遠處，一個泥土蛋糕狀的物體豎立在路旁，我們百思莫解，不知道那是什麼；它的造形頗像一個倒過來放的骰杯，或一顆以大頭端置放的雞蛋。結果發現，那是一座沒有開孔的方形城牆，鋸齒形牆頂聳立在這片鹽漠上方三十公尺高處。正午陽光直射，周遭全然靜謐。一條小溪橫越路面，從一扇大門底下流到城牆裡邊，大門的寬度只能讓一頭裝上馱鞍的毛驢通過。我們把門推開，門後有一頭已經被剝了皮的羊掛在穹頂上，小孩的尖叫聲此起彼落，窄小的街道兩旁是數層樓高的房屋，還有一座大水池，青藍色的水面四周有胡桃樹、玉米，以及呈階梯狀攀向城牆的小田地。簡而言之，這整座城都仰賴一條小小的溪流維生。抬眼望去，可以看到一道道狹窄的階梯彎彎曲曲地往上通到牆垛的高度，從階梯頂端照射下來的陽光彷彿來自井底深處的開口。這座要塞的少許居民比我們更快從訝異中鎮定下來，其中最豪爽的一位還請我們到他家喝茶。一百多個居民依然守在這

個叫作法赫拉巴德的地方，靠著他們在遠方山上的幾個小羊群勉強過活，那些放牧的地方距離這裡有兩天的腳程。偶爾，一輛從亞茲德開來的卡車會停在城門外；有些時候，一整個星期中，城牆下方一個車影也不曾出現。

這裡甚至連風都不會吹來。許多年前落下的枯葉堆在屋頂、露台、七彎八拐的階梯上，踩在腳底沙沙作響。

☆ ☆ ☆

亞茲德

在亞茲德，大部分的產品已經能用卡車從西邊運來，這裡生活費高昂，亞茲德人素以全伊朗最膽小[64]、最擅於園藝、做生意最精明著稱，他們互相勾結，讓物價不斷攀升。不過在這個七月初，酷暑、乾渴、蒼蠅，全都是免費的。

在亞茲德沙漠中，光有帽子和墨鏡已經不夠，最好還得像貝都因人那樣把自己包得嚴嚴整整。不過我們習慣敞開襯衫、露出臂膀開車，於是白天時，豔陽和乾風悄悄從我們身上吸走好幾公升的水。晚上，我們喝下二十來杯淡茶，以為這樣就恢復了水份平衡，不過喝下去的茶水馬上就從身上蒸發；然後我們倒臥在滾燙的便床上，希望能勉強睡個覺。可是在睡眠過程中，乾燥卻像林火般醞釀、運作著，整個身體慌亂地哀鳴，逼得我們坐起身子，氣喘吁吁，鼻子裡彷彿塞了乾草，手指像又乾又皺的羊皮紙，在黑暗中摸索著想找點潮濕的東西，一小灘鹹水，一堆放了很久的甜瓜皮，只要能把頭埋進去，什麼都行。每天晚上三四次，這種恐慌感會讓人驚跳起來，等到終於可以入睡時，天已破曉，蒼蠅嗡嗡鳴叫，在客棧的院子裡，身穿睡衣的老人點燃當天的第一支菸，開始用尖銳的嗓音嘰里呱拉地談天。然後太陽升起，重新開始榨乾水份……

天氣也熱得讓人沒法留頭髮。在城外一處房屋傾倒、煙霧瀰漫的郊區，我們讓一位在法國梧桐樹下擺攤工作的理髮師把頭髮剃個精光。他幫我處理下巴時，我凝視著周遭那些從前瑣羅亞斯德教徒（這個城市有很多人信奉瑣羅亞斯德教）用來陳列死人的「寂靜之塔」[65]。我也仔細觀賞這棵法國梧桐樹：好好記下它的身影！如果往東方前進，會有很長一段時間見不到這種樹。

☆　☆　☆

通往喀爾曼的路

從兩個小時以前開始，我們就一直看到那間茶館，彷彿某種荒謬的物體被放置在鐵灰色的沙漠中央。當它被風沙遮住時，我們會減速慢行，以免錯過了它，等到視線恢復以後，我們又發現了它，還在我們前方很遠的地方緩緩移動。不過，雖然行車速度實在很慢，我們還是在接近上午十一點的時候來到了茶館：乾土砌成的圓頂展現完美曲線，室內已經被煙燻成黑色，少許光線從屋頂的一個開口照射進來。

在波斯，儘管大家容許自己做各式各樣的事，不過放屁是不准的，就算在大沙漠裡也一樣。提耶里坐在板床上打盹時，因為身體已經疲倦得快要失去自主性，一不小心觸犯了這個禁忌，結果老闆娘像個潑婦般轉過身，伸出食指對他表示警告。老闆娘是個骨瘦如柴、外表髒髒的的老調皮，腳邊跟著兩隻肥大的雄貓，在簡陋的館子裡忙進忙出，一邊撥弄茶爐的炭火，一邊用沙啞的嗓音哼哼唱唱。把茶送上來以後，她就仰面躺下，開始打呼嚕。她的男人睡在門邊，身上裹著一塊趴滿蒼蠅的布巾，渾身都是鴉片菸味。

眼睛習慣室內的昏暗以後，可以看到一個水泉從房間中央湧出來，流進一個圓形小水池，然後又在兩公尺外的地方消失在地底。幾條沒有顏色的魚被這道地下水源帶上了地表，懶洋洋地在池中悠游，不時囁著一顆被放進池水冰鎮的西瓜外皮。一袋凝乳以慢得令人發悶的速度在池子上方滴水。應該已經過了中午。外頭風沙依舊，太陽如大鼓般狂敲大地。必須耐心等著：五點以前行車會有爆胎的危險。三不五時，一條魚會跳出水面，把一隻蒼蠅送進嘴裡，並發出湖邊常聽到那種神奇的「撲撲」聲，令我們不禁遙想塵封的往事。

☆☆☆

哈姆軍事哨所

晚上七點

一座低矮扁平的小堡壘，破損的屋脊長年受風暴侵襲，彷彿被巨浪拍打的岩礁。一名婦女在門口現出身形，招呼我們停車進去。她戴著金色耳環，穿了一條東伊朗式樣的黑色窄褲，手裡拿著一個銅鍋，一陣陣裹著沙塵的狂風把它吹得像鑼般咣咣作響。我們飽受乾渴和強風的折磨，一下就躲進圍牆一角。在高高的土牆庇護下，有一顆杏桃樹、一棵桃樹、一小片菜園，還有三個頭髮灰白的士兵，他們盤腿而坐，正在用一本字體跟手差不多大的習字本學習寫字。這些患有砂眼的長輩學生們學習起來本來就已經相當辛苦，可是哨所頭頭見我們來到，還給他們做了更艱難的聽寫：「巴—格—達……天—方—夜—譚……」他也算是用心良苦，不過因為強人所難，結果就不怎麼漂亮了。才短短兩行文字，年紀最大那位就寫錯了六個地方……不過在學習這種事情上，出錯在所難免。倒是現場一片歡笑、忙亂、迷人的盛情。他們為我們鋪了一張薰衣草藍的小地毯，然後泡了茶。那個高個子女人是這些軍人的女伴，她抱著一個嬰兒搖來晃去，其他人則忙著哄他，或用一根小草騷他癢，設法把他逗笑，然後每個人輪流把嬰兒抱在胸前，神氣十足地讓人照相。一大群被風沙吹盲了眼睛的山鶉像一陣冰雹般墜進菜園，在一棵棵蔬菜間啾啾啼叫。

☆☆☆

阿納爾

晚上十一點

車燈頂多只能照到十公尺遠，漩渦般的沙塵遮住了星光。我們用很慢的速度開車，直到經過一道沒有開口的城牆，城牆沿著泥土公路綿延兩百公尺，逐漸展現我們期待的村鎮。開在城牆中那道暗門非常窄小，跟法赫拉巴德一樣，整個村子都建在這扇鐵柵門後方。我用拳頭敲門。一片寂靜。然後我從城溝裡撿了一塊石頭，用它敲了好長一陣子的門。這時終於聽到一個腳步聲先是靠近，然後拉遠，接著又回來。一個嘶啞的聲音：Qi yé？（誰啊？）……我們說明了一下來意。一陣與門閂纏鬥的撞擊聲響了好久，鐵門才終於開了一條縫，透出一個農人的身影，他的鬍子拉拉碴碴，一隻手提著燈籠，另一隻手握著短棍。他肯定地告訴我們，這裡沒得吃也沒得睡。他用手指了一下兩法薩距離外漂浮在暗夜中的一點燈光，然後立刻關上鐵門，關住門內的睡眠與安全。

小小一間茶館。我們在黑暗中躺了好幾個小時，一直無法闔眼。只有一輛從東部開來的卡車停在門外，一個大鬍子司機躺在板床上，水潤潤的眼睛，粉紅色的頭巾，在這個地方模樣顯得比我們還生疏，並用一種難以理解的方言自言自語。我們覺得好像聽懂他說他是從奎達[66]來的，跟我們走的方向相反。除了這個以外，我們沒聽出任何東西。這是印度世界對我們發出的第一個訊息。

天還沒亮，我們就上路了。

☆ ☆ ☆

拉夫辛詹[67]

早上六點

我們徹夜未眠，累得發昏，於是這個城市特別顯得像個早起的地方。在兩堆開心果之間，理髮師傅那把有缺口的剃刀讓我們清醒了一半。蒸氣浴室驅走了另外一半的睡意。這棟涼爽宜人的破房子圍繞著一座水池建成，池裡的腐水泛出綠色。我們趴在濕漉漉的地磚上，任憑搓澡的伙計為我們服務，他用磨砂肥皂塗抹我們的身體，從泡脹得像個魚鰾的毛巾擠出大團大團的泡沫，又用他的手腳揉捏踩踏我們的全身關節。透過半開的眼皮，我從下方往上看到他瘦削而忙碌的臉孔；他的腰間裹了一塊布，底下的兩顆睪丸被已經開始把水窪照得晶瑩閃亮的陽光染成金色，像一對鈴鐺般快樂地晃蕩。被水淹得半死的蟑螂像旋風似地掃過我們的臉。我們舒服地呻吟著，感覺倦意全消，疲累的夜晚徹底出局，難以言喻的美好人生又鮮活了起來。

☆ ☆ ☆

喀爾曼

終於抵達喀爾曼時，我們意識到最艱巨的一段旅途才要開始：連續六百公里的酷熱與荒山一直綿延到邊界，然後是另一段里程相當的路，穿越俾路支沙漠通往奎達。在抵達老巴姆要塞以前這最初的兩百公里中，泥土公路上還有不少車輛通行。過了巴姆之後，公路就會陷入泥沙，交通流量枯竭，生命衰頹無力，大地無盡地延展，彷彿它已經沒有力氣自行停止。太陽的話……還是別提算了！至於歇腳的地方和交會的人車——密度差不多就像一小撮米被暴風吹散以後的情形。

一百五十年前，喀爾曼以披肩和瞎子出名——卡札爾王朝的首任皇帝曾讓人挖掉兩萬名居民的眼睛[68]。今天，喀爾曼的名氣來自它的花園和那些飾有粉紅色和藍色花枝圖案的地毯。我們在這裡待了兩天，都是在「第四點計畫」辦事處的涼快地溝裡拿著工具躺在車子底下度過的。不過這樣已經讓人相當滿足了；經過沙漠中的長途跋涉，能享受一點蔭涼，擁有一小塊封閉的私人空間，夫復何求！第二天適逢星期五，我們甚至多了一些夥伴。全城的人都已經聽說有兩個 **firanghi**（外國人）在安息日這天不準備休息，要修理他們車子的引擎，於是不少穿盛裝過安息日的卡車司機自行前來車庫作客：亞美尼亞人、瑣羅亞斯德教徒、穆斯林；油亮的皮鞋，嶄新的頭巾，漿硬的領口，雪白的白色長外套或體面的背帶褲。靈光乍現的時候，他們會小心翼翼地捲起乾淨的袖子，然後抓著扳手或螺絲起子修修弄弄；有些人甚至會把自己的工具拿來用；還有些人消失一陣以後，拿了一堆蛋糕和伏特加回來。大夥兒很開心，唯一缺的是音樂。

我們幾乎沒看到白天的喀爾曼，只稍微留意到某種經過破壞、蹂躪的樣貌，彷彿帖木兒的大軍剛剛通過這個地方。殘酷的正午陽光讓伊朗東部的所有城鎮都使人產生這種感覺。不過夜裡的喀爾曼我們倒真的看到了。洗過了澡、一身清涼的時候，我們會在城裡散步，讓幾個騎腳踏車的年輕人陪伴我們，他們騎過去又騎回來，然後留著不走，不斷跟我們重複說著同樣的英文句子。夜色中的喀爾曼變美了；灼熱、墮落、破敗的一面讓位給了溫柔——全世界最遼闊的天空、幾簇枝葉、潺潺的流水、在亮灰色地景襯托下鼓脹著的圓頂，交織出無盡的溫柔。出了城以後，自行車護送隊離我們而去。三棵巨木，一堵土牆，然後是一片比大海更寬廣的砂質高原。我們躺在還溫熱的沙漠上，不發一語地抽菸，心中思索著我們是不是還有看到沙漠盡頭的機會。斷裂的指甲，一閃而過的火柴亮光，劃過倦怠而優美的軌跡而後躺在沙地上冒煙的菸蒂，還有那些星星，那些星星，那些亮得足以為橫亙在東方地平線上的山脈描繪輪廓的星星……慢慢地，全然的平靜充斥在周遭。

☆　☆　☆

離開喀爾曼

七月十七日

兩天半以後，終於找到並排除了故障。幫忙我們的人——有些幫了一整夜——都不肯拿錢；他們想聽我們演奏點音樂，可是手風琴裡都是沙子。太陽下山時，他們全部擠進一輛塞滿食物的破車，陪我們上到可以俯瞰城市的山口。那裡有一條不到半條手臂寬的小小溪流，不知因為什麼迷信，他們都不敢跨越過去。於是他們坐在小溪西側，把腳伸進清澈的溪水中納涼；我們坐在小溪的另一側，大夥就這樣一邊欣賞一輪滿月升起，照亮一片無邊的景色，一邊吃吃喝喝，享受了很長一段時間。然後亞美尼亞人跟我們握手，其他人用穆斯林的方式親吻我們；他們高聲歡唱，重新爬進那輛破車，逐漸消失在喀爾曼的方向。

再次踏上往東的征途，車子裝載了沉重的飲水、汽油、甜瓜、一瓶千邑（這種長途跋涉少不了它），還有好幾瓶喀爾曼產的葡萄酒，這種酒紅得像乾掉的鮮血，烈得可以把死人嗆醒[69]。土路路況不錯，緩緩往上升高。月光夠亮，讓我們能關掉頭燈，減少電瓶消耗。關閉所有燈光，以十五公里時速穿行在如波浪般起伏的壯闊地形中，慢慢品嘗這些珊瑚色的寂寞山巒，這真是莫大的快樂。

☆☆☆

當天晚上

行進大約一百公里以後，我們抵達一處茶館，看店的是三個睏得死去活來的小女孩，她們給我們上茶的時候，揉眼睛的拳頭幾乎片刻都沒放下。在板床上抽鴉片的兩名司機看起來也清醒不到哪裡去。（這天晚上我們遇到的幾個幽靈似乎都已經一百年沒好好睡了。）至於我們……

在這片鴉片迷霧中，教人怎麼睡得著？伊朗東部人抽這玩意兒抽得很兇；尤其是生活非常勞累的卡車司機。跟波斯人聊鴉片時，他們會擺出一副大驚小怪的模樣。打破砂鍋繼續問；他們開始解釋，說是英國人把鴉片引進來的，英國人拚命鼓勵銷售……然後這樣然後那樣……不過在此不得不說的是，在這個國家，無論是冰雹下在稻田裡，或巴士摔進山溝，英國馬上會被拿出來怪罪。他們的故事版本或許有真實的成分；英國確實曾經為了鴉片而對中國開戰。不過不管怎麼說，這個習慣已經養成；從蘇爾馬克到巴姆這一路上，兩間茶館至少有一間會讓我們碰上鴉片。我挺喜歡那個菸氣，我至少有過一百次機會可以嘗試。不過那個味道！大麻的味道是多麼好聞，充滿聖潔的

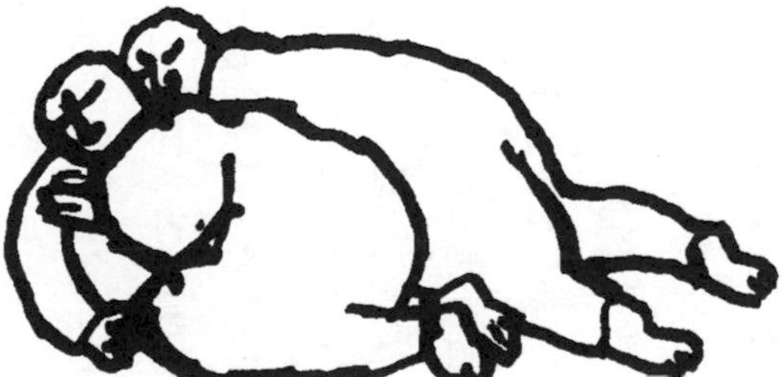

氣息，但是鴉片……聞起來一股焦臭味，像燒糊的巧克力，像電線走火，一下就讓人聯想到失意絕望的心情、騙錢的勾當、蓬鬆得像絹紙的肺部、化成一團紫色天鵝絨的內臟……而且連驅蠅的功效都沒有。

有鴉片癮的人會信誓旦旦地說，抽完兩三管以後，思考會變得更快速、更有品質，而且可以用更和諧的方式組織眼見的意象。問題是，基本上這一切只能保留給自己；旁人不但幾乎完全享受不到，甚至得為他付出代價，因為他的動作會變得笨拙而僵硬。當他不小心把手中那杯茶打翻到你的膝蓋上時，那種緩慢的速度真的讓人受不了！不過，如果要了解鴉片菸槍和他的節奏感，最好自己親自抽抽看，可惜就連好奇心也從來不曾讓我願意抽一口。總之，我們很少在那些茶館逗留。

兩點鐘的時候，我們看到一輛卡車的大燈，然後在四點鐘跟它會車。五點鐘，巴姆的棕櫚林和巴姆要塞壯觀的鋸齒狀牆垛突現在黎明時分天際線上的綠色帶狀區域。成排的駱駝和最早的幾個羊群喘著熱氣通過深幽的巷道。高聳的土砌城牆和設有擋板的暗門保護著這座城市的所有屋宇。這樣的景象流露出某種令人難以招架的非洲風情，同時，超過一千年的書寫歷史又讓它多了幾分氣勢。

千百年間，面對俾路支人的進犯和阿富汗的威脅，巴姆一直被當成帝國的前哨和堡壘。城內長期駐守著一名將軍和一支駐軍，有時他們會派兵向東方征討，據說每次部隊出發時，城內總是淚水橫流，因為士兵非常害怕自己有去無回。如今，俾路支斯坦一片安寧，將軍早已離去，從前的悲傷也煙消雲散；現在的巴姆主要是以花園著稱，一座座花園如馬賽克拼貼般羅列在壯觀城牆環繞的市區，成為喀爾曼地區阿爾巴卜們的華麗遊樂場[70]。

☆☆☆

巴姆，某處花園

七月十八日

耶和華要發嘶聲，使埃及江河源頭的蒼蠅〔……〕飛來。

——《以賽亞書》

想必耶和華曾在這裡發嘶聲。在此我想說明一下我對亞洲蒼蠅的觀感。好不容易終於有了蔭涼的陰影，有流水潺潺的噴泉，有柔軟的地毯，還有極度的疲倦——所有條件齊備，可以好好睡個覺了。可是只要有一隻蒼蠅飛來，睡眠計畫就得延後實施。至少我就會不得不放棄計畫；不過，如果已經有四或五個晚上沒睡好，這種沮喪感會強烈得無以復加。（反觀提耶里，他在這種情況下仍舊可以睡得跟一根木頭一樣，那副沉睡的模樣總令我恨得牙癢癢。）這時唯一的辦法是拚命工作，希望能藉此把自己徹底累癱。清洗白金螺絲、火星塞，給彈簧上油。重新整理一次行李，把水罐裝滿飲用水，給我們的鐵鍬安上手柄。還有上巴札討價還價買點食物，然後碰巧注意到，那些身穿黑色及藍色舊衣裳的婦女在陰影中走路時慢條斯理，可是穿越陽光普照的地方時卻連蹦帶跳，生怕燙到自己的腳，使得街上充滿斷斷續續的荒謬節奏。

接著去了一家卡車運輸公司，為我們的電瓶充電。這裡只有一家運輸公司，是一個希臘人經營的，他就像這個沙漠大港中唯一的船東，有時他會派卡車在烈日當空的時候開往札黑丹。最近這兩個星期，他一輛車也沒往那個方向派，因為一座沙丘封住了舒爾加茲哨所之後那段泥土公路，不過他卻向我保證我們還是開得過去。他對「第四點計畫」的吉普車一無所知。照理說那輛車這幾天會走這段路，而且我們還特地搶在他們前面出發，讓吉普車在後面護駕，隨時收拾我們的爛攤子。

☆ ☆ ☆

法赫拉吉

當天晚上

在巴姆以東，土路穿越一片黃沙窪地，上面有一座某位蒙古頭目的墳墓，像一根手指般孤零零地豎立著。車子開到那座墳墓附近時，一群沿著路邊走的游牧民把我們攔下，把一張從日記本上撕下來的紙交給我們。是「第四點計畫」的司機寫的便條，他們的吉普車已經開過這裡，會盡可能在法赫拉吉哨所等我們。「盡可能」的意思是：大約晚上十點，因為吉普車必須在黎明以前翻越舒爾加茲沙丘；只有在黎明前那段時間，沙丘才會在露水和低溫的作用下變得稍微硬實些。我們把車速加快。快九點的時候，距離法赫拉吉三十公里，三檔（巡航檔次）的齒輪斷了。我們只能用二檔以十公里的時速行進，利用任何一個坡度來增加引擎衝力，踩住離合器，祈禱著車速可以快點提升。我們前進得很勉強。晚上十一點，我們終於抵達法赫拉吉，可是吉普車剛剛開走了。

法赫拉吉，一個有人等著你的地方！你想像那是一個村莊。結果是**一棟**孤立的電報屋，**一棵**輕輕顫動的檉柳，**一盞**電石燈；燈下，三名默不吭聲的游牧民圍坐在一名睡著的憲警旁邊。我們把他叫醒，請他發電報到舒爾加茲的哨所把吉普車擋下，要它開回來找我們。如果電報順利傳到，吉普車應該在凌晨兩點左右會回到這裡。我們還是睡不成覺。我們一邊喝干邑，一邊罵電報局，等了好久，什麼車也沒來。（夢遊般的等待，沙漠帶來的暈眩，一位游牧民拿拖鞋打天蠍時的超級慢動作……）

本世紀初，在卡札爾王朝最後幾任皇帝統治期間，剛架設不久的電報纜線只會嗡嗡叫著從各省傳一些不痛不癢的報告到宮廷，開頭差不多都是：「眾王之王，世界的主宰，最尊貴的牧人……」後來地方才開始呈報反叛、飢荒、重大交易之類的事。真會搞排場！而現在，對我們這麼重要的一個小小求救訊息竟然沒法成功發送出去。

凌晨兩點，依然沒有動靜；不過酒精已經讓我們壯起了膽子，我們重新上路，決定開著這輛瀕臨死亡的車子前往舒爾加茲。假使吉普車真的掉頭回來了，我們不可能沒注意到它——這個地區人真的不多。

☆☆☆

然後

一直開車到天亮，設法斬斷那個妨礙我睡覺的死結[71]。沙漠染上了一層不吉利的灰白色。明月照亮了天際線，以及一種巨大的石堆，那是這個路段上讓卡車司機可以在土路被風沙抹除時用來辨識方位的標誌。這一帶是魯特沙漠的最南端，年復一年，這裡平均每年有六名卡車司機因為車軸斷裂或電瓶被太陽曬乾而喪命。此外，魯特沙漠的名聲確實不好：羅得——這是「魯特沙漠」這一地名的由來——曾在這裡眼睜睜看著妻子變成鹽柱[72]；很多精靈和食屍鬼在這裡遊盪；波斯人在這裡設了「惡魔寓所」的其中一棟。假如地獄指的是這片充滿危險的死寂、這個只有蒼蠅的嗡嗡聲攪擾的「反世界」，那麼波斯人是對了。

儘管這一千公里以來一直有人對我們提出警告（在德黑蘭的時候就已經有人囑咐我們要小心），舒爾加茲的沙丘其實沒那麼糟糕。大約只有三百公尺的路面被風沙淹沒，而在轉彎的地方，一輛失事卡車焦黑的車身至少讓我們知道哪個方向千萬不能走。天空已經泛出綠光了。我們把輪胎的氣放光，以增加承重面積，先前在這輛廢車旁邊睡覺的三個小孩（他們究竟是打哪兒冒出來的？）幫我們推車。花了一個小時，我們總算通過了這個關卡。

☆☆☆

上午五點到七點

我們來到最後一個哨所。

這些有辦法在這種地獄中生活的士兵令我肅然起敬。兩個天涯淪落人，兩頭上了鞍的駱駝，兩個飯盒，一袋蠶豆或麵粉，兩把手槍。或者該說兩個槍套，因為裡面的武器通常已經沒了。攜有武器而且自生自滅的人是很危險的：他可能被太陽曬昏頭，於是開始胡亂放槍，或者天曉得會不會朝自己開上一槍。而且武器是引人覬覦的東西。會不會有歹徒把你打昏，然後把槍搶走？這可不行，最好搶先一步把槍賣了；而買槍的人可能就是那些你本來被交代要監管的人。這樣一來，就沒有人會懼怕你，你也可以安穩睡覺了。有了這點錢，可以買東西

吃、買鴉片吸，打發一些時間，等著下一次調職。這是苟延殘喘的最好辦法；無論日子多麼無奈，這份小小的憧憬總能帶來慰藉。

我們想問他們前面的路況怎樣。提耶里走下車，朝哨所的方向走去。我也離開駕駛座，尾隨在他後面，才走兩步就臉朝下栽進沙地裡（這時沙地還不會燙人），然後就睡著了。提耶里回來的時候，架著我的手臂把我拖到車門邊，接著把我抬上副駕駛座，這整個過程都沒能把我吵醒。不過太陽很快就完成這個任務了。才七點鐘，它就像豎起來的拳頭一樣猛然上升，開始把車身鋼板燒燙。我經常會想到太陽，不過還從沒把它跟殺人兇手聯想在一起。回過神來以後，我聽到提耶里在喃喃自語：「我們還是滾吧……滾出這裡吧……」後來他告訴我，根據那些憲警的說法，在抵達諾斯拉塔巴德以前，還有一些這樣的沙地得通過。

☆ ☆ ☆

上午十點

為了通過幾乎像是一片液體的三十公尺沙地，必須卸下行李，減輕車子的重量；鏟土、把地面弄平；撿一堆樹枝和石頭，鋪在路面；然後用所有衣物把這個鋼鐵怪物覆蓋住；放掉輪胎的氣，排到一檔，放聲大喊把氣吸進肺部，然後死命推；最後重新打氣、重新整理行李裝上車。

在這樣的太陽底下，到後來眼前幾乎是一片黑暗。不過我們還是注意到我們的手臂、臉部、胸部上覆蓋了一層厚厚的鹽霜。

☆　☆　☆

中午

我們假裝沒看到它，不過那的確是一座山，而且泥土公路是以無法想像的坡度穿越它。這就是小小的古拉赫山口——我是兩年以後才在一張德國老地圖上找到這個地名的。當然，它不是特別巍峨壯麗：一堆熱得冒煙的灰色岩石，三棵讓地衣掛滿鬍鬚的檉柳殘骸，幾個蠻荒的彎道。也不是特別高；不過它的位置正好就在生命想要放棄、勇氣後繼無力、身體像破罐子般讓水迅速泄漏的絕望地。而且是在這個季節，這個時辰！得爬上爬下四次，才能把行李扛上山口。然後回頭，墊著一堆布料抓住燙得再也碰不得的車身鋼板。排一檔、扳離合器、跳下車、拚命推……直到眼前一片昏黑。到了山口頂部，活塞發出十分不妙的碰撞聲，我們的眼淚奪眶噴出。我把哭成淚人兒的提耶里扶到車子底下的陰影中。非得找到什麼地方歇歇不可了。

兩個鐘頭以後，在諾斯拉塔巴德的茶館裡頭睡覺的那些客人，聽到引擎聲出現在這個不可思議的時辰，還以為自己在做夢。在七月份的魯特沙漠南部，太陽出來以後沒有人會開車上路。

☆ ☆ ☆

諾斯拉塔巴德的茶依哈奈

下午兩點到四點

癱倒在板床上，累得不停打晃，根本不可能有睡意，我們只能盯著看裝飲用水的罐子冒出大滴大滴的露水。罐子放在一個類似祭壇的台子上，周圍擺了一圈荊棘，活像一尊神明。我們還看到茶客們的白色長衫在昏暗的室內透過一陣陣波動，釋放白天在外面吸收的陽光負荷。我們發現，那個該死的小山口已經替我們換了一個世界，這裡的臉孔不像先前看慣的那些臉龐了；白色的頭巾、剪出瀏海的黑髮、被曬得像撲克牌侍衛那樣焦黑的面容、彷彿剛從火堆拉出來的木炭那種樣態——滿堂都是俾路支人了。

時間慢慢過去……我們的思緒中斷了，回過神來的時候，只見老闆跨著怒氣沖沖的大步，正在追一隻他要割斷脖子的雞，他的手像飛濺的火星，在那隻驚慌逃竄的家禽後面狂亂揮舞。

接著，我們開始留意自己肩膀底下的地毯紋路，或是臉頰上那一小塊像落進陷阱的野獸般不停抽搐的肌肉。然後，隨著神經慢慢放鬆、太陽逐漸西沉，一種令人滿足的疲勞感受襲來，一股想要崇拜、想要託付自己命運的欲望驟然攫住整個人，在某個平日不會注意到的深邃角落釋放出澎湃猛烈的生命能量，令人不知如何發洩。假使還能移動某個肢體，我們願意盡情跳舞。不久後，心臟——這個泵動情感的唧筒——平靜下來；感覺這塊大肌肉又強健了起來，忠誠地守在肋骨底下，拍打得更加游刃有餘。

☆☆☆

稍後從六點開車到午夜，穿越鐵灰色的群山，然後抵達札黑丹：瘦弱的尤加利樹，舞台布景般的月亮；在沙子路交會的十字路口中央，一名憲警露出不可置信的表情，看著這輛沒有燈光的破車，從車上冒出頭的吉他把手和酒瓶，還有這兩個彷彿剛從鹽湯裡撈出來的鬼魂，出現在這種時辰，在地球上的這個角落。

☆☆☆

札黑丹

七月二十日晚間

城裡唯一的技工模樣像個莊嚴的隱士，他整天盤腿坐在巴札一角，也順道賣些蔬菜。他花了好一陣子檢查我們那個斷裂的齒輪。齒輪彷彿一顆寶石，在他潔淨無瑕的衣袍上閃閃發光。我端詳著他這張臉，看起來活像吃得很好的耶穌，還有他的棕褐色腳趾，跟嬰兒的腳趾頭一樣又乾淨又飽滿。實在很難想像這個相貌宛如聖人的人物居然會是修理機械的。最後他終於把零件還給我們：Quetta doros miché（奎達那邊才有辦法修）。每星期一次從奎達運三車飲用水到札黑丹的「西北鐵路公司」規模雖小，不過很懂得獅子大開口：載運我們這輛車要價高達一千盧比，而我們手裡連一盧比都沒個影。於是我們只好做自己開車的打算，用二檔穿越七百公里的俾路支沙漠。我們躺在地上工作了一整天，把引擎和變速箱都拆下來整頓。第二天我們又得把它們裝回去。幸好這中間還能暫時收兵休息。

回到哈西迪斯旅館。又是希臘人經營的。在非常柔和的光線中，老闆和他的家人——一個白髮挽成髮髻的胖母親和兩個小女兒——坐在院子裡的胡桃樹下，一邊剝開心果一邊吃晚飯。他們說的是希臘語：φ（phi）、ψ（psi）、θ（thêta）這些洋溢希臘風情的發音縈繞在餐桌邊，飄揚在溫暾的空氣裡，比較霸氣的 ω（omega）穿插其間，在盛裝飲用水的天藍色長甕上迴盪。一支乾燥的橄欖樹枝葉掛在門上，幾張舊木餐桌沿著白牆擺放。一名灰白膚色的俾路支女服務生在井邊洗鍋子。一幅凝滯、輕盈、平衡的畫面：在夜色漸濃的一方天空下，這個院子如同色薩利[73]的縮影。西瓜，雞蛋，羊蹄膀，啤酒，茶。茶匙在杯中轉動，將疲勞和回憶攪在一起。我刻意將通往奎達這個路段的危險拋在腦後。我聽憑美人魚的誘惑。隱身在亞細亞深處的希臘小館，莫管它的酒是用現代的卡車還是古代的三層槳商船運來，當年伊阿宋[74]在克里米亞經營的酒館，想必跟這裡沒有太大差別。

☆☆☆

米爾亞維海關

七月二十一日晚間

海關圍繞著一片長形沙地建成，幾名敞胸露肚的士兵和一名鬍鬚顫動的海關人員硬要我們苦等他們的上司，彷彿非讓我們失去耐心不可。他們沒有一個人有膽去打擾那位暴君，但我們沒多久就不必費心思猜測他在忙些什麼了：一名女傭剛捧著好幾瓶酒，從院子走過。一個神情慌亂、蓬頭亂髮的女人身影出現在一間用油燈點亮的房間窗戶裡，不久後，不可思議的快樂呻吟就開始在夜空中飄盪。

唉！這算什麼海關！那種粗野的喧囂聲活像熟睡者陷入噩夢時的尖叫。沒有女人住在這一帶。我不禁想著，為了領到一份報酬，為了這個孤單而糜爛的老男人擺下的盛宴，為了這個萬萬不能受打擾的夜晚，她不知坐了幾個小時的卡車、忍受了多少沙塵和蒼蠅，才來到這裡。太陽底下，人的命運是多麼千奇百怪！

後來，那名軍官一手擦嘴巴、一手整理衣服，走過來接見我們。我們在一本墓碑大小的黑色登記簿裡寫了幾行字，登記在我們上面那個人叫奧萊爾．斯坦因[75]，他是二十年前經過這個地方的。我們喝了老頭慷慨奉送的茶水。我問他前方的路況怎麼樣，他語氣淡定地回答說，有六公里的路面消失了，他懷疑我們過得了。不過一旦登記了出境資料，我們也不能回頭，而巴基斯坦的第一個檢查哨遠在這裡以東一百公里的地方。假使我們沒主動開口問，隊長恐怕連警告我們一聲都懶得做。他整個人還沉浸在方才的狂喜中。我們又哈拉了一陣，才請動那些士兵陪我們走一段，幫我們推車。

☆　☆　☆

億萬顆星星下，又剩下我們兩個人，獨自面對一望無際的俾路支沙漠。我們實在撐不住了。黑夜即將結束。其他時候我們深深喜愛伊朗，但此刻我們卻深深痛恨伊朗。伊朗，這個曾經創造過、熱愛過那麼多東西，曾經因為驕傲而犯下那麼多過錯，曾經那麼機靈狡詐，曾經遭受那麼多苦難的老病夫。雙手高貴如象牙的年邁貴族，時而在理智的時刻施展令人銷魂的魅力，時而在逐漸消逝的遲鈍記憶中顯露垂死樣貌；如今，它已落入強大無庸置疑、精緻則遠不及它的債主國手中，任憑它們擺布。對於趨於衰弱的一切，我們不該嚴厲看待。我們不該責怪年邁的病人變得又老又病，但是，當時候來到，我們是多麼如釋重負地離去。

☆ ☆ ☆

俾路支沙漠

夜色深藍，黑色的沙漠寂靜無聲，我們坐在路邊；這時，一輛從伊朗開來的卡車停到我們眼前。打招呼、聊天。幾個男的坐在大包小包的物品上做這趟旅行，其中一個人抱著一個編織行李包，從上面衝下來找我們，他打開行李，給我們一人遞上一包哥爾班德牌香菸；菸支細長，末端標有淺淺的波斯文字，味道細緻，略帶苦澀，散發一絲揉合哀悼、耗損與遺忘的非凡氣息，就像波斯。

距離國界已有兩天車程，我們滿懷溫情地回想起那一切；浮現在心中的波斯宛如夜色中的一片遼闊空間，上面是層層疊疊的藍，非常柔和，充滿悲憫。我們已經願意還她一個公道了。

關於薩奇酒吧

奎達

黎明時分，看到一個標牌，上面寫著「此處為柏油路」。我們以為終於熬過來了，誰知道過了努什基以後，一道山口擋在前面，全是積了厚厚塵土的坡道，必須一公尺一公尺打著楔子才能征服，逼得我們不得不服用興奮劑。中午時分，我們通過了奎達路障。白楊樹和荊棘圍繞的甜瓜田取代了沙漠。泥土路變成真正的公路，然後變成林蔭道，兩旁的巨大尤加利樹枝葉搖曳，樹影婆娑。環顧周遭，這座城市為數不多的景物元素寬鬆地散布著：一片片的清涼樹蔭，集結成隊的灰色水牛，幾扇由衛兵和青銅大砲守護的維多利亞式大門，還有沙質地面的小街巷；包著頭巾、儀表堂皇的老漢騎著上足了油、安靜無聲的漂亮自行車，沿著小巷飄移。這是個輕盈如夢的鬆散城市，充滿閒情逸致、難以估量的小貨品、飽含汁液的水果。我們的到來同樣輕盈——兩個人加起來只剩下一百公斤。我們互相擰捏，以免睡著；隨著興奮劑藥效褪去，某種黑夜在白晝中逐漸蔓延。

以泥灰刷得潔白亮麗、造形古怪得像結婚蛋糕，這間圍繞著一棵百年老桑樹建成的小旅館「車站美景」對我們再適合也不過。膚色深得像一尊神像的老闆總是頭戴一頂阿斯特拉坎帽[1]，坐在小中庭入口的壓花黃銅登記台後方。登記台上擺了一個看起來不太堅固的鬧鐘，每天早上雞還沒啼，它就會把我們吵醒。小小的房間附設了一間從前印度特有的簡陋盥洗室，裡面只有一個水龍頭和潮濕地板上的一個洞，洗澡時得拿小木桶接水直接沖，面對著一張壯觀的坐便椅，便椅扶手磨得發亮，發出柔柔的光澤。

旅館也有一個頂樓露台，入住當晚，我們在那裡就桌而坐，借酒淹沒沙漠的風塵。我們真的來到城市了，這天晚上，我們終於可以享受鋪得好好的睡床。一杯杯威士忌宛如滿含同情的波浪，沖激我們的身心，魯特沙漠施加的巫術彷彿被一一祛除。不時聽到桑葚掉進中庭的聲音，中庭裡，兩名客人盤腿坐在各自的床鋪上，偶爾隔著蚊帳，用謹慎的口吻交談幾句。一種疲憊不堪的幸福感令我們靜默無語。枝葉在四面八方沙沙作響，這裡的世界處處都是樹。在我們的酒杯之間，一疊「奎達郵局局長轉交」的信件等著讓快樂席捲我們。

「桌子給你用，」提耶里說。「我到浴室裡畫畫。」

可是我並不急著寫東西；我想在幾天時間裡讓「抵達奎達」這件事成為我的主業。

☆ ☆ ☆

由於一位非常有名的聖徒從喀布爾南下到此講道，旅館裡頭上下亂成一團。走廊和房間嗡嗡迴盪著虔誠信徒的說話聲。breakfast[2]一結束，餐廳馬上就變成祈禱堂，毛拉坐在一堆英國畫報和匆匆撤收的果醬碟中間接見信眾。身穿隆重裝束的信徒排著長長的隊伍，連續等候數個小時，為的是親吻他的雙手，獲得他的降福、醫治、忠告，或者問他某個對穆斯林而言極為重要的神學「難題」。笑聲，打火機的咔嚓聲，連續背誦《可蘭經》蘇拉的聲音，汽水瓶「啵」一聲打開的撩人聲音（雖然我們已經灌了一肚子茶水，聽到這種聲音還是覺得口渴），各種聲響不絕於耳。走過大漠以後，這種社交的喧囂令我暈眩。必須斟酌著重拾都市生活。

「車站美景」大門對面，一個氣色很好的乞丐墊著一份展開的報紙，躺在一棵法國梧桐的陰影中；每天早上，他都會把報紙換成新的。全職睡覺絕不是一份簡單的工作；雖然這位街頭鄰居已經在睡眠這行打滾很久，他仍然在努力摸索那種絕大多數人一輩子都找不到的理想姿勢。隨著氣溫與蒼蠅攻勢的變化，他嘗試各種不同版本的睡姿，依次營造哺乳、跳高、屠殺、做愛等意象。清醒的時候，他是個彬彬有禮的人，沒有伊朗乞丐經常流露的那種飽受折磨而又以先知自許的神態。這個地方看不到太多貧困，比較常見的是一種讓人生顯得比灰燼更細緻、更輕盈的簡樸。

大門右側，一間水果店前面，有一個全身光溜溜的年輕男孩，他的腳被人用繩子栓在一個鎖進牆壁的鐵環上。他拉扯著繩子哼哼唱唱，在泥土地上畫一些圖形，啃著玉米吃，或抽店老闆事先點好直接塞進他嘴裡的菸。「不不，他不是被人處罰，」旅館老闆告訴我。「他是個瘋子，如果把他放掉，他會逃跑，然後他就會挨餓；所以我們今天把他放在這裡，明天把他放在那裡，這樣他就不會跑丟了。這種作法蠻合理的吧？」

魯特沙漠帶給我們的疲勞遲遲無法消除。我們到哪裡都會睡著。理髮的時候睡，倚在郵局窗口辦事的時候睡，坐在那種在這裡被當作計程車的黃色無頂出租馬車上搖搖晃晃的時候也睡；在小小的「水晶電影院」裡，坐在條紋座椅中，膝蓋上擺著茶盤，享受著鄰座客人搧的風，這時就算銀幕上那個因為放映機不優而顯得暗沉但卻更完美的伊莉莎白．泰勒（Elizabeth Taylor）正在初嘗愛情的神奇滋味，我們依然照睡不誤。可是到了夜裡，就換成輾轉難眠了；用床單蒙住眼睛，耳朵裡充斥著以二檔開車時引擎的可怕嗚唱，我們彷彿再度穿越大漠，直到天明。

我們疲勞不堪，在已經曬得很烈的陽光中猛打哈欠，踩著有氣無力的小步伐出發探索這個城市。

☆☆☆

一九三五年五月三十一日，一場地震把這個城市夷為平地，造成三分之一的居民死亡。不過樹木安然無恙，而在這裡，只要有水有陰影，就可以是個地方。奎達人以非常簡約的方式重建了城市。沒有地基，不鋪礫石。只有填塞稻草的柴泥土牆，以及木材、草蓆、鐵桶、褪色地毯的優美組合。在俾路支人城區，店鋪蓋得又狹小又單薄，一個壯漢恐怕就可以把它扛起來搬走。就連真納路[3]——城內的大動脈、最「現代化」的街道——也彷彿在兩旁的單層房舍和亮漆木造立面之間飄盪。這儼然是個連夜趕工搭建出來的西部片布景。只有那些參天的大樹、小院落中幾乎垂到堆肥上的大南瓜，以及「建利銀行」[4]的黃銅大門，才稍微顯出某種具有持久性的份量。還有多得令人嘆為觀止的告示板、招牌、廣告和一大堆無聊的囑咐——Cornflakes（玉米片）……be happy（要快樂喔）……Smoke Capstan（抽菸必抽凱普斯頓[5]）……Keep left（靠左行駛）……Dead slow（以最低速行駛）……——充塞在這個粗略簡樸的城市格局中。儘管隨處可見這些用苯胺顏料塗寫的文字，這個城市卻徹底缺乏重量。完全沒有膠著。一陣強風就能把它刮走。而它的無盡魅力，正源自於這種脆弱。

☆☆☆

奎達：海拔一千八百公尺，人口八萬[6]，駱駝兩萬頭。

往西八百公里，在鐵路線的盡頭[7]，波斯裹在厚厚的沙塵大衣中沉睡。那邊屬於世界的另一側，而除了走私現象以外，這裡沒有任何事物可以讓人聯想到波斯。

在城市北方，一條小小的軍用道路穿越農業地帶，深入一片乾旱的平原，然後往上攀升到科加克（**Kodjak**）山口和阿富汗邊境的山脈，那裡是奎達附近各部落夏季放牧的地方。儘管從國界通到坎達哈[8]的泥土公路路況極佳，卻幾乎沒有人車往來，位於查曼（**Chaman**）的小小海關彷彿一座火爐，除了時間流逝，沒有任何事會發生。

往東北方向，一條鐵路支線一直通到瓦濟里斯坦山山腳下的桑德曼要塞[9]。居住在這片山區的帕坦[10]氏族——馬蘇德人和瓦濟里人——是整個邊境地帶最強悍的族群，他們凶狠好鬥，精於掠奪，而且時時出爾反爾，因此鄰族異口同聲地拒絕承認他們是穆斯林；經過十四次討伐，才終於讓他們明白自己已經不再能呼風喚雨。

最後是往南，幹線鐵路及一條與它並行的劣質公路沿著這個方向通往印度河平原及喀拉蚩，中間經過波倫（**Bolan**）山口。波倫山口是山牧季移活動的重要孔道，每逢牧地轉移的季節，那裡就會擠滿無數凍得發僵的駱駝群，洶湧地投奔和暖的氣候和秋天的牧草。

基本方位大致如此。這些方位點都很遙遠，它們有助於標誌地理位置，但對奎達本身無足輕重，因為這座城市孤守一方，在宛如第二帝國風格玩具的火車站、泥沙淤積且蚊蟲孳生的運河，以及天還沒亮風笛就吹響起床號的駐軍營區之間，自顧自地活著。

☆　☆　☆

在拉姆贊修車行，我們在一堆拆得七零八落的卡車中間奮鬥了十個鐘頭以後，終於把引擎裝了回去。夜幕降臨。隔壁茶館的小傢伙東張西望地在滿地的千斤頂間收拾髒杯子。他收完以後，技工們抓住他，用親熱友善的大動作像丟皮球般把他推來推去，然後他們戴上看起來很滑稽的俾路支式繡花圓帽，趿著拖鞋走出院子，踏進一片瀰漫的紅色沙塵中。我們滿頭油污，從底盤下方鑽出來，守夜的管理員遞給我們一條泡了汽油的抹布，讓我們去除臉上和手上的污垢。（現在就別忙著測試這個引擎了；明天它自然會轉得更好，每個新的日子一定都會有屬於它的好運。）

拉姆贊．薩希卜在玻璃隔間裡一邊用做作的嗓音唱歌，一邊整理發票。他是個膚色漆黑的大塊頭，留著獅鬃般的頭髮，手掌紅潤，五官長得既端正又好看。他也是機械方面的行家，切割gunmetal（砲銅）跟切牛軋糖一樣順手，而且他做事很有辦法。他的修車行叫「開伯爾山口機械行」，是一間由一堆馬口鐵油桶、一個小院子和一架電梯組成的庫房。取這麼一個宏偉的名字可說是名至實歸：拉姆贊和他的團隊什麼都會修，在方圓四百公里範圍內所向無敵。很多人讓車子從阿富汗、桑德曼要塞、錫比（Sibi）這些地方遠道而來，用最後一點力氣翻越各處山口，就為了到他這裡起死回生。

這裡的人習慣把所有機器用到報廢為止，不會想到要中途轉賣出去，而修車廠的人員完全不懂那種在我們那邊大行其道的戲碼：裝出吃驚或不屑的表情，讓車主對自己的「廢車」感到顏面無

光，然後迫使他們買新車。這些人是純粹的工藝師傅，不是汽車推銷員。一個汽缸蓋爆開，一個凸輪軸碎裂，一個儀器罩裡塞滿鋼鐵粉末——要想讓他們傷腦筋，得有比這些更嚴重的問題才行。「健康」的部分——頭燈、能正常關閉的車門、堅固的底盤——比較能讓他們印象深刻；至於其他那些壞掉的地方，實在不足為奇，他們的存在目的就是為了把它修好嘛。就算是最難搞的破車，他們也願意把它拆開，用從卡車上拔下來的零件加固，讓它變成無敵鐵金剛。這是一種讓人嘖嘖稱奇的即席創作，創作內容永遠不會一樣。有時候，他們會讓螺絲起子發揮驚人能力，完成令人脫帽致敬的修補工作。他們閒不下來，錢也賺得不少；一邊焊接、調整，一邊在鍛鐵煤爐上烤麵包，或是嗑開心果，把果殼吐得整個工作台都是，而滾沸的茶壺永遠伸手可及。這些技工原本大都是卡車司機，哪裡都有他們的足跡；他們的生活場所、他們的回憶、他們的情愛，散布在遼闊無邊的疆域中。見多識廣的人生經歷塑造出既開明又爽朗的性格。跟他們一起工作卻不跟他們結成朋友，這是不可能的事。

我們一身疲憊，一顆心在我們這副已被魯特沙漠掏空的軀殼中無所適從，乾脆放下工具，到特種營業區的一家茶館小憩。我們坐在店門外，把奶茶捧在膝蓋上，觀賞這三條小街在晚禱結束後漸漸熱鬧起來。光滑的圓形鋪路石在沙塵下半掩半現，衣櫃般大小的店鋪販賣紅糖、肥皂、擺在錫箔紙上的小撮杏仁、星象圖、小雪茄。幾個纖細的身影包裹在紅金相間的紗麗中，挺直地佇立在自家門口納涼。還有幾扇藍色的門，上面開了有欄柵的窗口，一些黑色瀏海半遮臉龐的年輕女孩正在裡頭等待顧客上門。先是隔著小窗私密交談，然後門扇半開，把求歡者納進屋內，如果他大方爽快，就會有一盤茶水送來，外加樂師在旁助興。大門關上，魯特琴開始低鳴，星星爬到這片充滿鄉野氣息的街區上，從沙漠前來購物的魁武大漢把手背在身後，氣定神閒地晃蕩，軟帽上插著一朵犬薔薇，縱情吸吮夜晚的芬芳，隨著來自昏暗門扉後方的召喚，陶然改變踱步的方向。

這裡沒有金光燦爛，沒有一絲急忙慌亂；人們來這裡不是要追歡逐樂，而是為了尋覓逸趣閒情。我想到某些歐洲人心目中的「狂歡」——招搖的霓虹燈，滑濘的人行道[11]，那些面色磚紅、花天酒地的俗人。庸鄙下流不是人人張羅得出來。俾路支人周身天開地闊，他們擁有太多自然的風雅；關於他們的一切——哪怕是花錢買春——都昭示出某種境界的雅緻與樸真。

☆☆☆

汽車機械令人口渴；茶、芒果汁、鮮榨檸檬消耗了我們的最後一把盧比。我們翻閱一年前發行的《巴黎競賽》[12]週刊，透過幾個斷簡殘篇了解天下大事，並發出密封信函，申請簽證前往五六個地區——盡是些終年積雪的山區。奎達只是交叉路口，接下來我們還得選擇行進方向。我們滿頭大汗地狂吃辛辣如火的咖哩料理，匆匆吞下各色各樣的糕餅甜食，為的是把身體養得肥肥壯壯，讓自己的陰影飽滿膨脹，聽見踩在沙中的腳步聲穩健豪放。健康就像財富，必須曾經耗盡，才能珍惜它的存在。

☆ ☆ ☆

車站美景酒店

坐在旅館門前，我看著形形色色的人們：賣可麗餅的小販肩上扛著鍋子走過，賣笛子的商人鼓著腮幫子吹出高音，還有那些牽駱駝的，他們丟下自己的牲口，邁開大步，一臉貪婪地跑去買**一根**香菸。俾路支人不斷為我製造快樂。

根據某一種詞源學論點[13]，「俾路支」這個詞彙的含意是「厄運」，而取這個地名的目的在於以邪驅邪。西藏人也有類似的作法，他們會替幼兒取「頭癬」、「糞」、「苦」這類小名，藉此驅離惡靈，直到斷奶為止。這種對厄運耍小聰明的方式蘊含著極大的樂觀與勇氣。如果人們指望靠一個簡單的反語來騙過魔鬼，那是因為他們把無上的全知保留給天主，只讓魔鬼擁有極低的領悟力。這個辦法在俾路支人身上非常成功；就我所知，很少有其他民族比他們更不願提及霉運這種事。

俾路支人對自己相當有自信。他們內心那份自如盪漾在他們鬍邊那抹笑意中，展現在他們永遠乾淨的舊衣衫的摺襉裡。他們殷勤好客，但很少逾越分寸。舉例來說，他們不會五十個人擠成一堆，圍著一個正在為車子換輪胎的外國人竊笑；相反地，他們會奉上熱茶和李子，然後找個人當翻譯，問你一堆切中要害的問題。

他們不見得熱愛一般的工作，不過樂於投身波斯邊境的走私活動；當天主凝視著貨袋在沙漠另一端轉手時，他們會適時發射綠色信號彈，把「查蓋邊境軍團」[14]的精良巡邏隊吸引到沙漠這一側來。

晚禱時分，草地上遍布著俯伏在自己包袱旁邊的身影；在無比虔敬的禮儀中，也不忘吹牛扯蛋。俾路支人是虔誠的遜尼派穆斯林，但沒有一絲狂熱成分。對待基督徒不但跟同宗教友一樣友善，而且多了幾分關注，喜歡問各種問題，因為他們就像白鼬一樣好奇。盲目篤信、嗤之以鼻、故作姿態，這些都不是他們的強項。無論是游牧民、牛津畢業的薩達爾[15]、修理拖鞋的臭皮匠，他們活得無拘無束，對詼諧滑稽的表現非常欣賞。在拿破崙的時代，英屬印度公司[16]一位名叫波廷格的中尉透過喬裝打扮的方式成功跑遍整個地區，唯一逃不過的是俾路支人的眼睛，但由於他懂得用笑聲化敵為友，在幾次危難之際順利死裡逃生。這種開懷的性情是他們的基本德性之一。在奎達，我有好幾次看到容貌尊貴的老先生笑得從他們騎的萊禮（Raleigh）自行車上摔下來，原因是某個店家拋出來的笑話說進了他們的心坎。

☆☆☆

在開伯爾山口修車行磨出來的三檔齒輪不幸在試車的時候斷掉了。拉姆贊用兩手把玩著這塊迫使我們滯留在城裡的斷裂鋼鐵零件。他想不通；這玩意兒明明是從他跟駐軍庫房「借用」的裝甲鋼板切削出來的。他提議親自盯著淬火再幫我們做一塊，不過這意味著耗費一個星期，然後承擔新齒輪也斷掉的風險。我們決定打電話到喀拉蚩訂零件；擠在地板被檳榔汁弄髒的隔間裡，聽到八百公里外的一個鼻音清楚說出一個驚人數字，我們的假期隨之報銷。恐怕得搬出旅館；我們都還沒從先前的勞頓中恢復過來，而現在，貧窮的前景已經令我感到恐懼。

我們渾身油污，垂頭喪氣地從郵局返回旅館，這時兩名四處尋找報導材料的記者擋住了我們的去路。坐在檉柳樹下抽著菸，我們訴說了我們的苦難。「到露德旅館去吧，那裡的老闆會免費招待波斯來的旅客入住；旅館才剛開幕，他用這種方式打廣告。你們到那邊肯定會得到很好的接待。」施惠於人的快樂使他們變得口若懸河，開始列舉各式各樣的佳餚。他們所言不假。旅館經理紅棕色的臉上淌著汗珠，胖胖的身體撐在一件美觀的青年布襯衫裡，他先告知我們用餐時間，然後幫我們打開一個有尤加利樹遮蔭的房間。一個小時以後，我們就搬進這間旅館了。提耶里在畫架上把畫布攤開來；我在桌子前面展開某天晚上在波斯收到的那塊地毯（深灰色底上誇張地布滿柳橙和檸檬圖案），然後把打字機夾在手臂下，回到拉姆贊那裡焊接幾個大寫字母鍵。當天晚上，我們向城內唯一一間酒吧的老闆賣藝——吉他、手風琴、爪哇舞曲、華爾滋——然後我們的生活又有了不同的轉折。

☆ ☆ ☆

我永遠不會忘記薩奇酒吧和雇用了我們三個星期的酒吧老闆泰倫斯。自從我們風聞他仙逝的消

息以後，我心裡一直渴望著他會突然再次出現，穿著他鬆垮的法蘭絨長褲，閃著一雙耐心十足的眼睛，戴著他那副鐵框眼鏡，還有他那種性向倒反者常有的古銅膚色，雙頰顯現兩片水漾漾的嫣紅，從中透出無盡的情感。他是個心不在焉而又親切和藹的人，神態中蕩漾著某種既明亮又破碎的特質。雖然他在這方面相當保留，但他似乎因為那個傾向而感到痛苦；然而，在這個城市中，其實有很多人會為此情不自禁——廚師薩迪克一邊撥弄爐火一邊哼唱著的一首帕坦小曲，以清新可人的方式證明了這點：

一個小伙子游過河
他臉蛋美麗如花朵
他翹臀圓渾如桃果
唉呦！我怎不會游泳……

泰倫斯自己也做得一手好菜：甜椒湯，木炭烤牛排，還有他拿一支用火燒紅的小鏟子慢慢打出來的巧克力舒芙雷。他會運用獨家竅門和靈感，為佳餚錦上添花，以充滿熱情而恰到好處的方式撒上各種香辛料。他的菜色彷彿是東方術士和戀愛中的吉普賽女人合作的成果，這種細膩的料理手法最能顯露他屬於女性特質的部分，還有一種對卓越品質的強烈渴望——把他所做的一切都做得盡善盡美——這讓他的種種人生經歷不時展現出解放和征服的姿態。

薩奇是波斯詩歌中的蓋尼米德[17]、天堂的司酒官、引人享受快樂的領路人。掛在酒吧入口處上方的木質招牌為「何謂快樂」做了絕佳說明：一個長頸酒瓶，一具水菸筒，一把詩琴，一串葡萄，都以朦朧而精美的色調繪成，每顆葡萄卻如洗滌如新的窗戶般晶瑩閃亮。在這塊木牌後方，薩奇酒吧充滿驚奇的一方天地鋪陳開來，泰倫斯在那裡指揮著一群膚色黝黑、慵懶迷人的小伙計。

這是一個狹窄而清爽的廳堂，搭配一個用灰泥刷白的露台中庭，每天一到晚上，城裡那些愛做夢的人們就會在月桂樹的馨香中坐到桌旁，而就在這個地方，從九點到午夜，我們冠上「歐陸樂師」這個惑人名號，有模有樣地彈奏我們的樂器。

泰倫斯曾經嘗試把小中庭改造成法式涼棚空間；兩棵盆栽樹木，一個舞池，上面撐著一把被蟲子蛀蝕的大陽傘，一些藤椅，一架鋼琴，琴上擺了造型奇特的燭台，牆上則掛了四幅《巴黎生活》雜誌封面，畫面上的巴黎女人無不秋波流轉、髮捲嫵媚、香肩醉人。然而距離遙遠、記憶陳舊，使這個企圖化身為法式歌舞小酒館的地方顯得單薄，幾近抽象，而那些被陽光曬得翹起來的金色圖像不足以祛除充斥在這個地方的乾旱和亮白。泰倫斯感覺到這個嘗試的失敗；中庭邊上那道禿牆令他煩惱，讓他心有不甘。第一天晚上，他就請我們在整道牆上畫一幅壁畫：魚，成群的沙丁魚，輕柔的波浪，水光，藍色。不過怎麼畫呢！黎明時分，我們返回旅館，試著回憶我們最後一次看到的魚是什麼模樣；是阿巴固那家茶依哈奈裡頭沿著一道純淨清水、從地底深處冒出來的那些長了鬍鬚的無色小鯰魚。不過我們起身時，無論是魚兒、海豚，都已像一場夢般煙消雲散。前一晚我們離開以後，泰倫斯接見了一些訪客。現在他顯得憂心忡忡；他忘了壁畫的事，有了新的計畫：離開奎達。

☆☆☆

泰倫斯無疑閱歷豐富，因為幾乎所有他的客人——俾路支或帕坦的地方長官、流亡國外的阿富汗自由派人士、旁遮普[18]商人、為巴基斯坦服務的蘇格蘭軍官——似乎都是在其他地方認識他的，而且通通管他叫「上校」。從頭到尾拼湊起來以後，他在等待黎明到來以前跟我們說的故事可以讓人勾勒出這樣的人生歷程：他的父親是派駐在波斯南部的一名英國領事，他在那裡成長，後來進入英國御林軍服役晉升。他把繼承到的遺產揮霍在俄羅斯芭蕾舞團[19]和德拉日跑車[20]當道的巴黎。他到阿比西尼亞[21]待了幾年，但義大利人進占[22]以後被迫離開。接著是一連串磨難，不過他對詳情閉口不談；然後他在白夏瓦[23]成了一名上校以及帕坦省某個縣份的「政治監察」，管轄方圓一百公里的山區，那些地方人跡難至，但是槍砲充斥，動輒擦槍走火。那是一個瀰漫火藥氣息但又颯爽怡人的地方，他對那裡瞭若指掌，連在睡夢中都能畫出當地的地圖。然而，印度獨立及「印巴分治」引發的動亂使他猝不及防。喀什米爾戰爭[24]讓他在一小段時間中還能繼續展現他的軍事本領……至於現在：手藝高明的廚師，在一條泥土路面的死胡同裡當起酒吧老闆，一邊是一名法印混血攝影師的店面，另一邊是一名錫克商人開的自行車行。送走最後一名客人以後，他舒暢地嘆了一口氣，然後把上床就寢的時間往後推延，彷彿他是從老遠的地方趕來赴約，而他深怕會錯過這場約會。

☆☆☆

我們問泰倫斯，特種營業區那些美如天仙的女孩子是怎麼被召去下海的，他用尷尬的口吻稍微提了一下那些會到薩奇酒吧來喝酒的皮條客，然後因為他以為我們想把話題轉成談論女人，可是又怕自己顯得好像在逃避這種事，於是他把時間拉回到三十年前，講起某個費茨夫人的故事。當年費茨夫人在倫敦北奧德利街經營一家很難進得去的高級會所，他的御林軍團裡頭那些年輕士兵說到那個地方時，口吻中都掩不住一種充滿敬意的讚嘆。某個五月的晚上，泰倫斯踩著樂陶陶、醉醺醺的步伐，朝那個由「保薦人」提供給他的地址走去。那是個富人居住的街區，門戶森嚴，一名管家把門打開一條縫，詢問他是什麼人、有什麼事。他費勁力氣才設法恢復鎮定，然後遞上自己和保薦人的名片。他在貴氣十足的精美版畫底下等了一陣子，然後被引進費茨夫人的房間。她是個溫柔的老婦人，穿著一件休閒上衣，挺直地坐在一張柱式床鋪上。泰倫斯在這個場面中感覺心慌意亂；夫人問起他的家庭、軍團、平時往來的同僚，然後用同樣那種沒有高低變化、彷彿從遠方傳來的口吻，詢問他的喜好……安南來的東亞姑娘？亞爾薩斯小姐？……大姐姐型的？淫蕩型的？費茨夫人也暗示說她正等著拿到報酬。她沒說出具體數字——如果他是個見過世面的男人，必然會知道在一間這麼高檔的會所應該怎麼回報他享受的服務。其實他不知道。他隨手寫了張十鎊的支票，遲疑地把支票遞了過去。

「好極了，小伙子，不過還是得請您寫成畿尼[25]呢。」

「寫成畿尼！你能想像嗎？」泰倫斯重複說了一遍，顯然他到現在還為此感到吃驚。對於我這個對英國一無所知的人來說，在一種這麼平凡而實際的交易中，他們對於社會階級差異的熱衷竟然可以細微到連使用哪種貨幣都不放過，這點令我覺得極端不可思議，就好比我看到殺公雞祭滿月或苦行僧跳旋轉舞之類的情景。在俾路支的陽光這面放大鏡底下，我們在奎達發現了英國，彷彿高盧—羅馬人在馬賽發現了希臘：一個民族的心態經過簡化和放大之後所呈現的形象，抽離出由紅磚建築和濃霧構成的文化脈絡，這比我們至今所見的一切更令人感到困惑。不過要是哪天突厥斯坦讓我們覺得無聊了，我們倒可以考慮住到普利茅斯[26]去。

在這樣的人生背景中，泰倫斯保留了那些最容易隨身攜帶的美德：幽默感、審慎、強大的自我克制能力。他拋棄了其他所有包袱，以便追尋自己的道路，在經過不知道什麼樣的波折之後，找到了他口中所謂「餐飲業小丑」這個事業，在沒有社會安全保障的條件下工作，過一天算一天，並且跟他的所有競爭者一樣，必須面對腐敗的行政部門反覆無常、朝令夕改的作風。這樣的處境為他的見解和品味賦予了份量。只有那些我們必須依賴的事物，我們才會真正去愛；在三個星期中，我們依賴著薩奇酒吧，於是我們愛上它。泰倫斯依賴著亞洲，他已經與它「達成妥協」，雖然他也夢想著從中脫身，不過他深愛亞洲，而且付出過相當高昂的代價，讓他能夠因為地毯圖案或波斯詩歌而感到某種苦澀而深沉的快樂，這是那些「沒什麼麻煩事好擔心」的人們永遠無法體會的感受。

☆　☆　☆

俾路支人太心浮氣躁，很難做出什麼大生意，於是金納路的商店逐漸轉給了幾個大屁股的旁遮普商人，他們頭戴阿斯特拉坎帽，非常愛面子，店內櫃台上方掛著伊莉莎白女王的照片，外出時會擺出不可一世的姿態，坐進車身小但輪子高的「標準」汽車[27]。幾個經常光顧薩奇酒吧的旁遮普人會招待我們喝酒，並向我們保證，在白夏瓦或拉合爾[28]，除了他們的房子以外，我們不會找到其他地方住，同時他們會極力請求我們務必到他們的店裡看一看。

仔細看才發現，金納路這些商店呈現出令人神傷的景象。沒有一絲手工藝的痕跡。在貿易掀起的狂瀾中，西方廉價工業製品的泡沫已經沖進這裡，玷污了本地商業：不堪入目的梳子、賽璐璐製成的耶穌像、圓珠筆、口琴、比稻草還輕的馬口鐵玩具。這些劣質產品讓身為歐洲人的我們感到羞恥。這還不包括遭受胡亂運用的大三度調式（這是聖公會不重視美的一項佐證）；這種在軍營小教堂裡常用風琴彈奏的音樂到處肆虐，連流動樂師都遭到污染。還有那些高大得令人頭暈的自行車，俾路支人花大錢買下來以後，穿著礙事的長袍，難以保持平衡，騎得搖搖晃晃。不過市場就是這樣創造的。

所幸在這方面至少有件事讓我聊以自慰。印度狠狠地報復了一把，把它的爛貨都丟到我們那邊：「婆羅門健康油膏」、一文不值的上師、招搖撞騙的法基爾[29]，最不上道的瑜珈術。不過這就叫作以牙還牙。

☆☆☆

泰倫斯一心為我們著想，設法讓我們能施展才華，於是他安排我們跟「大史丹利咖啡館」的老闆布拉岡薩見面。布拉岡薩穿著一件閃亮亮的裹裙，嘴裡鑲了好幾顆金牙，顯得光彩耀眼，手上還拿了一根細手杖。他是來自果阿[30]的基督徒，屬於當地葡萄牙裔家族的一支，這些葡萄牙人在恐慌與挫折的情緒中歷經幾個世代的變遷，膚色已經從淺茶色轉成棕紅。他在薩奇酒吧對面開了一家昏暗的茶室，裡面擺了四十幾張桌子，腳趾頭長得歪歪扭扭的帕坦客人會到他的店裡喝氣泡飲料。他出了一百二十五盧比，請我們幫他裝飾店裡的兩道牆；他想要具有異國情調的主題（比方說法國風格），希望藉此吸引顧客上門消費。為了不影響營業，他讓我們在晚上十二點到早上七點之間工作。布拉岡薩帶我們參觀店內空間；經過後廚工作間時，他打開了一個食品櫃，裡面放了一些蒼蠅光顧過的油炸點心……「含油量高，滋補身體，你們儘管吃。」

當天晚上，提耶里想出了兩個方案。右邊牆壁：一間張燈結綵的法式歌舞小酒館，幾個貴族正在給一些輕佻女人送上香檳；左邊牆壁：一間西班牙酒吧，一些小貴族正在跟吉普賽女人跳淫蕩銷魂的哈巴涅拉（habanera）。高度形象化的裝飾。這種情調大約相當於那些玩累了的狂歡酒客大叫「蒙馬特！」或「喔咧[31]！」的時候心中浮現的景象。兩個色調均勻的大型平面——一個大櫃子和一匹母馬的臀部——讓我也有機會大顯身手。布拉岡薩表示深受吸引。於是接下來幾天夜裡，我們結束泰倫斯那邊的工作以後，就會到這間悶熱的茶館裡一邊揮灑色彩，一邊抽小雪茄，用菸味掩蓋油污斑斑的桌布散發的濃厚咖哩味。我在煤油燈的火焰上方攪拌膠水時，提耶里陸續在兩個相對的牆面上描繪跳探戈和英式華爾滋的情景；從本地藥品雜貨店買來的毒性顏料及霓虹燈的光線，為畫面塑造出某種令人看得很舒服的惡魔氛圍。我們汗如雨下，有時會停下來休息，用整枝的茶葉砌茶喝。俾路支廚師躺在草蓆上說夢話，聲音從櫃台後方傳過來。夜晚以一種美妙的緩慢速度流轉。我們開始覺得思緒因為熬夜而變得清晰，雖然身心俱疲，卻充滿強烈的幸福感。在布拉岡薩給的盧比後方，我看到我們出發上路，看到坎達哈，看到了秋天。我們將能在阿富汗過夜。

夢遊般地返回旅館。尤加利樹將香氣一波波地施放在閃著細沙晶光的街巷中。在關閉的店鋪門前，一頭頭小山羊拉扯著牠們的繫繩。我們沿著乾涸的水渠，走過建利銀行，帕坦族的夜班警衛正在睡覺，他的卡賓槍擱在膝蓋上，長長的大鬍子宛如一把闔上的雨傘，蓋著他的身體。來到橋邊時，我們把從食品櫃拿來的油炸點心送給一個乞丐，我們每天黎明都會在同一個地方看到這個人像一條狗一樣蜷著身體睡覺。只有他那貪饞的眼神和靈敏的雙手能讓人看出這團破爛衣衫不是一具死人的屍骸。因為太貧賤，他已經不再為任何事物感到驚奇；兩個瘦巴巴的外國人一身油彩，拿著用一小張報紙包住的點心，在曙光初露的時候忽然出現——連這樣的情景也不會讓他擠出一點說話聲。他伸出手，又把手闔上，從頭到尾像鯉魚一樣不發一語。咀嚼吞嚥完畢以後，他把頭擱在他擁有的唯一物品上：一個小小的髒枕頭，上面用哥德字體和十字繡繡著「Sweet Dreams」（一夜好眠）。

踩著輕快的步伐，我們在早晨最初的蚊蟲嗡鳴聲中從高大的樹木底下走過。紅紅的太陽在灰灰的天空中冉冉上升。還沒躺上床，軍營的風笛已經讓充滿救贖意味的尖厲樂音爆發在輕柔的塵霧中。彷彿必須重新攻下耶律哥[32]。這種來自遙遠北國、洋溢維多利亞時代氣息的軍樂，在這裡聽起來居然相當得當。

除了幽默感以外，想必還有某種對《舊約聖經》的熱忱促使這群清教徒心甘情願地待在這片黃沙大漠中。

☆　☆　☆

這輛讓我們付出慘痛代價的車在伊朗的沙漠裡就已經把車牌搞丟了；車子的臨時牌照也已經過期，所以就法律而言它已經不存在。我們來到火車站旁邊的一座小府邸，請求海關總監幫我們解決這個問題。這個人膚色黝黑，長了一張豬臉，耳朵裡長滿絲狀長毛。在翻攪著火熱空氣的電風扇底下，他努力對抗想睡覺的欲望，不斷冒汗的手掌在吸墨紙上留下一個個月牙印。兩個印章蓋下去以後，他就終結了我們的煩惱，不過還是沒忘了讓我們知道，在這裡什麼事都比在波斯簡單，然後他又把我們幫大史丹利咖啡館畫的壁畫讚美了一番。最後他用心虛小孩的口吻請提耶里為他畫幾張裸女圖，以充實他的「收藏」，然後他邀請我們隔天回來喝下午茶。

天下沒有傻瓜這種行業；以一幅畫十盧比來算，我們就有了買四個新輪胎的錢。天一亮，我們就起來工作，從泰倫斯借我們的《巴黎生活》雜誌複製一些女人的形象。一期期展開的雜誌蓋滿了地板。一九二〇年：眼眸塗上炭黑眼圈，櫻桃小嘴，窄小的臉龐，凸出的下巴，脂粉厚施，沒有腰身的連衣裙，流蘇下擺，弓起的腳踝。老天，多妖嬌的一群壞女人！過去我實在是低估那個時代了。在這裡，女人彷彿被禁錮在白紗中，像一朵濃雲從釘飾拖鞋往上升起；相較之下，二〇年代的新潮飛來波女郎們展現的風華令我們神魂顛倒。不過這不是現在的重點。為了節省時間，我也勉強畫了幾張，只是一直超脫不了搞怪或塗鴉的程度。懂得怎麼描繪人體應該要跟用自己的母語精確表達想法一樣自然而然才對。早知道我就不要絞盡腦汁研究烏爾比安、貝卡里亞[33]這些人的論述，改成好好學習怎麼拿畫筆。不能畫出我們喜愛的事物，這真是無比嚴重的不足，令人汗顏的殘缺。短短半個小時，提耶里已經畫出三個扭腰擺臀、毫不知羞的妖媚水仙；我接著給她們上色：麥稈色的頭髮、青蓮色的眼睛，這樣才能讓本地人感受到異國情調。由於是在清晨的微光中作畫，而且這些舊雜誌流露出一股幸福的憂鬱，畫出來的效果是淒婉多於情色。海關總監真會覺得物超所值嗎？我很懷疑這些畫能撼動那座大山，不過以我們的年紀，已經沒法做到更進一步了，色情是老年人的專長。

在一間裝飾著孔雀羽毛的昏暗客廳門口，總監先生握著我們的手，好久都不肯鬆開。他顯得好像因為前一天做出的要求感到尷尬，為了向我們證明他不是我們以為的色鬼，他堅持把他的小孩介紹給我們認識：三個長了蘿蔔腿的小女孩，膚色黝黑，穿著荷葉邊連衣裙。我們問她們上學的事，她們只管盯著自己沒穿鞋的腳噗哧傻笑。在一張擺滿糖衣杏仁、糖果、黏糊蛋糕的餐桌前，我們懶懶散散地閒聊了一會兒，然後主人把幾個孩子打發走，開始檢閱我們筆下的尤物，然後發出可以撕裂靈魂的嘆息。我們把雙手擱在膝蓋上，不敢咀嚼滿口的美食，以免擾亂他的觀賞；只要他願意出三十盧比，我們就心滿意足了。

「有沒有別的？比較……」

「沒有。」

「一張都沒有？」

他又把畫看了一次，把畫面刻進視網膜，然後把蓋了一堆油指印的畫還給我們。

「這些畫太……太藝術化了，你們知道，我呢……不過沒關係，你們盡量吃。」說完他又把我們的盤子裝滿。

為了處罰自己，我們用胳膊夾著大畫夾，走路回旅館。口袋裡塞滿甜食，在直射的大太陽下走了至少一個小時。我邊走邊想，看吧，這就是讀書的用處。提耶里也嘟噥著：「我的畫賣不掉……那就拉倒，可是這是什麼飛機嘛！」最後我們決定請薩奇酒吧的吧哥薩迪克把我們的爛畫悄悄賣給那些會跑進他廚房喝點小酒的帕坦人，他們是在賽馬會做經紀的。不過薩迪克沒照辦；接下來三天，他一直騷擾我們認識的朋友，把畫擺在他們鼻子底下一張張翻給他們看。對那些不感興趣或比較害羞的，他會補上一句：「是大美女喔，Sir，可以用來……」然後他用大拇指指著提耶里：「是他畫的喔，Sir。」

☆　☆　☆

英國人在這裡曾經轟轟烈烈地生活過。十九世紀時，他們從一名當地統治者手裡買下一個當時還只是個柴泥村鎮的地方，不畏艱難地把鐵路從喀拉蚩拉到這裡，種植數以百計的樹木，給幾條路鋪上柏油，並且把一萬名士兵駐屯在這裡，軍樂隊、教堂、馬球專用馬匹樣樣不少，為的是扼守阿富汗南部各山口以及帕坦地區的山地。這個軍事安排是波廷格、桑德曼這些首席談判代表們的傑作，他們毫不費力就跟俾路支人達成協議，而且不但沒有妨礙俾路支人簡簡單單的幸福生活，還進一步加以保障，加強部落結構、給**薩達爾**們頒發遠在天邊的維多利亞女王親筆簽名的優異忠誠服務證書。俾路支人騎術精良，能用老舊步槍一槍射中天上的雲雀，這樣一個民族之所以沒有選擇造反，是因為他們得到相對的好處，可以把小馬、水果和牲口賣給那些部隊，況且人家是特地從世界另一端到這邊來幫忙對付老是興風作浪的鄰族——帕坦人。對馬匹、生活樂趣、合理協議的共同愛好，成功讓這個「保護關係」成為殖民史上罕見的羅曼史之一。在尤加利樹的蔭涼陰影下，在風沙、來自英國的家書和風笛吹奏的嘶啞起床號之間，數不清的湯姆和約翰在這個地方發現了另一種幸福的可能。隨著英屬印度時代的結束，他們已經離開這裡，但所有懷念的思緒似乎都往這裡匯聚，使這座如此輕盈的城市顯得沉重起來。

那些留下來為巴基斯坦人效力的英國人每天晚上都會踏進薩奇：幾名少校、兩名頭髮花白的上校，他們穿著白色禮服式西裝外套，藍色眼睛被威士忌浸濕，彬彬有禮地讚嘆巧克力舒芙雷的美味，對〈晦暗星期天〉（Sombre Dimanche）、〈枯葉〉（Les Feuilles mortes）等法國香頌讚譽有加，而且還會用比玻璃還細薄的嗓音為我們吟唱古老的蘇格蘭高地民謠，讓我們的曲目庫變得更加豐富。他們都會說一些烏爾都語，熱愛他們的軍團，而且喜歡東方世界多過英國。只是東方已經今非昔比。在這個成立還不到七年的共和國，從前他們的臣民如今成了他們的雇主，他們則從土皇帝變成了合夥人。這種轉變必然令人難以消受。一些基於固有傳統而養成的歧視習慣驟然間變成不對的事；必須迅速建構新的關係，而且光靠誠意已經無法做到這件事。要想搭起連通的橋梁，必須擁有豐富的想像力，並借助於泰倫斯這樣的「局外人」。薩奇的小中庭成了某種民間智慧的發祥地，而他為這份智慧定下了基調。只要他手上端著一杯酒，帶著他那種看遍紅塵而又輕鬆自在的神態穿梭在各桌客人之間，這一小群步調不一的酒客就會忽然覺得達到了和諧。他會適時放下正在調製的醬汁，到中庭裡轉上一圈，彷彿在把捕魚簍提起來查看是否抓到了魚；他也會加入本地馬販的棋局，聽他們向他透露一些賽馬的內幕；不然就是跟某個從前被視為不法分子的帕坦人打招呼，那些人在他擔任政治監察期間都只會出現在他的望遠鏡裡，現在他們卻坐在薩奇，安分守己地喝著檸檬水。

儘管現行法律禁止，泰倫斯還是會替穆斯林上酒，不過他從來不「勸酒」，而且他的方式很有技巧，讓客人可以完全放心。如果點了第三杯威士忌，可是送上來的卻是一杯茶，他們不但不會抗議，而且由於巡邏隊會毫不留情地抓呼吸氣味可疑的伊斯蘭教徒，他們會感激老闆為他們做了這麼細緻的診斷，這麼適時地對他們進行必要的控制，讓他們不至於被抓。有時，一些像火車站站長或郵局局長這種有頭有臉的人物會逃過他的監督，設法多喝幾杯，於是他們會在打烊以後繼續賴在中庭一角，不斷嚼咖啡豆，然後才踩著稍微比較穩定的步履，冒險穿過空蕩蕩的街巷回家。

☆ ☆ ☆

由於這個城市的裝飾創意侷限於糖果商交叉塗在甜麵包上的一層糖霜、偉大領袖真納的彩色石印肖像，和彩繪在絲絨靠墊上那些僵直、閃亮的貓咪，才幾個晚上功夫就出現在大史丹利咖啡館牆壁上那些形形色色的異國人物，吸引了不少好奇民眾的注意。眼見營業額增加，布拉岡薩希望多多益善。他把堆在最裡邊那面牆前面的瓶子撤掉，開了三十盧比的價錢要我們畫一些珊瑚礁、椰子樹和正在沐浴的大溪地女人。這個主題正中我們下懷，因為我們的藍色顏料還剩很多。這個任務一個晚上就完成了：湛藍的天空、群青色的波濤、菸草色皮膚的美女佇立在海浪中擰捻一頭長髮；為了把剩下的顏料用光，我們還在一個角落多畫了一艘五顏六色的郵輪。跟哈瓦那雪茄菸盒上那些配戴羽飾的高貴野蠻人[34]異曲同工，充滿清新而令人安心的旨趣。運河邊的乞丐最後一次享受了他的曙光點心；布拉岡薩重新看到他思念的大海，開心不已，在一番說笑之後，又提議我們按照當地人的口味，「充實」一下那些浴女的身形，讓她們更加豐腴。提耶里畫筆揮了幾次，就讓那些美臀變得大如標靶，然後他心定神和地回頭繼續畫他先前已經開始動筆的伊朗風格畫——斜雲底下的一片貧瘠沙漠。

晚上，從拉姆贊車行出來以後，我到攝影師特里耶那裡待了一會兒，學習怎麼沖洗照片。特里耶的店緊挨著薩奇酒吧，他是自學成材的，在大地震之前就在這裡開張營業。為了服務這座駐防城市的英國顧客，他把業務聚焦在「朦朧照」、「背景消失照」和「溶化照」，照片展現絕妙的波紋閃光，暗房內的恐怖熱氣更烘出異常完美的效果。他功夫下得最深的作品莫過於軍官夫人們的肖像照；五官柔媚、髮型精美、珠光寶氣的金髮婦人。一滴阿拉伯樹膠，讓眼睛閃耀浪漫神采，然後特里耶再用鋅白和小畫刷擦亮照片上的項鍊，讓它展現瑩白如雪的魔幻亮彩。夜色中，在相館的昏暗櫥窗內，一串串珍珠項鍊在模糊難辨的臉容下方閃閃發光，宛如纖細的月牙。

巴基斯坦獨立、英國人離去，他的沖洗技術遭受莫大衝擊；膚色黝黑的顧客群取代了昔日那些面色粉紅、彷彿曝光過度的士官；目前他採用平滑相紙沖洗淡色背景、黑色主體的照片。許多少年因為還沒交女朋友，會在自家床鋪上方掛好幾幅本人神情慵懶的肖像，這些小伙子會來到他的店鋪前面兜轉，精心重整頭髮上的分邊線。

特里耶從喀拉蚩訂的相紙令他非常頭疼，於是他請我幫他從瑞士訂貨，說會付錢給我。我訂了貨，一共花了五十盧比。後來我有好幾次悔不當初地體認到這筆錢本來可以為我製造出什麼樣的奇蹟。於是我寫了信，用英文寫：**Please mister Tellier**（特里耶先生，拜託您）……又用法文寫：**S'il vous plaît mon cher Tellier**（親愛的特里耶，拜託您）——他的家鄉是聖靈橋（**Pont-Saint-Esprit**）[35]。特里耶裝死不回信，我莫可奈何，只能從喀布爾到可倫波一路在各地無數酒館餐廳茶室咖啡館裡向旁人抱怨他。或許他真的什麼都沒收到；標註著「務請在黑暗處開啟」的大信封會經過我們那位好色朋友——海關總監——手裡，他可能在辦公室中將它偷偷打開，以為裡面裝的是春宮圖，結果發現只是一堆白紙，如此純淨而貞潔，在他眼前逐漸轉成充滿斥責意味的冰冷灰色。

☆ ☆ ☆

薩奇酒吧的三個伙計都屬於人世間那種輕浮不定的類型，總是眼睛滴溜亂轉哼哼唱唱，光著腳丫進進出出，用手帕包東西提著走。只要半個月的時間，就足夠他們從陷入情網變成互不理睬，然後又重修舊好。私奔、吵架、烈愛、相思、分手。就連跑堂的薩迪克也不例外，平常看起來忠厚老實，一旦被人「甩」了，會一整個星期吃不下飯。在那些他鬧低潮的日子裡，泰倫斯被迫超載運轉，只能偶爾逃出爐灶，到露台上納涼片刻，滿頭大汗，表情茫然……「快演奏那首小曲給我聽……你們知道的。」是一支塞爾維亞曲調：

……我的懷裡有一朵小紅花
小花靜靜凝視星辰風沙……

不然就是一首波斯小調；不過總是些令人黯然神傷的曲子，而且有一兩次，我們甚至看到他淚流滿面。

因為，這份工作，這種起起落落，這個如此輕盈而又遙遠的城市，那些欺瞞詐騙的供貨商，對他這個歲數的人而言太過沉重。他覺得陷入泥沼，在這裡浪費自己的才華。有幾次，我們專程前往車站查看我們訂的零件是不是終於已經送到時，瞥見他駝背的身影頂著大太陽，在他的小中庭裡踱來踱去，雙手插進經過薩迪克胡亂修補已經垮到膝蓋部位的口袋深處，厲聲訓斥著那幾個伙計。看他那副模樣，還以為他就要用頭猛撞某個人；其實不是，那只是因為些許寂寞滿溢了出來，還有因為亞洲——多能豐富心靈的地方，但卻如此折磨人的神經。

泰倫斯經常問我們關於法國的事，他夢想有朝一日能在那邊開設一間有點隱密的旅館，掩映在林蔭間，室內鑲有橡木牆板，附設迪斯可舞池，並提供馬匹出租服務。我們向他推薦上普羅旺斯，那裡的地價便宜得離譜，不然就是人氣比較旺的薩瓦[36]——泰倫斯剛好在他的房間找出一張很棒的薩瓦地區米其林地圖。最後一位客人已經送出門口，樂器擱在牆角邊，我們一頭埋進地圖上那些河岸湖濱、紅瓦房舍、熟悉的木造尖角，讚嘆著繁茂枝葉的優美，粗塗灰泥牆的嚴峻與蒼涼，以及某種若隱若現的享樂氛圍——非常「泰倫斯」；我們讚美得有點誇張，一方面是為了鼓勵他，另一方面也是因為圖瓦里（Thoiry）、奈尼耶（Nernier）、伊瓦爾（Yvoire）這些地名[37]讓我們回憶起一些咖啡館的丁香花和鑄鐵桌，而我們這趟旅行的輪廓，就是在那些小館中勾勒出來的。

連續好幾個晚上，三個人就這樣坐在灑滿星辰的夜空下，把地圖攤在三個酒杯間，凝視那片到處鋪綴著清新綠意的人間樂土。泰倫斯蒐集各種訊息，用心寫下註記，讓這張「溫情地圖」協助他描繪精確的夢想，以及創造一條條遁逃路線，讓他遠離將他束縛於此地的種種習慣和那群債主們。隔天，我們在吧台上又看到這張地圖，他把它忘在那裡了。地圖上多了一些用紅色圈起來的區塊、用十字標出的村莊；在一些遺世獨立的農莊上（住在那裡的人是否知道他們有多幸運？），甚至還出現了驚嘆號。

☆ ☆ ☆

連接酒吧與頂樓平台的鐵梯下方有一間儲藏室，泰倫斯在那裡放了一些跟隨他走過多年艱辛的東西。有一張照片，上面是一群聚在一面小尖塔外牆前方的塞特犬；幾本綠布書皮精裝的丁尼生[38]和普魯斯特著作；三年份的《巴黎生活》雜誌；四十公斤的「主人之聲」[39]錄音——艾弗烈．科爾托[40]、格魯克的《奧菲歐》[41]、《魔笛》[42]。有時候他會踱步離開，進去裡面播放一張唱片，消失在那堆琳瑯滿目的物品中。隔著音樂聲，我們會聽到他在翻翻找找，一邊自言自語一邊拆開成堆的東西，重讀一些從前的信件，於是一整個下午我們都見不到他。他會爬上被他當成臥房的頂樓加蓋小屋，在那裡與自己的記憶獨處，然後讓睡意征服他。某天，有個情緒激動的帕坦人到吧台說要找他，我在他的陋室發現他在一張跛腳的行軍床上沉睡，他全身縮成一團，臉上流露專注的表情，彷彿他正沿著內心的一條路徑策馬狂奔。他的身旁擺了一副大型砲兵望遠鏡。我不禁好奇他從那個平台上究竟能看到什麼，然後我踮著腳尖下樓，請那個口氣急迫的客人晚上再過來。

在離峰時段，泰倫斯寫同注分彩[43]簽單時，會把中庭的擴音器打開，播放他最喜歡的一些詠嘆調。都是些戰前刻製的精采唱片，經過風沙和豔陽的洗禮，有時會祭出一些小小驚奇。透過機關槍掃射般的雜訊，小提琴、木管樂器、華麗無比的女聲悠揚升起，然後唱針陡然滑向唱盤中央，發出一聲恐怖的尖叫，樂句戛然而止，消散在薩奇酒吧上空，彷彿神籤被撕成碎片，化成一個無解的謎團。這時泰倫斯就好像有人剛近距離朝他開了一槍，整個人跳了起來，並且直視著我們，一副要我們當目擊證人的模樣。這些物品居然這樣背著大家，自行損壞、老化，這個現象對他造成莫大的衝擊。

在另一堆用來在吧台播放的唱片裡面，可以看到許多美國情歌——桃樂絲・黛、蓮娜・荷恩（Lena Home）——絲絨般的柔滑，金屬般的磁性，聽到這種歌曲，我會情不自禁地陷入紙醉金迷的幻夢中。我想像著一些花容月貌的年輕女子在晶光閃動的咖啡壺後方微笑，想到上過漿的硬挺襯衫，還有用來吸引那些美女的金錢。想像著像賣緞帶一樣，論尺販售這份還如此不確定的自由。我沒能想像太久。我累了。得稍微睡一下了。

☆ ☆ ☆

提耶里在郵局門口等我時，跟正在清掃今年最早一批落葉的清潔工聊了一下。然後他繞著郵局大樓逛了一圈，接著又碰到那個清潔工，對方沒認出他來，衝著他喊了一句：「你那個在等你的朋友往那邊去了。」我到的時候，提耶里已經兜著圈追逐他自己好一陣子了。這倒也挺自然；一切都在旋轉：慢慢地，疲倦和睡眠不足把夢境的旋轉機制導入了我們的生活。而且，在刺眼的燈光和惱人的蒼蠅干擾下，根本不可能睡覺；我們躺在各自的床上，滔滔不絕地聊天，不斷冒汗，一直清醒，然後某種厚度感逐漸消失，最後覺得彷彿只是掠過生命的側面在活著。最幽微的情感，一絲笑意，臉頰上的一抹反光，一段歌曲，都足以穿透你。燒熱也在身邊旋轉。每隔四五天：一陣虛弱，一陣顫抖，都讓我不得不從車底抽身，感覺渾身被樹葉和髒水覆蓋住。情況並不嚴重，不過足以讓注意力分散。

☆ ☆ ☆

在修車行工作、到泰倫斯那邊演奏、徹夜拿著顏料罐畫圖……我們身心俱疲、默然無語地回到露德旅館，臉上沒有一絲幫我們忙的人會想看到的那種表情。老闆梅塔這次是吃虧了：我們完全沒有為旅館的客群添加一點光彩。他很怕我們永遠賴在他這裡不走，我們向他說早安時，他只是漫不經心地回了一聲。看來離開奎達以前，最好還是住到薩奇酒吧的屋頂去，薩迪克和那幾個小伙計晚上就睡在那裡，用幾張舊報紙當床鋪。

整理行李時，我發現我整個冬天的工作成果都不見了——被房務當垃圾清掉了。（是一個大信封，我為了騰出桌面，把它擱在地上。）時間已是中午，陽光在樹葉間流瀉，萬物都在休眠。我伸著一隻顫抖的手，在廚房的垃圾桶裡翻找，再穿過嘆息聲與打呼聲四起的辦公室，然後在一張髒污的桌布底下找到正在酣睡的年輕侍者。他記得，他以為……他用拳頭揉著眼睛，把我帶到大馬路邊的垃圾圍場。圍場裡空空如也；早在天剛亮的時候，路政局的卡車和那些臉上蒙著黑氈布、骨瘦如柴的清潔隊員就已經帶著我的文稿，在一片揚塵中消失了蹤影。旅館裡沒有人知道他們去了哪裡。只能登上下一輛垃圾車，問到那個地方，自己去找。在等待過程中，我必須消耗時間，不可逆轉的時間；我是多麼盼望能循線回去，把我的財產拿回來。我先是嘔吐了一陣，然後到車行修引擎。死命拔出卡在機器裡的螺絲時，我看到那輛五噸卡車在崎嶇不平的路面上搖搖晃晃，把我的文稿跟著一大堆污物和甘藍菜頭一起撒進沙塵中。我試著重新拼湊第一頁，那一段段的文字，那些在手指僵硬麻木時打得墨跡淺淡的句子，大不里士，冰凍地面上的楊樹影，頭戴鴨舌帽、拿不法之財上亞美尼亞酒館喝酒的流氓，他們凍僵的身影。那整個壓抑、晦澀、抓不回來的冬天，倚著汽油燈，在鬥鳥用的山鶉已在籠中沉睡時，伏在巴札的某張桌子上，一字一句寫成的冬天，而那個在寫的人，並不是現在的我。

那天晚上，在薩奇酒吧，從頭到尾都是提耶里一個人上場。泰倫斯這個大好人給我們斟來一杯又一杯的酒。他懂；幾乎沒有什麼事是他不能懂的。不過我設法讓自己少喝點，因為我怕錯過隔天的垃圾車，然後眼睜睜看著我的渺小機會被新的一層垃圾深深掩埋。我坐進走廊上的一張扶手座椅過夜，把菸蒂丟得滿地都是，可是沒有任何預兆性的夢境向我指示那疊紙張的位置。清晨五點，天邊泛出一抹青綠，尤加利樹的葉子閃出水銀般的光澤，接著陽光就用那令人作嘔的熱浪淹沒一切。旅館老闆拿了兩把鏟子給我們。他已經聽說了，他甚至還講了一個類似的故事：他的一位朋友在印巴分治引發屠殺那段日子裡丟了一份手稿——「他花了好多年重新拼湊，設法回憶，重新寫出來……相信我，那一點都不好玩。」

一肚子滾熱的茶水，膝蓋上擱著鏟子，我們坐在馬路邊等垃圾車出現。我試著讀一本普魯斯特的書，是從泰倫斯那裡摸出來的，不過艾貝婷的不幸[44]引不起我的共鳴，而且這天馬路上多得是其他新鮮事。適逢巴基斯坦獨立紀念日，身穿節日華服的民眾紛紛湧向慶典廣場：五顏六色的自行車，坐在自行車大樑上容光煥發的大鬍子哥兒們，合不攏嘴的笑顏，羽飾華麗的頭巾，耍狗熊的藝匠，滿臉糖渣圍在他四周的小朋友，還有許多嘻嘻哈哈的農民，他們把水牛也牽進了城，把牠們栓在當年圍攻喀布爾時使用的大砲之間。真是個普天同慶的快樂早晨。民眾如砲轟般用吃驚但熱情的口吻向我們打招呼。垃圾車遲遲沒來；路政局跟著過節去了。一名騎馬的憲警給我們指引垃圾場的地點——沿著往比欽的土路走十幾公里，就會聞到味道，不可能找不到。

正午時分，在一個禿山環繞的圈谷中央，我們準備上工，四周的平地上堆滿黑黝黝的垃圾，玻璃碎片散落其間，晶光閃爍。一股一股灼熱穢氣宛如沉睡者的規律呼吸，顫動著衝向太陽，把天際薰得一片混濁。一群沒了毛的驢子奔走其間，不是用頭刨挖，就是發出陣陣揪心的嘶叫，在臭氣逼人的垃圾山丘中打滾。在這片惡臭中，一名全身赤裸的老叟篩撿著煤渣。我們向他問起前一天開來的垃圾車，不過沒有任何收穫，因為他是個啞巴。我們每問一個問題，他就會把滿是泥污的食指伸進嘴裡，然後聳聳肩膀。結果是一群禿鷲和老鷹把我們導引到最新運來的垃圾堆。這些猛禽少說有一百隻，牠們棲居在牠們剛找到的新糧上，忙著消化、打嗝、拉屎。我們把煤渣、枯骨、生鏽的鐵盒往牠們那裡丟過去。牠們用可笑的姿勢踏著腳躲避，不明白為什麼會有這場爭端，不一會兒就收攏翅膀，朝我們伸出看起來像腐肉的脖子。我們一邊大喊大叫，一邊揮著鏟子向牠們衝去。牠們像一堆飄盪的髒衣物般劈劈啪啪地飛走，落在稍遠的地方，看著我們勞動。

貼近觀看，這些垃圾以奇特方式說明了物質的困匱。接二連三的搜括——僕人、拾荒者、殘廢的乞丐、野狗、烏鴉——早已把其中的好物挑揀完畢。郵票、菸頭、口香糖、碎木塊在下一次垃圾清運之前很久就讓不少人得到了快樂。只有那種無以言喻、不堪入目的東西，才有機會被運到這裡，接著在禿鷲一族的終極掃蕩之後，化成一堆和著塵土的爛漿，酸腐、了無生命，裡頭充斥著可惡的硬骨，堵住圓鍬挖掘的力道。我們用布塊把嘴蒙住，打著赤膊，鼻子幾乎埋進燈泡頭、吃得只剩纖維外殼的甜瓜皮、被檳榔汁染紅的破報紙、只燒了一半的月經帶，摒住呼吸，設法殺出通路。在這堆廢物中，我們彷彿看到某種城市結構的模糊影像。貧窮與富裕產生的垃圾截然不同；每個階層都有屬於它的殘餘物，就連在這種地方，各種細微的跡象也佐證著這般不斷變動的不平等。每鏟一回，我們就換了一個街區；繼「水晶電影院」的粉紅色票券之後，是一些殘破的老膠片跟一堆蝦子混雜在一起，令人自然想到特里耶的相館和薩奇酒吧。再走幾公尺，提耶里開挖出「齊爾坦俱樂部」那個比較奢華的礦脈——外國報紙、航空信封、一包包已在發酵作用下腐蝕的駱駝牌（Camel）香菸，然後小心翼翼地朝我們旅館的方向摸索。酷熱、駭人的臭味，還有更惱人的禿鷲，都讓我們難以好好工作；我們一停下來拄著鏟子喘氣休息，那些猛禽就被我們靜止不動的狀態矇騙，於是搖搖擺擺地朝這小方應許之地走來，同時發出溫柔得令人作嘔的叫聲，直到一團方向精準的泥土讓牠們知道牠們犯了錯。還有一些鷹鳥在我們頭頂上空慢慢翱翔，在我們挖出的溝壑上投下大如牛犢的陰影，讓我們享受到些許蔭涼，於是我們希望大鳥不要立刻飛走，陰影可以常伴左右。我們完全能理解這些猛禽的焦急不耐；只需看看我們挖到些什麼，就知道牠們並沒有受到眷顧。

下午過了一半的時候，提耶里發出一聲嚎叫，所有腐屍食客頓時唰唰飛離。他揮舞著一個骯髒滾燙的信封，不過裡面空空如也。發狂似地奮鬥了一個鐘頭以後，我們又找到從第一頁扯下來的四個碎片，接著鏟子戳進一堆樣貌貧賤的黑色廢物。我們又遠離露德旅館了。再找下去毫無用處；五十大頁紙質結實的文稿所代表的資產不應該屈居在這種地方。

我們一身疲倦，拖著鐵鏟，帶著沾了糞污的信封和四片彷彿被火烤成褐色的碎紙返回車上。在最後一張紙片上，還能看到……「關閉了所有人的嘴巴、讓我們沉沉睡去的十一月雪」。而在這裡，一切如在煨燉燒烤，方向盤熱得燙手，我們的臉龐和雙臂布滿了汗水結成的鹽霜。記憶彷彿陷入一片黑暗：厚重的冰冷，大不里士，酷寒的隆冬？！？……那一切肯定都是我做的夢。

傍晚六點，晚禱使慶典活動暫時停止。城市在水果色澤的光線中歇息。運河邊，出門閒晃的民眾讓自行車傾倒在地，俯伏在其間喃喃誦唸禱詞。

泰倫斯指望靠晚上的生意來重新充實財庫。他又躁急又興奮地在露天座位區張燈結綵。門口掛了一塊板子，上面宣告精采節目內容：「有獎尋寶大賽」、「Merry Maker's Band」（「歡樂製造者樂隊」——其實就是從布拉岡薩那邊借用的三名帕坦樂師），我們則被大言不慚地吹噓成「正宗巴黎藝人」。

我們用巴基斯坦國歌盛大開場：一連串直白坦率的三度音程，是我們臨時惡補學起來的。來光顧的人不少，其中有些是新客；有一桌流亡阿富汗人，還有一位身穿亮片華服、已經喝得微醺的亞美尼亞老太太，她踩著踉蹌的大步獨自跳舞，頭部倚在一位假想騎士的肩上。走在旁邊巷子裡的路人紛紛擠向門口，觀賞精采表演。現場其樂融融，彷彿是一家人同歡。我們開始後繼無力時，「歡樂製造者樂隊」用明快的打擊樂效果助陣，然後接替我們繼續表演。現場賓客對〈櫻桃時節〉（Le Temps des cerises）百聽不厭，反覆要求我們再唱：

……愛情的櫻桃
如紅衣搖搖
滾落青苔上
像血滴流淌……

泰倫斯幫旁人做了翻譯；用「石榴」代替「櫻桃」，幾乎就成了奧瑪．開儼的詩作。這種清晰透亮的感傷氣息讓俾路支人感到著迷。薩迪克不斷跑來把我們的酒杯斟滿，並給我們指了一些衣著整潔、把一隻手擱在胸口傾身靠在桌上的老先生。吹起了一點風；亞美尼亞太太重新坐下，用不太乾淨的手掌壓碎臉上的淚珠。薩奇酒吧裡盡是暢快的嘆息、整齊的鬍鬚、嶄新的頭巾和颯爽的赤足。

若不是因為那股惡臭，我原本可以忘記白天的遭遇。可是就算我塗抹肥皂拚命沖洗全身，換上乾淨清爽的襯衫，我依然渾身散發垃圾的臭味。每次吸氣，我又看到那片煙氣蒸熏、黑糊糊的平野將那上面最後一些不穩定分子一股股地釋放出來，直到終於回歸宇宙的基本惰性，回歸死寂；那片物質已經走到苦難盡頭、抵達輪迴末端，即便連續百年天降甘霖、陽光照耀，也無法從中拉拔出一根小草。在那片虛無上面啄食的禿鷲竟然還提得起勁；腐肉的甜美滋味早就已經背棄牠們的記憶。色澤、味道，甚至是形狀——無比美妙但轉瞬即逝的物質結合成果——不常出現在牠們的菜單中。牠們漠視那些曇花一現的盛景，只是棲守在這一片恆常不變與麻木不仁中，消化著德謨克利特[45]的

嚴酷斷言：**甜、苦皆不存在，存在的只有原子，和原子之間的虛空。**

☆
☆
☆

泰倫斯對諸神懷有很多期待，為了避免惹祂們生氣，他有時會忽然展現出一股現實精神——面對問題、稍微使點詐術、把握良機等等。於是他會辦場餐宴，或把薩奇酒吧結結實實地（也就是：「樂隊」、兩名伙計、幾箱可樂、一桶冰淇淋）搬到六英里外舉辦「德比大賽」（Gran Derby）的賽馬場。可悲可嘆的征途：所有人擠在一輛黃色出租馬車裡，吉他夾在兩腿間，膝蓋上擺著一大包牛排，是用過期的《喀拉蚩論壇報》包起來的，等著待會兒烤給客人吃。伙計們緊貼著身子，用溫柔的聲音鬥嘴；馬車夫搖響車上的黃銅鈴鐺，那聲音就像鄉下雜貨店門口的鈴鐺一樣，聽起來純淨而憂鬱。馬車沿著兩側楊樹成排的柔軟泥土小路，一路顛簸搖晃，往跑馬場的方向行進。

過磅處附近，在一圈尤加利樹下方，我們把攤位搭建了起來。在馬衣閃閃發亮的陰影中，奎達的「馬界人士」紛紛就坐——是一些滿臉天花麻斑的巴基斯坦大馬主，他們把頭巾換成狩獵頭盔，琥珀念珠串則換成了望遠鏡。在身穿精美條紋綢上裝的騎師周圍，最後的交易正以鼻音濃重的英語進行著。稍遠處，大群賭客圍著「彩池」兜轉；我們則在這個以杜菲[46]風格妝點的蒙兀兒[47]小園地中央卸下美酒。表演非常精采，比賽結果則都經過事先安排。有時候，當最有實力的那匹馬不經意地超到「冠軍馬」前面時，牠的騎手會忽然把馬勒住，下手力道之猛，令看台上所有觀眾哈哈大笑。

不過這種事絲毫不會減低他們對賭馬的興致；他們其實是把賭注下在馬主身上。這其中既需要手腕，也要有敏銳的洞察力。

在兩場賽事之間，我們竭力大聲演奏；可是那些琶音相對貧乏，低音也顯得稀疏，一下就被淹沒在小朋友的尖叫、馬匹的嘶吼，和俾路支軍團[48]的風笛聲中。軍團樂隊在一排桑樹後面奮力演練，準備在閱兵儀式中大顯身手。

印象中，我們這兩個「王牌歐陸藝人」似乎沒招到多少客人。伙計一邊揉著腳踝，一邊哼哼唱唱。泰倫斯打開他那本有琴酒印漬的《蓋爾芒特家那邊》[49]重讀一番，同時還要彬彬有禮地假裝剛學會跳探戈（其實我們已經反覆教他一百遍了），或者露出心蕩神馳的表情用手掌打節拍，希望能吸引幾個客人。結果徒勞無功。賺錢事業一波三折，就在眾人口乾舌燥的時候，俾路支軍團忽然一刻也不停地操練隊伍。沒有人會為了吃喝，輕易錯過這個壓軸表演。一個紅皮膚的蘇格蘭小隊長領頭，後面是兩排身穿虎皮的鼓手，接著是四十個膚色黑得像烏木的風笛手，他們像軍團創辦人羅伯森一樣，身上穿著蘇格蘭裙和格紋花呢大斗篷。最後，部隊終於出現：無與倫比的短刀與皮製裝備，插有銀色羽飾的綠色頭巾。全隊人員神采飛揚，踏著活潑歡樂的步履前進，每一張臉上都咧開寬闊的笑容。完全看不到我們那邊的閱兵式那種為了擺場面而故作莊重頑傲的姿態。中場休息時，我查看了一下軍鼓上標示的文字：德里、阿比西尼亞、阿富汗、中國一九〇〇[50]、伊柏爾一九一四[51]、墨西拿[52]、緬甸、埃及、新夏沛勒[53]、吉力馬札羅[54]、波斯、亞登[55]，以及其他一些背負沉重歷史、當年這支風笛大軍的支援絕對不嫌多餘的地方。振奮人心的音樂：緊湊、犀利、洋溢風趣嘲諷，沒有一絲令人不安的肅殺之氣。獲巴基斯坦留用的英國軍官春光滿面地走在部隊前面，這些人熱誠獻身軍旅，將所有不喝酒的清醒時刻投入練兵工作。在充滿浮塵的陽光中，薩奇酒吧的最佳主顧們在其間魚貫通過。

……螢火蟲飛舞。樹葉散發香氣。一小陣清風襲來。夜幕降臨。最後一批純種駿馬裹著波斯罩衣，踏上返回奎達的小路。我們睏得眼前發黑，但手指仍然動個不停，彈奏出一些柔和的樂音，彷彿賽跑者衝過終點以後繼續跑一百公尺才會停下來。泰倫斯唉聲嘆氣地數著沒賣出去的飲料瓶。他已經開始責備自己這次進軍現實的行動；當初實在沒必要這樣大費周章。為什麼他又重蹈覆轍呢？在賽馬場四周，小徑交織的柔和鄉野一直延伸到沙漠，上面散布著成排的仙人掌，和一些綠鸚鵡喜歡棲息的陽傘狀大樹。

「泰倫斯，既然你是英國人……」

「英國人？**I'd rather shoot myself**〔我寧可一槍打死自己〕……我不是搞生意的，我可是個威爾斯人，**and a very vicious man at that**〔而且是很糟糕那種〕。」

這話不是胡扯。舉個例子，他在首都有不少朋友，要把他的債主全部抓起來關，絕對不是難事，但是他卻寧可運用那些關係來幫他從喀拉蚩買到一簍簍最新鮮的大蝦，而且到後來有一半都得扔掉。在這片黃沙大地上伴著手風琴的音樂聲端上一盤美味的義式海蜇蝦，這才是他覺得配得上他的美事。這是他心目中的成功方式，但是，在他不求嚴苛的管理下，薩奇日漸衰頹，就像一個因為過於精緻而無法長久維持的文明。泰倫斯的朋友們來喝酒的確會付錢，可是朋友的朋友經常不買單就走人。然後還有非得打點不可的警察和賽馬經紀人……還有他們的朋友；在這條消費鏈末端的則是那些拉皮條的帕坦人，以及一些頭巾也不綁好，在角落站著喝悶酒的陌生人。

我清楚記得某天夜裡的情況。當時已經是凌晨兩點；最後一位顧客已經離開很長時間了。我們在吧台上享用一塊泰倫斯剛烤好的牛排，這時某個人大步跨門而入，沒跟任何人打招呼，就從我們身邊掠過，身影沒入昏暗的廚房，然後那裡面又變得鴉雀無聲。那個人長得那麼高大，廚房天花板又那麼低，想必他是弓身駝背地待在黑暗中，一動也不動。正在看書的泰倫斯居然照看不誤。我覺得渾身不自在。

「那傢伙是誰？」

「我他媽的怎麼會曉得！他連個招呼都沒打，」泰倫斯用略帶惱火的口氣回道。他看起來並不怎麼擔心，反倒覺得有點好玩。然後我們聽到廚房裡傳出一陣輕輕的鍋盤碰撞聲，然後是一陣咀嚼的聲音，頓時泰倫斯的神情放鬆起來，露出微笑。

在那天晚上那個傢伙以後，其他一些飢餓、鬼祟的身影陸陸續續也來薩奇報到；沒多久，牛津腔英語和穿白色禮服西裝用餐的體面客人就成為永遠的回憶了。這齣日復一日忠實上演的餘興節目讓薩奇逐漸沉淪；對蛻變和驚奇的喜愛，以及某些離棄經歷催生出來的柔情，推動著泰倫斯跟隨它的腳步而去。

離開奎達前兩天，薩奇一個客人也沒有。我們正要爬上頂樓睡覺時，忽然有人在大門上怯怯地敲了兩下。來人是一個庫支[56]樂師，他在腋下夾著一個小型簧風琴。他是那種遊蕩在整個印度次大陸的江湖藝人，這些人在肩膀上擱了一隻灰色的猴子，四處幫人把馬放血、施魔咒，以意外小財、扒竊、賣唱維生，迴避所有廟宇和清真寺，主張人類生來就是為了**流浪、死亡、腐爛、被人遺忘**。要是布拉岡薩碰上他，肯定不會給他什麼好臉色；不過泰倫斯讓他進了門，還給他送了一杯酒。樂師蹲坐在中庭中央，開始演奏他的樂器。左手操弄一側的風箱，右手宛如被太陽曬黑的大爪，在擁有兩個八度音階的漂亮鍵盤上遊移。樂音含混、閃爍、顫抖，幾乎無法掩蓋風箱的喘息；樂句斷斷續續，旋律彷彿一堆未經縫綴的破布片，而每當粗大的手指把兩個音符擠壓成一個，破布就好像多了個如影隨形的夥伴。然後他目光低垂，開始唱歌，粗啞的聲音如一條紅色羊毛線，穿行在風琴發出的鼻音般的音符間。感覺有點像演唱出來的嘆息，以震懾魂魄的方式讓人憶起波士尼亞的塞夫達歌謠[57]。我們又聞到紅甜椒的氣味，回到莫斯塔爾和塞拉耶佛，坐在法國梧桐樹下的咖啡桌旁，聆聽吉普賽樂隊演奏音樂；他們一身破舊西裝，在樂器上熱切地撥彈拉奏，彷彿迫不及待地要把世界從某種無以承受的沉重中解脫出來。那是同樣一種瘋狂而不可捉摸的哀愁，飄移不定，如噓根草的種子。

根據一個波斯傳說，在奎達城，薩珊王朝的「野驢」巴赫拉姆[58]曾聘請一萬名吉普賽樂手和耍把戲師傅進宮娛樂諸眾，那些人領完薪餉以後把大王耍了一道，朝西方溜之大吉，在巴爾幹的鄉村地區落腳安營，而去年，在鸛鳥遷徙的季節，我們曾在那裡跟他們的後代乾了一杯又一杯的酒。

在車行裡被折磨了一整天以後，這些往昔回憶的復返讓人猶如置身天堂。旅行就像一個螺旋，不斷繞著自己往上攀升。它會發出訊號，我們只需跟隨。對幸福感受十分珍視的泰倫斯開了他的最後一瓶奧爾維耶托[59]。瓶塞迸開之際，薩奇的負債又多了二十三盧比。他毫不在意。他已經到了不求功效的境界，誰也奈何不了他。退役領半薪，困在這間慢慢瓦解的酒吧，背負著全城的心事、與日俱增的債務和一堆莫札特的唱片，他卻比我們旅行得更遙遠、更自由。亞洲會促使那些它喜愛的人們把他們的事業犧牲給命運。一旦祭出了這個犧牲，心跳會變得更加寬廣，許多事情的意義也豁然開朗。葡萄酒在我們的杯子裡逐漸溫熱，泰倫斯宛如一隻靜止不動的夜鳥，專注地凝視星辰移動。

哈菲茲的一首詩從記憶中浮現：

……倘若玄士還無法解開世界的祕密
不知是誰告訴酒館老闆這個真諦……

阿富汗

通往喀布爾的路

——科加克山口？你們不適合走那裡喔！

——好走得很。

——開你們的車肯定過不去。

——那條路路況超棒。

——整條路都是坑洞。

——要走右邊那條路繞過去。

——右邊那條路絕對不能走！

以上就是我們在奎達收集到的幾個關於連接奎達和阿富汗邊境那個山口的行車意見。這裡的情況老是這樣：歐洲人如果走過哪條路，一定會樂於對行車困難度誇大其詞；俾路支人則從來不會提供讓人心情不好的資訊——使別人氣餒不是他們的天性。最好還是抱著最壞的打算，親自到那邊看看。

科加克山口受到軍方的細心養護，這條路坡度陡峭，穿過煙塵蒸熏的石坡攀升。開到第二段坡道下方，引擎熄火了。看來真的只能徒步旅行！這輛車，還不如送人算了……可是送誰呢？方圓三十公里內，一個人影也沒有。我們開始清潔分電盤和火星塞，不過不抱太大希望，接著我們又調整點火提前角。太陽已經升到天頂。我們的菸都抽完了，而且因為發燒使我變得動作笨拙，我不小心把左手卡進風扇，四根手指被一直切到骨頭，我猛地跳到路邊，痛得氣都接不過來。提耶里用毛巾把我的手包住，設法止血；這是整趟旅行中我們帶來的嗎啡唯一一次派上用場。這玩意兒果真能創造奇蹟：儘管一隻手廢了，我居然覺得推車、拉車、放楔子跟開玩笑一樣簡單。下午五點，我們已經抵達山口最高點。一陣清風掃過我們的臉龐。從山頂可以看見宛如一個瘋瘋病斑的查曼市，另一邊則是在一片光霧中向北方無盡伸展的阿富汗高原。

☆ ☆ ☆

拉克蘇爾－崠，阿富汗邊境

造訪阿富汗仍然是一種特權。在不久以前，這甚至是一項壯舉。由於無法牢固地掌控這個國家，英國印度軍嚴密封鎖了東面和南面的所有通路。阿富汗人則決心禁止任何歐洲人進入他們的領土。他們幾乎完全說到做到，而且對這個情形非常滿意。從一八〇〇年到一九二二年，頂多只有十二、三個不怕死的人（孟加拉軍團的逃兵、宗教妄想者、俄國沙皇特務或英國女王的間諜）喬裝成朝聖者，成功突破禁令，跑遍全國。學者的運氣更不好。專精於帕坦民俗文化的印度學家達梅斯泰特[1]因為無法越過開伯爾山口，只好到阿塔克（Attok）或白夏瓦的監獄尋找資訊提供者。考古學家奧萊爾・斯坦因為了申請前往喀布爾的簽證，等了二十一年，終於拿到簽證以後，不久就在喀布爾過世了。

時至今日，只要懂得分寸、稍有耐心，要進入阿富汗就不是難事，不過當我們在夜幕低垂時分，帶著簽證來到奎達通往坎達哈這條公路上的邊境村莊拉克蘇爾－崠時，卻找不到人讓我們向他出示這份寶貴文件。沒有辦公室，沒有柵欄，也沒有任何形式的檢查，只有白色的泥土公路在兩排土砌房屋之間筆直穿過，國門大開，有如人人可以進出的公共磨坊。在飛蛾群集如雲的茶館裡，三名士兵正在喝酒，不過他們跟海關毫無關聯。至於海關人員，好像是回家做晚禱去了。

提耶里過去找他。我頭昏腦脹，一步也走不了，於是留在車裡。無止境的等待。村莊一片漆黑，熱得有如火爐。我藉著觀察一輛卡車，打發了一小段時間，卡車裝載了滿滿的簍筐，令人看得頭暈，它在一個小孩出聲引導下，設法在小廣場上調整位置。然後我把頭趴在膝蓋之間，小睡了一會。後來我發燒發得又坐直了身子，這時發現一名士兵把擠扁的臉貼在車窗上，帶著和善的驚異表情在窺探我，接著我又沉沉睡去……

車門的響聲讓我驚跳著醒過來：一個老頭把燈籠舉到我的鼻子前面，口氣熱切地用波斯語囑咐我事情。他包著白色頭巾，穿白色長袍，鬍鬚整齊，脖子上掛了一個大得像拳頭的銀質圖章。我過了一會兒才明白他是海關人員。他特地跑過來祝我們一路順風，還給了我坎達哈一名醫生的地址。他的服裝、他的儀表和他這種超出職責範圍的親切表現，讓我覺得他真是個大好人，感動之餘，一時也只能傻呼呼地向他表示我們的簽證已經過期六個星期了（我的用意是避免他惹上麻煩）。他早就注意到了，而且根本不以為意。在亞洲，大家沒有按表操課的習慣，況且，有什麼必要在八月份拒絕一張核准在六月期間入境的簽證？才兩個月，人不會有什麼變化的。

☆ ☆ ☆

坎達哈

凌晨三點

那天夜裡的坎達哈，那些啞然無聲的涼爽泥土街道，那些無人看管的貨攤，那些法國梧桐，那些桑樹，那些宛如較為和暖的陰影嵌在一大片森冷暗影中的枝葉，我們似乎並沒有親眼看到，而是夢見了那一切。整座城市沒有發出一聲嘆息。只是偶爾會聽見從深水溝傳出來的震顫，還有小嘴烏鴉被我們的車燈驚醒時發出的怪笑聲。

我最感興趣的還是睡覺。我們以十公里時速在街上東轉西轉，想找家旅館，天上的星星一顆接著一顆熄滅，「坎達哈」這個語詞逐漸化身成一個枕頭、一條鴨絨被、一張深如大海的床，可以讓人縱身沉入，待個一百年。

☆☆☆

坎達哈酒店

是醫生的到來把我吵醒的。應該是個希臘和義大利混血。咦！跟我事先想像的完全不一樣。他是個高大版的羅密歐，穿著短褲和涼鞋，看起來性情狂躁，一張臉長得英俊而蠻橫，是那種如果表情沒法把它裝滿就會讓人覺得不舒服的臉孔。不難推測，那後面的內心世界大概只有一丁點兒大，遠遠比不上那張臉的冠冕堂皇，就好像一扇用三角楣裝飾的華麗大門背後只是一個卑微的小院子。他自己似乎也為此而困擾，顯得不太自然。他神態傲慢而又猶疑地大步踱過房間，力道十足地霸占一把椅子，跨坐在上面，然後對我扔了一句「怎麼啦？」，聲音出奇地響亮。我全身困倦，只能輕聲簡單說明了一下，可是這種平靜的口吻不合醫生的胃口。不疾不徐的表達方式反而使他不知所措。他已經使出一種宛如天賜的陽剛語氣成功進場，假如我們不好好配合，他不知道怎麼繼續演下去。他的脫困方式是擺出粗魯的姿態幫我做檢查：你的手？傷口過兩個星期就看不出來了。發燒？只是「間日瘧疾」而已，小事一樁，一下就會好，不必愁眉苦臉。更嚴重的情況多得是；比方說他自己，不只一次……他發現我在注意他頸部下側那塊奇特的傷疤，於是打斷自己的話，露出微笑，簡短地說：「小提琴拉多了」——彷彿一個老兵秀出空蕩蕩的袖子說：「奧斯特里茲[2]」；然後他用一種完全沒必要的強烈眼神盯著我，好像他還暗自希望內心某個不為人知的敏感要害會受到激發和傷害，然後他才可以像剛才進場的時候一樣，轟轟烈烈地出場。我才剛從長達三十小時的睡眠中醒過來，實在沒有餘力攻擊任何人。我們完全沒在這部分激他，只是一味恭維他，稱讚他的法語、送他俾路支雪茄，他則滿不在乎地坐在椅子上一邊哼哼啊啊一邊打拍子。

在這個他強加於自身的角色中，還有一個東西讓他覺得不舒服，那就是沒能弄明白他是在跟什麼樣的人打交道。我可以感覺他在試圖把我們「歸類」，這樣他才能斷定我們的語言，然後用它來跟我們說話。我看到他的目光在房間裡四處搜尋，審視我們的行李，在我們扔在床腳的衣物上停留了一陣；我心裡很怕他的說話腔調會猛然變得粗俗、阿諛或故作親熱。某些物件——錄音機、提耶里的畫架——進一步令他無所適從，使他難以決定立場。然而時間緊迫，他進到房間都已經十分鐘了。某種恐慌感攫住了他；他放棄了，然後那副科萊奧尼[3]的面具忽然掉了下來，換成一張規格較為平凡的臉孔，從中透現出一份舒緩、寂寞和年輕。一個不同的人物登場了：幹練，脆弱，渴望陪伴，開始說要借書給我們看，回到這裡跟我們討論那些書，還有免費幫我看病。轉眼之間，一切對他而言都變得很簡單：他不再需要焦躁不安地抖動香菸，於是菸氣可以在初升的陽光中筆直升騰。他給我抽了血，一邊準備片子，一邊自言自語說個不停。我們喜歡王爾德[4]嗎？他這陣子剛好在利用空閒時間把他的作品翻譯成義大利文。柯賴里[5]呢？他有一個著名作品叫《聖誕協奏曲》，非常溫柔，經常讓他得到慰藉。因為他其實是個藝術家——那時他是不是這樣告訴我們的？——他在這裡有很多唱片，他對它們是如此情有獨鍾，以至於他的年輕妻子不願意前來跟他團聚。這樣倒也好；女人對極端美妙的事物一無所知。於是他在醫院頂樓住處獨自度過一個個漫漫長夜，在一曲接一曲和諧動聽的音樂中撰寫一本以阿富汗為背景的小說，其中包含浩瀚的心理描寫，情節精妙無比，他還猶豫著是不是要透露給我們知道。他已經下了好幾年功夫了，這是他生命中的折磨。一旦作品完成，他就會自殺……

「您說什麼？」

他就會……沒錯。話才剛出口，他就後悔了。不過晚了一步；他已經看到一抹陰影般的微笑掠過，把他無可挽回地重新扔回他自導自演的蹩腳戲中。下巴往前伸出，表情僵硬凝滯。說到莫札特的時候，他又恢復那副不可一世的學究模樣，肆無忌憚地哼出一段段主旋律，一下向我們丟出一堆我們毫無概念的克歇爾目錄編號[6]，一下又搬出一些精細至極的配器細節對我們大說特說。簡直是音樂學院入學考試。我們不過是兩個跑到亞洲玩樂的傻瓜呆罷了。算了。畢竟不能不承認，他把對藝術和小提琴的喜愛推到了極限，甚至不惜讓提琴割傷自己的頸項。況且那可不是一把名不見經傳的提琴，而是五把義大利阿瑪蒂[7]之中的一把，沒有兩名卡賓槍騎兵[8]護駕，是不可以隨便亂跑的。

無奈光陰似箭，他在我們這裡恐怕已經耽擱太久，還有工作在召喚他。想必是得為幾座大山開刀，任重道遠。他給我們拋了一個洞穿一切的眼神，每踩一步就像跨過一具屍體般地穿越房間，嘴邊掛著一抹淺笑匆然離去。

「我們一起為你盼望他別寫得太快，」提耶里邊帶上房門邊對我說。

話說回來，他的確是個好醫生，而且死都不肯拿醫療費。他連續來了好幾個早上。總是像一陣風，躁動火熱，用他那股不怎麼合時宜的魅力和一副純種寶馬飽受馬蠅侵擾的模樣掌控整個房間，以令人肅然起敬的能量追求他亟於體現的那種莫測高深的尼采式人物角色。想必是因為太寂寞。我真想看看他在自己鏡子前面的樣子。不過我暫時只能躺在床上，帶著幾分羨慕觀察他。不管怎麼說，他那種充滿焦慮的自戀還是好過疲倦把我化成的這攤痲木無神。

燒退了又來，來了又退。

晚上，我拖著像喝醉酒時那樣綿軟無力的雙腿，到大廣場邊上找個位子坐了下來。茶爐的蒸氣、水菸的煙霧往平靜的天空升騰，天上泛著一抹黃色，昭示著秋天的到來。清爽而喧鬧的城市像個大果籃，裡面裝滿了無花果和葡萄。四處瀰漫著綠茶和羊脂的氣息。昏暗的茶館裡，嗜糖如命的胡蜂在滿堂頭巾、剃光的頭顱、阿斯特拉坎蓋頭帽、激動而犀利的臉龐上方畫出一道道弧線。三不五時，一群羊或一輛淡黃色馬車會揚起一陣灰塵，在廣場上穿越而過。有點像東方的波斯，但多了幾分山地民族的頑拗幹勁，少了幾分波斯人因為有著太久遠的歷史而顯出的厭倦無奈。在那邊，這種精神上的侵蝕足以壓制企圖心，削弱衝勁，最終把上帝也耗損殆盡。

夜色降臨，也把發燒帶了回來。我把自己撐在桌上，耳朵嗡嗡作響，左右兩個手肘底下都是一灘汗水，然後聲音、商店、人影、光線開始像磨坊的風翼那般轉動起來，很快就彷彿把桌子也捲走，而我虛弱得無法為我的種種印象賦予那種讓它們能夠刻劃記憶的強度。不過我還是清晰地重新看到了廣場中央那座小紀念碑，也看到周遭一身白衣的散步人群帶著一種含蓄的快活，在六座「從英國人手中取得」的大砲前面來來往往。

☆　☆　☆

瘧疾的危險性不會超過重感冒；隨便一位醫生都會這樣對你肯定表示。話說回來，它表現出來的行為確實遵照我們對它的原有想像。它會讓人猛打哆嗦，虛弱不堪，一心只渴望所有事情都變得輕輕鬆鬆。唯一想做的事是睡覺，而且床鋪很舒服。可是問題來了：有蒼蠅！

關於仇恨，我活了很久都不會知道太多。但現在，我對蒼蠅恨之入骨。光是想到蒼蠅，我就淚眼汪汪。如果把一輩子都奉獻給滅蠅工作，我會覺得那是非常美好的人生志向。當然我指的是亞洲的蒼蠅，因為在這個問題上，沒出過歐洲的人沒有說話的權利。歐洲的蒼蠅只會趴在窗玻璃、糖汁上和走廊的陰影裡。有時甚至還會誤闖花間。牠已失去本色，被袪除了邪魔之氣，甚至顯得天真無邪。反觀亞洲蒼蠅，由於死的東西太豐足、活的東西太放任，牠早已被寵壞，變得陰險狠毒、無恥至極。剛毅不屈、勇猛頑強，如某種恐怖物質的燃屑；黎明即起，然後世界就屬於牠。天光一亮，你就再也別想睡覺。稍微休息片刻，牠就把你當成死馬，挑牠最喜歡的部位下手：唇縫、結膜、鼓膜。牠認為你睡著了？那牠就會得寸進尺，瘋狂躁進，最後以一種極其蒼蠅的方式在你最敏感的鼻孔黏膜中爆發，讓你噁心得猛然跳起來。不過如果身上有傷口、潰瘍、癒合不良的小切口，那你也許還能指望小睡一下，因為牠會以最快速度往那裡衝去，然後以一種陶醉其中的靜止狀態取代原本那可憎的躁動，令人大開眼界。於是你就可以悠閒地觀察牠：當然牠毫無氣質風度，身材也不具流線美感，至於牠那種斷續、不規則、荒謬、特別令人神經緊張的飛行方式，實在是不提也罷——蚊子雖然也是我們恨不得牠消失的東西，不過相較之下，牠稱得上是飛行藝術家了。

蟑螂、老鼠、烏鴉，還有重達十五公斤、但恐怕連殺隻鵪鶉都沒膽的禿鷲——也有這麼一個由食腐者構成的中轉世界存在，其中物種的顏色不是灰暗就是髒褐，一身下等皮羽、低賤裝扮，只能汲汲營營，永遠等著參與那個幽冥的過渡。然而這些奴僕也有各自的弱點——老鼠害怕光線，蟑螂天性膽小，人的手掌容不下禿鷲——蒼蠅不費吹灰之力就讓這群烏合之眾甘拜下風。沒有什麼能夠阻擋牠，而且我深深相信，就算拿篩子過濾虛空，我們還是會在那裡面找到一些蒼蠅。

在任何生命讓步、退去之處，牠總會像荒唐可笑的小飛球，在那裡庸碌操忙，帶著牠那護士般的奉獻精神宣講——了結了吧……放棄這些無謂的悸動，讓偉大的太陽主持一切吧——邊說還邊用天殺的爪子梳理不停。

人類太過苛求；一心夢想著有名有份的死亡，要功德圓滿、個性十足，讓死成為自己一生寫照的補充側寫。他為此努力不懈，有時也會如願以償。亞洲蒼蠅無意追逐這樣的榮耀。對這個小賤貨而言，死活沒有兩樣，只要看看巴札裡那些熟睡的孩子（彷彿一群被屠殺的人在黑壓壓一大群安靜乖巧的蒼蠅底下繼續安眠），就能明白牠樂於混淆一切，再怎麼不成模樣的東西，都可以享受牠的完美伺候。

古人在這方面看得很清楚，他們一直認為牠是由惡靈所創造。牠具有惡靈的所有屬性：混淆視聽的微不足道，無孔不入的能力，駭人的繁殖力，比看門狗更偉大的忠心（很多人離你而去以後，牠仍舊守著你）。

蒼蠅有牠們專屬的神祇：敘利亞的巴力西卜[9]、腓尼基的美刻爾[10]，還有伊利亞[11]的獵蠅宙斯；百姓為這些神祇獻祭，竭力祈求祂們把祂們手下的昆蟲大軍帶到更遠的地方放牧。中世紀的人相信蒼蠅誕生於牲畜的糞便，或者從灰燼中復活，並聲稱蒼蠅會從罪人的嘴裡飛出來。在布道台上，明谷聖伯納[12]主持祭禮以前都會拿蒼蠅拍打死一群群蒼蠅。就連路德[13]也曾在一封書信中明言，魔鬼派遣蒼蠅「到他的文稿上拉屎」。

據說中華帝國在各個鼎盛時期都曾制訂對抗蒼蠅的法律，而我相當肯定，凡是強大有為的國家，必然會用某種方式對付這個敵人。我們當然有權利——也因為現在流行這麼做——嘲笑美國人病態的潔癖。儘管如此，假如哪天他們出動一整個載滿DDT殺蟲劑炸彈的空軍機隊一舉殲滅雅典城的所有蒼蠅，那些飛機的航道將與聖喬治[14]的生命軌跡完全吻合。

☆
☆
☆

通往穆庫爾的路

阿富汗沒有鐵路，不過有幾條壓實的泥土公路，用路人習慣破口大罵。我不苟同這種態度。從坎達哈北上喀布爾的公路布滿新鮮的糞便、馬蹄印，以及一大堆烙印在塵土中的大型四葉草造形駱駝足跡。開闊的山坡在高海拔的天空下伸展，公路穿行其間。九月的空氣清澈透明，視野彷彿無盡延伸，景色中的主要元素是山岳的鮮明褐色，其中偶爾點綴著飛翔的山鶉、葉片分明的楊樹林、炊煙裊裊的村落。在水源稍微豐沛的地方，路邊會有一些生長不良的樹木；這時感覺就像在歐楂和黃色小梨子鋪成的地毯上行車，車子碾碎果實，香氣瀰漫，濃烈的味道足以讓荒寂的大地化為田園。

荒寂？倒不盡然。雖然感覺上人類屈居於自然之後，不過每個鐘頭總會碰到一輛高高的卡車迎面駛來，這些卡車彷彿淡藍、黃綠的彩繪玩具，在褐色的地景中非常亮眼。一個農民騎著毛驢，腋下夾著一把被太陽曬熱的鐮刀。看到一隻豪豬。或是一群坐在柳樹下的庫支族流浪人，他們身旁有狗熊、鸚鵡，和兩隻穿紅色坎肩的猴子，坎肩上縫有鈴鐺；他們的女眷——一群大嚷大叫的娘兒們——圍著燒不起來的火堆手忙腳亂。我們把車停下，拿他們尋了一點開心，也讓他們尋我們開心，然後我們又重新上路。

這些奇遇之間的時間間隔都很恰當，而且公路路況不是怎麼差，我們可以放心地以三十公里時速行駛。況且我們完全不趕時間，能夠這樣一大早在路上慢慢磨蹭，頂篷敞開，手肘架在車窗上，整副身心沉浸在這片原始的鄉村景致中，只偶爾交換隻言片語，這實在很享受。

用這樣的速度，我們很可能在夜幕降臨的時候才通過一個小小的山口。但我們的腦海裡就只有這個山口。它成了一種財產。吃晚飯的時候我們還在聊它。我們睡在它上面，做夢也夢到它。睡到半夜時，我們在上坡時超過的駱駝隊也趕到了宿營地，他們忙著卸貨，在一片嘈雜人聲和燈籠舞動中，我們醒了過來；原來我們還在山口。其實這個山口小得根本不值得在地圖上標記，真正稱得上「山」的東西還在往北很遠的地方。不過是枯黃牧原中的四十來段坡道，還有山頂上那棟用乾石砌成的清真寺；清真寺的綠色旗幟在風中飄揚，像一把火槍般劈啪作響。我們畢竟花了整整一天才來到這裡，越過它，占有它。在這個地方，慢慢消磨時間才是不浪費時間的最好辦法。

☆ ☆ ☆

薩賴

薩賴的茶館主人做廣告的方式毫不手軟：在公路上橫放一根樹幹。我們把車停下——不得不停——然後才看到乾樹葉做成的房檐底下有兩個茶爐在綁成一圈圈的洋蔥之間冒著熱氣，還有用玫瑰花圖案裝飾的茶壺整齊擺放在火盆上。我們走進茶館，加入其他幾個「樹幹受害者」的陣容，他們禮貌性地關注了我們一下，然後馬上又午睡的午睡，下棋的下棋，吃飯的吃飯。

只有親身體會過盛行於亞洲其他地區那種不顧人隱私的冒昧舉止之後，才能懂得這種含蓄是多麼難能可貴。這裡的人認為表現出過度的興趣或親切有損於好客的誠意。有一首阿富汗民謠的歌詞說：最討厭的人，就是那種接待客人的時候會問東問西的主人，先問他從哪裡來，然後「用問題把他從腳到頭殺一回」。面對一個西方人，阿富汗人完全不會改變他們原本的樣子。沒有一絲懦弱的表現，沒有一絲某些庸俗的印度人會對你展現的那種「優勢心理」。這是山區生活的效應嗎？不如說是因為阿富汗從來不曾被殖民。英國部隊曾經兩次打敗他們，攻破開伯爾山口，占領喀布爾。同樣那兩次，阿富汗人給同樣那些部隊一記永生難忘的教訓，把比分重新拉到零。所以，他們既沒有恥辱需要洗刷，也沒有自卑情結需要療癒。外國人？**firanghi**[15]？不就是個人嗎！騰個位子給他，該上什麼上什麼，然後各做各的事就對了。

至於那截不留任何商量餘地的樹幹，它可以說是民間智慧的化身。你如何能抗拒這麼好笑的伎倆？就算茶水錢比較貴，我們都願意付。不過情況完全不是這樣：茶泡得滾燙，甜瓜熟度完美，收費微不足道；而且，等你準備上路的時候，老闆會趕緊起身，殷勤地把小路障挪開。

☆
☆
☆

喀布爾

當一個來自南方的旅人初訪喀布爾，乍見那楊樹綠帶圍繞全城、淡紫色山巒上一層薄雪冒出霧氣、風箏在巴札上方的秋空中顫動的景象，會沾沾自喜地認為自己已經來到世界的盡頭。事實與此相反，他才剛抵達世界的中心；而且這是一位皇帝明明白白說的[1]：

喀布爾公國屬於第四種氣候類型，因此它位於人居世界的中心……來自喀什[2]、費爾干納[3]、突厥斯坦、撒馬爾罕、布哈拉[4]、巴爾赫[5]、巴達赫尚[6]的駱駝商隊都會往喀布爾匯集〔…〕喀布爾是興都斯坦[7]與呼羅珊[8]之間的中轉點，為雙邊提供絕佳市場。就算這裡的商人遠赴契丹和魯姆〔按：中國和小亞細亞〕，也不會賺到比這裡更多的錢〔…〕很多商人連花十塊錢成本賺三、四十塊都還不滿足。

喀布爾本身和周邊村落生產的水果包括葡萄、石榴、杏桃、蘋果、榲桲、梨子、桃子、李子、杏仁；核桃產量豐富。這裡的葡萄酒後勁很強〔…〕喀布爾的氣候舒適宜人，在這方面世

界上沒有任何地區可以與它相比。撒馬爾罕和大不里士同樣以氣候宜人著稱，不過那邊冬天很冷〔…〕

喀布爾公國的人口相當多樣化：山谷和平原地區有突厥人、艾瑪克人和阿拉伯人。城市地區主要是薩爾特人；縣內其他村莊住了塔吉克人、佩雷吉人、阿富汗人。公國境內說的語言有十一或十二種，包括阿拉伯語、波斯語、突厥語、蒙古語、輿地語、阿富汗語〔…〕世界上沒有任何其他地區看得到這麼多元的人口和語言〔…〕

巴布爾皇帝在位期間，甚至在城市周圍的山丘上數出多達三十三種野生鬱金香，以及為數眾多的溪流，他以「磨坊」為單位，評估這些溪流的價值——半磨坊，四分之一磨坊。他的描述不只這些；在流亡到喀布爾地區（一五〇一年）並且幾乎未經抵抗便在此掌控大權後，這個他在用察合台突厥語撰寫的《回憶錄》中列舉的詳細清單，洋洋灑灑多達至少十頁之譜。當時他還不到二十歲，而且一無所成；他的父母剝奪了他在費爾加納的采地。撒馬爾罕的烏茲別克諸親王到處搜捕他。多年間，他的精力一直耗費在策畫徒勞無功的陰謀、集結擁護者、四處戰鬥、不斷逃亡、披星戴月，在區區幾匹戰馬和所剩無幾的忠臣陪伴下餐風露宿。

到了喀布爾以後，他有生以來第一次能夠安穩睡上一覺。他立刻愛上了這裡。他重修城牆，興建花園，增設許多蒸氣澡堂，挖掘水池——全面展現穆斯林對活水的熱愛——並栽植許多新的葡萄樹，供他大肆宴客、飲酒狂歡。

喀布爾斯坦的果園裡充滿山鶉和鶇鳥，不難想像，他曾在拳頭上架著獵隼，終日在此騎行遊獵；夜晚則更加美妙，夕陽西下時分，坐在蘋果樹下、爬上閣樓的平台屋頂，一邊吸大麻一邊等待夜幕降臨，與最聰明伶俐的幾個夥伴互猜謎語、挖苦逗樂，或者絞盡腦汁吟詩作賦——這種對「裝飾性知識」的熱衷是帖木兒王朝成員的特質——以免在鄰邦赫拉特親王[9]面前相形見拙（當時赫拉特的宮廷文藝薈萃，「只要把腿一伸，就會踢到某位詩人的屁股」）。這樣的記憶自然長存於心；巴布爾在印度成功締造與他的雄心匹配的帝國[10]以後，高達二十五億盧比的收益——任誰看了都會瞪大眼睛的天文數字——無法撫慰他離開喀布爾的痛苦。全軍上下以他為首，都對喀布爾無比懷念。而且他很快就派出兩名騎兵前往喀布爾，負責測量阿格拉到那裡的距離，並沿途設置備用馬匹和駱駝，以便能以更快速度走完這段旅程。在許多年間，他一直透過這條路線，請人向他的新都城運送阿富汗葡萄酒和香氣馥郁得足以令他「永遠哭泣」的甜瓜。然而諸事纏身，他滯守印度，無緣再見喀布爾。終於返回故城時，人已駕崩。他的陵墓就在巴札西側的一處花園裡，由一片巨大的法國梧桐樹隨伺在旁。

曾經讓一位如此顯赫的貴人深深迷戀，這樣的光環自然使這座城市有了傲視群倫的本錢。不過巴布爾的迷戀之情可說到了失去理智的地步。平常那麼謹言慎行的他一派天真地宣揚所有與喀布爾有關的傳說：該隱親手建造了這座城市；諾亞的父親拉麥就埋葬在這裡；法老王派他的子嗣到這裡殖民……

不過，關於「世界中心」的說法，我們必須承認他言之有理。世界各地都會提出這種主張，不過這一次確實理由充分。千百年間，掌控北面興都庫什山脈各山口及往南通向印度河平原各處孔道的喀布爾行省發揮了閘門的功能，讓印度文化、希臘化伊朗文化以及經由中亞散播的中國文化在這裡交融。曾長期固守於此的亞歷山大大帝繼業者們對十字路口女神「三頭黑卡蒂」[11]崇拜有加，絕非出於偶然；而在基督紀元之初，當阿富汗最後一名希臘小國王赫馬尤斯決定鑄製正面書有印度文、背面書有漢文的錢幣時，這個路口便名副其實地成了「人居世界」的十字路口。

當年亞歷山大率領的馬其頓大軍每次見到一畝葡萄園都要高喊「戴奧尼索斯[12]」，以為自己已經回到家鄉；從那個時候以來，這裡見證過多少人來人往，多少繁盛交通！有塞琉古一世為了打敗來自西方的對手而在印度購買的五百頭大象；有一支支駱駝商隊，往來運送精雕細琢的象牙、提爾[13]的玻璃器皿、伊朗的香水與化妝品、小亞細亞各地工坊批量生產的劣質西勒努斯[14]或巴庫斯[15]雕像；有貨幣兌換商、高利貸者、吉普賽人；也許還有東方賢士加斯帕[16]——旁遮普地區的一名印度—帕提亞國王，被《聖托馬斯行傳》的編纂者們寫錯了名字；從中亞被驅逐出來以後快馬飛奔、日夜兼程逃到這裡的斯基泰[17]或貴霜[18]游牧民，人人瘋狂地將財富埋在地下，讓日後的古幣學家及考古學家樂不可支。還有其他各式各樣的商人。或者某個這個世界上永遠都會存在的那種單純只是好奇的人，背後跟著一個隨時作筆記的僕人（可能若干時日後還能找到這些筆記）。可惜的是，沒有歷史學家。還有那些結束驚險萬分的印度朝聖之旅後，整個行囊塞滿經書，在打道回府的路上嘟嘟嚷嚷地講述旅行經歷的中國佛教徒。還有其他游牧民族，比方說這回過來的匈奴，看在那些比他們來得早、在這段時間裡已經開化了的游牧人眼中，還是那麼野蠻……

然後換成嚴酷且未留存記憶的伊斯蘭。那是公元七世紀的事。再後來，這個十字路口又見證了許許多多各色人等，不過我暫且打住。總之但願今日的旅人在遊歷了遼闊世界的無數地方之後，仍能帶著恰如其分的謙卑恭臨此地，並且不期望引起任何人的驚嘆。如此一來，他就能得到阿富汗人的完美接待。況且，他們之中大部分人已經完全忘了自己的歷史。

☆ ☆ ☆

對於西方以及西方所代表的誘惑，阿富汗保持著高度的精神獨立性。它帶著審慎的興致衡量西方，跟我們衡量阿富汗的方式類似。它相當欣賞西方，至於讓西方占上風，那就……

喀布爾有一間很棒的小博物館，那裡展示阿富汗宣布獨立以後、法國考古學家在各地挖掘所得的成果。也有其他一些文物。可以說是包羅萬象：一些斷簡殘篇，一個白鼬標本，修理下水道時發現的錢幣，水晶石。一樓展區有一個凹入牆壁的展覽櫃，裡面專門展示服裝，在一九五四年這天，我們可以看到一件毛利族羽毛裙、一件新疆牧羊人的大衣，這兩款服飾之間展示的則是一件相當普通的套頭毛衣，上面標示了「愛爾蘭」的字樣，也可能是「巴爾幹」。苯胺紅，應該是手工編織而成，可是——一件套頭毛衣……老天爺！就跟我們那邊每年到了十月以後電車上的人穿的東西一樣。難道是不小心被擺進櫃子裡嗎？相信應該不是！總而言之，我用一種新的眼光，看它看了好一段時間，而我必須承認，就客觀觀點而言，在來自極樂鳥故鄉的羽毛裙和哈薩克族的皮襖之間，這件紫紅色毛線衫所代表的文明看起來實在寒酸。於情於理，我都只能為此感到汗顏。無論如何，我們不會有什麼興致去看一個老百姓會穿「那種東西」的國家。

這個展覽讓我喜出望外：覺得彷彿有人讓我經歷了斯威夫特[19]那種奇遇，使我心跳加速，領悟力更上層樓。況且我不禁思考：歐洲向來要我們研讀十字軍東征，卻對馬木路克騎兵[20]隻字不提；硬要在風馬牛不相及的神話傳統中尋找原罪的痕跡；而且只引導我們關注西方的貿易公司和幾個膽大包天的壞傢伙開始染指印度以後，那個國家在跟西方有關的層面上發生的事。經過二十四年這種歐洲式的薰陶，現在來一點阿富汗中心主義不啻為一大樂事。

☆ ☆ ☆

抵達喀布爾一個星期以後，我們兩個都生病了。穿越魯特沙漠的艱辛，奎達帶來的精神耗損，以及在薩奇酒吧熬夜那些日子，遲早得找我們算帳。我們對什麼都沒胃口，渾身提不起勁，完全衰竭。不由自主地把所有事情都往黑暗面想，眼睛只會注意不對勁的東西。在這種狀態下，想到要去給別人添麻煩，還有安排什麼講座、畫展，我們一點也高興不起來。就在我們一籌莫展的時候，幸運忽然朝我們微笑，我們碰到了一位瑞士醫生，他是聯合國的專家，一個人住在喀布爾；他提議我們先住他那裡，等到我們康復為止——也就是說，好一陣子以後。這個人心胸開放，樂善好施，儘管外表看起來永遠心不在焉，其實為人非常細膩、體貼，而且彷彿對他自己的善意覺得不好意思。

跟坎達哈那位超愛擺姿態的醫生屬於截然不同的典型。相反地，他說話時，會用某種方式側著頭，好像他在跟自己的上衣口袋說話，並且深深質疑自己所說的事。除此之外，他還很愛笑，也把我們照顧得無微不至。簡單說，是個值得交的朋友。

有了這份天賜良緣的加持，喀布爾在我心中留下的印象就很接近巴布爾所描繪的美妙圖像了。我只有這麼一點保留：縈繞在整個市區那種羊油的味道[21]；在肝臟有點抽痛的狀況下，那股味道實在讓人受不了。不過有個東西可以彌補：葡萄酒。曾經，美酒如水流，法律天天遭到違犯，把頭巾拆掉躺在草地上睡覺的醉漢不計其數。如今，儘管擁有品質傲視世界的葡萄，阿富汗卻重新成為禁酒國家。喀布爾一滴酒也買不到。只有外交官享有進口許可；其他外國人只能將就著按擔購買巴札裡的葡萄，自行釀酒。法國人開啟了這個風潮；幾個奧地利人隨之跟進。九月一到，地質學家、教授、醫生紛紛化身為釀酒師。左鄰右舍互相幫著壓榨葡萄，或把葡萄汁倒進罐子。吃晚餐的時候，餐桌上會出現一瓶瓶用蜂蠟封瓶的白葡萄酒，口感像曼薩尼亞[22]，還過得去，有時乾了些；無論如何——某人會在幫你斟酒的時候在你耳邊悄悄說——還是好過這位親愛的Z先生釀的酒，或那位可憐的B先生釀的酒。不過最好的酒莫過於義大利大使館神父釀出來的酒；這些年來，他靠著釀製彌撒酒練就出一身武藝，並且會把他忘記賜福的酒分送給那些最有功德的人。

☆☆☆

由於自己曾經大肆劫掠鄰國，阿富汗人長期懷疑外國人會在他們國家以其人之道還治其人之身。他們的想法大致上沒有錯。十九世紀時，他們不惜對擅自入境的歐洲人開槍；直到一九二二年，國門才略略開啟，讓為數有限的人進入。這種折衷作法不乏好處，因為西方在無法強行輸出奸商、大兵、劣質製品的情況下，只好順應情勢，派遣外交官、東方學者、醫生之類的有智之士；這些人充滿好奇，懂得分寸，而且非常清楚怎麼成為阿富汗社會的一員。

於是喀布爾有了一個非常多元、充滿情趣而且資源豐富的小小西方社群。來自丹麥的人種學家在距離市區兩天路程的地方發現了一些西方人從未涉足過的山谷；英國人對自己的「前任死對頭」身分顯得從容自在，他們在亞洲總是能把這種角色扮演得游刃有餘；有幾個人是聯合國派來的專家；特別是有一群法國人讓這個圈子有了聚會場所和無盡的歡樂。這些法國人（好像有四十幾個人）在一位神父的花園裡主持一種類似俱樂部的活動，每星期一次，大家可以到那裡喝飲料、聽音樂，在圖書室裡翻閱書報，認識一些對這個國家瞭若指掌但談論起來毫無賣弄之氣的奇人。這個地方接待親切、氣氛熱鬧、風雅愉悅。在旅途上闖蕩了十四個月、一本書都沒讀的我在這裡重新發現了傾聽學者說話的樂趣，比方說有位剛從阿拉霍西亞[23]或巴克特里亞挖掘現場返回的考古學家，他還為自己的研究主題興奮不已，一手拿著酒杯，興味盎然地針對某種錢幣上的君王頭銜或某個小雕像的石膏裝飾手法發表精采論述，令我聽得入神。現場會有幾位才情洋溢的女士，一些美女（我們會設法湊上前去養個眼），以及一些拘泥於瑣事的婆婆媽媽（小鎮風情果然無所不在），她們會像在蒙塔吉或穆松橋[24]一樣，為席次順序、服裝花色、水果塔這類問題爭論不休。總之，這是一個鮮

活、滑稽、有趣的小世界，裡面的人物擁有足夠的自由和空間可以讓他們展現自己，一個個都像博馬舍[25]、吉侯杜[26]或費多[27]筆下的角色。

偶爾會出現一些包法利夫人[28]式的心情故事、一些讓人莞爾一笑的傳言，還有人會提起——這個小圈圈裡真的很多人很長舌——他們打算到拉合爾或白夏瓦滿足一下的「熱情」，替他們不畏三百公里艱辛路途奔赴國境之外的罪行事先告解一番。

☆☆☆

在喀布爾：意識形態的衝突彷彿被往下拉到省級層次，蘇聯外交官也不像在其他地方那麼神祕謹嚴；這或許跟他們想呈現的形象有關，因為在奧克蘇斯河[29]這條國界以北，他們一直竭力讓自己顯得像個敦厚快活、安於務農的大鄰居。我們會看到他們成群結隊地乘坐一輛掛著檸檬黃行李網的老舊吉斯汽車[30]，前往位於市區唯一一家電影院對面的理髮廳，車子在坑坑窪窪的路面上蹦蹦跳跳，揚起一片沙塵。到了那裡，在一片剪刀的咔嚓聲中，他們可以稍微放開，試著跟旁人聊上幾句，不過看起來又嚴肅又死板（草帽直接壓上眼睛，領結大得像拳頭），笨拙地設法博得某種最基本的好感，而其實沒有誰會想到要對他們不好。

我們也在德國牙醫J先生那裡碰到過他們。J先生的太太美豔迷人，所以儘管設備簡陋，還有嚇人的踏板式牙鑽，診所仍舊門庭若市。不過我們覺得那些蘇聯人戒心十足；對他們而言，這個地方少了阿富汗本地人的店裡那種和解氣息與中立氛圍。走進等候室，就已經進入了西方，踏進西方人布設的陷阱。於是他們一鼻子栽進桌上那一本本專門為他們準備的《星火》週刊，一句也不漏，仔仔細細地瀏覽所有廣告、家務專欄、教條理論，直到最後像發現苦苦尋覓的綠洲那般，欣賞土庫曼集體農場的彩色照片，照片上的農民穿著成套西服，鞋子亮得跟鏡子一樣，面對鏡頭操縱拖拉機轉向，並露出滿口牙齒對讀者微笑。我們面對面坐著等了很久。一段時間以後，我們開始對這些已經忘記怎麼笑的人產生某種帶有同情的關切；正因為他們不再懂得笑，他們遂顯得格外徬徨無助。我們不禁想像自己對眼前這些身形壯碩的女士審慎提供幾個穿搭打扮方面的建議，向這些神情陰鬱的男人說：「得了！別再盯著那些廣告了，沒什麼大不了的，放輕鬆點，抽根菸，大家聊個天吧！在海拔兩千公尺，在這個全世界最獨特的國家，聊幾句話對誰都不會有害處的。」也許他們根本沒看到我們。也有可能他們跟我們想法一樣，可是應該由**我們**設法建立接觸，不是他們，而這個差別是有價碼的。

他們當中年紀最輕的幾個偶爾會偷偷跑到「法國之家」喝一杯：一群個子粗壯、臉部肌肉結實的傢伙，身體緊緊裹在尺碼太小的全套西服裡，總是兩兩成對地過來。他們都能說一些法語，不是在砲兵學校學的，就是在航空學校，不然就是掃雷學校，總之永遠不會單單只是學校。他們受到熱誠接待，大家會問他們一堆有的沒的問題，通常是「沒的」，因為除了高爾基[31]、哈察都量[32]、埃米塔日博物館[33]以外，其他所有話題都還散發異端邪說的味道。不過無論如何，他們總是會來報到，香檳高腳杯幾乎消失在他們的碩大手掌中，言行謹慎但親切可愛，在這個城內的小法國不至於覺得太生疏，因為他們在課本裡可以讀到狄德羅[34]是農業改革之父、莫里哀與布爾喬亞階級勢不兩立、多列士[35]是細膩敏銳的風格作家等等。

早在一八六八年，阿卜督爾・拉赫曼[36]大公已經擺出偽善者的口吻，談論「夾在俄羅斯大熊和英國猛獅之間可憐兮兮的阿富汗山羊」。不能不說的是，在他的領航下，阿富汗山羊經常成功地製造兩大鄰國之間的對立，把兩邊耍得團團轉，而他在這場遊戲中展現的政治手腕早已成為後世效法的模範。這裡的人對這個棘手的「鄰里關係」習以為常，而革命[37]並沒有為這個關係的本質帶來太大改變。存在於原則與事實之間的矛盾也不會讓人感到不知所措，因為身為道道地地的「東方人」，他們本來就不相信原則這回事。當那個以世俗精神自居的社會主義共和國贈送八匹駿馬給這個將伊斯蘭立為國教的王國時，沒有人覺得奇怪；所有人心知肚明，這份禮物只是個誘餌，背後藏著真正的意圖，而且如果需要的話，俄國人連幫忙蓋間大清真寺都會願意。

至於美國人，在這裡更難見到他們的身影。他們一如既往地游離在邊緣，只透過書本認識這個國家，很少出外活動；由於害怕病毒和疾病，他們只喝煮沸過的開水，只不過疾病並沒有因此而放過他們。

疾病也沒有放過我們：提耶里才剛辦完展，賣了幾張畫，就染上黃疸病，花了好幾個星期才恢復健康。假如沒有我們的醫生兼朋友克羅德，以及隨處可遇的殷切協助，我不知道他該怎麼擺脫病魔。十一月中旬，他搭飛機到新德里，打算從那裡搭火車南下前往錫蘭，準備迎接芙蘿到來。他太過急著完成這件事，所以沒等我病好就決定先走，那時我的身體還太虛弱，沒辦法開車通過那些山口，忍受經由陸路南下印度的勞頓。幾個月以後我再帶著行李、開著這輛車，到那邊跟他們會合，設法及時趕上他們的婚禮。

當時的阿富汗民航業總共就只有一家名叫「印度梅爾」（Indomer）的小公司，這家公司負責載運信徒前往麥加朝覲，它最重要的收入來源是地毯走私，而政府出於謹慎，一直會讓公司的某個董事吃牢飯。至於機場，只是一塊設有航標的空地，謙恭地承受風吹雨打，初雪一落就關門休息，不過季節適當的時候，還是可以看到印度航空或荷蘭皇家航空的雙引擎飛機起降。

我在黎明時分送提耶里到機場。天氣很冷，褐色的荒地在城市南邊漫漫延展，上面覆蓋著白色的凍霜，令人想起在大不里士頭幾個月那些日子。由一名留著大鬍子的錫克人負責駕駛的印度飛機已經停在跑道上。通關前，提耶里和我平分了他在這裡賺到的錢；我自己到現在還一個子兒都沒掙著。

搭乘吉普車返回市區。初升的太陽撫觸著楊樹的樹梢、蘇萊曼山群的積雪，又把曬在巴札的平屋頂上那一片片已經脫了粒的大麥照得閃閃發光。走了一半路程時，看到一輛藍綠相間的公車（這兩種顏色總能那麼神妙地搭配在一塊）翻倒在溝裡。公車四周，有些乘客蹲在地上抽菸，還有些人心平氣和地踱著方步，看起來一副一切早在預料之中的神態。我真喜歡這個國家。我也想到了提耶里：亞洲的時間之河流得比我們那邊更寬廣，而我們這個完美組合讓我覺得彷彿已經維持了十年。

幾天以後，克羅德因為工作上的需要，到阿富汗南部出差去了。我則向北穿越山區，前往巴克特里亞，因為法國的考古學家們邀請我到那邊工作一段時間。

興都庫什山脈

在喀布爾以北六十公里，綿延著興都庫什山脈。這座平均海拔四千公尺的山脈由東向西橫越阿富汗，將努爾斯坦的冰河抬升到六千米高空，也分隔了兩個不同的世界。

南坡：一片曬焦的高原，被一條條花園般的山谷切割，一路延展到俾路支邊界地帶的山區。陽光強烈，髫鬚深黑，鼻如鷹勾。言談、思考時，使用的是普什圖語（帕坦人的語言）[1]或波斯語。

北坡：光線已經由大草原的霧氣過濾，人民臉形圓渾，目光湛藍，烏茲別克男子身穿棉襖大衣，騎馬快步馳向蒙古包組成的村莊。野豬、大鴇、短暫存在的溪流縱橫在這片長滿燈心草、以和緩坡度往下朝奧克蘇斯河及鹹海漫去的原野。這個地區的居民沉默寡言，適可而止地使用著中亞地區的各種突厥方言。負責思考的似乎主要是馬匹。

十一月的夜晚，一陣陣北風吹向喀布爾，掃除了巴札上的穢氣，在大街小巷留下一股細緻的高地氣息。是興都庫什山在發出訊號。還看不見它，但已經可以隔著前面幾道山脈，感覺到它的存在，像一件大衣般鋪展在夜色裡。整個天空都被這股氣息占滿。整個心也是：過了一個星期以後，腦海中只有那片大山，以及大山後方的國度，想到最後，不走都不行。

要想穿越興都庫什山，抵達阿富汗的土克曼斯坦（從前的巴克特里亞），必須持有喀布爾警察局發給的旅行證，然後設法在阿富汗郵局經營的公共汽車或某輛北上的卡車上弄到座位。旅行許可申請經常遭到拒絕；不過如果提供給警方的理由很簡單、很顯然，能引起他們的共鳴——走走看看，浪跡天涯——他們倒相當合作。所有穆斯林，甚至包括警察，都是潛在的游牧民。你只要提到**djahan**（世界）或**shahrah**（公路），他們就已經看到自己擺脫一切羈絆，在一彎纖細的月牙陪伴下踏遍風沙星辰，尋找永恆真理。我多說了一句「我不趕時間」，結果反而馬上就拿到了許可證。

☆☆☆

喀布爾巴札。石頭秤砣在秤盤上叮叮咚咚。鬥鳥用的山鶉在鳥籠的柳條上磨著尖喙。在鐵匠市集，一輛輛卡車陸續停妥，車頭對著打鐵鋪。司機們蹲坐在自己的腳跟上閒聊，等燒得火紅的金屬冷卻。水菸筒從一隻手傳到另一隻手，各式各樣的消息和資訊迴盪在清冷的空氣中……從昆都士[2]開來的客運巴士掉進河裡……拉塔班山口滿滿都是山鶉……加德茲[3]那邊有人在挖井的時候找到寶藏。新到的司機加入談話陣容，每個人都貢獻一點故事或奇聞，就這樣一個小時接一個小時，隨著煙霧在卡車巨大的暗黑身影中裊裊升騰，阿富汗王國的口語新聞持續放送。

稍微說一下這些卡車的事。阿富汗人在做決定以前會無止無境地權衡輕重，不過一旦下了決心，他們必定轟轟烈烈，一不做二不休。如果他買了一輛卡車，他會夢想著為它裝載堆積如山的貨物，讓全巴札刮目相看。只要來回跑個五、六趟車，他就可以發大財。他的事蹟將傳遍鄉里。十六公噸級的「麥克」或「英特那什」還配不上他的雄心壯志。引擎、底盤，勉強說得過去！可是那個裝載平台，看起來實在小家子氣！他把它拿去賣錢買木柴，然後在原處裝上一個大得像房間的露天車斗，裡頭隨隨便便都可以放進十來匹佩爾什馬[4]。然後他會去找畫匠。阿富汗的卡車一輛輛都被畫得漂漂亮亮，整個車身上都是彩繪：清真寺宣禮塔、從天空中伸出的手、黑桃A、插進一只超現實風格乳房的匕首，乳房周圍是一大堆《可蘭經》經文，文字往四面八方胡飛亂捲，因為畫師把鼻子貼在車身鋼板上工作的時候，他心裡想的主要是怎麼把空間填滿，而不是如何讓畫面元素排列有序。巨作完成之後，卡車就隱沒在這些輕佻的裝飾中；整體效果像聖像圖板和「老伯林牌」糖果盒的綜合體。

接著卡車司機開始裝貨。一邊裝，一邊把要走的路線先在腦海裡跑一遍：如果核桃樹的樹枝會垂到七公尺的高度，那他就把貨裝載到六公尺高。現在卡車終於好整以暇，準備出動，不過要把它開出遍地泥巴的市集，真得費九牛二虎之力。然後他就滿足了嗎？千萬別小看他：他會在郊區沿路停車，徵集北上旅客，讓每個人繳五十個阿富汗尼，然後把他們安頓在大包小包的貨物之間。卡車終於搖搖晃晃地朝興都庫什山脈推進，前往馬札里[5]、昆都士，**真主保佑**，兩天、五天、八天以後，拜接二連三的奇蹟之賜，終於抵達目的地，沒有人會為那些奇蹟大驚小怪，因為真主不但是穆斯林，還是個阿富汗人。要是卡車沒抵達終點，那就是半途耽擱了，比方說栽進了山溝裡。

☆☆☆

夜幕降臨時分，我到鐵匠市集轉了一下。剛用鉗子從鍛爐夾出來的金屬料件發出耀眼奪目的紅色光暈。說話聲變稀疏了；還在忙著工作的司機不是打算連夜出發，就是一早就走。我不費功夫就找到一輛準備往北開的卡車。

第二天，天剛破曉就起床。穿上從大不里士就沒從包包裡拿出來過的冬裝，一邊聽咖啡壺咕嚕咕嚕地唱歌，一邊把靴子打上鞋油。市街上天寒地凍。穿過幾片結滿塵土硬塊的小花楸樹林，我來到市區外圍的果園地帶，看到兩個偷蘋果的傢伙沿著牆腳掠過，臉上咧出的笑容跟手上滿滿的袋子一樣大。巴札方向沒傳來任何引擎聲，只看見最早的幾縷煙霧升起。那位司機說：七點，不過似乎沒想為這點小事擔保。在這個地方，嘴巴說的不如心裡想的重要，而且有誰能保證他明天會有什麼想法？時間只屬於真主一個人，而阿富汗人不怎麼願意做出侵犯到未來的承諾。明天早上……明天晚上，或者三天以後，或者有朝一日。我趕在前面走。太陽高掛在天上時，卡車鳴著喇叭追上了我。爬到貨堆頂上，加入一群眉飛色舞的老頭，然後把雙手枕在頸後，躺進備用輪胎，度過接下來的上午。每次拐彎，一條條瘦腿、一隻隻拖鞋、一縷縷鬍鬚就會從前後左右盪入我的一方天空。卡車逐漸攀上分隔喀布爾山谷和恰里卡爾山谷的小山口。

中午，跟車上的人一起在恰里卡爾喝茶、吃米飯。小鎮正等著從獵場歸來的國王，上下一片手忙腳亂。士兵用樹幹擋住公路，在車隊抵達以前，所有往興都庫什山脈方向的車輛都不能通行。這倒壞了司機的好事，他用水壺倒水洗了手，把手甩在風中晾乾，一邊打飽嗝，一邊動腦筋。不久，他在一群守衛中找到某個堂兄弟，那人爬上駕駛座，悄悄操作了一陣，卡車就跑到路障另一邊去了。阿富汗人喜歡攀親戚關係，而且總能攀得恰逢其時。

太陽開始西斜，卡車轉向西方，駛進戈爾班德山谷：一片長長的黑土谷地，上面種了栗樹、胡桃樹、葡萄樹，椋鳥和發酒瘋的斑鶇[6]在一片下冰雹般的聲音中成群騰空飛起。山谷位於國王行經的路線上，處處感覺得到等待的氣息。沿路所有茶館都打掃得乾乾淨淨，並在院子裡布置了桌子，上面擺滿了梨子，所有座位上都裝飾著小白菊和散發香草味的紅門蘭，一把把撒在雪白的亞麻桌布上。店主們蹲在冒著蒸氣的茶爐後面，一邊用既期待又怕受傷害的腳趾撩著拖鞋打轉，一邊緊盯著夜色中慢慢從山上下來的國王車隊：如果國王選中他的院子停車歇息，那就是天降神恩，如果國王挑了張桌子坐下來，就是神恩加倍，如果走的時候侍從沒忘了買單，那更是三倍神恩。

卡車開到半山腰時，我們碰上了停在一棵栗子樹下的小車隊。幾名肩上斜背短槍、鐙上掛著長槍的騎兵隨侍在國王的吉普車兩側，後面的拖車裡堆滿了身體依然溫熱的岩羊、黃鹿、大鴇，黑色的鮮血滴落在路面。國王坐在前座，兩旁各有一名軍官。三個人穿著一模一樣的橄欖綠緊腰長外套，不過因為他們的臉部遮在陰影中，我很難辨認出巴札裡那些肖像畫上早已讓人非常熟悉的國王面容。衛隊士兵看到路障後方開來一輛晃悠悠的卡車，粗聲向司機盤問，並駕著坐騎頂到車門邊，向車內拋出懷疑的目光。儘管辦了這場廣納飛禽走獸的大祭，這群人卻完全沒表現出通常會伴隨狩獵隊伍歸來的那種充滿疲倦但無憂無慮的歡樂。騎兵的粗厲質問，馬匹的緊張煩躁，以及那三個毫鳌不動但神情專注的人影，無不令人想到一群旅者在騷動不安的邊境中如履薄冰的謹慎形跡。然而這山谷一片祥和，王國也呈現從未有過的太平；但是，從阿富汗王位設立至今，這些防護措施不曾鬆懈，歷來讓三分之一的國王得以壽終正寢。在這個充滿各種激情的國家，對土地的占有欲、部落間的敵對、族間仇殺的陋習，總會讓槍聲如奇蹟般地響起，因此假如不稍加「預防」，治國工作難以進行，而且只要任何一個對手被消滅，都會讓統治者身邊多出一個復仇的陣營。自從他的父親納第爾國王遭一名被革職將軍的侍從近距離槍殺，而後兒子在酷刑下沉默無語地死去，穆罕默德・查希爾國王[7]一直前後左右嚴密戒備，連睡覺都得張開一個耳朵。俗話說得好：「破大衣下可以擠十個苦行僧，天地之間容不下兩個帕第沙[8]。」這片詩情畫意的封地受到多方覬覦，國王的日子肯定也不會好過。

☆ ☆ ☆

夜幕降臨時，我們抵達希巴爾山口南側入口的沙德戈爾班德村低處。粗得像大腿的葡萄藤鋪綴著柴泥房舍，在街巷上方交合成拱。在成串的葡萄之間，可以看到凌駕在村莊上空的巨大突岩，以及初露的星星。我們已經爬升到相當的高度，寒氣開始凍得刺骨。一個從山口下來的駱駝隊伍占滿了村中的小廣場，二十多頭全身覆滿厚捲毛的中亞駱駝在飲水槽周圍冒著熱氣。在這些馱獸後方，土克曼押運人矗立在馬鞍上，把轡繩高高提起，發出啾啾的叫聲激勵胯下的馬匹以後腳著地的方式旋轉。一對細長的眼睛在紅通通的臉膛上炯炯發光，長襖在身側迴旋翻飛。他用蹩腳的波斯語向卡車駕駛們提供資訊：有八輛俄國卡車在國王打獵時被攔在山口另一側，今天晚上會通過這裡；山口頂端沒有剛下的新雪。我們一邊往手指上呵熱氣，一邊躲進茶館，卡車司機受到剛才那些好消息的鼓舞，開心地為全車人買了茶水和配茶用的糖。眾人從包袱裡掏出烤餅，頓時只聽到一片咀嚼和嘆息聲，然後隨著耳朵逐漸開竅，開始聽得到溪流的聲音，而且感覺越來越近。茶館老闆熟識所有經常出入山口的人，見到新的一組人員進來，忙不迭地就講起他跟前一批人馬聊過的事。他邊說邊拉電石燈的進水門，燈光逐漸照亮整個房間；光線照到我的時候，他打斷原來的話題，問起這個外國人是打哪來的。

「從瑞士來的，準備到馬札里去。」

瑞士？他知道那個地方。他在茶館院子裡經常看到一輛喀布爾開來的卡車，上面畫了一座瑞士城堡。看起來易守難攻的城堡映照在湖面，湖四周都是岩山；藍色的水面上巡遊著斜桁交錯的船隻，樣子跟阿曼海岸的小帆船一樣。在巴札那些畫師的店裡，這種圖案應該是價目表上最貴的項目之一，原因不外乎那個水，非常難畫，尤其是這裡很多人只聽人說過但不曾親眼看過的波浪。老闆又說，瑞士的山像針一樣尖，而且非常非常高，山谷則深得分不清白天和夜晚。這就是為什麼瑞士的手錶會發光。他們問我我們那邊的玫瑰花和甜瓜怎麼樣。玫瑰，漂亮得沒話說；至於甜瓜，怎麼比都比不上喀布爾的好吃。所有人聽了都很高興。不能不知道，從突厥斯坦到高加索，人們是根據甜瓜的品質來評斷一塊土地的幸福度。這個議題充滿爭議性，也是民眾引以為傲、感受尊榮的泉源。有人不惜為甜瓜大動干戈，還有很多有頭有臉的人願意花一個星期趕路，只為了嚐到布哈拉最有名的白甜瓜。所以可想而知他們聽到我的宣告有多開心。我正想接著說瑞士的士兵都會在家裡擺一把步槍和四十發子彈的事（多美妙的特權），只可惜西方世界已經離開了一行人的視線範圍，大夥紛紛攤開皮襖，一下就進入夢鄉。鞣製不佳的山羊皮發出陣陣騷臭，雖然算不上太臭，但畢竟還是臭，把我一路薰到院子裡。

夜晚非常冰冷。一輪滿月照亮了峭壁和村莊所在的山肩，讓卡車車頭和掛在房屋走廊上的一圈圈辣椒閃閃發光。在頭頂上方的高空，廣漠的大山在孤寂和寒凍中發出爆裂聲。聽不到任何引擎聲；山口沒有發出任何生命訊息，不過可以感覺到它正在暗夜中耐心十足地突破缺口。

儘管有幾個山口[9]與它競爭，希巴爾山口從來不缺客人。中國的佛教徒從印度返回時曾攀上這裡（「層冰峨峨，飛雪千里」[10]），前往巴米揚的神廟[11]朝覲。巴布爾也曾數度翻越這個山口，耳朵凍得「跟蘋果一樣大」。長年間，人們只有成群結隊帶著武器，才敢冒險通過，因為哈札拉[12]劫匪——一群棲居於西邊高山地區、嗜飲亞力酒的分立派教徒——會襲擊過往人車。然後還有南北兩坡居民各自組成的山區游擊隊，他們非常兇殘，無信無義，翻牆越籬，子彈隨時噴發，火槍聲在山谷千迴百盪。不時也有懲罰叛亂的征討行動，大批駱駝把積雪踏實，讓大砲順利通過。那一切都是過去的事。如今山口安定太平。哈札拉人已然就範，現在會把自釀酸酒塞在大衣裡面，跑到喀布爾的巴札兜售，而坐在卡車頂端往來的行旅人除了凍瘡、狂風和雪崩，已經無需恐懼。

希巴爾河魚產豐富，養育著流域中的居民。戈爾班德的驛站老闆自然懂得其中的道理。他把驛站設在這段路程的關鍵點上：從北方開來的卡車會到他這裡吃喝慶祝，因為他們已經成功攀越山口；來自南方的卡車則會在實現翻山壯舉之前，先在此地養精蓄銳。車組人員和駱駝隊伍成員會在驛站的院子裡交流各種物品、閒話、新聞，而透過跟這些流動人員的周旋，他不需踏出門檻，也能放眼天下。他收存的阿富汗尼、盧布和盧比，他的拉合爾咖哩、俄羅斯鑄鐵鍋，他的麥加朝覲之旅，他掌握的人情世故，他零零星星累積到的知識，這一切都要歸功於希巴爾山口。說起這個山口，他總是語帶恭敬。提到塔什干與喀布爾之間的郵政飛機時，他就沒那麼客氣了。某些夏天的早上，他會聽到那架飛機在東方天空高高飛過的聲音。他甚至在茶館的一面牆上描繪了這個基本上無視於大山存在、對他的生計構成威脅的空中機器。畫面上的飛機不怎麼神氣：像一隻迷失在銳利山峰間的蒼蠅；看那飛機飛得歪歪斜斜，還噴出一道道火焰，就不難知道這次依然得由雄偉的大山稱霸。

我往上走到飲水槽，一路輕手輕腳，以免把狗吵醒。那個土克曼人裹在山羊皮襖裡，守在他的一群駱駝旁邊席地而睡。村莊一片靜謐，不過希巴爾山口剛剛結束了它的緘默：從跟星星一樣高的地方，一具以一檔運行的引擎將它斷斷續續的歌唱聲往下傳到我們耳際。我全身凍僵地回到屋內。我把錢放進靴子，把靴子枕到腦後，兩腳伸進鄰人的大鬍子裡，就這樣酣然入睡。

早晨。半夜裡抵達的俄國司機躺進諸睡客之間湊合著睡，所以我們是在這群外國人之間醒過來的。他們是塔吉克的穆斯林，身上穿著沾滿塵土的工作袍和黑色半統靴。他們在四天前離開史達林阿巴德[13]，在泰爾梅茲渡口越過奧克蘇斯河，現在要繼續往南推進，到喀布爾交付他們這批嶄新卡車。這群人身材矮小、行動敏捷、沉默寡言，在驛站裡顯得泰然自若，邊揉腫大的睡眼邊說salaam（「平安」），回應別人給他們致上的salaam。

長達一千五百公里的共同國界、日益緊密的經濟依賴，這些因素都使阿富汗不得不謹慎處理它與北方強大鄰國的關係。「鐵幕」漸漸開啟，在其中一個方向讓汽油、水泥和蘇聯香菸通過，在相反方向則放行各式各樣的果乾，以及更大宗的阿富汗原棉，供塔吉克加工生產之用。鐵幕也為一些游牧部落開放，這些游牧民的夏季牧場位於興都庫什山脈，他們的山牧季移活動透過一項條約獲得規範。比較不受官方認可的是塔吉克叛逃者的越境行為，他們會越過奧克蘇斯河，逃難到阿富汗。經過一年的監督期，這些移民便歸化阿富汗，以耕作者身分定居在巴克特里亞的遼闊平原；在這個地區，他們的村莊近年來如雨後春筍般地興起。儘管這種地下往來持續不斷，而且烏茲別克「人蛇」和共產黨的邊防部隊之間偶爾會爆發小型武裝衝突，大河兩邊的居民卻能維持和緩的關係，令人相當驚奇。對於蘇聯，阿富汗人不害怕、不憎恨，也不會受到吸引，他們把持矜持自重的態度與蘇聯比鄰而居，這種情形唯有芬蘭可以比擬。

塔吉克人十分自然地融入我們這群圍著水菸桶的客人。在穆斯林卡車司機這個群體中，他們比較看重的是人，而不是教條、主義；菸管從這張嘴換到下一張嘴，一刻都沒停頓。聊到齋月的時候，阿富汗人把這些教友取笑了一番，說他們運氣不好，連在禁食期間也得勞動，而且居然最遠只能到布哈拉朝覲。出於誠意和禮貌，雙方互相問了一些本來就知道答案的問題。塔吉克人出發上路前，有點像不太情願地在執行某項來自遠方、不合時宜的指示，給我們發了幾張粗糙的烤餅，搭配幾句充滿政治意味的寒暄，然後就踩下卡車的離合器，揚起一陣沙塵，消失在喀布爾的方向。

☆ ☆ ☆

驛站老闆把我們車上的貨物查看了一番。他露出不解的神情。當然，這樣已經不錯了，不過厲害的卡車司機應該還能做得更好。他藉此機會向司機透露，正好他有幾綑貨物得送到馬札里沙里夫。他做手勢加強提案的說服力，飛舞的雙手以誘人弧度將司機團團圍住，司機則慢慢讓步。中午時分，交涉正如火如荼地進展，而且似乎還應許著太多樂事，看起來不到入夜不會真正定案。我片面決定自行動身。拉長耳朵走了好幾公里；後來再也沒見到他們。

一整個下午都在山口一帶行走，吸吮著飄盪在十一月空氣中那股鐵般的氣味。傍晚來到，我靠著一面乾石牆壁坐下，吃起俄國人送的烤餅。我已筋疲力竭，可是大山竟連一個指頭的距離也沒拉近。公路穿越大片大片的積雪，這些積雪很快就被夜色淹沒，不過在海拔五千公尺以上，巴巴山群（Kuh-i-Baba）的頂部山坡仍舊沐浴在夕照中。稍微睡了一會，然後一輛卡車沿著山坡往上開來，一陣碰撞地面和嘶嘶作響的聲音把我吵醒。不是我原先坐的車。他們把車速放慢，向我打手勢，我抓住車身後緣就爬了上去。

我一邊左搖右晃，一邊伸手摸了摸貨品——一綑一綑全是被露水打濕的地毯。走運了！因為通過興都庫什山的貨物不是都這麼美妙。可能會碰上又難聞又會滲漏的俄國油桶，或者足以把背脊凍冰的袋裝水泥。在搖晃得沒那麼厲害的貨堆前端，兩個包得嚴密紮實的人影已經占住最好的位置。一個掉光牙齒的老頭從一堆毛茸茸的衣物中冒出頭來，向我問了這個儀式性的問題：**Kodja miri inch'Allah**？（阿拉保佑，您這是要上哪兒呀？）另外那名乘客整個人消失在一張地毯底下，只露出兩隻釘飾便鞋，在持續的震動中不斷搖擺。不過他的包袱揭穿了他的身分：一本《可蘭經》，一個火絨打火機，一顆西瓜，一把陽傘，傘尖上用橡皮筋綁了一副鐵框眼鏡——是一位毛拉。他的最後目的地是澤巴克。看來他還得打好久的哆嗦：從這裡到昆都士，起碼也要一天，然後公路會轉向東方，通到法伊札巴德，從那裡有一條狀況很差的泥土路可以去到澤巴克——一切順利的話大約是兩三天。至於澤巴克，不過是一間柴泥建成的清真寺，加上二十來棟終年被巡邏騎兵隊煙燻火烤的破房子。這支巡邏隊負責管控通往上瓦罕[14]和中國邊界[15]的路線。再過去就是帕米爾高原的荒涼山坡[16]，只有一小批獵人在那裡獵捕藍狐和雪豹。誰都不會希望別人走上那樣一趟艱苦的旅行，那真是世界的盡頭。澤巴克，就等於漂格爾[17]。

☆☆☆

卡車劇烈搖晃，沿著髒污的積雪山坡往上攀爬。坡道變得又短又陡，顯示山口正在往底端急速收窄；底盤被高高抬起，卡車彷彿隨時就會翻覆。車子維持低速行駛，司機頻頻以猛烈方式驟然換檔。駕駛艙內，注意力更加集中；不是基於焦慮——因為一切皆已命定——，而是要在希巴爾山口喜歡保留給常客的拋錨、斷裂、坍方、翻車等事故發生以前，設法恢復高度警覺，展現強大的忍耐力和聽天由命的毅力。

亞洲所有遠程卡車的車組人員大致都以類似方式編成。車子的真正主人是阿拉；車身上寫得滿滿的文字都在提醒祂要負起應盡的責任。凡間的擁有者則稱為「摩達－撒希卜」。他負責挑選載運的貨物，在會車困難的路段擔任駕駛，走哪條路線、全程分幾段來開、在哪裡吃飯，或者停在大草原某處開槍打正在射程內啄食的大鴇，這些都由他決定。放在座椅底下的破槍、骰子跳棋和禮拜毯都是他的財產。他的助手兼二副冠的頭銜是「每司特力」。每司特力集電工、機械工、打鐵工的身分於一身，什麼都修，到哪裡都能修，用手邊找得到的任何東西修。如果受損嚴重，他會動用指揮權，攔截同行們的卡車，向鄰近各打鐵鋪傳話，洽談零件更換或道路救援等事宜。每天晚上，他都會拆下分電盤、火星塞，胳膊底下夾著一塊油膩的厚紙板，往驛站走去。他這麼做有一半是出於謹慎（沒有人偷得了不能點火的卡車），另一半原因則是為了讓手指頭有事情做。喝完熱茶以後，他一整晚都會忙著打磨電極、白金等所有能製造亮光或火星的小小平面，而這些東西正是卡車的靈魂所在。這種日復一日跟那些磁性神物交流溝通的活動，為他帶來莫大的快樂，也讓他以某種方式發熱發光。在公路上這樣跑了幾年以後，「每司特力」逐漸有能力買下一副舊底盤，也累積了來自四面八方的不同零組件，可以拼裝出一輛卡車，於是他搖身一變，當起「摩達－撒希卜」。有時他也可以藉由娶老闆的女兒為妻來加速這個晉級程序，因為在那些漫長的夜間行駛過程中，有太多事必須仰賴他的能力，因此他就有了向老闆商談結婚條件的本錢。

第三位車組人員也絕不可少，他的頭銜是「可凌那」——英文cleaner（清潔工）一詞的變音——具體而言就是個穿得破破爛爛、專門吃苦受氣的小伙子。他負責加汽油、換機油，在半路休息時泡茶，還有每天用一塊海綿小心翼翼地擦洗車身上的裝飾畫。每通過一處山口，他都得把自己掛在車尾，讓冷風凍歪他的臉龐，用手緊緊抓著用來在陡坡和彎道上把後輪卡住的沉重木楔。他就這樣度過一個又一個漫漫長夜，被車子晃得靈魂出竅，被寒風抽打著臉頰，一束束菸灰被刮進眼眶，同時聽著駕駛艙裡傳來一陣陣交談聲，夾雜著皮襖的溫暖氣息。年紀才十五歲的「可凌那」一個個肌肉發達、筋骨強健、脾氣火爆。他們是這個國家裡最冷硬的一群人。野狼般的臉孔永遠無法讓人擠出一絲笑容。他們生活在人群邊緣。在驛站裡，這些孩子會把他們睡覺用的草墊拉到陰暗的角落，然後展現驚人罵功，責備店主沒立刻送茶上菜。可凌那們也有大權在握的時候：每當車子開到沿著山壁開闢的驚悚路段，在那些必須操作三次才通得過的髮夾彎上，他們會用吼聲指揮駕駛：「再前一點……煞車……**煞車！**X你娘……」把握這個大好機會，把駕駛艙裡那些慢條斯理的好命傢伙狠狠修理一頓，對方一點辦法也沒有，因為要是沒有可凌那和他那塊大木頭，永遠嚴重超載的卡車恐怕只有跟懸崖結緣的份，只是懸崖完全沒有友善待客的準備。

在興都庫什山區，靠這份工作賺錢過好日子的可凌那有如鳳毛麟角。他們之中大部分只能憑藉頑強的韌性，在艱險的公路上撐個四、五年，生命急速熟成老化，然後某天夜裡，不吭一聲就在茶館的板床上告別人間。生平第一次受到熱切關懷和人情溫暖的包圍——一份姍姍來遲但無與倫比的驚喜；他們就這樣離開了過眼雲煙的世界，滯留凡間的時間還比不上那塊轉給繼任者的木楔。

☆☆☆

午夜或凌晨一點。卡車往山下行進。一條激流在下方轟隆作響，冰冷的河水流向奧克蘇斯河，最後再匯入中亞核心地帶的鹹海。我們剛進入另一個世界。公路轉進一處比黑夜更黑的深邃峽谷，無比驚險，令人眩暈；在好些地方，面河那一側的路面已經坍方，只留下非常傾斜的狹窄通道。「摩達-撒希卜」把卡車停下，一邊咕噥著一邊跳下車，踏腳試探地面的硬度。卡車以一檔冒險通過坍塌的路面，車身往激流一側傾斜，車輪翻起的土塊往下墜落，發出幽遠的聲響，然後車子一寸一寸地開向堅固的地面。車身恢復平正，駕駛艙則傳出一陣鬆了一口氣以後的平靜評論。

……拋錨了。至少已經兩個小時，我們一直聽到「每司特力」在底盤下面敲敲打打、大聲咒罵。在高高的貨堆上，寒風無情地鞭打我們。跨坐在貨包上的老頭已經擠進我的被毯裡。他從滿車貨物中抓出了一串由雞爪部位拴在一起的雞，這些雞已經瀕臨死亡，不過身體還溫熱，被老頭用來當暖爐。我拉下皮毛帽蓋住耳朵，把手塞進大腿中間，閉上眼睛，試著回想我這輩子曾收到或給予過的溫暖。沒有任何作用。想必我給得不夠多。塞在靴子裡的雙腳很久以前就嗚呼哀哉了；嘴唇也失去知覺，不過嘴裡還有一點香菸留下的餘溫。背靠在潮濕的地毯堆上，我零零碎碎地夢到燒酒、滿桶的煤炭、在炭火上爆裂的栗子。只是短暫的昏睡；雞隻發出的酸臭味和抽到盡頭的燙嘴菸頭不時讓我悚然驚醒。

月光異常明亮。一道道黑紅相間的岩壁在我們四周往上噴升三百公尺。把頭往後仰，彷彿從井底望見巴巴山群的高聳峰頂宛如尖銳的井欄，啃食著小小一方天空，閃爍的星星看起來好像在那上面微弱地呼吸。最後，我一定是向這片凍僵麻木的冬季大自然屈服了。卡車重新起步時，我完全沒感覺到。

☆☆☆

在太陽升起時醒來。山鶉和戴勝發出嘶啞的呼喚。車子停著。我睡著的時候，車子往山下走了很遠。激流已經變成一條瘦弱、慵懶、漫溢的小河。公路兩側，持續受到侵蝕的冰磧和緩地向平原傾斜。車組人員已經下車，用雙臂一抱抱地收集黃連木，投進他們剛升起來的火堆。我也跳下車，加入蹲成一圈將皸裂的雙手伸向炭火的人群。「可凌那」把茶壺灌滿熱水。至於那位毛拉！先前只看到他那雙削瘦的腿和他的眼鏡，我以為他是個老頭；沒想到是個二十歲的小伙子，一顆圓圓的腦袋剃了光頭，帶著好奇的神情審視我。一個老外坐在卡車貨堆頂上旅行，這可不是每天看得到的光景。而且還是個基督徒。他打開摺疊刀，切了一片甜瓜給我，然後接了我一根香菸，蹲坐在腳跟上抽起菸來，同時一刻不停地打量我。他滿臉問號，不過碰到我想必比在喀布爾巴札碰到那些眼珠子裡頭有一百萬個神明的印度教徒要來得自在。畢竟我們都是「聖書信徒」，都是單一天主的見證者，在宗教信仰上算是同宗近親。儘管雙方在千百年間互相殺戮，這並不會改變基本的事實，尤其是在這個家族之間仇殺頻繁的地區；在這裡，「tarbour」這一個字就能同時代表「堂兄弟」和

「敵人」。

我們這兩邊信奉的天主好歹也有為時久遠的共同歷史。阿富汗民間故事中充滿《聖經》典故，《舊約》彷彿已被縫進日常生活的脈絡中。大家都知道該隱建立了喀布爾，所羅門的寶座則位於開伯爾山口南側的一座山上。至於爾撒[18]——耶穌——他們對他的認識超過我們對摩西或耶利米的了解。人死那天，爾撒甚至被納為說情者之中的一員，而在帕坦地區傳唱的一首喪葬輓歌中，垂死者會「告訴諾亞、摩西、耶穌和易卜拉辛〔穆罕默德的朋友〕：除了你們和你們的覺知，還有誰能幫助我們？」

在巴札裡，有時只要花個十阿富汗尼，就能買到這位爾撒的彩色圖像——當然不是釘在十字架上，而是漂浮在一群全副武裝的大天使之間，或者騎在用不穩定的步伐小跑步的小毛驢背上深思自己莊嚴而寬宏的使命。這樣一個爾撒形象在這邊的普及程度自然遠高於我們那邊。這裡每個人都知道他的悽慘故事，而所有人都會為他感到哀傷。可憐的爾撒，他是個溫和善良的人，只是誤入一個冷酷的世界，連士兵也跟他過不去，而他的同伴都是些貪睡、習於背叛、見到士兵的火把就落荒而逃的野兔。也許他就是太溫和善良了；在這裡，「對壞人行善，就如同對好人作惡」，有些善良不是一般人所能理解。比方說在橄欖園要彼得把刀收起來的作法，就會讓民眾百思莫解。上帝之子或許有能力把寬容發揮到這個地步，可是彼得畢竟只是個凡人，他應該裝聾作啞才對。假使當初是幾個帕坦人出現在客西馬尼園裡，那些衛兵就不可能得逞，猶大也休想拿到那三十塊銀幣[19]。

所以大家都很同情這位爾撒，也很尊敬他，不過他們會設法不讓自己步上他的後塵。還是看看人家穆罕默德吧！他也是一位正人君子，不過更勝一籌：他還是優秀的將軍、眾人的領導者、氏族的首領。傳道、征戰、持家——這才是一位讓人充滿信心的人生導師。可爾撒呢？天下還有誰要過那種孤家寡人的日子，在一群盜賊中間被釘在兩個木梁上，「以失敗告終」，連個可以為他報仇的兄弟都沒有？還有，假使這個爾撒是某個家族陰謀的犧牲者，比方說家裡的老大為了一小棵葡萄樹或幾頭牲口而把小弟弟出賣掉，那倒還值得引人警惕。但爾撒相反，他忽略他在俗世中的家庭。他的家庭隱沒在陰影中，即便他偶然談起，口氣也很嚴厲。從來不提那位一路陪他走到最後的母親瑪利亞，對約瑟更是如此，儘管約瑟為了庇護他走了那麼遠，而且毫無怨言地接受了那麼詭異的怪事。關於男性，他也什麼都沒說，雖然男性才是有意思的部分。

不過我們不該因此而以為，在這個高山地區，伊斯蘭對世俗與功名充滿迷戀。瀰漫在這裡的更多是一股對本質精髓的渴望，而在這樣的地方，大自然是如此壯闊，身在其中的人類顯得彷彿只是渺小的偶然，同時，簡樸消弭了小心眼，生活以如此細緻而緩慢的方式進行，這一切無不在滋養那份渴望。興都庫什山的天主不像伯利恆那邊的天主那樣愛著世人；祂單純是慈悲而偉大的人類創造者。這是一個簡單的信念，但卻深深打動人心。這裡的人們用比我們更強大、更直白的方式感受著這個道理。Allah ou Akbar——真主至大，一切以此為依歸；這個偉大的名字具有崇高的法力，足以將世人內在的虛無轉化成具有意義的空間，而這種神聖的寬宏經過無數人用石灰寫上墓碑、在宣禮塔頂端高聲宣揚，早已真正成為所有人的寶貴資產；這份富足透過隱微但無庸置疑的波光，蕩漾在每個人的臉上。當然，這並不會消除他們老奸巨猾的一面，也不會阻止暴力衝突的發生；更不會

抹去他們的大鬍子中那抹如燦爛春花輕快綻放的邪淫笑意。

☆ ☆ ☆

在布滿新鮮糞便的平坦泥土公路上，卡車迎面遇上大批騎士，將他們像一道水流般從中間分開。我們已經進入土庫曼人的國度，把高山遠遠拋在後方。「摩達-撒西卜」一邊駕車一邊唱歌；現在，峽谷、深淵都已經結束，他只需要順坡而下，就能在天黑以前抵達昆都士。毛拉不再思考真主或魔鬼，只是一股腦地用兩個手掌把核桃壓碎。老頭衣服上沾滿雞屎，正張著嘴巴，橫在貨包上呼呼大睡，大草原的陽光輕柔撫觸著他的肩。快要中午時，在普勒胡姆里（Pul-i-Khumri）的叉路口，我告別了繼續北上的卡車。小鎮上放眼盡是漂亮的麥桿色馬匹，鞍具用豬肉皮擦得油油亮亮。四處一片踢蹬和嘶鳴的聲音。我在一間飄著燕麥香氣的茶館吃了午餐，然後步行上路。距離法國人的挖掘現場已經不遠，沿著通往馬札里的老路，再走兩、三個小時就到了。這條道路穿越一片泥炭土平原，平原上的白楊樹盡情伸展淺吟輕唱的枝葉。不時可以看到棲息在柳樹枝杈上的小貓頭鷹，以及許多在洞穴邊緣做日光浴的田鼠。我在荊棘叢裡斬來一根木棒，又撿了一些用來趕狗的石頭。天氣很舒服。我在疲倦中感到陶醉。我穿行在這片和緩傾斜的遼闊大地，讓秋天找到了知音，同時發起思古幽情，不知巴克特里亞的希臘國王們——歐西德摩斯[20]、德米特里[21]、米南德[22]——對故鄉的橄欖樹、鹹水海灘和海豚是否曾經懷念太久。

異教徒的城堡

健步如飛地走了一個半小時以後，穿過一片美麗的楊樹林，正適合睡個午覺，因為從那條為普勒胡姆里紡紗廠供水的河道到這裡，已經走了八公里的路。睡醒以後接著趕路，向路上的騎士問路，他們指著西北方向一塊隆起的高地說：Kafir Khale——異教徒的城堡[1]。繼續走了約莫一個小時，來到山丘底下，覺得走錯了地方，因為從道路的這個角度，無法看到被挖掘工程開膛剖腹的那一面，而且看不出任何有人居住的跡象，也聽不見任何聲音。然後忽然發現一些輪胎痕跡沿著這片相當陡的黃土山坡蜿蜒而上，於是心想：沒錯，就是這裡；喊了幾聲，等了一會，接著就在灰色的天空背景中，看到山脊上方出現幾個小小的人影，他們把手圈成喇叭狀喊道：

「您有帶信來嗎？」

「沒有。」

「啊……」

然後人又消失了。

繼續往上爬，然後才發現原本以為是山頂的地方其實只是半山的山脊，後面是一片避風良好的山肩空地，那裡搭了五頂大型軍用帳篷，排列得像莎士比亞筆下的國王營地，下午茶的桌子還架在戶外，上面擺了茶、黑麵包、法國蜂蜜，也有一間小房舍，估計應該是淋浴間，這塊平地右邊則有一間棚屋，一名穆斯林廚師正在一堆桶子和蒸氣薰騰的鍋子之間忙碌著。

我們握了手。

「您到啦……不過，小卡車呢？還有卡車要運來的物資呢？」

「我離開喀布爾的時候，那輛卡車拋錨不能開，不過司機向我保證他當天夜裡就會出發，而且會比我先到這裡。我是搭卡車和走路來的，所以什麼都沒法帶。」

「喔！」

秋天已經來報到，從外面的世界到喀布爾，郵政服務很不正常。從喀布爾到每隔三、四天得親自去領郵件的普勒胡姆里就更不用說了，高山阻隔、山口狀況不佳、交通事故、車子拋錨……

「不過我從你們辦公室抓了幾份剛到的報紙來。」

教授[2]和他的助理們露出笑容。《費加洛報文學專刊》、五期《世界報》，還有一些報導塔吉克挖掘現況的俄國報刊，這些刊物從塔什干、莫斯科、巴黎、喀拉蚩、喀布爾再到這裡，花了三個月的時間，而那些蘇聯同儕的作業地點離這裡最多不過兩天卡車車程。

雖然太陽被遮住了，但丘陵的景色依然令人讚嘆：居高望遠，遼闊的大地上分布著燈心草、沼澤、覆蓋荊棘的農田，一條兩旁生長了柳樹的小河蜿蜒其間。東南方向，可以看到連續好幾公里我方才走過的路。我現在可以知道挖掘團隊的失望了，他們肯定有很多時間看著我逐漸走近，心裡盼望著能拿到信。東邊方向：兩個由麥黃色蒙古包組成的村莊，周圍是大片的黏土和水窪，幾片秋色繽紛的小樹林。稀釋在這片偶爾會有一名騎士揚起一陣塵跡的紅棕色空間中，當下不再具有什麼重量。至於往昔：已經被挖掘工作整平了的山丘頂部露出一些經過小心清理的建築體，看起來像古羅馬城堡的地基，這些地基形成一個長長的方形，並有一道還部分掩埋在地下的階梯沿著另一側的山坡通向下方的平原。這是「火廟」，大貴霜王朝。我覺得自己跟一塊石頭一樣無知；明天就得請他們把這一切解釋給我聽。

「過希巴爾山口的時候有沒有冷到？」

「耳朵沒凍掉就算很幸運了。」

五點鐘，平原的霧靄升上丘陵；六點鐘，一陣鈴聲宣告晚餐時間來到，一張張熟悉的臉孔紛紛從山丘上冒出來：在波斯已經見過的比利時東方學家；教授的黎巴嫩籍助理，他是機械高手，我的車有好幾次都是他好心幫忙修好的；多多和松德拉，兩個跟我們同一種類型的旅行者，他們也跑到這裡工作。這群人指甲裡塞了黑泥，踩著在野外勞動一天之後那種疲倦但滿足的步伐往前走來。我也再度見到了阿舒爾，他是我們在喀布爾稍微碰到過的一名環球旅行家，在歷經兩年的艱辛磨難之後元氣大傷，來到這裡恢復精神。他一個人住一頂大帳篷，現在我也住了進去；裡面有一盞汽油燈，他的海盜紅紗巾和他用來寫日記的油布封皮筆記本都扔在床上，還有一條用最近一次領的工錢買的駱駝牌香菸，一把奧皮尼折刀[3]，以及一支奧卡利那笛——我們從頭到尾都沒聽他吹過，因為他老是扭扭捏捏要人再三懇求，而我們卻不想強人所難。不過他倒很樂意唱歌，唱得也挺好聽：〈夜鶯與玫……玫瑰〉，〈你可別去打仗啊，吉羅福雷，吉羅福拉〉[4]……還有幾首「夏布洛碉堡」那個年代的無政府主義老歌[5]——他到底是從哪學到這種歌的？——然後再唱了一次〈夜鶯〉……略嫌單調。不過還是得承認：很有藝術表演天分，就像宴會場合上大家常說的那樣。

☆　☆　☆

重拾一些線索

寫於六年後

不過這個挖掘工作的意義何在？不管怎麼說：這些耗費許多年時間——如果把所有工作季節加總起來的話——在荒涼的大草原一隅過著墾荒者的日子、設法讓十八個世紀以前死去的東方三賢士和王朝君主起死回生的外國人；這些來自東北方、自從中國史書在奧克蘇斯河畔失去了他們的音訊以後就幾乎不再為外人所知的「貴霜」建造者[6]——這種情況確實無法不引人遐思。是否存在一種按照前後順序和上下層次的方法，可以用來說明我們對於這樣一個奇特地點的既有知識？一定有。可惜我再怎麼絞盡腦汁，也想不出這樣的方法。可是我明明已經把我對這個專業的思考和一堆相關日期填滿了二十張紙——是平常我用來寫沒把握的文字那種黃顏色的薄紙。只是隨著一年年過去，我對那些事是越來越沒把握了。為什麼要為那些新鮮的事情添加一些隨處可撿的浮濫字句？不加這些東西，那些事不也好好的嗎？這種心態豈不是像開小店的老闆，什麼好處都想得到，什麼都不願意放棄……還有這份就算自己心知肚明，卻仍然不能放掉的執念，這種自我說服和哄騙，這種對生命如此強大而又如此堅持不懈的冷卻效果所進行的對抗。

還有，為什麼堅持要談這場旅行？跟我現在的生活有什麼關係？完全沒有，而且我已經沒有什麼現在可言了。紙張越積越多，我耗掉一些人家給我的錢，我對我太太來說幾乎是個死人，她到現在還沒丟下鑰匙棄我而去，已經是非常厚道了。我從貧瘠不堪的幻想演變成恐慌，既放不下，又受不了，不肯動手做其他任何事，因為害怕損及這篇急於將我吞噬、但本身卻不見豐美的虛幻敘事，而有些人不時還會向我探聽進度，急切的口吻中逐漸開始顯出幾分嘲諷。要是我能一次就把我所有的血肉給它，讓它當場完成，那該有多好！可是這種輸血是不可能的，而我很清楚，承受和忍耐的能力永遠不可能取代發明的神功。（忍耐力——這玩意我倒多得超乎所需；算是眾仙女賜予的薄禮。）不可能；只能透過循序漸進、積少成多、持之以恆、鑽研因果。於是，必須回到異教徒的城堡，回到那個記憶的黑洞，回到那片黃色黏土山坡——儘管只見它已化成一片晦暗、一陣微弱回音、一堆每當我試著縫綴就立刻鬆散掉落的思想碎布——回到那個辛苦而幸福、讓我感覺生命的走向如此清晰的秋天；找回那些織綴在山丘頂上的法國人——如此活躍而忙碌，如此盛情地歡迎我，讓我發現一個全新世界，用他們的漁獵所獲滋養嗷嗷待哺的我。回到那裡；更重要的是：開挖這層厚得可怕、將我跟那一切隔絕開來的泥土。（這何嘗不是一種考古！每個人都有他的破片和殘跡，但當過去消散時，那永遠是同樣的災難。）設法鑽透這片亟於廢除、毀容、泯滅的漠然，尋回當時的充沛活力、靈動思維、柔軟彈性、細膩層次、生命波光，那些豐饒的偶然，那些墜入耳中的音樂、那種與事物之間的珍貴默契，以及人在其中感受到的那份極致喜樂。

若非如此，就只能屈就於：我的頭腦已經變成的這片荒漠；記憶寂靜無聲的侵蝕；這個無休無止、令我無法對任何其他事物（甚至包括我內心最幽微的那個聲音）付出關注的無謂消遣；這份強加於自身、但卻不過是個謊言的孤獨；這些似有卻無的陪伴；這個已不再是工作的工作；以及這些已從基底開始乾枯的記憶——彷彿某個法力無邊的惡靈已經斬斷它們的根鬚，斬斷我與如此眾多美好事物的連繫。

再說一次：回到挖掘現場。我重新看到千百個細節，但一切都僵然不動。因此我必須描繪其中的角色——夜裡，在眾人用餐的大帳篷底下，在餐桌前面定格：

教授坐在上位，頭上戴著他那頂黃色羊毛軟帽，帽沿分別往下拉向雙耳和前額，宛如從前宗教改革家的配戴方式。他的夫人坐在他左側。他的九歲女兒——有時她會出現在照片上，發揮比例尺的功能——已經帶著「可疑的」（也就是說：不是貴霜）人類頭骨先去睡覺，那已經變成她最愛的玩具。坐在教授右邊的是建築師，一個難能可貴的布列塔尼人。比利時語文學家坐在餐桌另一頭靠近帳篷出入口的位子，一張神似特普費爾[7]的臉孔讓油燈從斜邊照亮。我們這些其他人坐在這兩端的中間。廚師剛端來一鍋扁豆燉肉，一輪傳下來以後，還滾燙的鍋子被掛到帳篷的支柱上。隨著湯匙此起彼落地敲響鐵製餐盤，一顆顆頭顱頂上開始冒出一個圈圈，彷彿某些拜占庭聖像的情景，於是我逐一閱讀寫在圈圈中的思想。教授想的是：兩天以後，圓鍬會挖到第二段階梯的牆基，而在那個大大的垂直平面上——阿拉保佑，阿拉保佑，阿拉保佑——他將找到他從三個工作季以前就一直設法尋找的銘刻——幾行**貴霜人**用那種帶有詭異凸出輪廓的希臘字母寫成的文字，或許這樣就有了足夠的資料，可供破解那個來自外伊朗的神祕語言[8]。松德拉在想的是前幾天傍晚他在幾乎完全偶然的情況下、用他生平發射出的第一顆子彈打到的一頭野豬；花了九牛二虎之力抬上山，結果因為穆斯林廚師不肯為那具不潔的動物屍體剝皮，不得不把牠扔回沼澤任牠腐爛。安端——一個跟我一樣到這裡探訪的法國遊客——一股腦地向教授吹噓馬樂侯[9]的好，彷彿他自告奮勇地要把馬樂侯賣給教授。他宛如一位魔鬼教師，聽不進其他人所提的任何不同意見，並用他那種愚鈍的熱情把談話現場一角搞得了無生氣。我真的希望他能把發言權交給坐在他對面那個人。我當然同意像高爾基那樣把我的旅途當成大學，不過如果在旅行中僥倖遇到一位真正的學者，不善加利用實在大錯特錯。特別是這位學者，他總是悉心回答所有問題，提供資訊，說得眉飛色舞的時候，身體會往前靠到對話者面前，彷彿要把他吞掉，而且對於他致力重拾的過去帶有一種激烈的情感，而正是因為這種情感的存在，歷史學家才不會淪為書記員，知識也才得以成就。至於我自己，我想到的是那些激勵我們來到這裡的貴霜人；美麗而隱晦的名字，混沌未明，充滿皮革與毛皮的氣息。我想到錫蘭，提耶里和芙蘿正在鳳梨與棕櫚構成的風景中，用大桶從井裡汲水沖洗身體。我想到我剛在安端陪伴下做的一次散步，安端不斷責備我，設法向我證明我的想法是錯的，我的旅行方式也不對。他已經走過很多地方，也知道很多很多事情，可是他的骨子裡有一個永遠不滿足的迂夫子。我曾試著請他聊女人，讓他滔滔不絕的獨白多幾分活潑生氣。結果他對我說：「你把過伊朗妹嗎？我把過……不怎麼樣。」「把」這個字眼使我洩了氣；話題就此打住。他明明已經走遍歐洲、俄國、波斯，但卻從來不願意把一絲一毫的「本我」讓給旅行。多令人驚奇的旅行計畫！完整保存他的本我？原原本本地維持自己原來的呆樣？這樣看來，他應該沒真正看到太多東西，因為夏洛克要的那一磅肉[10]——我現在有很深的體會——每個國家、每個地域，都會要求得到它。

☆ ☆ ☆

多多

我不知道他是不是在挖掘場上被冠上了「多多」這個綽號。他的本名我已經想不起來了。他的家鄉是格勒諾勃[11]，年紀接近四十，其中二十年在旅途上度過。沉著冷靜，冷面笑匠，比苦行僧更超脫，懂得藉由融入環境來做更細緻的觀察，而且是讓人感覺很舒服的同伴。尤其他有一種淡定——這其實是抗力更強的一種表現形式——這種特質對旅行生活極為重要，因為那些激昂、暴躁的人在旅途上最終一定會猛然撞上他們為自身打造的形象，搞得頭破血流。多多哪裡都待過一陣子，做過各式各樣的工作，每次開始有利可圖時就離職，他學到很多東西，想必也讀了很多書。他很少提這些事。他喜歡把「是」說成「速」，我覺得是故意的；而他會用一種有點呆笨、有點土氣的外表掩飾自己的學識和才幹，以免被迫能者多勞，因為他喜歡用自己的方式支配時間。他唯一全力以赴的工作項目是教導他的旅行夥伴松德拉；松德拉是一名電工兼水彩畫家，年紀至少比他小十五歲。他們共用營區盡頭的一頂帳篷，每到夜裡，當多多確定不會有人當場逮到他的博學多聞時，他就會搬出全套本領，充實他這位門生的心靈。某天晚上我過去借用他們的防風燈，隔著棚布聽到他說：「在這一切當中，有一個龐大的家族在幕後操縱……梅第奇家族[12]……」

年初的時候，提耶里和我已經在波斯遇到過他們；他們剛從埃及去到那裡，先前在埃及待了很長時間。這次他們是從印度過來的，不過他們在那裡玩得不是特別開心。他們打算經由塔什干和俄國返回歐洲，而為了準備這段行程，他們隨時帶著一本已經翻爛的波塔波娃文法書。兩個人負責挖掘的工地互相鄰接，所以他們會高聲背誦動詞變化，他們手下的工人肯定會以為他們在做某種禱告；在這個部分，仍舊是由多多來教他的同夥認識錯綜複雜的分詞和完成體。我不知道他們後來有沒有順利實現計畫，不過如果那趟旅行持續的時間跟他們打算的一樣長，松德拉現在應該已經變得比一百個耶穌會士加起來更優秀了。多多還有另一個計畫——死在日本——，不過我希望這個計畫很久以後才會實現。

每逢星期六和星期天，我們會騎馬穿越沼澤地，多多總是挑選最慢那匹坐騎——一匹年紀很大也很惹人疼愛的汗血駑馬，背上放了一綑稻草當馬鞍，多多會拿一根柳樹枝搔牠癢，誘使牠往前走。他挑這匹馬不只是出於謹慎，也是為了享受平靜安寧地穿越這片美妙秋色的樂趣，他可以邊騎邊思考問題，或者哼唱他幾乎記得滾瓜爛熟的〈美麗的海倫〉或〈拉克美〉。他的模樣清清楚楚地浮現在我的腦海：一如既往地落在最後頭，悠閒穿越燈心草地，眼鏡一閃一閃地發亮。為了簡化梳洗程序，他剃了個光頭，然後他會戴一頂又扁又塌的灰色毛氈帽，見到農人就大模大樣地脫帽致意。每次看到他那顆光頭，我都忍不住爆笑：坐在那匹小個兒的馬身上，腦袋光亮，臉上掛著略帶挖苦的淺笑，那模樣活像個上了年紀的貪官污吏。

通常，人快要到四十歲時，這種浪跡天涯的生活會開始喪失魔力、黯然失色。不得不降低標準、放棄幻想。繼續闖蕩，苟延殘喘，慢慢老朽；年華漸去；原有的追尋失去了目標，逐漸變成遁逃，冒險被掏空了實質內容，只能透過缺乏神采的替代方案勉強延續。我們終於發現，雖然旅行能形塑青春，它也讓青春迅速消逝。用一句話說：我們變得酸腐了。

不過多多例外。他對自己那種粗茶淡飯的游牧生活怡然自得。艱難困頓滌淨了靈魂，心思舒雅而開明。偶爾會出現一股淡淡的鄉愁——白葡萄酒、核桃、卡芒貝爾乳酪，不過從來不想打道回府或安身立命……「不是因為懶惰，」他躺在栓了他那匹母馬的歐洲山楊底下淡淡地說道：「主要是因為好奇……速的，好奇。」然後他把一圈一圈的菸送上慢慢暗去的天空。

這些漫步之旅總讓我們耽擱到很晚。夜深人靜時，我們才騎著累壞的馬返回營區。在挖掘場周遭，農人把火槍夾在兩膝中間，在田地裡守夜，藉此驅離野豬，避免牠們糟蹋莊稼。儘管有菸斗、熱茶相伴，他們仍舊覺得長夜漫漫。偶爾我們會聽到一段自言自語或一陣長長的嘆息從黃瓜田中飄盪出來。空氣清新而甘美。

通往開伯爾山口[1]的路

從挖掘現場返回。啟程前往印度。

十二月三日。獨行

在這個季節，在這個國家的這個角落，每天早上都會下一陣散漫的驟雨把人喚醒，雨水打在茶館的擋雨板上，敲得茶爐叮咚作響。然後一輪橙紅的斜陽會驅散霧氣，把路面、燈心草、山丘，以及更遠方努爾斯坦高聳的白色峰巒照得閃閃發亮。煙霧從露天火盆冉冉升起，睡客紛紛起床洗臉——在一片忙亂中洗淨手指、刷牙、刮鬍——匆忙做完禱告，然後趕著給拴住的駱駝裝上馱鞍，駱駝的皮毛在寒冷中冒著熱氣。圍繞著一碗碗熱茶，沙啞的交談聲此起彼落。

一夜好眠。我覺得精神抖擻，昨天晚上修理前輪彈簧時擦破的皮膚正在癒合。我穿上衣服，到茶爐四周招募幾名「推手」，因為車子的電瓶又沒電了。那裡圍坐著十幾個手部細緻的老先生，正用力拍打著身子給自己取暖，還有兩個皮膚黝黑、安靜無語的帕坦人。眾人客氣地咯咯笑著騰出位子給我。我請他們喝了這輪茶。隨後他們當然就幫我推車了。在白袍、鬍鬚、拖鞋、泥巴腿掀起的一陣旋風中，車子逐漸往賈拉拉巴德飛馳而去。

☆☆☆

阿富汗邊境。開伯爾山口。

十二月五日

在喀布爾，我問過一些人關於開伯爾山口的事，他們都想不出適當的詞彙來形容：「……難以忘懷，尤其是那種光線……或那種規模……或許可以說是回音，怎麼說才好呢？……」然後他們陷入沉思，接著放棄，隨後在一段時間裡，我感覺他們的神魂回到了那個山口，再次看見那些大山的千百個切面和凹凸，如癡如醉，心醉神馳，渾然忘我，就像第一次相遇。

十二月五日中午，經過一年半的旅行，我來到山口底下。陽光照到蘇萊曼山的山腳以及阿富汗海關的小堡壘，堡壘淹沒在一片柳樹林中，柳樹在陽光照耀下，閃著鱗片般的光芒。一道輕便的木門擋住公路，路上看不到穿制服的人影。我爬向上面的辦公室，跨過臥在門口的山羊，走進門內。

哨所中瀰漫著百里香、山金車的氣息，胡蜂嗡嗡作響。掛在牆上的手槍閃耀著藍光，流露某種歡快的感覺。一名軍官坐在桌子後方，與我面對面，桌上擺了一瓶紫色墨水。他細長的眼睛闔著。每次他呼吸，我就會聽到他腰帶上的新皮革吱吱作響。他在睡覺。應該是個巴克特里亞[2]的烏茲別克人，在這裡跟我一樣屬於異族。我把護照留在桌上，走出去吃午飯。我不趕時間。人在離開這樣一個國家的時候，不會想趕時間。我一邊餵鹽巴給山羊吃，一邊把提耶里和芙蘿的信重新讀了一遍。他們現在安頓在錫蘭南部一處歷史悠久的荷蘭堡壘城。

加勒[3]，十二月一日。

……就當作我在誘拐你吧，以下列出加勒城裡頭一些碉堡的名稱：星星堡、月亮堡、太陽堡、黑堡、曙光堡、烏特勒支海角堡、特立頓[4]堡、海王星堡、克里彭貝格堡、埃奧羅斯[5]堡。在這樣一個地方，有時你會看到穿亮橘色僧袍的和尚、穿紫色紗籠的老人和穿桃紅色紗麗的年輕女孩並肩走在一起，背景則是碧玉色的大海和燦爛的夕陽，這時你很難不變成畫家。一張桌子等在這裡讓你把紙筆擱上去。晚上還可以在螢火蟲的芭蕾舞中互相潑水沖涼。希望很快見面，哥兒倆用椰子乾杯……

果然是另一個世界。提耶里沒有白白離開。

然後我凝視著山景，抽了一管水菸。在大山旁邊，哨所、黑紅綠相間的國旗，一輛卡車，還有

卡車上扛著步槍的帕坦小孩，一切與人類有關的事物都顯得粗糙、渺小，被過於廣闊的空間分隔開來，就像在那些不成比例的兒童圖畫中一樣。大山不會把自己耗費在徒然無益的動作上；它攀升，休息，再攀升，岩層厚實，側翼寬闊，峭壁宛如精工切割的寶石。在距離最近的山脊上，帕坦人的堡壘式住宅閃閃發光，彷彿刷上了亮油。岩羚羊色的高大山坡矗立其後，碎裂出一個個遍布陰影的圈谷，在空中飄移的老鷹逐漸隱沒其中。再往後是一面面黑色的岩壁，雲朵掛在岩壁邊，宛如一團團羊毛。在更遠方的山巔，距離我坐的長椅二十公里，一片片貧瘠而和緩的高地盡情擷取陽光。空氣透明得令人驚嘆。聲音傳得很遠。我聽見兒童的叫喊從游牧民的古道上方高處迴盪而下；不知何方的山羊踩落碎石，清脆的回音盪漾在整個山口。我一動也不動地坐了至少一個小時，陶醉在這片鬼斧神工的風景中。面對著由泥土與岩石組成的砧形山體，紛擾塵世蕩然無存。壯闊無比的山巒，十二月的晴空，正午的和煦，水菸筒發出的爆裂聲，一直到硬幣在口袋裡的叮噹聲，都成了一齣浩瀚劇碼的元素，而我遠渡關山趕到這裡，及時扮演了我的角色。「恆久……世界清澈澄明的形跡……平和的歸屬……」這下換我不知道該怎麼形容了……因為，套句普羅提諾[6]的話：

> 切線是一種既無法設想也無以表述的接觸。

不過，就算是十年的旅行恐怕也買不到這樣的金玉良言。

那天，我深深以為自己手中握住了某種東西，而我的生命將因此而改變。但這種性質的東西從來無法讓我們真正掌握。世界就像一道水流，它從你身上穿過，在一段時間中把它的顏色借給了你。然後水退去，把人留在原地，面對自身固有的虛空，面對靈魂中那種核心性的不足；我們必須與之共處、與之對抗，但弔詭的是，這種不足可能就是我們最可靠的動力。

拿回蓋了海關章的護照，告別阿富汗。我付出了代價。在山口兩邊的山坡上，公路路況都很好。每逢吹東風的日子，距離山口頂端還有好一段路，旅人已經能呼吸到一陣陣來自印度大陸那種熟成而焦熱的氣息……

……而且這種益處是非常真實的，因為我們有權做出這樣的擴展，而一旦跨越了這些邊界，我們就永遠不可能完全變回從前那種可憐的學究。

——愛默生

註釋

楔子

1 巴納特（Banat）是中歐的一個地理和歷史區域，屬於潘諾尼亞平原的一部分，東至南喀爾巴阡山脈，南鄰多瑙河，西濱蒂薩河，北方以穆列什河為界。現時分屬三國，東部位於羅馬尼亞，西部屬於塞爾維亞，西北端一小部分屬於匈牙利。

甜瓜的氣味

1 指第二次世界大戰期間南斯拉夫內部兩大抵抗勢力之間的衝突。南斯拉夫被納粹占領期間（一九四一—一九四五），國內形成兩支抵抗軸心國的游擊隊：共產黨領導的南斯拉夫人民解放軍暨游擊隊（簡稱「南斯拉夫人民解放軍」或「南斯拉夫游擊隊」）和保皇派的塞爾維亞游擊隊（官方名稱為「南斯拉夫祖國軍」）。這兩支游擊隊在初期曾略微合作，但不久塞爾維亞游擊隊就改變策略，停止對抗占領軍，轉而與軸心國合作攻擊鐵托領導的南斯拉夫游擊隊，大戰結束前夕逐漸消解，勢力由南斯拉夫人民解放軍取代。

2 非正規軍成員（Comitadji）指十九世紀末及二十世紀初巴爾幹半島上（特別是保加利亞與馬其頓）對抗土耳其（鄂圖曼帝國）的游擊隊成員，以及一次大戰前夕的巴爾幹戰爭之後保加利亞、塞爾維亞及希臘相互對抗時各國的游擊隊員。這個名稱原意是「執行委員會」，指馬其頓內部革命組織的執行委員會。

3 新貝爾格勒是一九四八年在薩瓦河左岸開始開發的新市鎮，初期（包括作者旅居期間）發展較慢，一九六〇年代起成長迅速，逐漸成為塞爾維亞的經濟樞紐，目前是東南歐的重要金融中心之一。

4 保羅·瓦萊里（Paul Valéry），一八三一—一九四五，法國作家、詩人、哲學家，法國象徵主義後期代表性詩人。

5 這個寫法是在模仿塞爾維亞人說「維爾內」（Vernet）時的口音，r被加強、拉長，法文不發音的字尾t則被直覺地唸成一個新的音節。

6　約瑟普・布羅茲・鐵托（塞爾維亞語：Јосип Броз Тито，拉丁轉寫：Josip Broz Tito），一八九二—一九八〇，南斯拉夫革命家、政治家，曾於三十五年間擔任南斯拉夫社會主義聯邦共和國總統、總理及南斯拉夫元帥。雖然他被批評實施威權統治，但他也被普遍視為南斯拉夫境內各民族統一的象徵。

7　指南斯拉夫人民解放軍與游擊隊，通常簡稱為南斯拉夫人民解放軍或南斯拉夫游擊隊。這個組織是二次大戰期間南斯拉夫共產黨為對抗納粹德國及其他軸心國而組成的武裝部隊。一九四五年南斯拉夫社會主義聯邦共和國成立，以戰時的人民解放軍（游擊隊）為基礎建立國家軍隊「南斯拉夫人民軍」。

8　吉普賽人即「羅姆人」的俗稱。羅姆人是發源自印度次大陸北部的民族，後來往西遷居到西亞及歐洲各地。歷來羅姆人定居地的原有住民習慣以他們設想的羅姆人發源地為其命名，因此有吉普賽人（「埃及人」的音變形式）、波西米亞人、茨岡人等許多稱呼。本書作者採用源自俄語的「茨岡人」（Tzigane）一詞，法語中也常用波希米亞人（Bohémien）、吉坦人（Gitan，即「吉普賽」的變體）等名稱。另請參見以下的「羅姆語」譯註。

9　指古希臘時代帝王亞歷山大（公元前三五六—前三二三）的陵墓。亞歷山大大帝逝世於巴比倫，但許多人相信他被埋葬在馬其頓王國阿吉德王朝統治下的埃格（即現今希臘北部中馬其頓省的維爾吉納）。另一個主要說法是埃及國王托勒密一世將亞歷山大安葬在孟菲斯，後來又移靈到亞歷山大港。

10　作為一個歷史及地理地區，馬其頓位於巴爾幹半島南部內陸及希臘北部，範圍涵蓋目前的北馬其頓全境、希臘（東馬其頓、中馬其頓、西馬其頓三省）、保加利亞西南部及塞爾維亞、科索沃、阿爾巴尼亞與北馬其頓接壤的部分地區。古馬其頓曾是古希臘西北部的王國，史上最輝煌的時期是亞歷山大大帝開創的亞歷山大帝國（亦稱馬其頓帝國）。這個帝國是歷史上繼波斯帝國以後第二個橫跨歐、亞、非三洲的帝國，疆域東及印度河平原和天山山脈西側的費爾干納盆地，西抵巴爾幹半島，北達中亞、裡海地區，南至印度洋及北非。在二十世紀，馬其頓的一大部分曾成為南斯拉夫社會主義聯邦共和國中的一個加盟共和國——馬其頓社會主義共和國，一九九一年南斯拉夫解體後該國獲得獨立，定國號為馬其頓共和國，但由於在「馬其頓」這個名稱的使用上與希臘長期存在爭議，已於二〇一九年二月改為北馬其頓共和國。

11　法國猶太裔軍官阿弗列・德雷福斯（Alfred Dreyfus）於一八九四年被誤判為叛國間諜，爆發震驚世界的德雷福斯事件。一八九八年初，左拉於《晨曦報》（*L'Aurore*）發表公開信《我控訴……！》（*J'accuse... !*），譴責法國總統福爾（Félix Faure）的反猶太主義及德雷福斯遭非法羈押一事，在法國及國際間引發極大反響，左拉本人則被控誹謗，於同年二月底遭判有罪，為躲避監禁而逃往英國，次年才返回法國。

12 斯巴（Spa）是比利時東部的一個礦泉小鎮。中世紀後期逐漸發展為著名水療鄉，歐洲許多語言直接以這個地名作為「水療」及「水療中心」的代稱。斯巴於十六世紀開始生產瓶裝礦泉水，後以Spa為品牌名稱，銷售全球。

13 殖民地博覽會是歐洲殖民國家及澳洲、南非等國於十九世紀下半葉及二十世紀上半葉舉行的國際博覽會，最早出現在一八六〇年代的澳洲。殖民地博覽會的宗旨是讓歐洲殖民者及殖民母國的人民認識各殖民地的文化，後來逐漸發展成萬國博覽會。法國第一個可稱為殖民地博覽會的展覽是一八八九年的巴黎萬國博覽會，會場地標建築為艾菲爾鐵塔。一八九四年，里昂也舉行「萬國國際殖民地博覽會」。越南河內於一九〇二年成為法屬印度支那首府之後，於隔年舉辦「河內博覽會」。最後一次殖民地博覽會是一九四八年的布魯塞爾博覽會。

14 莫里斯．德．弗拉芒克（Maurice de Vlaminck），一八七六—一九五八，法國畫家。原屬後印象派，後轉入野獸派，並成為該流派代表人物之一。

15 昂利．馬諦斯（Henri Matisse），一八六九—一九五四，法國畫家、雕塑家，野獸派創始人及主要代表人物。

16 尚．德．拉封丹（Jean de La Fontaine），一六二一—一六九五，法國詩人，以《拉封丹寓言》留名後世。

17 指二次大戰期間對抗納粹及軸心國的部隊，主要是共產黨派系的南斯拉夫人民解放軍與游擊隊，但也包括效忠南斯拉夫王室的南斯拉夫祖國軍。本文中的反抗軍指前者。

18 前南斯拉夫的「擁護者」指南斯拉夫人民解放軍與游擊隊的成員。

19 百科全書派是十八世紀法國一部分思想家於編纂啟蒙時代思想代表作《百科全書》（全稱《科學、藝術暨工藝理性百科事典》）時，以德尼．狄德羅（Denis Diderot）與達朗貝爾（Jean le Rond d'Alembert）為核心所形成的學術團體。

20 法國在法蘭西第一共和國時期制定「共和曆」，以取代由天主教教宗確立的公歷，目的是切斷曆法與宗教的連繫，革除天主教對人民生活的影響，以及增加勞動時間。法國共和歷的年度從秋季起算，分為霞月（Vendémiaire）、霧月（Brumaire）、霜月（Frimaire）、雪月（Nivôse）、雨月（Pluviôse）、風月（Ventôse）、芽月（Germinal）、花月（Floréal）、牧月（Prairial）、獲月（Messidor）、熱月（Thermidor）、菓月（Fructidor），而每一天均以一個植物、動物或工具的名稱代表，例如霞月第一天（即秋季第一天）是「葡萄日」，芽月第一天（即春季第一天）是「報春花日」）。與此平行，一個月又分為三旬，每旬十天，以拉丁文數字為基，創造Primidi（旬一）、Duodi（旬二）等日期名稱。「旬十」（Décadi）即休息日。

21 **【作者註】**理性女神是一名由官方挑選出來的妓女，在巴黎戰神廣場的儀式中作為理性的化身。

22 蒙特內哥羅（蒙特內哥羅語：Црна Гора，拉丁轉寫：Crna Gora，法語：Monténégro）是巴爾幹半島西南部的小國，人口六十餘萬，由塞爾維亞、科索沃、阿爾巴尼亞、波赫、克羅埃西亞等國圍繞，西南部瀕臨亞得里亞海。蒙特內哥羅原屬南斯拉夫，二〇〇六年從塞爾維亞與蒙特內哥羅國家聯盟獨立出來。國名原意為「黑山」，中國大陸、星馬港澳等地主要採用這個意譯。

23 共產黨暨工人黨情報局（Kominform）是一個冷戰初期在史達林和鐵托倡議下建立的共產運動國際組織，總部最初設在貝爾格勒，成員包括東歐諸國、法國、義大利的共產黨和工人黨。其宗旨為在各個共產黨之間交換情報，對抗以美國為首的西方世界。蘇聯試圖透過這個組織控制各國共產黨，但堅持自主路線的鐵托不願受蘇聯控制，與史達林發生衝突，雙方公開決裂，南斯拉夫共產黨因此被逐出共產黨暨工人黨情報局，該機構總部隨之由貝爾格勒遷至羅馬尼亞首都布加勒斯特。

24 哈德良（拉丁語全名普卜利烏斯·埃里烏斯·特拉亞努斯·哈德里安努斯·奧古斯都斯〔Publius Aelius Traianus Hadrianus Augustus〕），七六—一三八，羅馬帝國五賢君之一。

25 默西亞是巴爾幹半島的一個歷史地區，相當於現今塞爾維亞一大部分、保加利亞北部、馬其頓北部及羅馬尼亞東部濱臨黑海一帶。羅馬帝國曾在此設省。

26 伊利里亞是歐洲歷史上的一個地區，阿爾巴尼亞人先祖伊利里亞人的居住地，位於現今巴爾幹半島西部（大致相當於斯洛文尼亞、克羅埃西亞南部、波士尼亞—赫塞哥維納、蒙特內哥羅、阿爾巴尼亞及塞爾維亞南部。羅馬帝國曾在此設省。

27 密特拉是古波斯國教——拜火教中的光明與誓言之神。古希臘與古羅馬將其挪用轉化為密特拉教，於西元一世紀至四世紀盛行於羅馬帝國境內，尤其在羅馬軍隊中受到信奉。四世紀末年，狄奧多西皇帝掃除基督教以外的所有宗教，下令拆除神廟或將其改建為基督教堂，密特拉教隨即式微消失。

28 尼什（【塞】Ниш，轉寫：Nish）位於塞爾維亞東南部，現為該國第三大城市。

29 蘇博第察（【塞】Суботица，轉寫：Subotica）位於塞爾維亞北部，鄰近匈牙利國界，現為塞爾維亞第六大城。

30 伊戈爾·費奧多羅維奇·史特拉汶斯基（【俄】Игорь Фёдорович Стравинский，法語轉寫：Igor Fiodorovitch Stravinsky），一八八二—一九七一，原籍俄國的作曲家、鋼琴家及指揮家，一九三四年歸化法國，一九四五年歸化美國。史特拉汶斯基對二十世紀現代音樂影響極大，被譽為音樂界的畢卡索，且史、畢兩人亦結為好友。

31 夏爾—費迪南·拉穆茲（Charles-Ferdinand Ramuz），一八七八—一九四七，瑞士作家，以法文創作小說、散文、詩歌等作品。作品核心主題是人類的希望與欲望。他也從電影、繪畫等其他創作形式擷取靈感，為小說賦予新的風貌。

32 史特拉汶斯基與拉穆茲於一九一五年結識，其後數年間曾多次合作（包括拉穆茲為史特拉汶斯基音樂舞劇《士兵的故事》撰寫劇本）。兩人曾在瑞士比鄰而居五年，後來史特拉汶斯基成為國際名人並移居巴黎，拉穆茲感覺受到遺忘。一九二九年，拉穆茲出版《關於史特拉汶斯基的回憶》（*Souvenirs sur Stravinsky*），這部作品既是回憶錄，筆調也隱約透露責備史特拉汶斯基無情無義的感懷。

33 羅姆語（Romani）是羅姆人的語言，屬於印歐語系的印度—亞利安語支，與印度次大陸北部一些源自古梵語的語言（如旁遮普語、信德語）相近。向西遷移的羅姆人分布在不同地區以後，各自發展出不同方言，大量吸收當地語言的詞彙，因此各方言間差異甚大，可視為獨立語言。

34 猶太正統派男性從三歲開始經常在兩側鬢角或耳後留一串捲髮，稱為「邊落」。這種髮式的來由是希伯來聖經禁止剃除邊角毛髮的教義。

35 【塞】Крагујевац，轉寫：Kragujevac，目前是塞爾維亞第四大城。

36 亞歷山大・謝爾蓋耶維奇・普希金（【俄】Алекса́ндр Серге́евич Пу́шкин，拉丁轉寫：Aleksandr Sergeyevich Pushkin），一七九九—一八三七，俄國詩人、小說家、劇作家、批評家、理論家、歷史學家，俄國浪漫主義傑出代表、俄國現實主義文學奠基者，常被尊稱為「俄國文學之父」，並被視為現代標準俄語的重要創始人。

37 尚—賈克・盧梭（Jean-Jacques Rousseau），一七一二—一七七八，啟蒙時代的日內瓦與法國哲學家、政治理論家、作曲家。《科學與藝術的進步對改良風俗是否有益》及《論人類不平等的起源與基礎》等撰述對哲學發展極為重要，《社會契約論》論述人民主權、民主政治等思想議題，影響後世極深。盧梭在法國大革命時期成為雅各賓俱樂部中最受歡迎的哲學家，死後十六年以國家英雄身份獲葬於巴黎偉人祠。

38 此句援引《歌羅西書》三：九：「不要彼此說謊；因你們已經脫去舊人和舊人的行為。」

39 普里雷普（Prilep）現為北馬其頓第六大城，人口六萬餘。

40 亞德蘭（Jadran）是南斯拉夫語系語言中的「亞得里亞海」。

41 查理・卓別林（Charlie Chaplin）全稱查爾斯・史賓賽・「查理」・卓別林爵士（Sir Charles Spencer "Charlie" Chaplin），一八八九—一九七七，英國喜劇演員、導演，在默片時期及早期和中期好萊塢電影中發揮極大影響力。

42 莫納斯提爾（Monastir）是馬其頓西南部城市比托拉（Bitola）的希臘語名稱。這個城市自古以來就是愛琴海、亞得里亞海與中東歐之間的重要樞紐。在南斯拉夫共和國的時代，比托拉的關口是全國最南方的出入境地點。

43 即蘇萊曼一世，一四九四—一五六六，鄂圖曼帝國第十任蘇丹，也是在位時間最長的蘇丹（一五二〇—一五六六），兼任伊斯蘭最高精神領袖哈里發一職。蘇萊曼一世文治武功高強，在西方常被稱為蘇萊曼大帝。

44 士麥拿即現今土耳其第三大城伊茲密爾，位於愛琴海岸。士麥拿在古希臘時代就是地中海地區的重要城市，也是早期基督教傳播的重要基地，直到二十世紀初期一直有為數眾多的希臘人社群定居。

45 斯坦布爾（Stamboul或Stambul）是伊斯坦堡（Istambul）的別稱。在十九世紀及二十世紀上半葉，西方語言多以「斯坦布爾」稱呼城牆範圍內的伊斯坦堡核心區，以「君士坦丁堡」稱呼伊斯坦堡都會區。土耳其原本也以「伊斯坦堡」稱城牆範圍內的地區，一九三〇年代將這個地名擴大到包含都會區，此後西方語言也跟進，目前都以「伊斯坦堡」稱呼整個都會區。

46 即馬科斯·瓦菲阿迪斯（希臘語：*Μάρκος Βαφειάδης*，轉寫：Markos Vafiadis），一九〇六—一九九二，希臘共產黨在希臘內戰時期（一九四六—一九四九）的領導人之一。

47 美麗島（Belle Isle）是美國底特律河上的一個公園島，建有橋梁與底特律市區相連。十八世紀的法國殖民時期曾稱為「豬島」（Île aux Cochons）。

48 索多瑪和蛾摩拉是聖經中的兩個城市，最早出現在《希伯來聖經》。這兩個城市的居民不遵守上帝戒律，到處充滿淫亂與罪惡，因而被上帝毀滅。

49 DDT是一種化合物，學名雙對氯苯基三氯乙烷，曾是最著名的合成農藥和殺蟲劑。後來科學家發現DDT不易降解，會破壞生態平衡，目前大部分地區已經不再使用，只有少數地區繼續用它對抗瘧疾。

50 【作者註】波格（Bog）是塞爾維亞—克羅埃西亞語中的「上帝」。

51 【作者註】阿曼尼（amane）是源自土耳其的一種歌曲反覆形式，以「阿曼、阿曼」結束。

52 所謂馬其頓方言在語言分類上是斯拉夫語族南斯拉夫語支中的一個獨立語言，現為北馬其頓共和國的官方語言。現代馬其頓語與古馬其頓語不同，古代馬其頓雖曾被希臘人視為邊疆蠻族，但其語言是印歐語系希臘語族的分支。

53 指拉文斯布呂克（Ravensbrück）集中營。這個集中營位於柏林以北九十公里，一九三九到一九四五年間營運，關押對象為婦女，其中大多是納粹認定的政治犯。共有約十三萬人陸續被囚禁在此，其中許多人成為西門子公司的奴工。死亡人數估計在四萬多人到十一萬七千人之間。

54 約合七百法郎（原文編按：指一九五三年的瑞士法郎）。

55 作者在此玩弄文字遊戲，這裡的「色鬼」原文為marcheur，這個法文字原意是「走路者」，俗語引申為「色鬼」。而在兩人跟著母馬走的情境中，他們確實也是「走路者」，因此一語雙關。

56 毛拉是某些地區的穆斯林對伊斯蘭學者的敬稱。

57 【作者註】即炒葵花籽；【譯註】希臘人喜歡啃南瓜子，並以義大利語詞彙passa-tempo（字面意義為「消磨時間」，引申指「休閒」、「嗜好」）稱呼。較廣義的用法也會以這個字指稱其他類似的調味食用種籽。

58 這裡指的是希臘語的「自由」（拉丁轉寫：Eleftheria）。「不自由毋寧死」（拉丁轉寫：Eleftheria i thanatos）是希臘的國家座右銘，於一八二〇年代希臘獨立戰爭時採用。

59 阿特瑞代是希臘神話中邁錫尼國王阿特柔斯的後代。阿特瑞代中最著名的人物包括阿迦門農（邁錫尼國王、希臘諸王之王）、孟內勞斯（斯巴達國王、海倫的丈夫）等。阿特瑞代的命運充滿悲劇色彩，大都與謀殺、弒親、殺子、亂倫有關，最後在雅典娜女神的介入下，阿迦門農之子奧雷斯特斯因弒母罪接受審判，冤冤相報的循環才告結束。雅典娜為此成立的法庭是雅典城邦的第一個刑事法庭。

60 潘（Pan）是希臘神話中的大自然之神、牧神，具有人類的軀幹、頭部及山羊的腿、角和耳朵。潘神掌管山林、田野、羊群、牧人和鄉野音樂，並且是寧芙（仙女）的伴侶。生性好色的潘神常被視為性愛的象徵，因此代表孕育和春天。他會藏在樹叢中等待美人經過，然後追上前去求歡。他也曾愛上英俊少年達菲尼斯，並教他吹笛。潘神半人半獸的外表和荒淫的性格使祂在中世紀歐洲被基督教視為惡魔的原形，以此對抗異教主義。古希臘史學家普魯塔克（Plutarch）認為潘神是除阿波羅之子阿斯克勒比烏斯（Asclepius）之外唯一會死的神。羅馬帝國第二任皇帝尼祿在位期間（公元一四—三七年），一名航向義大利的埃及水手在一個神靈聲音的引導下，向民眾宣告：「偉大的潘神已死！」基督教護教學者以潘神之死代表基督教神學的出現，認為潘神因基督誕生而死，或基督因潘神死亡而生。由於潘神會死，祂也被詮釋為季節遞嬗的象徵，代表萬物繁盛的春夏轉為晦澀凋零的秋冬。

61 薩羅尼加是塞薩羅尼基的別稱。塞薩羅尼基是希臘第二大城、希臘北部最大城市及重要港口，也是希臘中馬其頓省省會。

通往安納托利亞的路

1 Alexandropolis，希臘東北部靠近土耳其的濱海城市，以二十世紀初期希臘國王亞歷山大一世命名，意為「亞歷山大城」。

2 君士坦丁堡是伊斯坦堡的舊稱。伊斯坦堡由羅馬帝國皇帝君士坦丁一世所建，定名為「新羅馬」，但普遍被人按皇帝稱號稱為君士坦丁堡。十世紀起，阿拉伯人及突厥人開始使用「伊斯坦堡」這個地名，但東正教沿用「君士坦丁堡」至今，西方人直到現代也普遍使用這個名稱。目前「君士坦丁堡」專指馬摩拉海與金角灣之間半島上的伊斯坦堡舊城。

3 昆庭（Christofle）是法國的一個高級銀器、餐具和家飾品牌。

4 指位於佩拉區（現稱貝伊奧盧區）的加拉達塔（Galata Kulesi），建於公元一三四八年，原名「基督塔」，高六十七米，當時是全城最高的建築物，現在仍是伊斯坦堡舊城區的重要地標。

5 這個土耳其語詞仿造法文的filet mignon。

6 這個土耳其語詞仿造法文的agneau à L'aubergine。

7 這個土耳其語詞源自法文的coup de fer & mise en plis。

8 庫魯是從鄂圖曼帝國時期沿用至今的土耳其貨幣單位，相當於百分之一里拉。在作者旅居當地的年代，一美元等於二點八里拉。

9 皮耶・高乃依（Pierre Corneille），一六〇六—一六八四，法國古典主義悲劇作家，與莫里哀（Molière）、拉辛（Racine）並稱法國古典戲劇三傑。高乃依的文風以充滿情感與義務的矛盾衝突著稱。

10 蒙投（Montreux）位於瑞士日內瓦湖東端，是馳名的歐美富人居住及度假地。

11 愛第尼（Edirne）位於土耳其西北端，鄰近希臘和保加利亞邊界。因由羅馬皇帝哈德良所建而得名哈德良堡（Hadrianopolis，也譯「阿德里安堡」），愛第尼是阿德里安堡的土耳其語音譯。

12 Bursa，【法】Brousse，安納托利亞西北部大城，位於伊斯坦堡南方一百餘公里處。

13 這個車站以曾任麥加謝里夫的鄂圖曼政治家阿里・海達爾（Ali Haydar）巴夏命名。

14 科尼亞（Konya）是土耳其南部內陸的大城，「安納多魯」是土耳其語對「安納托利亞」的稱呼。

15 普羅斯裴・梅里美（Prosper Mérimée），一八〇三—一八七〇，法國寫實主義作家、歷史學家、考古學家。

16 西臺是安納托利亞的一個古國，首都設在哈圖沙，約在公元前十四世紀國力達到高峰，其語言（西臺語）是已知最古老的印歐語言。哈圖沙遺址位於博加斯科伊（土耳其語現稱「博加茲卡勒」）附近，這個地名的原意為「峽谷村莊」，是該地區地形的寫照。

17 Sungurlu，安納托利亞中北方內陸城鎮，位於首都安卡拉東北方。

18 奧爾杜（Ordu）現稱艾丁奧爾杜（Altınordu，「金色奧爾杜」），是土耳其東北部瀕臨黑海的城市，奧爾杜省省會。

19 吉雷松（Giresun）是土耳其北部瀕臨黑海的城市，吉雷松省省會。

20 穆斯塔法・凱末爾・阿塔圖克（Mustafa Kemal Atatürk），一八八一—一九三八，土耳其軍人、作家、政治家，生於薩隆尼加（現位於希臘境內）。他是土耳其共和國第一任總統，被譽為土耳其國父、現代土耳其的創建者。「阿塔圖克」是土耳其國會賜給他的姓氏，意為「土耳其人之父」。中文經常稱其為凱末爾。

21 特拉布宗（Trabzon，法文舊式拼法：Trébizonde）是土耳其東北部瀕臨黑海的城市，特拉布宗省省會。

22 埃爾祖倫（Erzurum）位於土耳其東北部山區，是埃爾祖倫省省會，也是全國規模較大的城市中海拔最高的一個（約一八〇〇米）。過去埃爾祖倫是絲路上的重要城市之一。其波斯語名稱 Arz-e Rûm 意為「羅馬人的城市」。

23 【作者註】無論是在土耳其或波斯，居民忙完一天工作以後，就會換穿睡袍。

24 祖爾吶（zurna）是安納托利亞高原的一種傳統樂器，性質類似雙簧管，已普及於西亞及阿拉伯諸國、巴爾幹半島等地。中國的嗩吶可能是祖爾吶的一個變種，中亞、印度、東南亞也有類似的樂器。

25 帕提亞人是帕提亞帝國的人民。帕提亞帝國即安息帝國，是古波斯的一個王朝，又稱阿薩息斯王朝、波斯第二帝國，存在於公元前三世紀。繼先前泛希臘化的塞琉古帝國（亞歷山大大帝部將所建）統治波斯之後，安息帝國致力復興波斯文化，但以「希臘之友」自居，且沿用古希臘文。

26 青年土耳其黨人是二十世紀初期鄂圖曼帝國的立憲運動人士，基本主張為推翻蘇丹專制，實行君主立憲。一九〇八年發動青年土耳其黨人革命，廢黜哈米德二世，隨後組成聯合進步委員會，積極改革政治和軍事。

27 參見上文關於阿塔圖克的譯註。

28 【作者註】其實這跟《可蘭經》毫無關係。

29 【作者註】埃爾祖倫是軍事區，不准拍照，停留時間不能超過四十八小時。在市區周圍半徑四十公里範圍內，外國人必須在護送人員陪同下才能行動。

30 【作者註】這是一九二一年庫德人起義之後確實發生的事。阿塔圖克的政策美其名叫「少數民族政策」，其實主要目的似乎是將少數民族一個個消滅。

獅子與太陽

1 馬庫（Maku）是伊朗西北部的邊城，居民主要是庫德人和亞塞拜然人。

2 亞拉拉特山是土耳其第一高峰，海拔五一三七公尺，位於該國東部邊境，距離伊朗國界只有十六公里，距離亞美尼亞三十二公里。亞拉拉特山被普遍等同於基督教聖經《創世紀》中諾亞方舟在大洪水後的最後停泊地「亞拉拉特山」。

3 沙赫（或譯「沙阿」、「沙王」）是波斯皇帝、君主或王侯的頭銜，普遍用於波斯語民族，許多非波斯語民族也採用。在本書作者前往旅行的年代，伊朗沙赫是穆罕默德—雷薩．巴勒維（一九一九—一九八〇，在位期間為一九四一—一九七九）。巴勒維是伊朗的最後一任沙赫。

4 太巴列也譯為「提比里亞」，是巴勒斯坦加利利海西岸的一個城鎮，猶太教四大聖城之一，現由以色列管轄。

5 指由右到左書寫，與歐洲語文的書寫習慣相反。

6 希吉拉紀元即伊斯蘭曆，是伊斯蘭教國家的通用曆法，以公元六二二年（先知穆罕默德從他受迫害的麥加遷居到麥地那的希吉拉）為起計年。希吉拉曆是純粹陰曆，也是現今通用的官方曆法中唯一的陰曆。

7 【作者註】除了簽證以外，在伊朗境內每次移動都必須申請特別許可證，稱為「賈瓦斯」。

亞塞拜然省的大不里士

1 哈菲茲全名赫瓦賈．沙姆斯—丁．穆罕默德．哈菲茲．設拉子，一三一五或一三二五前後—約一三九〇年，波斯著名抒情詩人、哲學家、神祕主義者。哈菲茲是筆名，意為「（可蘭經的）背誦者／守護者」。根據統計，他的詩集在伊朗的發行量僅次於《可蘭經》。

2 這個詩句出自蘇格蘭著名詩人羅伯特．伯恩斯（Robert Burns，一七五九—一七九六），原文為「The best-laid schemes o' mice an' men / Gang aft agley!」一九六二年諾貝爾文學獎得主約翰．史坦貝克（John Steinbeck）援引此句，創造《人鼠之間》（*Of Mice and Men*）這個小說標題。

3 【作者註】arbab，擁有多座村莊的地主。

4 【作者註】罌粟的種植和銷售從一九五五年開始被禁止。

5 即阿拉伯世界、西亞、中亞等「東方地區」的市集。

6 toman，從前波斯的貨幣，一九三二年以後改稱里亞爾（rial）。

7 伊利亞・格里戈里耶維奇・愛倫堡，一八九一—一九六七，猶太裔蘇聯作家及記者。

8 「亞塞—突厥方言」即亞塞拜然語，是阿爾泰語系突厥語支的一個語言，與土耳其語近似，通用於亞塞拜然及伊朗西北部的亞塞拜然人聚居地區。

9 「中國的突厥斯坦」即新疆。「突厥斯坦」大致涵蓋包括新疆在內的中亞地區。

10 中亞名城，烏茲別克舊都及第二大城。

11 【作者註】「阿契柴」意為「苦水」。

12 Quimper，法國布列塔尼西南部的城市。

13 慕斯卡德（Muscadet）是產自法國羅亞爾河西端南特地區的白葡萄酒，也是全羅亞爾河谷地產量最大的酒種。

14 喬治・貝納諾斯（Georges Bernanos），一八八八—一九四八，法國作家，曾參與第一次世界大戰。

15 耶穌十二門徒之一。

16 茹・費理（Jules Ferry），一八三二—一八九三，法國政治家，曾兩次出任法國總理，推動政教分離、殖民擴張等政策。

17 【作者註】Tchador，波斯伊斯蘭婦女用來罩住頭部和整個身體的長袍。

18 朱利法位於現今亞塞拜然的外飛地納希契凡自治共和國，南側隔河與伊朗相望，河南岸是伊朗東亞塞拜然省小鎮焦勒法（朱利法與焦勒法其實是同名城鎮，只是分屬兩國，發音及拼寫方式略有不同）。納希契凡南鄰伊朗，東側及北側與亞美尼亞接壤，與東邊的亞塞拜然本土隔著四十餘公里寬的亞美尼亞領土。

19 巴庫是亞塞拜然共和國首都，在本書撰寫時則是亞塞拜然蘇維埃社會主義共和國首都。

20 此句出自《舊約・詩篇》。錫安一般指耶路撒冷，有時也指以色列。公元前六世紀初，巴比倫軍隊攻入耶路撒冷，猶太亡國，以色列人被擄於巴比倫達七十年之久。

21 【作者註】後來德黑蘭—加茲溫鐵路往西延伸到了大不里士。

22 胡笙伊瑪目是穆罕默德的外孫，「十二伊瑪目」中的第三代（第一代是阿里伊瑪目）。

23 【作者註】「什葉派」：這個穆斯林教派認為阿里是唯一合法的哈里發（穆罕默德繼承者），不承認遜尼派認可的其他繼承者。大部分波斯人屬於什葉派。

24 聖週五也稱耶穌受難節、主受難日，是基督徒用來紀念耶穌基督在各他受難的節日，具體日期是復活節之前「聖週」的星期五。在基督教世界中，許多國家將這天訂為公共節日。

25 亞力酒（arak）是流行於中東地區的茴香酒，以蒸餾過的葡萄酒液加入茴香子再度蒸餾後釀造而成。

26 【作者註】喀爾巴拉是伊拉克的一個村莊，胡笙伊瑪目在該地被遜尼派教徒殺死。

27 【作者註】第四點計畫（Point Four）是美國的一個技術支援機構。

28 亞美尼斯坦指亞美尼亞人居住的城區。

29 【作者註】一九五九年起，大不里士教區改由黎巴嫩的安特里亞斯（Antelias）大主教管轄。

30 指以色列政府。以色列過去長期以特拉維夫為首都，占領耶路撒冷全市後，於一九八〇年立法認定耶路撒冷為首都，但普遍不受國際承認。

31 【作者註】希臘神話的情節有很大一部分在今天都可以成為法院審判的材料。

32 【作者註】扣而西（korsi）是一種桶形取暖工具，人可以待在裡面，桶頂達到腰部高度。

33 這兩個故事的作者都是佩羅。見註三五。

34 馬茲德教是古波斯的一個宗教，以信仰阿胡拉・馬茲德（Ahura Mazda）為核心，其宇宙觀圍繞著馬茲德（光明主、賢主、善神）與以惡神阿里曼（Ahriman）領導的惡魔之間的敵對抗爭。古波斯帝國國教瑣羅亞斯德教（俗稱拜火教）衍生自馬茲德教。

35 夏爾・佩羅（Charles Perrault），一六二八—一七〇三，十七世紀法國詩人、作家。以《鵝媽媽的故事》聞名於世，書中的童話如《灰姑娘》、《藍鬍子》、《睡美人》、《小紅帽》、《穿靴子的貓》等皆膾炙人口。

36 卡拉波絲（Carabosse）是童話故事中又老又醜的惡仙女。《睡美人》中對公主施魔咒的就是卡拉波絲。

37 即卡拉巴侯爵（Marquis de Carabas），《穿靴子的貓》中的人物。

38 City Lights，查理・卓別林（Charlie Chaplin）自導自演的一九三一年電影。

39 Le Kid，卓別林執導及主演的一九二一年默劇電影。

40 Greta Garbo，一九〇五—一九九〇，瑞典—美國影星。

41 梅・蕙絲（Mae West），一八九三—一九八〇，美國影星、劇作家、編劇，著名老牌性感偶像。

42 魯道夫・華倫提諾（Rudolf Valentino），義大利裔美國演員，最早的「拉丁情人」（Latin lover）。「拉丁情人」一詞是影界大亨特別為他取的別稱。

43 卜爾卜爾（Bulbul）本名木圖札・爾札・歐古魯・馬瑪多夫（Murtuza Rza oglu Mammadov），一八九七—一九六一，是著名亞塞拜然和蘇聯男高音及民俗歌謠演唱家。

44 尼扎米・占賈維（Nizami Gandjavi），一一四一—一二〇九，是亞塞拜然族的波斯浪漫詩人，被視為亞塞拜然文學史上最重要的詩人。

45 【作者註】茶依哈奈（tchâikhane）是茶館的意思。波斯人也習慣把這些地方稱作「珈琲哈奈」（ghafékhane），只不過裡面從來不賣咖啡。

46 穆罕默德・莫薩台（Muhammed Mossadegh），一八八一—一九六七，是伊朗政治家，一九五一年當選首相。他上任後不久，就透過「石油國營法案」，整肅英伊石油公司，將石油開採權收歸國有。他領導的政府在一九五三年的一場保皇黨起義事件中遭到推翻，同年他被捕受審，原被判死刑，後改為三年徒刑，一九五六年獲開釋。英伊石油公司解體後於一九五四年成為英國石油公司，現通稱ＢＰ。

47 【原編註】關於波斯的政治情勢，文森・蒙特伊（Vincent monteil）在其精采著作中有精闢分析。詳見《伊朗》（*Iran*），小小星球（Petite Planète）叢書，瑟伊出版社（Éd. du seuil），一九五七年。

48 普羅透斯是希臘神話中的一個早期海神，具有預知未來的能力，且經常變化外形，使人無法捉到他。

49 阿巴丹是伊朗的重要煉油城市及石油港，位於胡齊斯坦省（見下註），自二十世紀初期當地發現石油後快速興起。

50 胡齊斯坦是伊朗西部的一個省份，西面臨接伊拉克，南面瀕臨波斯灣的內陸端。

51 【作者註】這裡的算命方法不是抽紙牌；客人用一根大頭針在一本哈菲茲詩集裡戳出一首四行詩，然後由算命師為他解讀。

52 【作者註】一個人一百五十託曼。一名織布工人一個月的薪水大約是一百託曼。

53 【作者註】西雷（shiré）是鴉片煙的殘留物，毒性極強。

54 指羅密歐與茱麗葉的故事。在莎士比亞名劇《羅密歐與茱麗葉》中，男女主角分別來自義大利維洛納的兩個敵對家族，羅密歐的家族姓氏是蒙太古（Montague），茱麗葉的家族則是凱普萊（Capulet）。

55 【作者註】參見希羅多德《第一次調查》。該書法文版Première Enquête由賈克・拉卡里耶爾（Jacques Lacarrière）翻譯。

56 卡札爾王朝是伊朗北部突厥系統的卡札爾部落（土庫曼人一支）所建立的伊朗王朝，存在於一七九四—一九二五年。

57 Sancho Panza，賽萬提斯小說《唐吉軻德》中主角唐吉軻德的忠實隨從。

58 【作者註】納塞丁毛拉（Mollah Nasser-ed-Dine）是一個喜劇人物，在整個中東受到喜愛。

59 馬克・安東尼（Marcus Antonius），公元前八三年—前三〇年，古羅馬政治家、軍事家，凱撒大帝最重要的部將之一，在羅馬共和國從寡頭政治演變至獨裁帝國的過程中扮演關鍵性角色。

60 奧爾達（orda）是歐亞大草原地區遊牧民族在歷史上建立的社會政治及軍事結構。orda一字源自蒙古語，原意為「(氏族、軍隊、王室的)宿營地」，後來衍生出語意近似的horde一字（如Golden Horde〔金帳汗國〕）。

61 忘河是地獄中的河流，亡靈喝了河水，就會忘卻過去。

62 早期義大利畫家（primitifs italiens）指十一、十二世紀義大利繪畫從義大利—拜占庭風格轉型為真正義大利繪畫那個時期的畫家，主要特點是以人性化方式描繪人物，以及導入風景和複雜建築。

63 伊凡・伊凡諾維奇・希施金（【俄】Иван Иванович Шишкин，法語轉寫：Ivan Ivanovitch Chichkine），一八三二—一八九八，俄國風景畫家。

64 【作者註】薩雅・諾瓦（Sayat Nova）是膾炙人口的十八世紀亞美尼亞吟遊詩人，他的歌曲至今依然流行。

65 「自由共和國」指亞塞拜然人民政府（一九四五—一九四六）。這是一個由蘇聯在伊朗西北部的占領軍支持下單方面宣布獨立的國家，創建者為薩耶德・賈法爾・皮謝瓦里（Sayyed Ja’far Pishevari，後文中的保民官與其同姓），首都設於大不里士。「自由共和國」未獲普遍承認，它的建立和瓦解是伊朗危機的一部分，伊朗危機後來引發冷戰。

66 馬什哈德位於伊朗東北部，是伊朗第二大城，伊斯蘭什葉派聖城之一。

67 杜巴利伯爵夫人（全名：Marie-Jeanne Bécu de Cantigny, Comtesse du Barry），一七四三—一七九三，是法國國王路易十五的最後一任情婦，也是法國大革命後恐怖統治時期最知名的受害者之一。

68 法茲盧拉・扎赫迪（Fazlollah Zahedi），一八九七—一九六三，是伊朗帝國巴勒維王朝的將軍及政治家。他在西方國家發起的一九五三年伊朗政變中扮演重要角色，取代民選首相摩薩台，於一九五三至五五年擔任首相。

69 【作者註】由雷斯柯（Lescot）考察團在土耳其東南部庫德斯坦大城迪亞巴克爾（Diarbekir）一帶採集而成。

70 圖潘（Turpin）是十一世紀法國武功歌《羅蘭之歌》中的一名大主教兼騎士，查理曼大帝與騎士羅蘭的夥伴。

71 蘭斯洛特（Lancelot）是亞瑟王傳奇中的圓桌武士之一。

72 【作者註】阿爾達希爾（Ardechir）是薩珊王朝的創建者。關於他的事蹟，可以參考阿特海姆（Altheim）的著作《暮晚與早晨的面貌》（*Gesicht vom Abend und Morgen*），費舍圖書公司（Fischer Bücherei）出版。

73 米揚道阿卜（Miandoab）位於大不里士南方、前文所述的烏爾米耶湖以南，屬於西亞塞拜然省。

頭巾與柳樹

1 【作者註】烏爾米耶地區還有很多札爾多什提宗派信徒（即瑣羅亞斯德教徒）。印度的帕西人屬於同一宗派。

2 【作者註】馬哈巴德庫德共和國與亞塞拜然民主共和國成立於同一時期，性質相同，兩者後來也遭受相同命運。

3 【作者註】伊拉克有兩百萬庫德人。

4 【作者註】意思是「你的頭髮該剪了」。這裡的理髮師在客人等候時會奉上一杯茶。

5 【作者註】這裡的農民只會說庫德語。庫德語是一種伊朗語言，跟帕提亞帝國時期的帕拉維語非常接近。巴黎、倫敦、列寧格勒的大學都有開設庫德語課程。

6 薩菲王朝又稱薩菲帝國、薩法維帝國、波斯第四帝國，於一五〇一年至一七三六年統治波斯（當時中國明朝稱之為「巴喇西」）。薩菲王朝將伊斯蘭教什葉派正式定為國教，並統一各省份，發揚古波斯文化，是波斯從中世紀過渡到現代伊朗的重要時期。

7 阿拔斯沙赫即阿拔斯一世，一五七一—一六二九，是波斯薩菲王朝君主，在位期間國力達到巔峰，被尊稱為阿拔斯大帝。

8 【作者註】這些基督徒是亞述帝國的後代子民，大都信仰耶穌單性說。亞述帝國滅亡後，最後僅存的一些亞述社群避居亞塞拜然北部，民族命脈延續至今。

9 【作者註】在中東，廁所的唯一設備是一個大甕。

10 布坎位於米道阿揚卜南方，馬哈巴德則位於米道阿揚卜西南方。

11 卡什加人是一支突厥民族，大約在十一到十三世紀間離開中亞進入伊朗一帶，約與蒙古帝國擴張時期相當。目前主要定居在伊朗中南部部分區域，並已吸收一些外族，包括阿拉伯人、庫德人等。

12 【作者註】意思是「喇格喇格朝聖者」。「喇格喇格」是擬聲詞，模仿鳥喙敲擊聲。

大不里士之二

1 Doris Day，一九二二—二〇一九，德國裔美國歌手、演員。

2 Patachou，本名昂莉葉特・哈貢（Henriette Ragon），一九一八—二〇一五，法國歌手、演員。

3 即湯瑪斯・愛德華・勞倫斯（Thomas Edward Lawrence），一八八八—一九三五。他在一次大戰期間以連絡官身分參與對抗鄂圖曼帝國統治的阿拉伯大起義，相關事蹟經媒體報導後轟動全球，被譽為「阿拉伯的勞倫斯」。著有多部作品，以回憶錄《智慧七柱》（*Seven Pillars of Wisdom*）最為人知，也曾自古希臘文翻譯荷馬史詩《奧德賽》。

4 《亞德里安娜·美敘拉》（*Adrienne Mesurat*）是美籍法語作家朱利安·葛林（Julien Green）出版於一九二七年的小說。這本小說被認為是繼巴爾札克的《歐也妮·葛朗台》（*Eugénie Grandet*）及福樓拜的《包法利夫人》（*Madame Bovary*）之後，另一部刻劃法國外省地區女性在庸劣的外省環境中掙扎的故事。

5 利維坦（Leviathan）是《希伯來聖經》中提到的一個力量可比撒旦、類似巨龍的大海怪，在天主教中成為與七宗罪之一的「嫉妒罪」相對應的惡魔。

6 喬治歐·德·奇里訶（Giorgio de Chirico），一八八八—一九七八，出生於希臘的義大利畫家，形而上派藝術運動的創始人，對超現實主義產生重要影響。

7 吉蘭省是伊朗的三十一個省份之一，位於大不里士以東的裡海沿岸地帶。

8 阿里翁是半傳說中的古希臘詩人和歌手，一些古希臘文獻將他描述為海神波塞冬的兒子。有關阿里翁的著名傳說是，他曾赴西西里參加音樂比賽，得獎後乘船返回希臘，遭船上水手搶劫，被迫跳海，但獲准在跳海前唱最後一首歌，結果海豚被他的歌聲打動，游到船邊，在他落海後將他救上岸（有些說法認為是詩神阿波羅派遣海豚營救阿里翁）。二〇一五年，海豚座的一顆系外行星被冠上阿里翁的名稱。

9 赫邁士·崔斯墨圖意為「三倍最偉大的赫邁士」，是希臘化時代的一位埃及神祇，他是希臘神話中溝通之神赫邁士與埃及智慧之神拖特的綜合體。

10 庫法體又稱稜角體，是伊斯蘭書法中最古老的字體，以幾何造型為特徵，由阿拉伯字母的前身納巴泰字母演變而成。庫法體以其重要發源地伊拉克歷史文化名城庫法命名，其使用隨伊斯蘭興起傳播至整個伊斯蘭地區，常見於建築物上。

11 【作者註】波斯北部人用這個名字稱呼流浪的吉普賽人，這些人主要是樂師和鐵匠。

公路

1 伊斯蘭教的淨禮指的是用水洗淨手腳等身體部位的儀式，通常在進行某些宗教活動（如禱告）以前進行，但也可在日常行事前行淨禮，以求潔淨。

2 奧維涅（Auvergne）是法國中央山地的一個地區，傳統上被視為全國最偏僻的地方。

3 菲爾多西全名阿波爾-卡西姆·菲爾多西·杜西，約九四〇—一〇二〇，是波斯詩人。他被譽為波斯文學史上影響力最大的人物，最重要作品《列王記》是全世界由單一作者完成的最長史詩，並被定為大伊朗的民族史詩。

4 這條大道以伊朗前君主雷札・沙赫命名。雷札・沙赫全稱雷札・沙赫・帕拉維（Reza Shah Pahlavi），一八七八—一九四四，從一九二五年起擔任伊朗沙赫，一九四一年英蘇入侵伊朗時被迫退位。

5 萊納・馬利亞・里爾克（Rainer Maria Rilke），一八七五—一九二六，生於布拉格（當時屬於奧匈帝國）的重要德語系詩人。

6 美國在一九五〇年一月決定研製氫彈，同年五月在太平洋的一座小島進行首次試驗，證明威力超過原子彈。一九五二年底另一個氫彈試驗裝置「常春藤」在太平洋上的另一處環礁爆炸，威力相當於廣島型原子彈的五百倍。不過這個裝置體積較大，飛機及飛彈均無法運載，不具實戰價值。一九五四年三月一日，美國的第一顆實用型氫彈在比基尼島試驗成功，此時本書作者正在大不里士過冬（南行馬哈巴德之前）。

7 【作者註】卡札爾（Kadjar）是一七七九到一九二五年之間統治波斯的王朝。

8 戈比諾伯爵即阿圖爾・德・戈比諾（Arthur de Gobineau），一八一六—一八八二，法國外交官、政治家、作家，研究古波斯語言及文化。戈比諾最有名的著作是《人類種族不平等論》（*Essai sur l'inégalité des races humaines*），他將亞利安人種塑造成高貴與文明的化身，認為只有白種人才是人類始祖亞當的後代，世界上所有文明都是亞利安人建立的。他的論述後來成為德國納粹的重要思想來源之一。

9 東方三賢士又稱東方三王、東方三博士、三智者等，是《新約聖經・馬太福音》中提到的人物，出現在許多與耶誕節有關的意象中。根據該篇記載，耶穌降生時，數名賢士在東方看見伯利恆方向的天空上出現一顆大星，於是跟著它來到耶穌的出生地朝拜。聖經記載未提及賢士的人數，不過因為他們帶了黃金、乳香、沒藥，所以推測是三個人。拉丁文的「賢士」（magi）源自古波斯文中拜火教祭司的稱謂，許多學者認為聖經提到的東方三賢士是來自波斯的祭司。

10 阿卡德帝國（公元前二三三四年—前二一九二年）是一支閃米族人在美索不達米亞地區建立的帝國，也是人類歷史上的第一個帝國，早於該地區後來出現的巴比倫帝國和亞述帝國。

11 塞爾柱帝國又稱大塞爾柱帝國、塞爾柱土耳其帝國，是十一世紀興起的一個突厥—波斯遜尼派伊斯蘭帝國，由中亞烏古斯人的一支發展而成，極盛時期領土範圍東至興都庫什山脈，西至安納托利亞東部，北及中亞，南臨波斯灣。

12 【作者註】喀昌（Kachan）位於德黑蘭東南方，以地毯與陶瓷著稱，特別是十四世紀出品的陶瓷。

13 即夏姆絲・巴勒維（Shams Pahlavi），一九一七—一九九六，伊朗最後一任沙赫穆罕默德・雷札・巴勒維（Mohammad

Reza Pahlavi）的胞姐。

14 安納托爾・法朗士（Anatole France），一八四四—一九二四，本名賈克・安納托爾・法蘭索瓦・蒂博（Jacques Anatole François Thibault），是法國小說家、詩人、記者，法蘭西學院院士，一九二一年諾貝爾文學獎得主。法朗士在世時被視為法國文人的理想典型。

15 【作者註】一種類似吉他的伊朗樂器。

16 波斯神鳥即「斯慕格」（Simorg），是波斯神話中的一隻大鵬鳥，常出現在伊朗（波斯）及波斯文化圈其他地區的傳統藝術及文學創作中。斯慕格體型龐大，外型類似鳳凰，經常被描繪成狗頭獅腳的形象，可抓起人類、大象或鯨魚。斯慕格現身的最著名場景可見於波斯民族史詩《列王紀》。

17 即西碧兒・里凱蒂・德・米哈波，詹維爾伯爵夫人（Sibylle Gabrielle de Riquetti de Mirabeau, Comtesse de Martel de Janville），一八四九—一九三二，法國作家、文藝沙龍主人。許多當時的文藝界重要人士，如普魯斯特、竇加、法朗士、梵勒希等，都是她的座上嘉賓。吉普（Gyp）是其筆名。

18 保羅・布爾熱（Paul Bourget），一八五二—一九三五，法國作家、評論家，法蘭西學院院士。吉普與布爾熱都是名噪一時的多產作家，布爾熱甚至曾五度獲諾貝爾文學獎提名，但部分因為兩人的政治立場受到極大爭議（民族主義、反猶、保皇等），後世對其評價都不是太高。作者在此舉出這兩名作家的用意是說，波斯人對閱讀的要求極高，不是什麼書都看。

19 【作者註】在法國—波斯學院的圖書館，普魯斯特（Proust）、柏格森（Bergson）、拉博（Larbaud）的著作卻被借閱者寫滿了密密麻麻的邊註。

20 這是法國詩人、旅行作家、畫家昂利・米肖（Henri Michaux，一八九九—一九八四）的詩句。米肖曾在一九二七年赴非洲及美洲旅行，隨後寫成《厄瓜多》（*Ecuador*）等作品。一九三〇—三一年赴日本、中國、印度旅行，以此經歷為靈感，寫成富於東方意境的詩歌《一個野蠻人在亞洲》（*Un barbare en Asie*）。佛教哲學、東方書法後來都成為他創作詩歌及繪畫的靈感。一九四〇年代開始獲得較高的關注，並結識大文豪安德烈・紀德（André Gide）等人。紀德曾於一九四一年著書推薦：《一起發現米肖》（*Découvrons Henri Michaux*）。

21 【作者註】昂利・米肖，《夜色搖曳》（*La Nuit remue*）。

22 【作者註】伊朗作家海達亞（Hedayat）可以歸入羅特雷阿蒙（Lautréamont）和卡夫卡（Kafka）這個文學譜系，最著名的作品是《盲眼貓頭鷹》。

23 海達亞於一九五一年四月自殺，大約是作者造訪德黑蘭之前三年。

24 馬蘭德是東亞塞拜然省的一個城市，位於大不里士西北方約六十公里處。作者先前從土耳其進入伊朗前往大不里士途中已經路過此地。

25 【作者註】一個具有共產主義傾向的平民黨派，目前被政府禁止。

26 【作者註】《星火》（*Ogoniok*）是蘇聯的一個圖文週刊。

27 【作者註】街道兩側的深溝，流在裡面的水被民眾拿來做各式各樣的事。

28 原書採用坎拉里（Khanlari）教授的法文翻譯。

29 奧瑪・開儼（Omar Khayyam），一〇四八—一一三一，波斯詩人、天文學家、數學家。

30 薩迪全名Abū-Muhammad Muslih al-Dīn bin Abdallāh Shīrāzī，也稱薩迪・設拉茲（「來自設拉子的薩迪」），十三世紀波斯重要詩人。

31 拉維列特（La Villette）是法國巴黎的一個城區，位於市區東北部，大致相當於十九區。過去因鐵路及運河之便，曾發展成巴黎的重要工業地帶，巴黎屠宰場也設於此，因此這個地名一度帶有濃厚的勞工階級色彩。近數十年來工業均已移出該區，屠宰場原址則成為擁有音樂廳、科學博物館等文化設施的現代化公園。

32 莫里斯・塞佛（Maurice Scève），一五〇一—一五六四，法國詩人。

33 熱拉爾・德・內維爾（Gérard de Nerval）本名熱拉爾・拉布魯尼（Gérard Labrunie），一八〇八—一八五五，法國作家、詩人、翻譯家，法國浪漫主義文學重要人物。

34 保羅-尚・圖雷（Paul-Jean Toulet），一八六七—一九二〇，法國作家、詩人。

35 布萊士・巴斯卡（Blaise Pascal），一六二三—一六六二，法國哲學家、神學家、數學家、物理學家、化學家、發明家、音樂家、氣象學家、教育家。其人文思想受蒙田影響甚大，宗教思想則屬於天主教楊森教派。

36 基安第（chianti）是產自義大利托斯卡納基安第葡萄產區的葡萄酒，為義大利著名酒款。

37 普里亞（Puglia）是義大利的一個地區，位於瀕臨亞得里亞海一側的南段，相當於「義大利皮靴」的腳踝及鞋跟部分。

38 阿里哥・貝爾（Arrigo Beyle）即司湯達爾。司湯達爾本名馬里-昂利・貝爾（Marie-Henri Beyle），因熱愛義大利，給自己冠了「阿里哥・貝爾」這個別號（阿里哥是昂利在義大利文中的對等名字之一）。一八一四年拿破崙被迫退位後，曾在拿破崙政府任職的司湯達爾不願為新政府服務，前往米蘭定居了一段時間，自稱為「米蘭人阿里哥・貝爾」。他在巴黎蒙馬特公墓的墓誌銘上寫著：「阿里哥・貝爾，米蘭人：寫過，愛過，活過。」（ARRIGO BEYLE, MILANESE: SCRISSE, AMO, VISSE.）

39 特拉尼（Trani）是義大利普里亞地區瀕臨亞得里亞海的城市。

40 本段文字提到的帕馬（義大利城市）及拉西典故出自司湯達爾的一八三九年小說《帕馬修道院》（*La Chartreuse de Parme*）。

41 【作者註】一法薩大約是六公里。這個度量單位相當於古希臘歷史學家色諾芬《遠征記》（Anabase）所記載的古代距離單位「帕勒桑」（parasang）。

42 相關故事出自《舊約聖經・多俾亞傳》，該篇講述一個以色列家族充軍亞述的故事。

43 【作者註】哪裡來的妖怪？

44 即卡拉巴侯爵，佩羅童話《穿靴子的貓》中的人物。「卡拉巴侯爵」是貓為了欺騙國王而幫主人取的假名字，貓透過一連串妙計，讓卡拉巴侯爵得到國王賞識，並成功娶得公主。貓使出的伎倆之一是混進一個食人魔的壯麗城堡，食人魔有把自己變成各種動物的本領，貓故意挑釁說他不相信食人魔能變成老鼠之類的小動物，食人魔為了證明自己的能力，真的變成一隻老鼠，結果被貓吃掉了。這時國王剛好經過，貓向國王說：「歡迎陛下光臨卡拉巴侯爵的城堡！」國王讚嘆不已，更加認定侯爵有資格當他的女婿。作者引這個典故比喻自己想把周遭情景據為己有的心情。

45 安德烈斯・塞哥維亞（Andrés Segovia），一八九三—一九八七，西班牙古典吉他演奏家，被認為是二十世紀最重要的古典吉他演奏家。

46 阿爾（Arles）、亞維儂（Avignon）均為普羅旺斯地區的著名城市。

47 【作者註】一個以山牧季移方式生活的土耳其化伊朗人大型部落民族，他們放牧的地區遍布在設拉子西北方。

48 【作者註】卡奧力人是波斯唯一名副其實的游牧民族，很久以前他們從東方遷徙而來，跟歐洲的吉普賽人屬於同一個群體。

49 【作者註】這樣就能讓奄奄一息的電瓶再撐個八十公里。

50 伊朗南部瀕臨波斯灣的重要港都。

51 「贊德」是古波斯語言阿維斯陀語的舊稱。瑣羅亞斯德教的經文《阿維斯陀》（或稱《波斯古經》）是以這種語言書寫而成。

52 夏布利（Chablis）是法國的一種上等白葡萄酒，產自勃艮第葡萄酒產區最北邊的夏布利酒區

53 波斯波利斯主要是由薛西斯一世所建（見下文），但中古時期的波斯人習慣將其歸於波斯神話中的賈姆希德皇帝，因此

也被稱為「賈姆希德御座」。

54 「眾王之王」是古代近東地區帝國統治者的稱號，相當於皇帝。基督教也曾將耶穌基督稱為眾王之王。這裡提到的眾王之王是薛西斯一世（公元前五一九—前四六五），阿契美尼德王朝的第五任皇帝，被尊稱為薛西斯大帝。

55 【作者註】阿契美尼德王朝主要是將此地用作大型墓地，他們真正居住的地方是蘇撒。

56 指法蘭西第二帝國時期的風格。法蘭西第二帝國（Second Empire）是拿破崙一世的姪子及繼承人路易－拿破崙．波拿巴建立的君主政權（一八五二—一八七二）。在此之前是法蘭西第二共和，之後則是法蘭西第三共和。第二帝國時期適逢法國工業快速發展的時代，在建築及設計領域有顯著成就，蔚為「第二帝國風格」，深刻影響歐美地區的建築及藝術裝飾。巴黎市長歐斯曼主導的現代城市建設也在此一時期完成。另外，波斯歷史上也有「波斯第二帝國」，即安息帝國（公元前二四七—二二四年），另稱帕提亞帝國。

57 阿貝勒斯戰役即高加米拉戰役（公元前三三一年），是馬其頓（亞歷山大大帝）與波斯（大流士三世）之間的一場重要戰役。亞歷山大在戰役中徹底摧毀波斯的軍事力量，使波斯帝國走向滅亡。這場戰役俗稱阿貝勒斯戰役，因為距離戰場最近的重要城市是將近一百公里外的阿貝勒斯（即現今伊拉克北部城市艾比爾）。

58 卡塔隆平原戰役又稱沙隆戰役，公元四五一年發生在當今法國香檳地區的沙隆（Châlons）一帶，由西羅馬帝國與西哥德和阿提拉率領的匈人交戰，最終西羅馬獲勝，匈人西侵受阻。由於是「文明人」成功遏阻「蠻族」，文中的管理員將亞歷山大擊潰波斯軍一事比喻為蠻族（馬其頓／希臘）擊敗文明人（波斯）。

59 希羅多德是公元前五世紀的希臘作家，他將旅行見聞及波斯阿契美尼德帝國的歷史紀錄成《歷史》一書，是西方文學史上第一部完整流傳的散文作品。

60 《居魯士寶典》是蘇格拉底門生色諾芬於公元前三七〇年前後完成的著作，是居魯士大帝（波斯阿契美尼德帝國創建者）的傳記，部分內容為虛構。

61 古波斯東部的一支民族，居住地位於現今新疆到裡海之間的大草原，因在希羅多德的著作中有相關記載而聞名。根據希羅多德的記述及許多其他史學家的看法，居魯士大帝是在與馬薩格泰人作戰時陣亡。

62 【作者註】亞茲德東南方的山岳有些遠超過四千公尺高度。

63 穆安津又稱宣禮員，負責在清真寺的宣禮塔上喚拜（宣禮）。現代清真寺大都以擴音設備播送宣禮詞。

64 【作者註】在納迪爾沙赫統治時期，一支遠征印度的步兵團帶著武器和行囊返回時，曾要求派遣護送人員陪他們穿越尚未歸順的俾路支斯坦（參見賽克斯〔Sykes〕著作《什葉派世界的榮耀》〔*The Glory of the Shia World*〕。）。

65 【作者註】為了避免玷污大地和火，他們把死者擺在這裡讓禿鷲吞食。

66 奎達是巴基斯坦西部的城市。作者離開伊朗以後，先進入巴基斯坦，再從奎達附近進入阿富汗。

67 拉夫辛詹（Rafsinjan）是喀爾曼省拉夫辛詹縣的縣治，亦可拚寫為 Rafsanjan，因此也有「拉夫桑詹」的譯法。這個城市是伊朗的開心果生產重鎮。

68 一七九三年桑德王朝沙赫盧圖夫·阿里·汗（Lotf Ali Khan）擊敗強敵卡札爾人，於一七九四年奪取喀爾曼，但不久後即遭卡札爾王朝創建者阿迦·穆罕默德·汗（Agha Mohammad Khan）圍城半年，而後攻破，赫盧圖夫·阿里被捕，桑德王朝滅亡。阿迦·穆罕默德為報復喀爾曼居民對赫盧圖夫·阿里的支持，將眾多男性居民殺害或弄瞎，兩萬顆眼球被堆積起來，傾倒在阿迦·穆罕默德面前供其觀賞。婦女及兒童則多淪為奴隸，三個月內喀爾曼幾乎全毀。根據史籍記載，赫盧圖夫·阿里也是被弄瞎的人員之一，三年後在德黑蘭被處死。

69 【作者註】酒精度至少百分之十五。在城市周圍的園地中，葡萄種在深達數公尺的凹地，以便能更有效地灌溉。

70 巴姆以擁有世界上最大的土坯建築群「巴姆古城」聞名於世，古城始建於公元前五百年左右，並一直使用到十九世紀中期，是從前絲路上最重要的要塞之一。巴姆古城在二〇〇三年的巴姆大地震中幾乎全毀，目前僅部分修復。

71 作者在此引用「戈爾迪烏姆之結」的典故。傳說古代小亞細亞王國弗里吉亞的國王去世，王位出現空缺。神諭說未來的國王與王后正坐著牛車趕往都城。此時一位名叫戈爾迪烏斯的農夫正好有事駕牛車進京，便被人民要求登上王位，京城定名戈爾迪烏姆。新任國王將牛車獻給宙斯，以表謝意，為了防止車子被偷，他用繩子把車捆住，並打下一個無法解開的結，即「戈爾迪烏姆之結」。數百年後（公元前三三四年），馬其頓國王亞歷山大率軍來到已淪為波斯帝國行省的弗里吉亞。當時的一個神諭說，誰能解開繩結，誰就能當全亞細亞的國王。亞歷山大見到繩結之後，拔劍將它劈成兩半，當場解決無解難題。

72 這個典故出自希伯來聖經《創世紀》。羅得是亞伯拉罕的姪子，生活在罪惡之城索多瑪。上帝決定毀城，羅得偕家人逃離，但天使囑咐他們不可回頭看。羅得的妻子忍不住回望陷入火海的索多瑪，結果化成一根鹽柱。伊斯蘭傳統沿用了這個故事，《可蘭經》中的魯特即《創世紀》中的羅得，且被賦予更重要的地位。

73 色薩利（【希】Θεσσαλία，【法】Thessalie）是希臘中北部瀕臨愛琴海的一個地區。希臘神話中的眾神居所奧林帕斯山位於這個地區。

74 伊阿宋是希臘神話中的一名英雄，其主要事蹟是率領阿爾戈船英雄前往黑海東岸的科爾基斯奪取金羊毛。

75 馬克・奧萊爾・斯坦因爵士（Sir Marc Aurel Stein），一八六二—一九四三，原籍匈牙利的英國地理學家、探險家、考古學家、語言學家、藝術史學者，曾多次赴中亞及中國西部考察，最著名的事蹟是公布敦煌史料。

關於薩奇酒吧

1 阿斯特拉坎帽即卡拉庫爾帽，是一種上端較窄的圓筒狀無邊軟帽，由中亞著名綿羊品種卡拉庫爾綿羊的羊羔毛皮（稱為「阿斯特拉坎」）製成，中亞及南亞的穆斯林男子經常配戴。

2 巴基斯坦原為英屬印度的一部分，因此除本地的烏爾都語以外，也通行英語，作者在此直接使用英語breakfast（早餐）一詞，以表現異於伊朗的文化氛圍。英屬印度在一九四七年（即本書作者造訪前七年）分裂為巴基斯坦與印度兩個獨立國家（史稱「印巴分治」），並爆發嚴重的宗教對立和衝突，伊斯蘭被立為巴基斯坦國教，該國境內的印度教徒及錫克教徒大都逃到印度，印度的穆斯林則大量遷至巴基斯坦。

3 這條街道以穆罕默德・阿里・真納（Muhammad Ali Jinnah，一八七六—一九四八）命名。真納是英屬印度及後來巴基斯坦的政治家，巴基斯坦第一位總督。初期獻身印度獨立事業，後來領導以在南亞建立獨立穆斯林國家為宗旨的「巴基斯坦運動」。真納被尊稱為「偉大領袖」或「國父」，他的生日是巴基斯坦的國定假日。

4 英國建利銀行（Grindlays Bank）成立於一八二八年，早期服務英屬印度的軍隊及商人。一九四八年由印度國家銀行收購，但長期沿用原名稱。一九八四年由澳盛銀行收購，二〇〇〇年再被渣打銀行收購，此後Grindlays Bank一名不再使用。

5 凱普斯頓（Capstan）是英國的一個無濾嘴菸品牌，主要在英國及過去的英國殖民地銷售，近年因世人健康意識提高，已大幅式微。

6 目前奎達的人口已經超過一百萬。巴基斯坦人口成長快速，一九四七年獨立時全國人口為三千兩百萬，二〇一七年破兩億大關，估計將在二〇三〇年超越印尼，成為世界第一大穆斯林國家。

7 即作者離開伊朗前最後待的城市——札黑丹，奎達-札黑丹鐵路的西端終點。

8 坎達哈位於阿富汗南部，是阿富汗第二大城，居民以普什圖人為主。十八世紀中期阿富汗王國成立時曾為阿富汗首都。一九九〇年代塔利班在此崛起，塔利班倒台後長期擔任阿富汗總統的卡爾札伊也來自坎達哈。

9 桑德曼要塞（Fort-Sandeman）是佐卜（Zhob）的舊稱，以英印軍將軍桑德曼爵士命名。從波斯坦（Bostan）到佐卜的這條鐵路支線於一九三〇年全面完工，長三百公里，是當時全世界最長的窄軌鐵路，並擁有世界上海拔最高的窄軌鐵路車站之一（海拔二二二四公尺）。一九九一年因不堪虧損，結束營運，鐵道全部拆除。目前中國主導的「中巴經濟走廊」建設計畫提案以寬軌重建這條鐵路。

10 帕坦人是普什圖人的舊稱，過去也稱為「阿富汗族」，可視為伊朗人的一個分支。普什圖人是阿富汗第一大民族、巴基斯坦第二大民族，主要居住在阿富汗東部、南部及巴基斯坦西北部。

11 因為狂歡客當街撒尿或嘔吐。

12 《巴黎競賽》（Paris-Match）是創辦於一九四九年的圖文週刊，報導國內外時事、名人花絮、精緻生活等內容，其口號為「文字的重量，照片的衝擊」。在本書描述的時代正值營運盛期，一九五八年發行量達每期一百八十萬冊的高峰。

13 【作者註】詳見巴爾桑（Balsan）在《波斯俾路支斯坦研究》（*Recherches au Baloutchistan persan*）中的闡述。

14 查蓋是俾路支省西北部的一個縣，與伊朗及阿富汗相鄰，可說是俾路支省邊疆中的邊疆。作者從伊朗札黑丹前往巴基斯坦奎達時，主要就是經過查蓋縣。

15 薩達爾（sardar）是源自波斯語的頭銜，用於指稱親王及其他一些高層貴族，也指部落或族群領袖。這個頭銜過去通用於波斯、鄂圖曼帝國、中亞、南亞、巴爾幹半島及埃及等地區，相當於阿拉伯世界的埃米爾（emir，「大公」、「親王」）。封建制度瓦解後，這個頭銜轉為指稱國家元首或高階將軍。喜馬拉雅山雪巴人的首領採用類似稱號sirdar。

16 英屬印度公司即不列顛東印度公司，成立於一六〇〇年，印度正式成為英國殖民地後收歸政府所有。

17 蓋尼米德（【希】Γανυμήδης，【法】Ganymède）是希臘神話中的一個美少年。他是特洛伊國王特雷斯三個兒子中的老么，也是其中最俊美的一位（荷馬在《伊里亞德》中將他描述為凡間最美麗的人），深受宙斯喜愛。特雷斯是宙斯的曾孫，因此蓋尼米德也是宙斯的直屬後代。宙斯將他帶到天上當情人，並讓他代替青春女神赫柏，擔任諸神的司酒官。在較晚期的神話中，宙斯變成巨鷹，將蓋尼米德從伊達山上劫走，其後為了安撫特雷斯，宙斯送給他一對神馬。宙斯劫走蓋尼米德的神話成為古希臘社會中「少年愛」（年長男子與少年間具有指導意涵的情愛關係）的典範。柏拉圖在《對話錄—法律篇》中指出，宙斯劫走蓋尼米德的故事是由克里特人所發明，目的是為男性間的情愛提供正當理由。

18 旁遮普（Punjab）是南亞的一個地理、歷史及文化區域，位於現今的巴基斯坦東部及印度北部。巴基斯坦的旁遮普省是該國人口最多的省份，目前人口超過超過一億人。

19 俄羅斯芭蕾舞團（Ballets russes）是一九〇九年俄國舞蹈家迪亞基列夫（Sergei Diaghilev）在巴黎成立的芭蕾舞團，與當時眾多著名音樂家合作，並巡迴歐洲與中南美各地演出，一九二九年迪亞基列夫去世後解散。這個舞團因曾立下眾多創舉，普遍被視為二十世紀最具影響力的芭蕾舞團。

20 德拉日（Delage）是一九〇五年創辦的一個法國汽車品牌，以生產豪華汽車及跑車聞名，一九五三年停止營業。

21 阿比西尼亞（Abyssinie）是非洲之角的一個地區，位於現今衣索匹亞北部、蘇丹東部及厄利垂亞南部。過去這個地名常被用來指稱衣索匹亞。

22 一九三六年法西斯義大利侵略阿比西尼亞，建立義屬東非，一九四一年解體。

23 白夏瓦（Peshawar）是巴基斯坦北部鄰近阿富汗的城市，位於開伯爾山口以東的山麓。本書所描繪的旅程在作者從阿富汗一側抵達開伯爾山口時結束，因此尚未進入白夏瓦。

24 喀什米爾戰爭也稱第一次喀什米爾戰爭或一九四七年印巴戰爭，是印度與巴基斯坦因喀什米爾主權問題而爆發的戰爭，發生於一九四七到一九四九年。這是印巴兩國之間三場大規模戰爭中的第一場。

25 幾尼（Guinea）是英國首款以機器鑄造的金幣，在一六六三年到一八一三年之間發行，最初等於二十先令，相當於一英鎊，後來曾因金價上漲而調至三十先令，最後定為二十一先令。現今英國在少數情況下（如賽馬）仍沿用幾尼。

26 **Plymouth**，英格蘭西南部城市。

27 標準汽車公司（Standard Motor Company）是一家成立於一九〇三年的英國汽車製造公司。一九六三年於英國結束業務，一九八八年在印度也停產。

28 巴基斯坦東北部靠近印度邊界的城市。

29 法基爾是中東和南亞的一些守貧、禁欲的虔誠蘇非派穆斯林修士，以乞討為生，生活方式類似佛教及印度教的瑜珈士。

30 果阿（Goa）是印度西海岸的一個地區，十六世紀起受葡萄牙殖民統治四百五十年，居民大都由原本的印度教和伊斯蘭教改信天主教。一九六一年印度出兵收回，現設果阿邦，是印度面積最小的邦。布維耶進行此趟旅行時，果阿仍為葡萄牙殖民地。

31 **olé**，西班牙語中代表加油或讚美的叫喊聲，常用於鬥牛賽。

32 **Jericho**，巴勒斯坦古城，位於死海北端附近，是世界上有人類持續居住至今的最古老城市之一，考古已發現一萬一千年前的人類遺跡。《希伯來聖經》將這裡描述為「棕櫚樹之城」。

33 烏爾比安（Gnaeus Domitius Ulpianus，約一七〇—二二三）是羅馬法學家、帝國官員。貝卡里亞（Cesare Beccaria，一七三八—一七九四）是義大利法學家、哲學家、政治家，以現代刑法學《論犯罪與刑罰》聞名。

34 高貴野蠻人（bon sauvage）是一種理想化的外族或他者，生活在原罪發生之前的樂園中，尚未被文明污染，代表人類先天的良善。這是繼十六世紀歐洲人發現「新世界」及生活於其中的土著民族以後，從十八世紀開始發展出來的概念，並成為文學中的一種定型角色。

35 蓬-聖艾斯普里（意譯為「聖靈橋」）位於法國南部隆河畔，在歷史上是重要的跨河孔道。

36 薩瓦（Savoie）位於法國阿爾卑斯山區北部，北側與東側毗鄰瑞士及義大利，擁有歐陸第一高峰白朗峰，是重要的滑雪勝地集中區及登山活動地區，也有數條跨國幹線經過，因此人潮較多。上普羅旺斯位於薩瓦以南、蔚藍海岸／普羅旺斯以北，相對較為僻靜。

37 Thoiry、Nernier、Yvoire都是本書作者老家日內瓦附近依山傍湖的優美村鎮。

38 艾弗烈・丁尼生，第一代丁尼生男爵（Alfred Tennyson, 1st Baron Tennyson），一八〇九—一八九二，英國桂冠詩人。

39 「主人之聲」（His Master's Voice）是英國留聲機唱片公司（Gramophone Company）於十九世紀末推出的一個唱片品牌，以一幅小狗透過留聲機喇叭聽主人唱片的逗趣繪畫作為品牌意象，故名「主人之聲」（他主人的聲音）。

40 艾弗烈・科爾托（Alfred Cortot），一八七七—一九六二，法國鋼琴家、音樂教育家，巴黎師範音樂學院創始人之一。

41 克里斯托夫・維利巴德・格魯克（Christoph Willibald Ritter von Gluck，一七一四—一七八七）是德國作曲家，主要創作義大利語及法語歌劇，最著名作品即此處提到的《奧菲歐與尤麗狄絲》。

42 莫札特歌劇。

43 同注分彩法（pari mutuel）是發源於法國的一種下注法，也稱彩池制，常見於賽馬、賽狗之類體育項目的賭博。實施方式先將所有賭注共同放於同一彩池內，結果開出後，主辦方會先提取部分費用，勝者則按下注金額均分餘額。

44 艾貝婷的故事出自普魯斯特《追憶似水年華》第一卷《在斯萬家那邊》的第二部分（《斯萬之戀》）。艾貝婷是故事講述者的戀人，為了讓男方更愛她，她要心機讓他嫉妒，但後來反而因為男方的嫉妒而感到沉重壓迫，最終無法承受，選擇人間蒸發。

45 德謨克利特（前四六〇年—前三七〇或三五六年）是古希臘自然派哲學家，古代唯物思想重要代表，創立「原子論」。

46 拉烏爾・杜菲（Raoul Dufy），一八七七—一九五三，法國畫家。作品以單純線條和鮮明色彩將物體誇張變形，富於裝飾效果，被廣泛採用於居家裝飾用品的設計。

47 即蒙兀兒王朝，成吉思汗和帖木兒後裔巴布爾從阿富汗南下入侵印度建立的征服王朝，一五二六至一五四〇及一五五五至一八五七年間掌權，統治範圍包括今天的印度、巴基斯坦、阿富汗及伊朗東南部。晚期勢力逐漸被英屬東印度公司侵蝕，一八五七年末代蒙兀兒皇帝被英國流放，印度正式成為英國殖民地。

48 俾路支軍團成立於一九二二年，其前身為一八四四年成立的孟買部隊。一九四七年巴基斯坦獨立後併入巴基斯坦國軍。

49 《蓋爾芒特家那邊》（*Le Côté de Guermantes*）是普魯斯特《追憶似水年華》第三卷。

50 俾路支軍團前身孟買部隊曾於一九〇〇年出兵中國協助平定義和團運動。在此之前，也曾於一八六二年出兵對抗太平天國。

51 伊柏爾（Ypres）是比利時法蘭德斯語區城鎮，第一次世界大戰期間，因處於德法衝突的重要戰略位置，曾發生多次戰役，並在第二次伊柏爾戰役時成為世界上第一個遭受大規模化學攻擊的地方。

52 Messina，義大利西西里東北端的城市，俾路支軍團曾在二次大戰期間到此作戰。

53 新夏沛勒（Nouvelle-Chapelle，「新小教堂」）是法國北部接近比利時邊界的村莊。一九一五年三月成為一次大戰主要戰鬥地點，英軍及英屬印度軍團在此打破德軍防線。當地立有紀念碑，以供憑弔在此陣亡的四七四二名英屬印度部隊人員。

54 吉力馬札羅戰役發生於一九一四年十一月，是第一次世界大戰東非戰役（協約國對抗德屬東非）的早期戰事。

55 亞登（Les Ardennes）是法國北部鄰近比利時的一個省份，因位居戰略要衝，於兩次大戰期間均曾發生重大戰役。

56 【作者註】阿富汗語以「庫支」（Koutchi）一詞指稱留在原居地區的吉普賽人部族。

57 塞夫達歌謠（sevdalinka）是波士尼亞–赫塞哥維納的傳統民謠，以緩慢溫和的節奏搭配富於情感的強烈旋律及充滿激情的歌聲。這種樂曲融合東方、歐洲及塞法迪猶太人的音樂元素，在巴爾幹地區獨樹一格，在前南斯拉夫全境均受喜愛。

58 即巴赫拉姆五世，公元四二〇年左右至四三八年在位。「野驢」是他的別號。波斯的文學和藝術經常刻劃「野驢」巴赫拉姆的事蹟。

59 奧爾維耶托（Orvieto）葡萄酒產自義大利翁布里亞地區的奧爾維耶托酒區，是義大利馳名酒款。

阿富汗

1 詹姆斯・達梅斯泰特（James Darmesteter），一八四九—一八九四，法國猶太學者、語言學家，專研古波斯語及梵語，最重要的貢獻是瑣羅亞斯德教聖書《阿維斯陀》相關研究。一八八五年以法蘭西公學院教授身分赴印度研究，隨後發表阿富汗語文研究論文，並翻譯了一些阿富汗歌謠。

2 指一八〇五年的奧斯特里茲戰役。奧斯特里茲戰役被視為拿破崙征戰中最成功的一場戰役，法軍在拿破崙指揮下以寡擊眾，在波希米亞的奧斯特里茲（Austerlitz）擊敗俄國—奧地利聯軍，造成第三次反法同盟瓦解。由於法、俄、奧三國皇帝全部親臨戰場，又稱「三皇會戰」。

3 巴托洛梅奧・科萊奧尼（Bartolomeo Colleoni），一三九五或一四〇〇—一四七五，文藝復興時期威尼斯著名軍事將領，沒後不久威尼斯即在市區為他樹立舉世聞名的騎馬像。

4 奧斯卡・王爾德（Oscar Wilde），一八五四—一九〇〇，愛爾蘭作家、詩人。

5 阿爾坎傑羅・柯賴里（Arcangelo Corelli），一六五三—一七一三，巴洛克時期義大利小提琴家、作曲家，被譽為「現代小提琴技巧創建者」、「大協奏曲之父」。

6 克歇爾目錄（【德語】Köchel-Verzeichnis）是奧地利音樂學家克歇爾對莫扎特的音樂作品所做的編年式編號系統，通常以縮寫K或KV表示。

7 尼可羅・阿瑪蒂（Niccolò Amati，一五九六—一六八四）是義大利著名製琴家。

8 卡賓槍騎兵（carabinieri）指義大利「卡賓槍騎兵隊」的成員。卡賓槍騎兵隊是義大利的國家憲兵隊，負責管理軍隊及協助警察維持治安。

9 巴力西卜是古敘利亞的神祇，意為「蒼蠅王」。巴力西卜的惡魔形象在巴勒斯坦僅次於路西法。猶太教將其視為引起疾病的惡魔，《新約聖經》視其為意義類似撒旦的魔王，並以其代表七宗罪中的暴食。

10 美刻爾意為「城邦之王」，是古代腓尼基城邦泰爾的守護神。美刻爾信仰一度傳入以色列，也曾隨迦太基的擴張，流行到整個地中海南岸和伊比利半島。

11 伊利亞是希臘伯羅奔尼撒半島西北部的一個地區。

12 明谷聖伯納（St. Bernard de Clairvaux），一〇九〇—一一五三，也譯聖伯爾納鐸、聖伯爾納多），法國天主教熙篤會隱修士，明谷修院院長，天主教修道改革運動領袖，被尊為中世紀神祕主義之父。

13 馬丁・路德（Martin Luther），一四八三—一五四六，神聖羅馬帝國教會司鐸及神學教授，宗教改革家，促成基督新教的興起。

14 聖喬治是著名的基督教聖人，小亞細亞希臘裔基督教徒，羅馬皇帝戴克里先禁衛隊軍官，於公元三〇三年左右因拒絕放棄基督教信仰而殉道。他經常以屠龍英雄的形象出現在西方文學及藝術作品中。英格蘭將其視為守護聖者。

15 firanghi 一詞是印度、巴基斯坦等地用來稱呼「外國人」（特別是白種外國人）的詞彙，源自波斯語的 faranghi，而後者源自古法語的 franc（法蘭克人）。泰語用來稱呼西方人的貶意詞「farang」很可能與此同源。

喀布爾

1 【作者註】印度蒙兀兒王朝開國君主查希爾丁-巴布爾（別號「老虎」），《回憶錄》。帕維・德庫爾泰伊（Pavet de Courteille）法文翻譯本，巴黎，一九〇四年。

2 喀什位於新疆西部，現為中國最西端的城市。

3 費爾干納位於烏茲別克東部，是天山山脈西端南北兩個支脈之間的谷地。亞歷山大大帝曾東征至此，其後這個地區成為希臘—巴克特里亞王國的核心地帶，與中國世界有相當交流，成為絲路上的重要據點，也代表西方印歐文明與中國文明的首次大規模接觸。蒙兀兒王朝創建者巴布爾出生於此。漢朝稱費爾干納為大宛，唐朝則稱為寧遠。有學者考證認為「大宛」中的「宛」很可能是由巴利語的尤那（Yona）或梵語的耶婆那（Yavana）轉譯而來，尤那／耶婆那則是從希臘語「愛奧尼亞」（Ionia，古代位於安納托利亞西南岸的希臘化地區）一詞轉譯而得，在當時的中亞泛指希臘人，因此「大宛」的詞意很可能是「大愛奧尼亞」。公元前二世紀，自甘肅、新疆東部崛起的另一支印歐民族「大月氏」征服費爾干納，大致切斷其與希臘世界的連繫。

4 撒馬爾罕及布哈拉均為烏茲別克的著名文化古城，居民以塔吉克人居多。

5 巴爾赫位於阿富汗北部，距離阿姆河及烏茲別克邊界七十餘公里，歷史上曾是瑣羅亞斯德教、佛教及伊斯蘭教重鎮。玄奘曾訪。成吉思汗攻占時屠殺城內百萬人口，十四世紀再遭帖木兒屠城，不過馬可波羅在這兩次事件之間造訪時將其描述為「高貴的城市、偉大的知識中心」。後來大幅沒落，現況今非昔比（目前人口七萬餘）。

6 巴達赫尚是歷史上的一個中亞區域，範圍包括現今阿富汗東北部的巴達赫尚省、塔吉克東部的一部分以及中國新疆的塔什庫爾干塔吉克自治縣。

7 興都斯坦是波斯語對印度的稱呼。

8 呼羅珊是中亞及西亞歷史上的一個地區，範圍大致包括現今的伊朗東北部、阿富汗和土庫曼大部、塔吉克、烏茲別克東部部分地區。

9　赫拉特是中亞古城，中亞與西南亞、南亞交流的重要樞紐，位於現今阿富汗西部，目前居民四十萬人，以波斯人、塔吉克人為主。十一、十二世紀期間成為中西亞的金屬品製造業中心，是當時世界上最大的城市之一，有四十四萬戶居民、一萬兩千家商店、六千間蒸汽澡堂。一二二二年遭蒙古人屠城（據說全城一百五十萬人僅數十人生還，民間甚至傳說只有九人逃過死劫），沉寂多年後才復甦，重新成為繁榮城市，號稱「呼羅珊之珠」。巴布爾入主喀布爾斯坦時，赫拉特是帖木兒帝國首都，且正值發展鼎盛時期，統治者（即文中的「赫拉特親王」）為帖木兒玄孫忽辛・拜哈拉，其宮廷深受巴布爾景仰。

10　巴布爾於一五二六年建立蒙兀兒帝國，定都阿格拉。

11　黑卡蒂是希臘神話中前奧林帕斯時期的一名泰坦女神，亦象徵暗月之夜，稱為「月陰女神」。黑卡蒂在古希臘藝術作品中具有三面或三頭（獅頭、馬頭、狗頭）形象，能看到任何方向。

12　希臘神話中的酒神。

13　腓尼基城市，位於現今黎巴嫩南部，過去是東地中海重要貿易城。

14　西勒努斯是希臘神話中掌管森林的神祇之一，也是酒神戴奧尼索斯的夥伴及導師。

15　巴庫斯是酒神戴奧尼索斯在羅馬神話中的名字。

16　公元八世紀開始，某些基督教傳統為三賢士定了名字，分別是巴塔札（Balthazar）、加斯帕（Gaspard）、梅齊奧（Melchior）。

17　斯基泰人是希臘古典時期在東歐大草原到中亞一帶居住與活動的農耕民族及半遊牧民族，古波斯人將其稱為薩迦人（Sakā），中國史籍記錄的「塞種」可能源自這個民族。

18　貴霜是公元一到三世紀的中亞強國，鼎盛時期（二世紀及三世紀上半）疆域從塔里木盆地綿延到裡海、阿富汗及恆河流域，人口千萬，被認為是當時與漢朝、羅馬、安息帝國／薩珊王朝並列亞歐四大強國之一，掌控東西方交流的樞紐。源自甘肅及新疆東部的印歐民族吐火羅人（月氏人）於公元前二世紀征服希臘—巴克特里亞（大夏），其後分由五個部族統治，前一世紀初其中一名首領統一各部族，建立貴霜王朝，並西征正在衰弱的安息，南下攻擊喀布爾河流域，其後定都高附（喀布爾），奠定帝國基礎。

19　湯姆・斯威夫特（Tom Swift）是五個美國兒少科幻冒險小說系列的主角。該系列強調科技與發明，符合當時的時代氛圍，首部作品於一九一〇年出版，此後共出版一百餘部。

20 馬木路克是公元九世紀到十六世紀間為穆斯林君王服務的奴隸兵。

21 【作者註】阿富汗所有料理一概使用這種油脂。

22 曼薩尼亞（manzanilla）是產自西班牙西南部的一種葡萄酒，也是安達魯西亞舉行節慶時最常飲用的酒款之一，因具有洋甘菊（西語稱為manzanilla）而得名。

23 阿拉霍西亞是歷史上的一個地區，位於興都庫什山南側，包括現今阿富汗東南部及巴基斯坦北部和印度部分地區。

24 蒙塔吉（Montargis）位於巴黎南方，穆松橋（Pont-à-Mousson）位於法國東北部南錫（Nancy）附近，都是法國外省地區的小村鎮。

25 皮耶-奧古斯坦・卡隆・德・博馬舍（Pierre-Augustin Caron de Beaumarchais），一七三二—一七九九，法國作家、社會活動家。著名作品包括《塞維亞的理髮師》、《費加洛婚禮》等劇作。

26 尚・吉侯杜（Jean Giraudoux），一八八二—一九四四，法國小說家、外交官。

27 喬治・費多（Georges Feydeau），一八六二—一九二一，法國劇作家、畫家。

28 包法利夫人是福樓拜小說《包法利夫人》的主人翁，原名愛瑪。故事講述她在農莊長大，但充滿浪漫幻想，後來設法突破苦悶婚姻，尋找熾烈愛情，最終絕望而死。

29 奧克蘇斯河（Oxus）即阿姆河，是中亞第一長河，從帕米爾高原及興都庫什山脈發源，流入鹹海。古代這條河被視為大伊朗和圖蘭（中亞）的邊界。奧克蘇斯河是該河在古希臘語中的稱呼，在西方長期沿用。

30 吉斯（Zis）是蘇聯生產的轎車，過去常被用為官方公務車，其豪華車款成為當時蘇聯及東歐共產國家首領的座車。

31 馬克西姆・高爾基，一八六八—一九三六，俄國文學家、政治活動家，俄國社會主義及現實主義文學先驅，常被視為蘇聯文學的創始人。

32 阿拉姆・哈察都量，一九〇三—一九七八，蘇聯亞美尼亞族作曲家。

33 埃米塔日博物館位於俄國聖彼得堡，是僅次於巴黎羅浮宮的世界第二大博物館。

34 德尼・狄德羅（Denis Diderot），一七一三—一七八四，法國啟蒙思想家、哲學家、文學家、翻譯家，百科全書派代表人物。

35 莫里斯・多列士（Maurice Thorez），一九〇〇—一九六四，法國政治家，曾在一九三〇到六四年間擔任法國共產黨總書記。

36 阿卜督爾・拉赫曼（Abduhr Rahman），一八四〇至一八四四年間—一九〇一年，阿富汗巴拉克查依王朝君主。

37 指一九一七—一八年的俄國革命。

興都庫什山脈

1 普什圖語屬於印歐語系印度－伊朗語族中的東伊朗語支，是阿富汗的兩個官方語言之一。另一個官方語言是屬於西伊朗語支的達里語，與波斯語（法爾斯語）接近，可大致互通。目前阿富汗境內通曉達里語的人數將近全國人口八成，超過普什圖語的五成，在首都喀布爾，達里語是通用語。另請參見〈關於薩奇酒吧・奎達篇〉中關於「帕坦」的譯註。

2 阿富汗北部重要城市。

3 阿富汗東部城市，位於喀布爾南方。

4 佩爾什馬是法國最著名的馬種，產自佩爾什（Perche）地區。

5 全名馬札里沙里夫，阿富汗北部重要城市。

6 斑鶇愛吃葡萄，經常肆虐葡萄園，因此常被認為發酒瘋，法語中有「ivre comme une grive」（醉得像斑鶇）這一成語。

7 穆罕默德・查希爾沙赫，一九一四—二〇〇七，阿富汗末代國王。查希爾在父親穆罕默德・納第爾於一九三三年遇刺身亡後即位，主政時期走西化路線，是近代阿富汗最平和的時期。一九七三年，查希爾的堂兄弟發動政變將其廢黜，成立阿富汗共和國，查希爾宣布退位，流亡在義大利。二〇〇二年塔利班政權被推翻後，查希爾在美國支持下重返阿富汗，受到廣泛的支持，並被授予「國父」稱號，他重返喀布爾王宮，不過不求恢復君主地位。

8 帕第沙（Padichah）是穆斯林君主的稱號，普遍受鄂圖曼蘇丹及伊朗沙赫採用。

9 【作者註】薩朗山口和哈瓦克山口（尤其是後者），海拔都比較高，從前往來的人員也比較多。位於希巴爾山口以東。

10 此引文出自玄奘弟子慧立撰著的玄奘傳記《大唐大慈恩寺三藏法師傳》。

11 巴米揚位於巴巴山群北側，古代位居絲路要衝，是往來羅馬帝國、波斯、中國和印度之間的必經之地，在佛教興起後發展為希臘式佛教藝術的中心，曾有佛寺數十座，以及世界最大立佛石像「巴米揚大佛」（二〇〇一年遭塔利班炸毀）。《隋書》和《新唐書》稱巴米揚為「帆延」，唐玄奘所著《大唐西域記》則稱「梵衍那國」。

12 【作者註】哈札拉（hazareh）是一個中亞民族，過去普遍被認為是成吉思汗軍隊的後裔，以一千人為組成單位（hazarah：波斯語中的「千」）。這個假設目前已不被採用，一般認為哈札拉人是是帕米爾高原地區古代漢藏民族的後代。

13 史達林阿巴德（Stalinabad）意為「史達林城」，是塔吉克首都杜尚貝在一九二九年到一九六二年之間的稱呼。

14 瓦罕地區是阿富汗最東端的狹長地帶，北側是帕米爾高原（屬於塔吉克），南側以興都庫什山與巴基斯坦為界，東端鄰接中國，占瓦罕走廊（阿富汗走廊）大部分。瓦罕走廊在歷史上是絲路的一部分、中國文明與西亞及印度文明交流的重要孔道，也位於包括法顯、玄奘在內的佛教人士西行取經的路線上。

15 【作者註】那間哨所位於海拔超過五千公尺的地方，沒有人會從那裡通過。

16 這條路線可能是指由西向東穿越整個瓦罕地區後，從南瓦根基達坂山口進入中國的路線。不過根據這段文字的描述，帕米爾高原位於阿富汗—中國邊界以東，這意味著帕米爾高原是中國領土。帕米爾高原曾受清朝管轄，但在晚清時期大部分遭英俄瓜分，目前主要屬於塔吉克，南側狹長地帶瓦罕帕米爾屬於阿富汗，只有最東側的山坡是中國領土。因此作者設想的中阿邊界不無可能比較接近中華民國政府認定的國界（帕米爾高原西緣的噴赤河）。當時西方國家仍與中華民國有邦交，因此作者取得的資訊可能與中華民國的官方說法吻合。澤巴克距離噴赤河及瓦罕走廊西端的直線距離為三十多公里，符合文中所述：「〔駐紮在澤巴克的〕巡邏隊負責管控通往上瓦罕和中國邊界的路線。再過去就是帕米爾高原的荒涼山坡。」

17 漂格爾（Piogre）是瑞士民間傳說中的一個想像城鎮。在瑞士法語區，如果有人冒昧地問別人要去哪，對方可以搪塞一句「去漂格爾給蒼蠅船定錨」，而「把某人送到漂格爾」意指「把他丟到很遠的地方」。也曾有人流行將漂格爾用作日內瓦的別稱，如果作者採用這個解釋，則本句話可以帶有反諷意味：我的故鄉日內瓦也不過是另一個遙遠的世界盡頭。

18 爾撒是伊斯蘭教中真主的使者，全名爾撒・易卜恩・瑪利亞姆（即「瑪利亞之子耶穌」），一般認為他就是基督教中的耶穌。他是真主阿拉派遣給猶太人的先知，並帶給凡人新的經文《引支勒》（即未被篡改前的《福音書》），穆斯林認為《引支勒》後來遭基督徒篡改，失去真義，因此阿拉降下《可蘭經》作為最後的神諭。

19 以上故事出自基督教傳統及《新約聖經》。耶穌受難前夜，與門徒在最後的晚餐之後前往客西馬尼園禱告，因猶大出賣而被逮捕。彼得拔刀制止，但耶穌勸他將刀收下。伊斯蘭中爾撒的故事大致沿用這個脈絡。客西馬尼園的具體位置有不同說法，不過一般相信是今天位於耶路撒冷橄欖山下的客西馬尼園。該園種滿橄欖樹，其中有些是全世界已知最古老橄欖樹，樹齡高達一千年，有些樹的樹幹中心已消失，無法進行鑑定，但不無可能樹齡更大（民間傳說園中最古老的橄欖樹源自耶穌基督的時代）。另外，東正教傳統認為客西馬尼園是使徒安葬耶穌母親瑪利亞的地方。

20 歐西德摩斯一世，約前二六〇—前二〇〇或一九五年間，希臘人，原為希臘—巴克特里亞王國（中國史書中的「大夏」）北部粟特地區總督，後來推翻狄奧多特王朝，自立為國王，建立歐西德摩斯王朝。

21 德米特里一世，約前二二二年—約前一八五年，是歐西德莫斯一世之子，約在前二〇〇年成為希臘——巴克特里亞王國國王，其後征服廣大地區，包括現今的東伊朗、阿富汗和巴基斯坦，並把希臘文化傳播到印度，被視為印度—希臘王國的開拓者。德米特里一世所向無敵，被冠上「不敗者」稱號。繼他之後的兩到三名巴克特里亞國王也稱為德米特里。

22 米南德一世（也稱「彌蘭王」），別號「救主」，約前一六五或一五五—前一三〇擔任印度—希臘王國國王。王國在他統治下國勢達到巔峰，他也積極支持佛教，使希臘式佛教蓬勃發展。

異教徒的城堡

1 【作者註】在阿富汗農民的心目中，希臘人、帕提亞人、貴霜人、薩珊王朝的人，以及伊斯蘭誕生以前的所有民族，全都是kafir（異教徒）。

2 【作者註】丹尼爾·施倫貝格（Daniel Schlumberger）教授，法國在阿富汗考古代表團團長。

3 奧皮尼（Opinel）是法國薩瓦地區的知名刀具品牌，一八九〇年代成立。

4 這首歌原為納粹德國時期的一首反戰歌曲。

5 一八九九年底，一群法國無政府主義者因反對新任法國總統盧貝為猶太軍官德雷福斯翻案的計畫，占據巴黎夏布洛街一棟房屋與警方對峙數週，該地點被民眾稱為夏布洛碉堡（Fort-Chabrol）。

6 【作者註】關於貴霜人，世人所知甚少，只有他們發行的一些錢幣、一些印度碑銘、還有一些遙遠、邊緣、難以拼湊的佐證資料，宛如尖脊已經風化的碎瓦，或者基底已經消失無蹤的陶罐殘片。這個基底想必位於巴克特里亞，而這些考古人員首次在那裡挖掘一個可以歸於他們的史蹟。

7 羅多夫·特普費爾（Rodolphe Töpffer），一七九九—一八四六，瑞士教師、作家、畫家、卡通畫家。特普費爾以插圖式文學創作聞名，這些作品被視為歐洲最早的漫畫，他也因此被譽為漫畫之父。

8 【作者註】兩年半之後，工作人員在更往下三十公尺的地方發現了那樣的銘刻：大約二十五行文字，完好無損，彷彿昨天才剛刻上去。超出所有人的期待。

9 安德烈·馬樂侯（André Malraux），一九〇一—一九七六，法國著名作家、公共知識分子，一九五九至一九六九年於戴高樂總統任內擔任法國第一任文化部長。代表作是以上海四一二事件為背景的小說《人類處境》（*La Condition humaine*），獲一九三三年龔古爾文學獎。另一著名事蹟是一九二三年在法屬柬埔寨旅遊時，從吳哥窟偷走四件女神像，轟動一時。

10 夏洛克的典故出自莎士比亞出版於一六〇〇年的喜劇《威尼斯商人》。劇中威尼斯商人安東尼奧為幫助好友巴薩尼奧娶得波西亞，與仇家——放高利貸的猶太人夏洛克借錢，並用自己的身體作保，答應若無法還錢，就割下自己的一磅肉抵債。不料他的商船在海上遇難，無法如期還款，被夏洛克告上法庭。

11 Grenoble，法國東南部阿爾卑斯山麓的城市。

12 梅第奇（Medici）家族是佛羅倫斯以產業和金融發跡的名門望族，十五世紀到十八世紀中期在歐洲擁有強大勢力，歷代產生四位教宗、兩位法國王后、多名佛羅倫斯統治者及托斯卡納大公及無數歐洲王室成員，鋼琴、歌劇等藝術形式也是在他們的贊助下獲得蓬勃發展。

通往開伯爾山口的路

1 開伯爾山口是中亞與南亞、東亞與西亞間的重要孔道。許多學者認為古代印歐民族是通過開伯爾山口向印度次大陸遷徙。亞歷山大大帝東征時透過這個山口進入印度，歷代羅馬、波斯等大帝國為了領土擴張及貿易拓展，也都設法掌控開伯爾山口。絲路通過這個山口，將中國的絲綢、玉器等珍貴物品輸往西方。

2 巴克特里亞是橫跨中亞、西亞、南亞的一個歷史區域，範圍主要包括今天的阿富汗及巴基斯坦北部、烏茲別克及塔吉克南部。中國古代將巴克特里亞的核心地區稱為「大夏」。阿契美尼德帝國將巴克特里亞納入版圖，後來亞歷山大大帝亦攻下此地，其部將在此建立強大帝國，使這個地區一度通行希臘語，也成為希臘化佛教的重要搖籃。

3 加勒（Galle）是斯里蘭卡西南端的城市，鄭和下西洋時曾造訪，十六世紀成為葡萄牙殖民地，十七世紀中期轉由荷蘭殖民。

4 特立頓（Triton）是希臘神話中海洋的信使，海神波塞冬之子，常被描繪為人形魚尾的形象。

5 埃奧羅斯是希臘神話中的風神。

6 普羅提諾（Plotinus，【希】Πλωτῖνος，轉寫：Plōtinos），二〇四／五—二七〇，羅馬帝國時代埃及的希臘化哲學家，被視為新柏拉圖主義之父。普羅提諾主張有神論及神祕主義，其三大思考原則為「太一」、「心智」及「靈魂」。他不是基督徒，不過他的論述對當時基督教的教父哲學影響深遠，促進了基督教的發展。

國家圖書館出版品預行編目（CIP）資料

世界之用／尼可拉．布維耶（Nicolas Bouvier）作；提耶里．維爾內（Thierry Vernet）插圖；徐麗松譯. -- 二版. -- 臺北市：麥田出版：英屬蓋曼群島商家庭傳媒股份有限公司城邦分公司發行, 2023.05
面； 公分. --（麥田叢書；100）
譯自：L'usage du monde
ISBN 978-626-310-441-9（平裝）
1.CST: 旅遊文學 2.CST: 世界地理
719 112003955

麥田叢書 100

世界之用

（法語系旅行文學巔峰傑作）

L'usage du monde

作　　者／尼可拉．布維耶（Nicolas Bouvier）
插　　圖／提耶里．維爾內（Thierry Vernet）
譯　　者／徐麗松
責任編輯／江灝（初版）、許月苓（二版）
主　　編／林怡君

國際版權／吳玲緯
行　　銷／闕志勳　吳宇軒　陳欣岑
業　　務／李再星　陳紫晴　陳美燕　葉晉源
編輯總監／劉麗真
總 經 理／陳逸瑛
發 行 人／凃玉雲
出　　版／麥田出版
10483臺北市民生東路二段141號5樓
電話：(886)2-2500-7696　傳真：(886)2-2500-1967
發　　行／英屬蓋曼群島商家庭傳媒股份有限公司城邦分公司
10483臺北市民生東路二段141號11樓
客服服務專線：(886) 2-2500-7718、2500-7719
24小時傳真服務：(886) 2-2500-1990、2500-1991
服務時間：週一至週五09:30-12:00．13:30-17:00
郵撥帳號：19863813　戶名：書虫股份有限公司
讀者服務信箱E-mail：service@readingclub.com.tw
麥田網址／https://www.facebook.com/RyeField.Cite/
香港發行所／城邦（香港）出版集團有限公司
香港灣仔駱克道193號東超商業中心1/F
電話：(852)2508-6231　傳真：(852)2578-9337
馬新發行所／城邦（馬新）出版集團 Cite (M) Sdn Bhd
41, Jalan Radin Anum, Bandar Baru Sri Petaling, 57000 Kuala Lumpur, Malaysia.
Tel: (603) 90563833　Fax: (603) 90576622　Email: services@cite.my

封面設計／兒日設計
印　　刷／前進彩藝有限公司

■2019年11月　初版一刷
2023年 5 月　二版一刷

定價：580元
ISBN 978-626-310-441-9
其他版本ISBN 978-626-310-445-7 (EPUB)

本書獲法國在台協會《胡品清出版補助計畫》支持出版。
Cet ouvrage, publié dans le cadre du Programme d'Aide à la Publication « Hu Pinching », bénéficie du soutien du Bureau Français de Taipei.